破山禅师评传

熊少华 著

重庆出版集团
重庆出版社

破山海明禅师法像

双桂梵音

破山老祖

破山海明禅师晚岁法像

破山草书中堂

古磵兰若三载倦游不厌乎传
难来难去觉乎气亨
乾坤

破山老人书

《破山禅师评传》序

释惟贤

> 曹溪法脉传天童，参破禅关气势雄；
> 双桂飘香拂梵宇，一灯演教震川东。
> 鹤影翩翩翔古树，瑞云霭霭绕青峰；
> 古碑拜读遗诗句，墓塔留连仰德风。

这是我一九八五年五月二十三日，初游梁平双桂堂，礼拜破山祖师塔墓的诗。

生于明清之际，战乱不息，生民痛苦，历经坎坷的破山禅师，坚持修学，坚持阐扬宗风，难行能行，难忍能忍，在我心目中是一位了不起的大德。

禅师自幼具有宿根，通达诗书，智慧超群。出家以后，广学经论，在江浙一带，参拜名师。明代的莲池、憨山、紫柏、藕益四大师，他都参访请示教法。最后以湛然、圆悟两大师为师，兼其所长，而独具风格，发扬宗风，影响极大，弟子遍天下。

临济的"霹雳灌顶、棒喝交加"；曹洞的"精耕细作，稳健缜密"，破山禅师都具有其长。除此以外，禅师说法，灵活透脱，有时如"幽谷兰香，松风鸟语"；有时如"长江倾泻，自天而下"；有时如"千军万马，锐不可当"；使人警觉，使人醒悟，这都体现其特有的宗风。

在动乱年月中，曾经身陷"贼"营，临危不惧；曾经"破戒止杀"（即开荤，以救平民），形同世俗；而方便善巧，悲智兼运，救生灵于水火，息灭嗜杀者的杀机，这都是禅师独具的卓识和崇高的品格。

禅师生平无荣无辱，无得无失，超然洒脱，随心所欲；有时如对寒潭默坐的孤僧；有时如放浪形骸，嘻笑自然的济颠，体现其"活泼泼，光灼灼，无挂无碍"的高超禅境。

禅师于颠沛流离之际，被弟子迎至四川梁山（即梁平），清初顺治年间，创建双桂堂，占地百二十余亩，规模宏大，缁素云集，大演宗风，龙象辈出，影响西南川滇黔三省，分建丛林，禅风遍及于大江南北，使禅法中兴，受到人们的拥戴和崇敬。

我最爱读禅师两首诗：

其一：狮子峰前狮子儿，全身踞地爪牙齐；
　　　有时返掷寻芳草，百兽闻之角皱眉。
其二：善法堂前拟圣流，南泉牧得一头牛；
　　　欲将骑往西方去，惟恐西方不肯留。

诗句和诗的情景交融，非常自然，天真活泼，真是圆融无碍，妙手天成。禅师的书法，也如其诗一样，有如龙飞凤舞，又如野马脱缰，飞鸟出笼；虽放荡不羁，而意趣深沉，脉络井然。其诗、其文、其书法，跃然纸上，如见其人。

今年，正值破山禅师创建双桂堂三百五十周年，双桂堂方丈身振法师与地方有关部门研究决定，筹备举办纪念法会，并举行破山禅师学术思想研讨会，而在此时，熊少华先生撰写的《破山禅师评传》又将出版。此书参考了大量书籍，内容丰富，情况真实，以写实而带有传奇色彩的妙笔，将破山禅师的一生介绍出来，供人们认识历史上破山禅师的真面目，是一部可读性强、极有趣味的值得学习的好书。在佛教界，今日如何保持和发扬优良传统，振奋起来，适应现代社会，实践太虚大师、赵朴初老居士先后倡导的人间佛教，庄严国土，利乐有情，以破山禅师为楷模，实有重要的和深远的意义。

二〇〇三年四月四日于重庆慈云寺

目 录

导言　明末清初的文化生态与破山海明的意义

第一章　佛心初萌的少儿时期

　　一、万历朝局　　10

　　二、家族渊源　　13

　　三、少儿生活　　15

　　四、早结佛缘　　17

第二章　漫游求学的青年时期

　　一、上下求索　　20

　　二、破头山上　　21

　　三、大师门庭　　26

　　四、西子湖畔　　32

　　五、湛然门下　　37

　　六、"密云弥布"　　43

　　七、"法门纷争"　　53

　　八、"大振江南"　　58

　　九、千里还蜀　　66

第三章　开宗立派的万峰时期

　　一、梁山古邑　　74

　　二、"万峰崛起"　　78

　　三、"僧侣云臻"　　85

四、屐痕处处　　91

五、力排"聚云"　　99

六、开宗立派　　102

第四章　明清交替的流亡时期

一、天下大乱　　108

二、身陷"贼"营　　113

三、悲惨世界　　117

四、剩水残山　　122

五、南滨岁月　　128

六、吕大相国　　140

七、破戒止杀　　149

八、长歌当哭　　161

九、"夔东十三家"　　171

十、劫后余生　　176

第五章　大道圆满的双桂时期

一、"佐明将军"　　184

二、双桂祖庭　　190

三、学业禅堂　　203

四、沟通东南　　217

五、法化西南　　224

六、封疆大吏　　239

七、南明挽歌　　247

八、泰山北斗　　251

九、涅槃境界　　261

十、"衣钵流芳"　　266

第六章 从"痛棒到底"到"内外贯通"——破山佛学思想的兼容精神

一、三教合一的发展趋势　290

二、"恶辣钳锤"与"念佛持经"的圆融　293

三、禅、净、教、戒的统一　298

四、慈悲情怀与宗教实践　301

第七章 "五百年来见几曾"——破山书法艺术的超然境界

第八章 任达 沉郁 通脱——破山诗歌创作的心路历程

一、任达率真——早期诗歌的浪漫情调　321

二、悲怆沉郁——中期诗歌的写实风格　326

三、自然圆成——晚期诗歌的空灵境界　333

附录

一、破山海明禅师行状　342

二、破山和尚塔铭——清朝翰林院编修刘道开撰　343

三、海明传　345

四、与启功先生谈破山禅师　346

五、破山海明年表　350

六、破山禅师法派灯系图（87弟子分系）　360

七、双桂堂方丈传承谱系　365

八、重走破山云游路诗稿并序　370

《破山禅师评传》第一版后记　378

《破山禅师评传》再版后记　380

主要参考文献　382

导言
明末清初的文化生态与破山海明的意义

一代宗师破山海明以他七十年的人生经历,跨越十六、十七两个世纪,跨越明、清两个朝代,其富于传奇色彩的生活历程和兼容并包的佛学思想、浑朴超逸的书法艺术、清新自然的诗歌风格,卓然独立,在明清之际产生了深刻而广泛的影响。他以川东梁山(今重庆市梁平区)为中心,通过三十余年卓越的传教活动,使四川直至整个西南地区的佛教"兴盛到历史的顶点"(《四川禅宗史概述》)[①],成为中国佛教发展史上的"最后活跃及其终结"[②]的代表性人物。

明末清初是中国历史上的一个非常时期,无论社会经济结构或是思想文化形态,都处于新旧代谢的特殊阶段,封建母体中内发原生的诸多因素的汇合刺激着早期启蒙思潮的自动滋生,资本主义因素快速增长,个性解放形同潮流,民主意识初露端倪。世态的变迁,社会的动荡,思潮的迭起,文化的多元化趋向,一个个思想家、文学艺术派别应运而生,此起彼伏,好一似"你方唱罢我登场"的热闹场面,影响所及,使得十七世纪的明清之交在思想史上达到与纪元前百家争鸣的周秦时代相媲比的程度。但此时此刻的人们,又往往陷入"新的突破旧的"而"死的又拖住活的"这一历史局限的痛苦之中。黄仁宇在《中国大历史》中十分透彻地分析道:

> 明朝,居中国历史上一个即将转型的关键时代,先有朱棣(明成祖)派遣郑和下西洋,主动与海外诸邦交流沟通,后有西方传教士东来叩启闭关自守的大门;同时,明代又是一个极中央集权的朝代,中国历代各朝无出其右者……。使明朝历史具备了极纵横曲折的多面性格。

由于城市经济的发展,商品市场的形成,物资交流的扩大,东部地区得风气之先,出现了"上有天堂,下有苏杭"的繁荣局面。但专制的君主制度、庞大的官僚机构,贪婪的食利阶层,已将"大明江山"蚕食殆尽。进入晚明后,张居正的改革已经"人亡政息",一去不复返了;李贽充当了封建礼教和伦理至上主义的牺牲品,不得善终;海瑞之类的清官成为官场的笑料,变得孤掌难鸣而无所作为;连信誓旦旦的要重振雄风的崇祯帝也没有办法,十七年内换了五十个首辅,"治国无能"、"营私有术"的臣僚都令他大失所望。政令无法畅通,只好屡次下《罪己诏》,对身为百官之首的自己进行不断的自我批评和自我谴责,博得个"明君"的雅誉,最后留下"任贼分裂朕尸,勿伤百姓一人"的遗旨,自缢于景山脚下。人们不由同情而发出"君非亡国之君,臣皆亡国之臣"的感叹,李自成在他的《登极诏》中也说:"君非甚暗,孤立而炀蔽恒多;臣尽行私,比党而忠公绝少。"③"臣尽行私",正道出了明以腐败亡国的根本原因。许苏民在《明王朝覆灭的历史教训——晚明中国社会主要矛盾探析》中总结道:

  一部晚明史,交织着人民大众与皇权和官僚特权阶层的矛盾、早期市民阶层与皇权专制的矛盾、改革与意识形态的矛盾。④

  在官僚阶层灯红酒绿、日食万金的奢靡之中,中西部地区则是连年饥荒,"析人骨以为薪,煮人肉以为食"、"掘山中石块而食"(《明季北略》)的惨状。东西部发展的极不平衡以及朝廷昏暗、官僚腐败、贫富悬殊等等复杂因素汇合而形成的重重矛盾之中所导致的李自成、张献忠等人领导的中西部农民起义一呼百应,在短短的时间内,就将朱明王朝给葬送了。"与其说这是李自成的成功,还不如说是朱明政权的自然崩溃比较妥当"(吴晗《论晚明"流寇"》)。但李自成不过是紫禁城里的匆匆过客,张献忠亦如过眼云烟。东北关外的游牧民族很快即入主中原,一时间狼烟四起,民不聊生。值此国破家亡之秋,弥漫在人们心灵深处的便是李泽厚《美的历程》中所说的那种"通过一姓的兴衰,朝代的改易,透露出对整个人生的空幻之感"。李先生一针见血地说道:

落后的少数民族总是更易接受和强制推行保守、反动的经济、政治、文化政策。资本主义因素在清初被全面打下去，那几位所谓"雄才大略"的君主的漫长统治时期，巩固传统小农经济、压抑商品生产、全面闭关自守的儒家正统理论，成了明确的国家指导思想。从社会氛围、思想状貌、观念心理到文艺各个领域，都相当清楚地反射出这种倒退性的严重变易。与明代那种突破传统的解放潮流相反，清代盛极一时的是全面的复古主义、禁欲主义、伪古典主义……

明朝灭亡，清朝专政，长江中下游及东南沿海地区商品经济的发展成就也毁于一旦，中国社会出现了倒退。满清政府入关之后，"扬州十日"、"嘉定三屠"、"剃发令"、"文字狱"种种暴政，也给人们心头蒙上了厚厚的阴影。马克思在《黑格尔法哲学批判导言》中精辟而准确地指出：

> 宗教里的苦难既是现实的苦难的表现，又是对这种现实苦难的抗议，宗教是被压迫生灵的叹息，是无情世界的感情，正像它是没有精神的制度的精神一样。宗教是人民的鸦片。[5]

沉闷、压抑、惶恐、厌倦，悲春秋之易逝，觉人生之无常。从"眼看他起朱楼，眼看他宴宾客，眼看他楼塌了"[6]到"横涂竖抹千千幅，墨点无多泪点多"[7]，从"十年磨剑，五陵结客，把平生涕泪都飘尽"[8]到"早已觉来浑是梦，譬如死去未曾埋"[9]……这岂止是社会的动荡，分明是人心的混乱。没有依靠，没有希望，没有出路，"人生空幻"遂为"时代感伤"，暮鼓晨钟更显佛祖魅力。尤其是面对异族统治的屈辱无力回天万般无奈之际，有志之士纷纷逃入佛门，寻求寄身之地。他们谈禅论道，吟诗作画，又以此作为精神的避难所，或抒发情怀，或排遣忧愤，或直接将笔墨作"投枪"作"匕首"，追怀故国，痛斥清廷，一时之间高僧云集，大师辈出，将佛教推向了新的高峰。破山正是这一时期的杰出人物。

然而，破山又不仅仅是藏之深山独善其身之人。《中国禅宗通史》说：

清初川、黔、滇地区，是全国抗清力量最强，坚持时间最久的地区之一，也是兵荒马乱、社会动荡最大的地区之一。（破山）海明禅系能在这里得到迅速的发展，显然与这种形势有关。

破山出生于西南的四川大竹，为寻求佛法，他不远千里来到东南佛教繁盛之地的浙江，遍访高僧，博采众长。他取法既高，天资聪慧，用功尤勤，很快即为东南佛门所瞩目，被视为光大法门的后起之秀和希望之星。但破山不屑于纷繁错综的佛门争斗，决定远离这热闹的是非之地，毅然还蜀。

由西南到东南，再由东南回到西南，学成归来身负盛名的破山便开始了他在川东梁山的传法时期，这就是佛教史上有名的1633年，西南佛法的兴盛由此而开端："破山海明返回巴蜀传禅三十余年，推动禅学在川、滇、黔的发展"（《中国禅宗通史·大事纪》）。破山渊源于全国佛门中影响最大的天童派，方其回蜀之初，"天童衣钵正在破山"⑩几乎已成共识，换言之，破山堪称当时全国佛坛执牛耳的人物。

1644年，伴随改朝换代而来的轰轰烈烈的反清复明活动，在全国范围拉开序幕。斗争最为激烈，时间最为漫长，伤害最为惨重的又是四川，而川东三峡地区则是这场民族斗争的终结点和落幕处。所以明清的持续战乱以四川为重灾区，川东更是重中之重。"天下未乱蜀先乱，天下已治蜀未治。"人为的战乱和自然的灾荒使这一方土地的人民过着苦不堪言、生不如死的生活。破山身逢其乱，以一个宗教领袖的胸怀，情系生民，关注现实，感化四方，为平息战火、劝人止杀不惜放弃教规戒律，甚至置之生命于度外，因此备受万民景仰。1653年创建双桂禅院，大开法堂，广纳门徒，钳锤子弟，力振宗纲，使得道风大振，双桂堂遂为西南禅宗祖庭，弟子分化四方，中兴佛法，数十年间西南佛教已成燎原之势。以双桂堂得名的"双桂禅系传衍至今，构成了近现代四川及西南汉地佛教的主体"（《四川禅宗史概述》）。从朝廷相国、州县官吏、文人学士、军阀土匪，甚至地痞流氓都趋之若鹜，从破山皈依佛门，寻求精神上的寄托。而南明政权、清朝政府、地方武装、农民领袖种种势力又采取种种手段拉拢破山，以取得社会的认可。破山成为"宰官拜其座下,将军奉其教律"(《破山大师圹碑并铭》)、"上自朝廷,下及委巷,近而中夏,远而外国,罔不闻知"(《破山和尚塔铭》)[11],被尊为"古佛出世"、"小释迦"等称号的大师。因此,破山每到一地,往往出现人们"驰逐瞻仰","争先拜于街市,乃至屠儿亦皆稽首"(《破山年谱》)的盛况。陈垣《明季滇黔佛教考》对破山及其门徒在西南的传法进行了翔实的考证,被陈寅恪称为第一部"完善之宗教史"(见《明季滇黔佛教考·序》)。

从少年时期的"不以诗书为事","自此恒觅佛书",悲观厌世,需要佛祖的"救度";到青年时期浪迹天涯,陶醉在禅悦之中,"极快活,极自在",得以"自度";再到中年时期置身战乱,慈悲为怀,开斋止杀以"度人",由此进入到晚年时期大道圆满的境界。在政治态度上,破山由奉明室为正宗,痛恨农民起义的颠覆,到坚定不移的反清复明立场,再到久乱思治,放弃初衷,将"苏民困"和"启世贤"的希望寄托于清朝政府。其复杂的心路历程、生活感受和思想见解真实反映在他的二十一卷的著作《破山禅师语录》之中。

也是时代玉成了破山海明,天崩地解,世乱年荒,祸福无定,生死无常,明朝大势已去,对清廷的斗争也无异于蚍蜉撼树与螳臂挡车,反清复明无望,雪耻保节难成。而清朝"自入关以后,于政治则取高压之策,凡臣工可互相诋诘,而绝不容有指斥乘舆之语,又不喜人民议政或干与政治"(邓子琴《中国风俗史》)。在这种惶惶不可终日的多事之秋,寻求心灵的净土,获得精神的安慰业已成为人们的普遍心理需求。"安得广厦千万间,大庇天下寒士俱欢颜"。此时此刻的破山,犹如黑夜中的明灯,以其精神的广厦,安抚着千千万万游荡的灵魂。其特殊的意义也由此而突显出来:

首先,兼容并包的思想促使佛门禅学在清初为之一振,再次活跃起来。并一度取代江南文化的地位,成为佛教发展的中心。在文学史上也独领诗歌创作的风气之先,促进了清初诗歌创作的繁荣。破山晚年按照"养育贤才,陶铸后学,继往开来",开办"学业丛林"的宗旨创建的双桂堂,不啻于佛法推广基地与禅学交流中心。他既提倡儒、释、道的圆融共通,比如他说"既从释也又从儒,二教何尝病有无"[12],又坚持禅、教、净、戒的统一,说:"出于口为教,运于心为禅,轨乎身为律，三法一人行"⑬，"信得参禅，即立志参禅；信得念佛，即立志念佛，虽顿渐不同，出生死心一也"⑭；他既主张"修行戒为本"而"无戒不持"，又反对死守戒律，因循守旧，并说："坐禅若得那伽定，酒肆窑房总不妨"⑮。可见其思想之开放；他既运用高深莫测的玄言妙语和棒喝机锋，来启迪禅众，又大开门户，简化佛法教义，鼓励人们只须念佛，便能往生净土。如此种种，作为佛法的集大成者，破山秉承了两宋以来三教合一和明中叶以来个性解放的潮流，但他似乎走得更远，放得更开。无疑，他的这种做法既能迎合文人士大夫的胃口，又能满足中下阶层信众的需求，还能取得官府的认同。同时，又起到了淡化矛盾、解脱痛苦、平衡心态的作用，化悲愤为平静，视变易如寻常，托情怀于空门，而"空门无法不包罗，谁是谁非肯恁么"，"顿脱樊笼到我家，无拘无束混龙蛇"⑯，来去自由，无牵无挂，淡远通脱，众生平等的佛院禅门就是理想的天国与圆满的归宿。于是，前来膜拜破山之人"远近趋风"、"僧侣云臻"、"万指围绕"⑰，例如陈垣《明季滇黔佛教考》所考贵州一省高僧121人，其中破山派就有110人，其他派系或一二人，或四五人。这110名破山的法子法孙都是有诗文和"语录"传世的高僧。而得破山剃度传法的、受其影响的善男信女则无计其数。

其次，息事宁人的态度促使社会尽快结束动荡，顺应历史变迁。破山曾给明朝吏部尚书牟秉素回信说，动乱不堪的局面不是天意而是人为，"实是人之迷甚，痴心作孽，恶之使然，的非天地有灾祸于人者也"⑱。表现出对作恶者的愤慨。面对战乱，他痛苦地叹息："国运何时能太平？"祈求和平的早日到来。他又涉足现实，奔走呼号，与那些手握生杀大权的"将军"、"总兵"们和光同尘，为他们讲解"佛祖因缘"，"说罪福受报，好丑皆以不杀为至德"，教导他们"上帝好生，宜护惜残黎"，从善积德。并以"开斋止杀"的举动发出了"老僧为百万生灵，何惜如来一戒乎"（见《四川通志》、《梁山县志》等）这类震古烁今的语言，给久以麻木的社会以震撼和警醒，唤起那些杀人恶魔的良知与人性，使众多生灵免遭涂炭，曲折地显示了普度众生的佛门宗旨，重塑了佛门高僧的形象。这一事件引起极大的社会反响，众多的史料如嘉庆本《四川通志》、彭孙贻《流寇志》、吴伟业《绥寇纪略》、王士祯《香祖笔记》等竞相记载，既把它作为农民军"屠蜀"

的罪证,又表现出人们对这场杀人游戏的怨恨和对刽子手们鄙视的心态。以后,破山放弃反清复明的政治主张,接受清朝陕西、四川总督李国英的友谊,在给李的诗中有"重开巴国苏民困,再造夔门启世贤"、"人寿同天寿,民安即国安"[19]的诗句,就是表明态度,希望他要治理好这片土地,就得安民苏困,不要再当杀手。清朝多年未能解决的西南归属问题在李国英手里终于画上了句号。而李国英所施行的也正是他所谓的"仁政"。破山在给另一个有爱民如子之誉的达州刺史写信说,你这是"不在做官,乃在做佛也"[20]。对其亲民政策予以表彰。

最后,超然物外的心理又为人们提供了一种可资借鉴的价值取向和生活态度。在破山看来,佛门有广阔的天地和丰富的内容,是非、得失、苦乐、物我,放下即是解脱,在佛在官,出世入世均无区别,只要内心空静,淡泊名利,参透生死,便能获得精神的自由。"做官做佛两忘情,是个无依出格人。今日已经双桂手,锋刀扫尽绝红尘"[21]。破山还以偈为诗,创作了大量的禅意诗,透露出他放浪形骸之外、游心寂寞之中,远是非而亲自然的理想。这些诗淡远清新,空灵通透,意境深邃,追求言外之意,弦外之响,陶然于禅悦之中。无疑给清初在政治高压的形势之下的诗坛开辟了一条出路,在稍后风行天下的"神韵"说诗歌流派(有人认为是与避祸有关),大概不能说与之没有关系。因为破山师徒中间继感时伤世的主题后,已经率先流行这种清空淡远、"脱离现实"的以"不著一字,尽得风流"相标榜的诗风了。

破山还以书法作为"达其性情,形其哀乐"的手段。不拘成法,不假雕饰,横涂竖抹,挥洒自如。因此,受其影响而相与交往的官场中人和耳濡目染的法门弟子,长于此道者,便大有人在,留下了众多的作品传之后世。郭沫若有"丈雪破山人已渺,几行遗墨见薪传"的诗句;启功有"憨山清后破山明,五百年来见几曾。笔法晋唐元莫二,当机文董不如僧"[22]的诗,足见追慕之情。

破山俨然是这一时期或至少是西南这一地区的精神领袖,像进士出身的南明相国吕大器与破山接触后,"两膝不待折而自屈"[23],拜倒在破山门下的例子不胜枚举。吴三桂千里迢迢将精心准备的"凡法座之可严饰者,无不备焉"(《破山年谱》)的全套佛门用品,遣派"专使"送往双桂堂中,表示出与破山的某种联系。"海明在巴蜀传禅三十余年，无论在佛教界还是社会上都产生了广泛影响"，"在巴蜀之外，海明也被视为禅学正宗"㉔。刘道开在《破山和尚塔铭》中感慨道："予何言？师之道德在天下，天下之人能言之也！操履在丛林，丛林之人能言之也！"

清初的几位帝王在世人面前有意无意显示出对佛教的崇尚，尤其是雍正"以禅门宗匠自居"，直接参与佛门内部的争端，"不惜以人天子与匹夫搏"㉕，更反映出清帝微妙的心态。随着朝廷的频频干预，佛门逐渐变为政治的附庸和装点山水的景观，丧失其文化与思辨的意义，成为没有内容的形式和缺乏生气的躯壳了。

《中国禅宗通史》将清初作为"最后的活跃及其终结"，这一判断与陈垣所说的"凡百事业丧乱则萧条，而宗教则丧乱皈依者愈众。宗教者，人生忧患之伴侣也"㉖相吻合。这种活跃，显然是由明末清初在社会巨变的重重矛盾之中，现实与思想的混乱所促成的。陈寅恪在《明季滇黔佛教考·序》中深刻地说："今日追述当时之变迁，以考其人之出处本末，虽曰宗教史，未尝不可作政治史读也。"那么，据此为前提去考察一代宗师破山海明的生活行迹和精神世界，还历史以本来面目，于古于今于后，或许并非是一件没有意义的事情。

注释：
① 见《巴蜀禅灯录》，四川省佛协、省宗教志办编，1992年6月成都出版社出版。
②㉔ 见《中国禅宗通史》，杜继文、魏道儒著，1993年8月江苏古籍出版社出版。
③ 见彭孙贻《流寇志》卷十。
④ 见《明清文化名人丛书》，1998年8月江苏古籍出版社出版。
⑤ 见《马克思、恩格斯选集》第一卷第2页。
⑥ 见孔尚任《桃花扇》。
⑦ 郑燮题朱耷画。
⑧ 朱彝尊《自题词集》。
⑨ 引自陈垣《清初僧诤记》徐心韦《自题》诗。
⑩⑰ 见《破山年谱》、《中国禅宗通史》等。
⑪ 《破山大师圹碑并铭》，朱之俊撰，载入《破山语录》卷二十一。《破山和尚塔铭》，刘道开撰，收入嘉庆《四川通志》、《梁山县志》。
⑫⑬⑭⑮⑯⑱⑲⑳㉑ 见《破山语录》卷六、八、十三、十五、十七、十九。
㉒ 见《论书百绝》，1995年三联书店出版。
㉓ 见《破山明禅师行状》，丈雪撰，收入《破山语录》卷二十一。
㉕㉖ 见陈垣《明季滇黔佛教考》，1962年7月中华书局出版。

第一章 佛心初萌的少儿时期

一、万历朝局

朱明王朝走到万历年间，好比一个病入膏肓的废人，各种问题都凸显出来，百孔千疮，已多有不祥之兆。论明史者习惯称万历朝为晚明的开端，更有甚者（如黄仁宇），则将张居正被彻底清算的看似寻常的万历十五年（1587），作为明王朝失败的总记录。万历皇帝朱翊钧从十岁即位为君，到五十八岁去世，做了四十八年的天子，是明代十六帝中在位时间最为长久的皇帝。将近半个世纪的漫长岁月，给大明江山的影响不可谓不巨大，就朱翊钧本人而言，也是非常的耐人寻味。

黄仁宇先生在《万历十五年》①的《自序》中，开门见山地说："书中所叙，不妨称为一个大失败的总记录。因为叙及的主要人物，有万历皇帝朱翊钧，大学士张居正、申时行，南京都察院都御史海瑞，蓟州总兵官戚继光，以知府身份挂冠而去的名士李贽，他们或身败，或名裂，没有一个人功德圆满"。这些在当时之世具有代表意义的人物的可悲结局，足已说明那是一个充满悲剧色彩的失败的时代。

朱翊钧原本是一个聪明而又早熟的君主，即位之初的十年，励精图治，勤于朝政，使天下出现百废俱兴的繁荣局面。他胸怀大志，好学多思，博览各朝实录史记，常与学士们讨论历史上治乱成败、盛衰兴亡的教训。但这时，朱明王朝的大权由张居正所独揽。张居正既是首席大学士，又是万历的导师和保护人。他精力充沛，手段高强，而且位重望尊，为人严厉。身为皇帝的万历对他虽有不满却又需要，在恭敬中甚至还有几分畏惧，大小事务，均由张居正定夺。久而久之，对他的敬重变成了对他的依赖，皇帝几乎是一个名副其实的装饰品。平心而论，张居正的确是少有的贤臣良相，在朝政的治理、边塞的防范、人才的任用、财税的增收以及他那著名的一条鞭法等等，都有令人称道的政绩。温功义《明代的宦官和宫廷》②评价说："他以尊主权、课吏职、信赏罚、一号令为主导定出了一套办法，用它来铲除官场上的许多积弊"，但是，"这些无往而不利的情况，更让他沾沾自喜，越发把自己看成了个非凡的人物，使他养成了威福自恣，对人或对事常是以自己的喜怒为转移的情况，并且成了个严于责人，拙于律己的人"。张居正实在是太不可一世，以至于他死后还余威不减当年。万历为了迅速从束缚他十余年的"元辅张先生"的阴影里走出，不露声色地导演了一场倒张运动。因大多数官员曾受到过张居正的压制责罚，所以，这场运动一呼百应，很快就成功了，另一个制约皇帝的显赫人物冯保也被驱赶出京。

张居正倒了，冯保被赶了，万历却有了新的困惑。《万历十五年》说："他摆脱了张、冯之后，所得到的自主之权仍然受到种种约束，即使贵为天子，也不过是一种制度所需要产物。他逐渐明白，倒掉张居正，真正的受益者并不是他自己"。他所依靠来治理天下的群臣百官，是一个庞大的阵营，如一个神秘的网络，有一种惊人的力量，他们虽然在皇帝的金銮宝座前俯首跪拜，却有无法抵挡的魔力使皇帝听从摆布、丧失个性从而受到愚弄变得昏庸，乖乖地进入到那一整套的游戏规则之中，彼此彼此，相融相洽。其实，张居正之所以遭到齐心协力的清算，就是因为他胆敢跳出这个神秘的圈子，触犯大家的共同利益。从这个意义上讲，万历帝在这出倒张的戏中，充当的不过是一个被人利用为人服务的丑角。

对朝廷之中复杂而又单调的斗争，烦琐而又疲惫的事务，万历帝失去了最初的兴趣和信心，尤其是爱妃郑氏所生的朱常洵在群臣们各种方式的干预中，不能如愿以偿地被立为太子后，他更是心灰意冷。对生活的厌倦，使他懒于朝政，不思进取，更用贪图享乐、沉湎酒色来发泄私愤。明朝像只无头苍蝇，呈现出茫然无序的状态，一时内忧外患，矛盾迭起，天灾人祸，层出不穷，万历皇帝朱翊钧也从此留下了一个"昏君"的骂名。就世风而言，由于城市化和商业化的逐步形成，奢靡之风弥漫整个社会，礼越制、去朴从艳、弃俭求奢，从富贵簪缨之族到寻常巷陌人家，讲排场、绷面子、摆阔气成为时尚。这一方面刺激了商品经济的发展，冲击了封建伦理和等级观念，而另一方面，因富者对贫者的搜刮更加肆无忌惮，以保证高消费之所需，却增大了广大民众的负担，动摇了社会的稳定，导致了思想的混乱。阶级矛盾日益激化。

长时间以来，君主荒怠，宦官擅权，党争激烈，盘剥加剧，各种制度均缺乏应有的约束效力，道德失范，管理失控，官场失态，这种状况像瘟疫一样，很快在全国蔓延开来，于是百官旷职，国事日非，政治形势急遽恶化。明朝开国功臣刘伯温，当初曾撰文痛斥元朝末年政治的种种腐败已不可救药，谓其："盗起而不知御，民贫而不知救，法斁而不知理，坐縻廪粟而不知耻"（《卖柑者言》）③，相比之下，明朝末年则有过之而无不及。如《明史》所称："臣僚之党局已成，草野之物力已耗，国家之法令已坏，边疆之抢攘已甚"（《李自成传》）。那么，它末日的到来又会有多远呢？

四川的情况更为糟糕，土地兼并十分严重，贫富悬殊，连年灾荒，使得这个相对东南来说的经济欠发达地区，阶级矛盾更加尖锐，社会危机非常突出。万历二十四年（1596）后，朝廷派出的矿监税使形同疯狗，强征暴敛，收取苛捐杂税，及至买卖柴火、蔬菜都要上税。《四川简史》④说："从万历到崇祯，四川灾荒连年。一六一〇年，全蜀荒旱，殍死无数，赤地千里，城野半空。一六一八年，荣水忽涨十余丈，田庐漂没，颗粒无收。明朝晚期，四川人民在重重压迫下，过着痛苦的生活"。这一时期，兵变和暴乱也不断发生，最为突出的就是播州（今贵州遵义）宣抚司杨应龙的武装叛乱，时间长达六年，横行区域广及川、黔、鄂等地。叛军烧杀掳掠，无恶不作，给人民造成了极大的灾难。

一代宗师破山海明（1597—1666）就诞生在这样一个混乱的年月。正如他后来所言："予生不辰，处于恶世"（《破山明禅师语录》，以下简称为《破山语录》）。破山海明即蹇栋宇的生年——万历二十五年（1597）——正是杨应龙的叛军最嚣张的时候，也正是万历帝刚刚走完他为君一半的路程，前面的24年已经播下了足够的混乱与动荡的种子，以后的二十四年他仍将"播种"并营造其所需的土壤与气候。这样的时代与蹇栋宇日后的人生道路，有着不可分割的联系。

二、家族渊源

这是万历二十五年（1597），农历正月二十一日的午时，四川东部偏远的大竹县里一个偏远的乡村，春寒料峭，冷若冰霜。但一个小生命的降临却给一个并不殷实的家庭带来了无限的生机，这不仅因为初生儿是男婴，更因为从怀孕到出生，均有非同寻常的迹象出现，《梁山县志·艺文志》说其"母梦日出而生"，且生得"眉目挺秀"，仪表不凡。但《四川通志》说其"母妊十五月而生"（《海明传》），显然不足为信。家中男主人姓蹇名宏，与妻徐氏虽然早已有了一个儿子，但似乎并无多大造化。蹇宏满腹的心事，有志不能伸，只落得个老大徒伤悲的尴尬。次子的出生便令他大喜过望，所以为儿子起名为"栋宇"，寄希望于他日后光耀门庭，重振家声。

按《双桂破山明禅师年谱》（以下简称为《破山年谱》）所载，"姓蹇氏，本渝州忠定公后裔。"又据《破山和尚塔铭》："俗籍渝城，移之大竹。元勋奕叶，相传蹇忠定之裔孙；古佛因缘，人说昭觉勤之转世"。再据《破山明禅师行状》等，均称其为"渝州蹇氏族也"。渝州蹇氏即明初大学士蹇义一族。自蹇义后，"元勋奕叶"，世代为官，虽享尽荣华富贵，却难免有衰落的一天。更有甚者，有的还流徙到了异地，蹇宏便是其中沦落在大竹的一个。难怪他望子成龙心切，原来大有深意存焉。

据《明史·蹇义传》⑤载，"蹇义，字宜之，巴（今重庆市）人，初名瑢。洪武十八年进士。授中书舍人，奏事称旨。帝问：'汝蹇叔后乎？'瑢顿首不敢对。帝嘉其诚笃，为更名'义'，手书赐之。满三载当迁，特令满九载，曰：'朕且用义。'由是朝夕侍左右，小心敬慎，未尝忤色"。中书舍人是皇帝身边的近臣，历代地位颇高，而洪武皇帝朱元璋更垂青于这位姓蹇的四川人。那个集"圣贤、豪杰、盗贼之性，实兼而有之"（赵翼《廿二史札记》）的老皇上是历代皇帝中出身最为低贱的帝王，虽然寡文少墨，自幼与僧侣流民为伍，后来出生入死，于马上得天下，但蹇叔哭师之类的典故也还是耳熟的，况且蹇姓之人历来就少，便很容易从眼前这位能言善处、年轻老成的蹇舍人而联想起战国的蹇叔。加上这时天下

四川大竹破山出生地，林木丰茂，山水清寂。

已定，胡党已除，皇位已稳，心情自然就好，便兴之所致地与臣僚相戏。但蹇舍人冷不防被这一问，有些不知所措，只好鞠躬顿首，缄口不语。皇上见他诚实谦恭，越发器重，乘兴要为他更名，说"宜"不如"义"好，就叫蹇义吧，并手书二字以赐。天子赐名已属难得，而且以"义"字相赠，就更非寻常了。自孔孟以来，"义"是作为人的行为选择的最高标准。——这或许是皇上的一次偶然行为，但蹇义之大名则足以远播了。

从南京到迁都北京，从洪武到建文、永乐、洪熙、宣德、正统，蹇义受到六位帝王的礼遇，尽享高官厚禄。尤其是"从永乐到宣德"年间，蹇义几乎成为"朝中主事"的人物⑥，权倾朝野。同另一位名叫夏原吉的重臣"齐名"，"中外称曰'蹇、夏'"，其中，仁宗帝为彰其德，特赐银章一枚，又赐御书道：

> 曩朕监国，卿以先朝旧臣，日侍左右。两京肇建，政务方殷，卿劳心焦思，不恤身家，二十余年，夷险一节。朕承大统，赞襄治理，不懈益恭。朕笃念不忘，兹以己意，创制"蹇忠贞印"赐卿，俾藏于家，传之后世，知朕君臣共济艰难，相与有成也。（《明史》卷一百四十九）

这真是荫及子孙光被九州的恩赐了。到了宣德年间，皇帝又赐予印文为"忠厚宽宏"的银章一枚，并为其营建新第于京城文明门内。正统元年（1436），蹇义无疾而终，享年七十三岁。新即位的皇帝"赠太师，谥忠定"，后人遂以忠定公相称。"子（蹇）英，有诗名，以荫为尚宝司丞，历官太常少卿。孙（蹇）霆，成化乙未进士，由侍御出为宪佥……"当此之时，其家族在原籍重庆就堪称首屈一指的望族，号称"蹇半城"。据《重庆市市中区志》载："重庆市中区天官街、蹇家桥、蹇家巷都以蹇义的官名或姓氏命名的。"

这种家庭往往会枝繁叶茂，很快兴盛起来，变成一个庞大的家族。但天长日久，盛极而衰又是难以逃脱的命运，部分分支甚至整个家族中落破败、一蹶不振都是十分正常的事情。

然而，毕竟是曾经有过如此辉煌的家史，作为裔孙的蹇宏不能不自觉惭愧，但他从未甘于沉沦，在无力回天的情况下，苍天有眼，再添一儿，来寄托他终生的希望，成就他的未竟之业。但儿子蹇栋宇日后所走的路，和父亲大人的想法，竟是如此的大相径庭。

三、少儿生活

大竹县位于四川东部的平行岭谷区内的浅丘地带，又称"竹阳"，"邑界多产大竹为名"（《四川通志·舆地志》），它"南引巴（山）渝（水），北连通（州）达（州）"，"川据渠（江）渝（江）之上，陆当夔（州）达（州）之冲，近拥四阁以巍峨，远拱三山而腾赴"。这里四季分明，气候温和，因地处偏远，群山阻隔，所以，也是一个非常封闭的地方。

根据《破山年谱》的记载，蹇栋宇在父母的悉心照料下，渐渐长大。他"形貌端正，七处平满"，有一副人见人爱的相貌。"只是终日不语"，直到过了六岁的年龄，依然未能像一般儿童一样发音说话，这不能不让望子成龙的父母伤透脑筋，——大概是哑巴无疑了。

在长到七岁的时候,偶然听到邻居有人念诵佛家的《金刚经》,至"若以色见我,以声音求我,是人行邪道,不能见如来",小小的蹇栋宇突然张嘴说话,"随声学诵"起来。父母惊喜交加,兴奋之余,奔走相告,说"我子说话了也",识者曰:"此儿不可测。"

天生聪明的蹇栋宇一旦说话,让人倍觉乖巧和机智。第二年父母便把他送进了乡校,目的是要他走"学而优则仕"的道路,通过科举来达到先贵后富,富贵荣昌的目标。当时当地,乡下孩子读书的绝少,这一方面说明蹇宏对儿子寄托的厚望;另一方面也可看出,蹇家大约还算得上温饱有余的中产阶层,但也仅此而已,他是没有实力将先生请来做家塾的。

乡校的功课对蹇栋宇来说,绝非难事,他具有独特的领悟和惊人的记忆能力。课余特爱提笔写字,尤其喜欢写一竖一短横底下再加一长横的"上"字。这似乎是他日后生活的预兆。到十岁那年,偶然遇到一个僧人给人讲解"世出世间法",引起他浓厚的兴趣,比起乡校那些枯燥的诗云子曰和八股文,生动何止十倍。于是,他四处寻找,弄来一些佛家图书,独自阅览。当然,这只是兴趣的使然,对于那些深奥莫测的玄言妙语,他或许似懂非懂,或许根本不知所云。但冥冥之中,却养成了他有别于其他人的心性,一种莫名的孤独感愈来愈强烈了。他开始用另一种眼光来看待身边那些呆头呆脑苦读死书的同学,看待满口之乎者也的教书先生;他开始觉得自己生活的地方,原本就是一个没有自由、没有欢乐、没有生机的无聊之地,一个禁锢身心的牢笼。——心灵深处,他已开始了对人生的思索。

父母大概警觉到了蹇栋宇的异常,便自行做主,早早地包办成就了他的婚姻大事,好让他在修身齐家治国平天下的规定程序中明白自己的责任,这时他只有十三岁。

家庭生活又岂能限制蹇栋宇的思想,他入不去安家理财,出不去应酬世务,只是一味地放浪不经,任其个性的发展。父母煞费苦心,为他提前完婚,成家立业,志在丕振家声,结果反而让他过早地厌倦了太现实,太烦琐,也太无聊的世俗生活。父母真是无可奈何了,责骂道:"汝不理家务,他日不知成个什么人。"他却不以为然地答道:"看那泥塑木雕的佛,尚有许多人供养,何况男子志在四方,乌可限定耶。"

四、早结佛缘

时值塞栋宇十四岁,即他婚后的第二年,其"父母相继而背"。双亲的去世有点事出突然,这不啻是晴天霹雳,他"偕兄哀痛迫切,尽殡葬之礼"。从此,他行径更加怪异,或痛哭流涕,或静坐默想,或长吁短叹,或孤行独往。他原本体质虚弱而多病,天生营养不良,十八岁那年,几次徘徊于生死的边缘,终日僵卧病榻,总是思绪不断。他早已无心于科举入仕与发家致富了,什么齐家治国,什么经邦济世,什么功名利禄,与他是那样的渺茫和空泛,也是那样的无聊而无谓。他不想亦步亦趋,皓首穷经,去落得范进中举的悲哀。这时,他只想活得自在轻松,活得符合己意,出家的想法油然而生。按照传统观念,父死则长子为父,所以他"每以出尘之念白兄",表明态度,以期征得同意,而"兄不许"。兄长的反对没有理由又理所当然,但他既然心有所属,因此,其"志终亦不改"。

这期间,他常常独自出游,"远涉名山大川,一日忽归,遂将妻室安置毕,兄以师(塞栋宇)为不肖,视如路人,师愈喜游历,更不思归"。按说来,他"亦曾娶妻而生子"(《破山明禅师行状》),已经为人之父,更应慎重行事,特别是出家之事尤其须权衡再三。按他日后的生活态度,他绝非是游手好闲,没有责任感的人。可以说,他的出家是为寻求思想的解放与灵魂的皈依,从而逃避科举的痛苦与世俗的束缚。根据《破山年谱》分析,还在乡校时,他就"不以诗书为事";"自此恒觅佛书","但喜多书上字,先生每加督课……仍书如故"。这分明是"以孔子之是非为是非"的潮流之中异端的典型,一个黄毛小儿,其言其行,也大有嵇夜叔似的"非汤武而薄周孔"的性格,他真正有些无法无天了。

无论是兄长的反对,还是乡邻的白眼,对塞栋宇来说,都无所谓了,他放浪于山水之间,数十年以后,他还记忆犹新,"尝语侍者曰:我在家时已作行脚僧了"。

另据《破山语录》卷二十一《行实》中他的自述:一日,他行至一只小庙,"见壁间有《志公禅师劝世歌》[7],予读至身世皆空处,不觉堕泪如雨,将从前恩爱等事，一时冰解"。《志公禅师劝世歌》里面有"南来北往走西东，看得浮云总是空。天也空，地也空，人生杳杳在其中"、"田也空，地也空，换了多少主人公"、"妻也空，子也空，黄泉路上不相逢，夜静听得三更鼓，翻身不觉五更钟。从头仔细看将起，便是南柯一梦中，不信但看桃李树，花开能有几时红。直饶做到公卿相，死后还归泥土中。身归土，气随风，一片顽皮裹臭脓"的句子，因此，使他越读越感到自己身心俱无，轻飘飘地犹如天边浮云，刹那间风吹云散，只落得空空如也。什么生与死、苦与乐，什么名和利、贵和贱，不过是泡影般没有意义的一场空，蹇栋宇号啕大哭之后，心里反倒有一种超然的空静和异样的轻松。"至夜获一梦，如四山相逼，中间只有一路，有一僧对予诵偈云：欲脱娑婆出苦廛，急须精进莫贪眠，声声只把弥陀念，自有莲华托上天。诵毕不见"；"当夜醒来，自此一心念佛，志愿出家"。佛家弟子，特别是禅门中人，从某某大师处或某某佛经中，突然接触，便"一闻言下大悟"的例子举不胜举，就是寻常人也有因某一句话而影响终生的事情。蹇栋宇所受《志公禅师劝世歌》的影响自不必说，他已然由一个佛门的徘徊者，变为"志愿出家"的皈依者，就是在他游学江南成名之后，路过南京，还去拜谒志公禅师的道场，并咏诗遣怀以记之，这当然是后话了。

蹇栋宇早"闻姜家庵大持和尚精严戒律，高志有德"，于是便慕名前往，大持和尚见他生得"志气轩昂，英姿出类，命名'海明'，号'旭东'，如日轮东升，照天照地之意"（《破山年谱》）。但指派他从庵中"容光长老为徒"。

从此，"海明"便开始了他的佛门生涯，这是万历四十三年（1615），他十九岁。

注释：
①《万历十五年》，黄仁宇著，三联书店 1997 年。
②《明代的宦官和宫廷》，温功义著，重庆出版社 1991 年。
③ 刘伯温《卖柑者言》。《中国历史文选》，北京出版社 1980 年。
④《四川简史》，陈世松主编，四川省社会科学院出版社 1986 年。
⑤《明史》卷 149。
⑥ 参见温功义《明代的宦官和宫廷》第 37—68 页。
⑦ 志公禅师：南朝梁僧，法名保志，或宝志，俗姓朱，金城（今甘肃兰州）人。有《劝世歌》、《因果经》等。

第二章 漫游求学的青年时期

一、上下求索

姜家庵只是在大竹算得上香火较旺的庙子，海明感兴趣的佛教经籍十分有限，唯一能够讲经说法的大持和尚在海明来后"不上数月"即已圆寂西去了。容光长老的学识见解远远不能令他的这位弟子安心于庵中，这时，偏逢比邻的邻水县"延福寺慧然法师讲《楞严经》"，海明向容光告辞后，欣然前往，"听经至'一切众生皆由不知常住真心，性净明体，用诸妄想，此想不真，故有轮转'处，自谓我出家原为生死，生死岂不是轮转意。若不受轮转，毕竟要知常住真心，则不受轮转，则不惧生死。如此将十卷《楞严经》熟读一过，在七处征心，八还辨见文中恍有入处，只是一味道理印证。又闻达摩西来，不立文字，直指人心，见性成佛，谓之教外别传。此旨幽微，卒难玄会"。一天，海明趁众人散去，院落空静之时，单独到内室向慧然法师请教。法师见年轻人有志于学，喜不自禁，便耐心而细致地给他讲解楞严大义，并"以因缘譬喻，种种开示"，不料这位学生太刁钻了，几番问答论辩，平日头头是道的慧然竟乱了方寸，不知所云。海明从内室出来，"只是不决其疑"，唯有摇头苦笑，这样以其昏昏又岂能使人昭昭？心头的疙瘩无法解开，第二天，他留下一首偈子，便扬长而去：

我为生死来出家，何须更算海中沙。
无常杀鬼卒然至，锦绣文章乱似麻。
（《破山语录》卷二十一）

带着满腹的疑惑，海明走出延福寺，四顾茫然。大持和尚业已作古，姜家庵

破山乘舟过夔门，只身出川。

已没有回去的必要，家乡也无须留恋了。他不是委身佛门混碗饭吃的流民，也非躲进深山自得安逸的闲人，他之所以出家，就是要超越人间的琐屑，解脱世俗的烦恼，证明宇宙人生的真理，况且究理穷源是他与生俱来的心性。天高地迥，日白云黄，他相信定有高人能拂去他心头的迷云。

为寻求大法，二十出头的海明背负行囊，只身"瓢笠出川"，走出了四围高山的巴蜀。

他且走且停，寻师访道，来到荆南（今属湖北），偶然间认识了一位和他一样浪迹天涯的僧人，相与结伴而行。正值苦夏时节，当他们走到"蕲水吴王庙"时，海明不幸"患痢疾，同行别去，无人相顾"，正在举目无亲，孤苦难耐时，吉人自有天相，"偶有居士张棱溪者，见师（海明）虽病，眼光射人，遂延至家中，以药调理三月余，病愈及辞谢"（《破山年谱》）。

辞别恩公张棱溪后，海明迈步向黄梅破头山走去。

二、破头山上

海明"行至黄梅破头山，见泉石幽深，遂缚茅屋"。这里远非昔日所游的各处道山可以比拟。这是他心仪已久的圣地，是六祖慧能的求法得道的地方，是远近游僧聚集的所在。海明寓身山间，终日"草衣木食"，夜以继日，攻读佛教典籍，并用心领会其中玄而又玄的奥妙。

破头山亦称破额山，因为禅宗四祖道信、五祖弘忍、六祖慧能的关系，初唐以来即已名标史册，成为禅宗事实上的发祥地。据佛教文献记载，四祖道信在破头山建立禅宗门庭时，一位栽松老人对他说：可以为我传法吗？道信大师说：你太老了，即使能够了悟佛法，也只能自了而已，不能担当弘法的大任，你若真有此心，转世再来，我可以等你。栽松老人听后扬长而去。过了些年，道信出游归来，仍住破头山，一日偶去黄梅县，见一小儿"骨相奇秀，异乎常童"，便问他：你姓什么？小儿答道：姓即有，不是常性。道信追问道：那是何姓？他说：是佛性。道信再问：你没有姓吗？他说：性空故无。道信心中默然，知其必是前番栽松老人，便找到他的家里，乞化出家，他"父母以宿缘故，殊无难色，遂舍为弟子"，道信大师便为他取名叫弘忍。弘忍开创东山法门，成为得道高僧，被尊为五祖。又过了许多年，新州（今广东新兴县）人氏慧能因慕弘忍之名，投奔破头山来。慧能三岁丧父，以卖柴为生，不识文字，但对佛法独具悟性。来破头山的路上，有一个叫无尽藏的比丘尼因学《涅槃经》生疑向他请教，先问字，他说：字即不识，义即请问。无尽藏说：字尚不识，曷能会义？慧能答道：诸佛妙理，非关文字。于是受到大家的钦佩。慧能初见弘忍，弘忍问他哪里人，来求什么？他说是岭南新州百姓，来求作佛。弘忍说：汝是岭南人，又是葛獠，若为（如何）堪作佛！他说：人虽有南北，佛性本无南北。葛獠身与和尚不同，佛性有何差别？弘忍暗自惊诧而又不露声色，只教他在寺内随众作劳役，踏碓舂米。数月之后，恰逢弘忍考察弟子们的学问功课和佛法心得，以便确立弘扬大法的接班人。考察内容就是让大家各作一佛偈，以见心性。首座弟子神秀先作一偈道：身是菩提树，心为明镜台。时时勤拂拭，莫使惹尘埃。弘忍见了，认为"未见本性，只到门外，未入门内"。慧能对神秀的偈子也不以为然，但他不识文字，于是便请人代书了他作的佛偈："菩提本无树，明镜亦非台。本来无一物，何处惹尘埃"。众人见后莫不惊讶，弘忍也深以为然，为避免惹起风波，便叫慧能深夜入室，为其传法，并付法衣，定他为第六祖。慧能为避争端，星夜下山，隐遁于四会、怀集一带十余年。后至广州法性寺,偶值风吹幡动,为风动或幡动引起辩论,慧能走向前说:"不是风动,不是幡动,仁者心动。"全场大惊。后来慧能在曹溪大倡顿悟法门,一改他师父师祖静坐、观心、摄心的传统方法。并主张不立文字,教外别传,直指人心,见性成佛,用通俗简易的修持方法取代烦琐的义学。

这些公案综合了《景德传灯录》、《五灯会元》、《六祖坛经》等资料,佛门史料中夸大其词,穿凿附会者多,但慧能名为禅宗第六祖,实为禅宗创始人则是世所公认的事情。海明之所以跋山涉水,奔破头山而来,恐怕与前面这几位祖师不无关系吧!

海明在破头山中一住便是三年。几位祖师创造的辉煌历史,使得从各地前来参拜学法的禅人游侣自然不少,大小寺院的藏经藏书应该说也十分丰富了。海明从偏远的川东而来,大可一饱精神的饥渴,三年下来,不用说佛门要典,即使古人"语录"、"公案"之类,也早就烂熟于胸。但往往学识的积累到了一定的程度,思绪不畅的痛苦也会随之而来。虽然海明素有读与思并重的学习方法,但贪多嚼不烂也会引起消化不良,学问不能打通,好似身陷迷魂阵中不能自拔,当然苦不堪言。

据《破山语录·行实》所述,这时,他感到了空前迷惘,要想借助前辈大师来解决,但"每看古人公案、语录,一发如银山铁壁一般"、"只是胸中厮结不开,昏沉散乱",他从来就是不肯服输的人,他内心发誓道:"若不明此事,终不落此山。"海明决定从头开始,把各种佛书禅话统统撂在一边,将南宋高峰原妙的《高峰语录》为旨归,"以七日为期,刻期取证"。高峰认为,"千疑万疑,只是一疑",这"一疑"就是"一归何处"。只有解决了这"一疑",就是成佛成祖,绝对自由。高峰说:"大彻底人,本脱生死,因甚命根不断?佛祖公案,只是一个道理,因甚有明与不明?大修行人,当遵佛行,因甚不守毗尼?"(《高峰原妙禅师行状》)这就是他著名的"三关语",其中心是引导人们参透生死和解脱生死。

当时依他法子做了四五日,两眼昏花,脚手无力,行路似云浮空也。不惊恐,不怕怖,只是这些无意味的语疑不自决,如有气死人一般。一日发极

湖北黄梅破头山乃破山早年参学得法之地,山中的灵润桥为元代建筑,今日可见岁月沧桑。

到万峰悬岩上立定,自誓云:悟不悟,性命在今日了。辰时立起,立到未时之际,眼前惟有一平(坦)世界,更无坑坎堆阜,意欲经行,不觉堕落岩下,将足损了一损。至夜翻身忽痛,有省。密举从前所疑所碍者,如获故物。方放身睡到天明,高声叫云:屈屈。有一居士诣前云:师父脚痛么?予以劈面一掌云:非公境界!(《破山语录·行实》)

定下期限,不成功则成仁,这种自我较劲的方式犹如给自己下最后的赌注,实在是置之死地而后生的做法,它在世俗生活中亦被人们普遍应用,作孤注一掷的打算。而那种苦行僧的做法在古印度就很流行,僧侣用饱尝身体的痛苦——甚至自残,去忘却精神的痛苦,以求得觉悟。不过,海明所坠落的悬崖大概不会太高,否则便性命难保。人们的生活往往太寻常,寻常的生活往往缺乏刺激,而每当性命攸关,生离死别之际,人们对人生的认识就往往会超乎寻常。海明横卧禅榻,腿的痛苦自然免不了,但生死事大,亦将置之度外,它又算什么呢?他似乎已走出"山重水复疑无路"的迷宫,置身"柳暗花明又一村"的地步,前面就是"别有天地非人间"的境界,他只觉得以前那些翻来覆去,百思不得其解的问题其实都是不成问题的问题,烦恼与挂碍跑得无影无踪,心里犹如桶底打脱一样的空净,身体犹如包袱放下一样轻松,他不再迷信佛祖的教条,不再执着大师的理论,也不再限制自己的思想。于是放身睡去，直到日上三竿，还放肆地大叫"哎哟"，那位不识相的居士以为他真的疼痛难忍，前来问询，当然此之所谓痛已非彼之所谓痛，海明将他轻轻推开，说：你不懂。多年以后，弟子们对此事还津津乐道："悬岩失足脚头轻，掷地惟闻痛快声。更有樵人来借问，迎风一掌罢南征。"(《云山燕居申禅师语录》卷四)

"悬崖敢撒手"、"肉体下降，灵魂飞升"，这类证悟方式在佛门不算少数，各有奇异之处。海明所受的只是并无大碍的皮肉之苦，百日之内即完好如初。①

无论是为纪念破头山三年学法的经历，抑或是调侃自己破壁落山的举动，从此，他便有了"破山"这个法号。后来有人认为破山身为明朝遗民，见国家破灭，山河易主，故自号"破山"，承"国破山河在"之意，以唤起民众反清复明的斗志。破山长用此号，也许会有这方面的意义，对世人以表暗示和警醒，但毕竟只是一种巧合，"破山"法号的使用却早在明亡的二十余年之前，则是毋庸置疑的。

破头山间三年的清苦生活对他来说，不异于脱胎换骨。草衣木食，孤灯夜雨，使他的学识更系统，眼界更宽广，思想更丰富了。这为他日后参拜各山的大德高僧作好了充分的准备。破山对破头山念念不忘，后来应一徒儿之请所作的诗，极为写实地道出了他当年的生活状况：

> 曾住破头山，尪羸甚不堪。
> 口唇犹剥枣，病面若藏柑。
> 榾柮火供暖，褴毵衣避寒。
> 龙天推出世，留与在人间。

(《破山语录》卷十七)

其实，此时的破头山早已今非昔比，虽僧多庙广，但"流水落花春去也，更无消息"。没有什么杰出人物了，除自学自参佛法之外，在史料中找不到破山结识禅友、参拜高僧的记载，大概是他认为没有参拜结识的必要，或即使参拜结识过，而没有留念和记载的必要。——佛门的重心已转移到了东南，那里才是明末高僧云集之地，当然，它即将会成为破山下一个目标所在了。

刚刚走下破头山的破山，匆匆向东方走去。面对群山的耸峙，他似乎毫无惧色。这个四川来的乡巴佬，俨然是一个自去自来，不古不今，脱洒出尘，笑傲云天的狂人。幸好禅门之内，桀傲不驯早有先例，喝祖骂佛也是古已有之的传统。

三、大师门庭

自万历以来，禅宗扭转了明朝中叶下衰的颓势，高僧林立，各阐其宗，其流行的中心，也是当时士大夫阶层营党结社最发达的东南地区，由于派系之间争论激烈，亦显示出思想开放，百家争鸣的景象。云栖袾宏、紫柏真可、憨山德清、藕益智旭被人们称为"明代四大高僧"，但事实上影响更大更远的除云栖、紫柏、憨山外，当推临济宗传人密云圆悟和曹洞宗传人湛然圆澄。陈垣《明季滇黔佛教考》说："自万历后高僧辈出，云栖、紫柏、密云、湛然各阐宗风，呈佛教复兴之象"。总之，"从明万历（1573）到清雍正（1723），禅宗打破了以往的沉寂，重新活跃起来，形成了它在中国封建主义历史上最后一个兴盛期"。（《中国禅宗通史》）

破山身逢其盛，使他有机会在早年就能够往来于各个大师之间，呼吸视听，受其感染，得其神髓。天启二年（1622），破山二十六岁，他马不停蹄，一年之内就参拜了憨山德清、无异元来、闻谷广印、雪峤圆信四位在佛教史赫然昭著的大师。

憨山德清（1546—1623），四大师之一。他虽是禅门宗匠，却不受一宗一派之拘束，倡导禅净双修，致力于华严，对参禅念佛，有独到的见解："所云坐禅，而禅亦不属坐。若以坐为禅，则行住四仪又是何事？殊不知禅乃心之异名，若了心体寂灭，本自不动，又何行住之可拘？苟不达自心，虽坐亦剩法耳。定亦非可入，若有可入，则非大定。所谓'那伽②常在定，无有不定时'，又何出入之有"（《梦游集》卷十五《答许鉴湖锦衣》）。他还主张儒、释、道三教的调和，说："为学有三要：所谓不知《春秋》，不能涉世；不精老庄，不能忘世；不参禅，不能出世"

第二章　漫游求学的青年时期

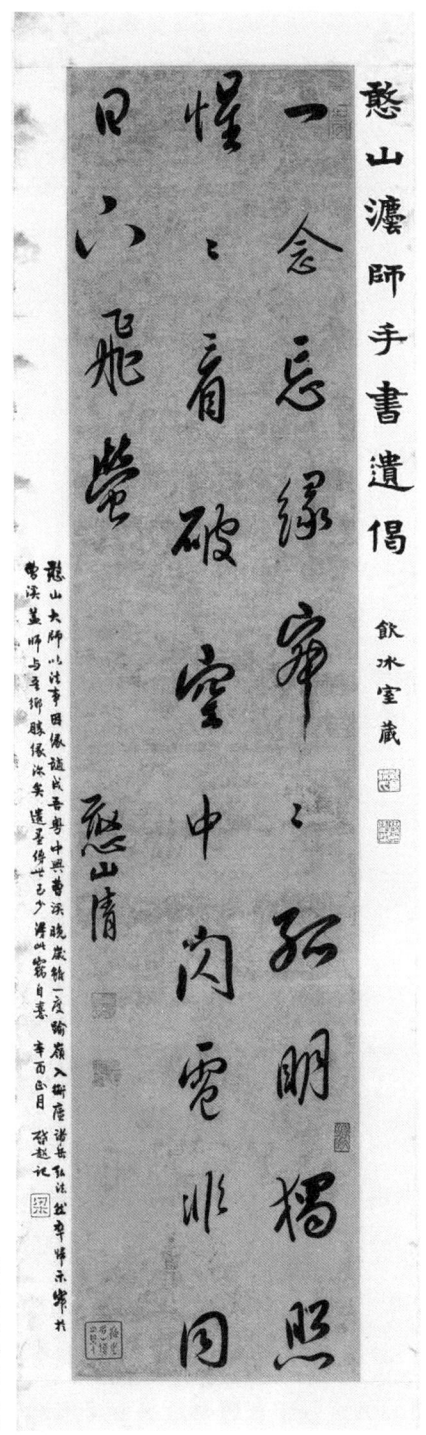

憨山大师行书立轴

(《梦游集》卷十九《学要》)。憨山博通内外之学,一生很有文名,诗文书法堪称高手,当时士大夫钱谦益、董其昌、屠赤水等对他也非常敬重。

憨山一生著述甚丰,文章盖世,而其人尤为当世所尊崇,钱谦益所撰《憨山大师庐山五乳峰塔铭》说:"是故读师之书,不若听师之言,听师之言,又不若周旋瓶锡,夷考其生平,而有以知其愿力之所存也"。又说:"惟师夙乘愿轮,以大悲智入烦恼海,以无畏力处生死流,随缘现身应机接物"。

破山前来参拜之时,正是大师圆寂的头一年。前几年,他去了广东、湖南等地;又在杭州云栖寺为袾宏写了《莲池大师塔铭》,这时各地僧徒领袖集会西湖,欢迎他的光临,盛况一时;后又被弟子们迎往苏州、常熟等地说法,真是萍踪鹤影,无法安身。他八年前过九江时,曾登庐山,爱其环境的幽寂,心有终老其地之意,现在九江的弟子们在庐山下专门为他营建了一所道场,迎接他的到来,他来后即为之命名为"法云寺"。破山便是在这里参拜了这位心仪已久的大师,这时大师已是七十有七的高龄了。

《破山语录·行实》记载:

> 参憨山大师,问:"经中道:汝身汝心,皆是妙明真心中所现物,如何是妙明真心?"师云:"一切智,清静无二,无二分无别无断,故云云。"予曰:"大师方便,无不了了,当时世尊为何不与阿难说破,直教阿难但将此心微细揣摩者,何耶?"师云:"无非要他自去理会。"予曰:"'理会'即不无'要',且不是祖师西来意。"
>
> 拂袖便行。

憨山大师不能令破山满意,并不是憨山无力应付破山,而是双方的路数不同,难以默契。破山的离开亦非破山傲视憨山,十余年后他离浙还蜀,带回的书籍中就有《憨山禅师语录》,其思想也不无憨山的影响。

破山离开法云寺,转身东南,到了上饶,上博山参拜无异元来大师去了。

无异元来(1575—1630),提倡禅净无二,说:"十万亿刹之外,不出一心"

(《无异元来禅师广录》),成为卫护净土信仰的代表,他又受天台宗坐禅观想的影响,平生持戒很严,注重禅修实践的作风。

方其晚明之际,禅门兴盛之时,由于文人士大夫的普遍介入,僧人往往无视佛门清规,元来戒律森严,门庭规范,故深负重望。他早年即住博山能仁寺,后往江苏和福建等地传法,当他重返博山时,"朔既燕都,南尽交趾,望风而止(至)者,数以千计"(《博山和尚传》)。破山即是这时"望风而止"的其中一人,但他的参拜仍然是失败的。

破山到了能仁寺无异元来大师的座下:

> 问:"学人从偏位中来,请师向正位中接。"师即默然,予礼一拜,出方丈,云:"千里闻名,老大一个善知识,被我一问,只得口哑。"傍僧云:"还是你不会和尚意。"予与一掌云:"这掌要方丈和尚吃。"
>
> 一日,因论警语,谓疑情发得起发不起,每有十条,予曰:"甚不堪刻。"师闻之,摈之出院。(《破山语录·行实》)

破山所提出的"学人从偏位中来,请师向正位中接"的问题,即是曹洞宗著名的"五位"说,它包括正偏五位、功勋五位、君臣五位、王子五位等四种形式。按曹洞宗创始人本寂的说法,"正位即空界,本来无物;偏位即色界,有万象形"。其实,它就是表示"空"与"色"之间可能存在的五种关系。这是曹洞宗流传已久的家风,而这里的无异元来嗣法于无明慧经,属于禅门内曹洞宗一派的人物,因此,破山要用这一套东西作为话头请教他,但他"默然"地没有反应,使破山大为不满。

看来,经过破头山间的三年苦读,破山对前人法经宝典,"公案"、"语录"早已精熟,他又年轻气盛自命清高,遇事有言必发,言必由衷。所以对所谓警语之类的条条款款自然不会放在眼里,并说那些东西要刻印出来,简直是毫无意义。元来和尚一番苦心,不料遭此轻慢,便一气之下,将他逐出山门。

破山被"摈之出院",却毫无愧色,后来当众提起,犹津津乐道。在离开博山后,他便径直去了浙江。

进入浙江，他首先到瓶窑去参拜闻谷广印大师。

闻谷广印（1566—1636），是云栖大师的高足，因与钱谦益"有支、许之好"，故在其圆寂之后，钱氏为撰《闻谷禅师塔铭》③，誉其深得憨山、云栖、紫柏三高僧之骨髓，"吴越之间，人如风中狂走，当此之时，真修退藏，密传三老之一灯者，禅师一人而已"，其弘法于瓶窑，"四方衲子，参请云集，众至五千指，禅净双修，规重矩叠，称江南法席之最"。当时闻谷和尚见到眼前这个自称叫破山的年轻人时：

师问："在甚处来？"予竖一拳。师云："我这里没有这个门径，为经山往来者作个饭店，你要弄咀，诸方有这等知识。"

予拂袖便行。（《破山语录·行实》）

竖拳横掌、奇言怪状和痛棒猛喝之类的暗示、警醒和顿悟，是一条彻骨彻髓、当机立断的险绝的路子，需要超人的机智与过人的胆识，其中玄妙幽微，变化无穷，别有一番天地，破山对它却情有独钟。

一连几个高僧都不合破山的胃口，弄得常常乘兴而去，败兴而归，这既可看出他的刁钻，又说明他是一个不好勉强的人。

走出瓶窑，破山又上径山去参拜雪峤大师了。径山为天目山东北峰，因有路径通向天目山而得此名。苏轼当年游山，曾有诗纪其行道："已外浮名更外身，区区雷电若为神，山头只作婴儿看，无限人间失箸人"。表现出立身高处，远离功名，闻雷霆不惊的平常心态。

雪峤圆信（1570—1647），明末临济宗著名高僧，与密云圆悟、天隐圆修同为幻有正传禅师的三大法子，在江南享有盛誉。其书法亦称当时高手。

破山来到径山，参雪峤大师：

师问："你是哪里人？"予曰："西蜀又过西。"师云："我径山八十一代祖师，也有几个是你四川人，独四川人最是恶癞。"予叉手前云："合蒙高鉴。"

师遂留之。

因昆山来数衲子,至夜吃茶,师举木香炉云:"看看是个甚么?"众不契。师召予云:"四川佬,来吃茶。"予至,师复举起云:"是甚么?"予便夺来,作扑碎势,师连忙两手托住,予震威一喝,便出。(《破山语录·行实》)

似乎雪峤大师也未让年轻的破山心悦诚服,他只得另请高明。这时正值初夏时节,按照佛门制度,是结夏安居的时间,僧侣要停止游走,安心于寺院之中读经学律和打坐参禅,以检讨反省自己的言行思想,净化心灵。破山不便远行,就寓身于径山下面的化城寺中。化城寺是紫柏真可大师曾经寄迹的道场,虽然此时紫柏已经圆寂二十年,但其流风遗韵犹广被佛门。紫柏是位极重视经教的高僧,"他认为佛门弟子不通文字般若,即不得观照般若,不能契会实相般若。他不同意悟道只依靠禅家机缘及念佛求生净土的说法"(《中国佛教》二)。所以极力倡导刻印经籍,以供佛门弟子学习之用。化城寺就是他的门人为他专门修复扩建后作贮藏经板的地方。破山对紫柏心仪已久,只可惜大师已经作古,无缘相见,他只有依靠翻阅在紫柏的主持下刻印的浩如烟海的藏经,以读其书来想见其为人的方式,领悟其精神。数年之后,破山更有《题紫柏大师像》[①]诗一首,以表追慕之情。

从破头山出来,短短的数月之内,破山已先后参拜了憨山、无异、闻谷、雪峤四位高僧。按理说,他们都是名重当世举足轻重的一代宗师,虽非同宗同派之人,但各有独到之处,又均系破山久已仰之的前辈,况且朝餐暮宿,关山迢递,路途往来之苦也可想而知,可见破山所作的当属有目的的访问,求得因缘的和合,让大师指点迷津,达到佛法的圆融。用势利的眼光看,上面任随一家也是可以让他获得一个师出名门的名分,作为根基,再树立自己的风范,以感召天下。但是,破山与生俱来的任性和真率又使他绝非委曲求全、藏头缩尾之辈,他来去匆匆,周旋于大师门庭,在既不契合之时而不作凑合之想,这正与俗语所谓"话不投机半句多"相印证,"为寻三宝不辞劳"(《破山语录》卷十五),他也相信必定会遇到自己心中的大师。

九十天的结夏安居刚刚结束,破山便打点行李,径直朝人间天堂的杭州走去。

有"东南形胜,三吴都会,钱塘自古繁华"的杭州西湖寺观林立,高僧云集,破山几度寄迹于此,颇得江南禅风之熏染。

四、西子湖畔

正当初秋天气,破山只身来到杭州。之后,他又再三再四至此,寄迹于西子湖畔,或掩关,或养病,或参学,先后四次莅临,时间累计两年以上。

锦绣江南,是晚明中国商品经济最发达的地方。上有天堂,下有苏杭,杭州又是江南风物最具代表性的地方。相对观念保守、信息封闭、经济落后的四川及其中西部地区,此时的江南得风气之先,进入到被后人称为"资本主义萌芽"的崭新时期。生产的多样化、专业化和商品化促进了市场经济的形成;反过来,市场经济的形成,又促进了社会生产力的不断发展。农村经济和城市经济也相互刺激、相得益彰。除粮、棉、麻、渔、盐、茶等农产品极大丰富外,丝绸、棉纺、炼染、陶瓷、酿造、矿山、造纸、工艺等手工业产品应有尽有,其专业化水平亦非常精湛。物资的丰富带来了经济的发展,出现"天下财赋多仰东南"(《见闻杂记》)的状况。由于商品经济的发展,人们不再悲守穷庐、死守土地,往往"轻其乡而乐转徙》)。他们不在一棵树上吊死,四处谋生,虽有背井离乡之苦,却得致富发家之便。流动人口的增加,交流的频繁,约束的减少,使得子民意识渐趋淡化,民主空气逐步浓厚,所以"三尺之法不行于吴久矣"(《张居正书牍》卷一)。

追求精美的物质享乐和追求自由的精神解放成为时尚。对于知识分子来说，对官场的兴趣也由热转冷，黑暗而又腐朽的政治给他们太多的教训。刘伯温、宋濂、叶伯巨、张居正、海瑞……这些前车之鉴，使人们深深地感到"仕途乃毒蛇聚会之地"（《菽园杂记》），最好避而远之。只有寄情山川风物，游心诗文书画，自由地表达，自然地行事才是理想的人生。由此，经济的发达、文化的繁荣与山水的清丽、思想的开放，使得江南成为人们所心向神往的人间天堂。

西湖是杭州的一笔取之不尽用之不竭的财富，古往今来，无不令天下之人绝倒。早在北宋的柳永，在他的《望海潮》词中就说："东南形胜，三吴都会，钱塘自古繁华"。放眼看去，"烟柳画桥，风帘翠幕，参差十万人家"，而"市列珠玑，户盈罗绮，竞豪奢"，这真是富得流油的黄金宝地，白天里，街头人声鼎沸，摩肩接踵，车水马龙，入夜后又是一派灯红酒绿、笙歌缭绕，纸醉金迷的景象，堪称东方的不夜城。那一汪"有三秋桂子，十里荷花"的西子湖，不知令多少人牵肠挂肚，流连忘返。"江南忆，最忆是杭州"、"人人尽说江南好，游人只合江南老，春水碧于天，画船听雨眠"、"欲把西湖比西子，淡妆浓抹总相宜"，"暖风吹得游人醉，直把杭州作汴州"……诗人们再有才华，对西湖的描绘，也难以尽情尽兴。湖光山色几乎都为传统文化所浸染。袁宏道在他的《初至西湖记》中说："山色如娥，花光如颊，温风如酒，波纹如绫，才一举头，已不觉目酣神醉。此时欲下一语描写不得，大约如东阿王梦中初遇洛神时也"。又在《晚游六桥待月记》中说："花态柳情，山容水意，别是一种滋味。此乐留与山僧游客受用，安可为俗士道哉！"

"天下名山僧占多"，西子湖这样人间天堂的大好湖山更不例外。"林峦依烟而近遥，塔庙随山而掩映"（刘暹《湖山叙游》），在水光山色之间，佛塔僧院处处可见。自古以来，不少骚人墨客，游宦客官都与此地结下不解之缘，从骆宾王到白居易、刘禹锡、王安石、苏东坡……他们游禅院，交禅僧，作禅诗，得禅悦，留下不少地方掌故和文坛佳话，而"杭人佞佛"（林纾《湖心泛月记》）的风俗，又为此地佛教兴盛奠定了基础。读张岱《西湖香市》一文，可看出当时杭州西湖香客云集的盛况："如逃如逐，如奔如追，撩扑不开，牵换不住。数百十万男男女女，老老少少，日簇拥于寺之前后左右者，凡四阅月方罢。恐大江以东，断无此二地矣"。相传明末之际，杭州大小寺院已达两千余座，这真是一座东方的佛国。

明朝中叶，"祖宗朝僧道各有数额，迩年增至三十七万有余，今之僧道几与军民相半"（《明孝宗实录》），"尽管明中期佛教队伍有相当规模，但禅宗却处于有史以来最缺乏生机的阶段。既没有形成有影响全国能力的传教基地，也没有出现众望所归的禅师，更没有什么新的禅思潮兴起。有活动能力的多数禅师，在为建寺院、治田庄、蓄财使奴、构筑豪富生活而奔忙"（《中国禅宗通史》）。金玉其外、败絮其中，对于禅宗来说，这是一个只有华屋高堂而无思想内涵的时代。

进入万历以后，由于政治的腐败，朝廷已无力去管理和约束佛门的事情，再加上社会的动荡、人心的混乱，因种种原因涌入佛门的人就越来越多，佛门被视为相对自由的地方，因此，也促使其呈现复兴的局面。明末佛教复兴的基地主要是浙江和江西。而杭州又是各位大师的栖息游走之处，自不当然，它要算重中之重了。首先是云栖大师袾宏在西山结茅安居，建立云栖寺，传法四十余年，被推为明代四高僧之首。袾宏将净土和华严二宗兼收并蓄，又重视坐禅，是佛学集大成的人物。其著作等身，影响深远。他在《普劝念佛往生净土》中说："若人持律，律是佛制，正好念佛；若人看经，经是佛说，正好念佛；若人参禅，禅是佛心，正好念佛"（《云栖遗稿》卷三）。从而将心、律、禅圆融为一体，都可以通过念佛来达到。袾宏之后，紫柏、憨山、密云、湛然、智旭等高僧频繁往来于杭州山水之间，传教授业，弘法布道；而达官贵人和士大夫也普遍与寺院结缘，他们游走于西湖僧门之内，以逃禅谈禅相标榜，以交游僧侣为风尚，以张扬个性为特色。一时之间，"方内"与"方外"打成一片，"入世"与"出世"了无区别。"佛学在晚明是思想界的一个自由天地，以禅学形式表达个性解放的主张无可厚非"（《中国禅宗思想历程》）。

倡导"心学"的王阳明，率先打破了程朱理学对人们思想的禁锢，提出"心者，身之主也"、"人胸中各有个圣人，只自信不及，都自埋倒了"（《传习录》下）。揭示出人的主体性、个性生命的意义和有待重新认识的自我。他曾作诗说："饥来吃饭倦来眠，只此修行玄更玄。说与世人浑不信，却从身外觅神仙"（《阳明全书》卷二十）。反对对偶像的崇拜，强调自我本心的作用。王阳明的哲学可谓晚明思想界的一面旗帜，对那一时期从"人的解放"到"文的解放"都具有指导性的意义。而他的理论依据却是禅宗的心性说，因此，人们甚至直接把他的这一套东西称为"阳明禅"（刘周宗《刘子全书》卷一九）。王阳明之后，思想空前活跃，呈现出多元化的发展状态，一统天下数百年的程朱理学如日落西山，失去了它的威势。三教合一的格局已经形成，并渗透到人们的思想观念与日常生活之中，而佛教禅学的意义则显得越来越突出。富有叛逆性格的哲学家李贽为解脱传统道德、世俗伦理和官场规范的约束，毅然弃官剃发，以和尚自居。在他的《豫约·感慨平生》中自述道："余唯以不受管束之故，受尽磨难，一生坎坷"；"余唯以不肯受人管束之故，然后落发"。可以说，他的委身佛门，完全是为追求身心的自由，获得人格的完善，从而保存自我的真实，所以他又说："今之欲真实讲道学以求儒道释出世之旨，免富贵之苦者，断断乎不可以不剃头做和尚矣"（《初潭集》卷之十一）。在李贽看来，富贵之所以苦，是因为它是泯灭个性、蚕食生命的"网罗"和"陷阱"，让人"求死不得，求生不得"。自在自由，从心所欲才是最高的人生境界。袁中道在《李温陵传》中评介说："既无家累，又断俗缘；参求乘理，极其超悟；剔肤见骨，迥绝理路。"推崇这种轻松自在的生活方式和无牵无挂的佛门特色。江南耆宿陈继儒说："闭门阅佛书，开门接佳客，出门寻山水，此人生三乐"（《小窗幽记》卷四《集灵》）。大有卑儒尊释之意，以阅览佛书为高雅为快乐。更有甚者，竟陵派文人钟惺说："士大夫不与诗僧游，则其为士大夫不雅。士大夫利与僧游，以成其为雅"（《善权和尚诗序》）。是否与佛子禅僧交往，似乎成了高雅与低俗的标准。学界大儒钱谦益说："不肖历阅患难深浅因果，乃知佛言往因，真实不虚。业因细微，良非肉眼所能了了。多生作受，亦非一笔所能判断。唯有洗心忏悔，持诵《大悲咒》《金刚》《心经》，便可从大海中翻身，立登彼岸也"（《与减斋》）。画坛名家董其昌以禅相标榜，自名其斋号为"画禅室"，反对写实画风，提倡笔致墨韵，把古代山水画家比喻禅宗宗派，划分为南北二宗，推崇"南宗"为正脉，形成了"崇南贬北"之风。士人对佛门的介入，佛法对社会的渗透，使之更加相得益彰，士大夫实为在家的高僧，高僧实为出家的士大夫，互相谈禅论文，交朋结友遂成风雅之举。

《中国禅宗思想历程·晚明士大夫禅学的历史评价》在对比了历史上另外一个士大夫禅学的兴盛期（宋代）后指出："宋代士大夫禅学的基本倾向是逃避现实。面对山河破碎的政治局面，每况愈下的社会风气，他们借参禅之名，或自我麻醉、消磨时光，或玩世不恭、放浪形骸"。而"晚明士大夫禅学虽也有不少消极的因素，但它的主流则是积极的、批判的。他们以禅学心性论为武器，铸成反潮流的叛逆性格，视程朱理学为桎梏，以衙门官府为牢笼，蔑视名教礼法，批判朝廷苛政，关心民间疾苦"。因而，它"对封建传统起着瓦解的作用，具有思想的启蒙意义"。

另外，晚明之际。文人结社盛行于江南，除复社之外，"浙中的社局，我们可以分为浙西、浙东两派。浙西杭州等处，还承著三吴的余钵，诗酒吟咏，或从事禅悦，不脱三吴颓唐的风气。浙东宁波一带的社局，气象慷慨，勇于敢为，与浙西风气便不同了"（谢国桢《明清之际党社运动考》）。这些松散自由，来去随意的社团大都以以文会友为旗号，其性质大致相当于今天的沙龙或者协会。黄宗羲《南雷文定四集》卷二《郑玄子先生述》里说："崇祯间，武林（杭州）有读书社，以文章风节相期许……，每日薄暮，共集湖舫，随所自得，步入深林，久而不返，则相与大叫寻来，以为噱。月下泛小舟，偶竖一义，论一事，各持意见不相下；哄声沸水，荡舟露服，则又哄然而笑。三峰开堂净慈（寺），一默为首座，君（郑玄子）机锋相触，夺其竹箆欲打，拟议不果。余曰：鸭子早已过新罗也。君为之一笑"。文人的雅集、诗酒的放任，也摆脱不了佛门的逃禅作风，所以黄宗羲说："武林之读书社，徒为释氏所网罗"（《陈夔献墓志》），甚而至于逃禅犹不能尽其兴便索兴遁入空门了："当时读书社的领袖，江道闇、郑玄子出了家"（谢国桢《明清之际党社运动考》）。这当然是最圆满的结局。文人社团成了佛门的外围组织和后备力量。

此时此刻，西子湖畔佛门兴盛之景象，由此可以想见。

就佛门本身而言，自唐宋以降，禅宗已是中国佛教的主流，其余各宗已显式微。禅宗之内又迅速化分为沩仰、曹洞、临济、云门、法眼五宗，临济宗又分为杨歧和黄龙二派。不同的宗派本无教义的分歧，均以求顿悟，求解脱为归趣，只是风格的差异和方法的不同。其中，临济义玄禅师所创临济宗，"以峻烈著称，其表现不仅在以棒喝应机，也反映在毁佛、毁祖、骂僧和排斥经典三藏上"(《中国禅宗通史》)。自晚唐创立以来，一直盛传不衰。"由具体言行方面看，临济宗的风格是当机立断，雷厉风行，所以禅门有临济将军，曹洞土民的说法"，"禅门五宗，宋以后只剩下它和曹洞，可是形势是'临天下，曹一角'，寺院几乎都成了禅林，禅林几乎都成为临济"(张中行《禅外说禅》)。

从明末禅宗的派系结构来看，临济宗仍然有一统天下之势，但在"临天下"的局面中，曹洞宗虽只能是"曹一角"的弱势，却显示出中兴之景。临济宗的主要派系出自笑岩德宝⑤的弟子幻有正传⑥门下。正传的著名弟子有密云圆悟、天隐圆修和雪峤圆信，他们青出于蓝而胜于蓝，在江南一带占有举足轻重的地位。曹洞宗有两支不断扩张，一是湛然圆澄开创的云门系，二是无明慧经开创的寿昌系，以及无异元来和永觉元贤的禅系。这时，他们正活跃于江南各地，盘踞古刹，建立丛林，并频频应邀外出，传播佛法。而杭州则是他们经常出没的地方。

破山初来乍到，寓身于杭州城外的报国院中。江南深厚的文化积淀和浓郁的佛学氛围使他的游学拥有了绝好的客观条件和外部环境，为他迅速地提高了眼界，奠定了根基，打开了手脚，从而受益终生。

五、湛然门下

天启三年(1623)之秋，破山寄居杭州报国院中，时值湛然大师应邀赴京弘法，自绍兴路过杭州，下榻于报国院。湛然圆澄(1561—1626)，会稽人，幼年出家，为曹洞禅师大觉方念的嗣法弟子，先后住持过绍兴广孝寺、径山万寿寺、嘉兴东塔寺等，平生在江南传法，声名昭著，其著述甚多，除《湛然圆澄禅师语录》外，还有《宗门或问》、《慨古录》、《楞严臆说》、《法华意语》等著作问世。这时，他正用心经营绍兴显圣寺和海盐天宁寺两大丛林，独创曹洞宗的云门禅系。当时声负盛名的公安三袁被人比作北宋三苏，袁宏道被认为相当于三苏之中的东坡，他们频繁往来于佛门内外，留下很多的轶闻趣事。湛然与袁宏道、陶望龄等著名的文化人交游甚洽,由于岁数稍长于诸君,被称为"禅伯"(袁宏道《袁宏道集笺校》卷一一)。

大师的偶然降临,对于破山来说,当然是一次绝好的机会,他又怎能错过呢?

  秋初,过杭州报国院,值云门湛然和尚进京请藏。
  夜,茶次,予问:"如何是丧本受轮?"师云:"你见哪个受轮?"予曰:"为甚四生不绝,六道牵连?"师云:"你这一辩早已丧本"。予曰:"与么得不丧本?"师云:"割去老僧头去"。(《破山语录·行实》)

这是初次见面,时在初秋时节,当湛然和尚由京还浙回到绍兴显圣寺后,破山又匆匆前往绍兴,专程去参拜湛然,这已是寒冷的冬季了。

  癸亥冬,闻师显圣寺开堂,予进堂一七。师落堂晚参,云:"放下。"予急走师前,托一碗果子云:"这个。"师云:"放下著。"予曰:"和尚年尊,代其甲担去散众,好便行。"师云:"做定放不下,担去也。担去也。"值普说,予问:"红脸是关公,笑脸是弥勒,未审此二老出身处,请师决一决"。师云:"你看我麻脸是甚么?"予曰:"不审不审。"师云:"你图个口快。"予曰:"苍天苍天。"师"嘘"一声出法堂。(《破山语录·行实》)

打七是结冬中的重要行事。丛林坐禅按惯例是从九月十五日起加香,即延长坐禅时间,又从十月十五日至次年正月七日举行禅七,每七天为一期,谓之打七,这是禅众刻期取悟的禅会。每一禅七的起始,称为一七或起七。

  又晚参,予作礼起云:"学人得个小休歇,来礼谢和尚。"师合掌云:"怎得底?"予曰:"婆儿还是小新妇。"师云:"前三后三,相见又作么生?"予曰:"滚锅不是养鱼池。"师云:"白鹭下田千点雪,黄莺上树一枝花。"予曰:"和尚性命不顾,冷热也不知。"师云:"好个冷热也不知。"(《破山语录·行实》)

几番论辩,仿佛机锋相合,破山也赢得了老和尚的赏识。到了岁末除夕,破山又以"乞和尚封印句"为由头,找大师去了:

> 除夕,入室中礼拜,云:"腊月三十日到也,乞和尚道封印句。"师默然,予拂袖便行。傍僧云:"转来坐坐去。"予曰:"出门三步路,别是一家风。"僧云:"封皮揭掉了也。"予曰:"相吐饶你泼水,相骂饶你接嘴。"师云:"据子说话,大有来历,只是老汉耳聋,不能与子论据。你去将行脚叩实写来看看,我不辜汝。"予曰:"学人少蓄纸笔。"侍者送白纸一张,予接来,两手呈上。师接来,看得无字,掷地。对傍僧云:"非我种草。"予叉手向前,云:"和尚无瞒人好。"师云:"是你瞒我。"予即掩耳而出。(《破山语录•行实》)

一次次的接触,湛然大师觉得眼前这位年纪轻轻的四川佬"大有来历",其谈锋之刚健、反应之迅疾、风格之猛烈,恐怕自己也难以抵挡,其才学应在众多的弟子之上,便有收为门人之意。于是,叫破山"去将行脚叩实写来",以便更全面地了解他的情况,并表示"我不辜汝",日后定有大用。破山得到如此厚爱,但并未感到激动而喜形于色,近年来他周旋于大师门庭,已养就了宠辱不惊的心性,对于湛然老和尚的垂青,他仍然是这样的玩世不恭。曹洞宗风一向是精耕细作,稳健缜密,因此有"曹洞土民"之称。它常常以柔克刚,用看似软弱无力的语言,绵里藏针,使人在不经意处省悟。但它对破山来说,太缺乏刺激,缺乏激情,缺乏变化了。湛然的曹洞宗门渐渐地对破山已收拾不住了。

虽然破山有些不以为然,而且在湛然看来也"非我种草",但惜才如命之湛然还是很快就在"新正"将破山"安为副维那,其年始廿七岁,即师座下顿圆大戒"(《破山语录•行实》)。维那是寺院内主持佛事、监督僧众和管理庙务的职务,地位仅次于上座,在寺内起着重要的作用。

但是,破山却离湛然而去,到了西子湖畔。

湛然不践"我不辜汝"的承诺,在短暂的几次接触后就"安"破山为"副维那",说明他对破山的格外青睐;而破山在被"安为副维那"之后,很快就离开了绍兴显圣寺，去了杭州，说明破山对湛然所创立的曹洞云门佛学并不十分认同。他不太适应曹洞宗这种温和式的说教，他感觉到除湛然大师以外，还有新的需要。

破山很快进入到临济宗传人密云圆悟的法门，并很快就成为密云圆悟的嗣法弟子，但他并未喜新厌旧，过河拆桥，以后在浙江的几年，便往来于湛然与密云之间。

天启五年（1625），破山时在海盐金粟山密云的门下，听说湛然在海盐的天宁寺说法，于是他"再参湛然和尚于海盐天宁寺"（《破山年谱》）。听湛然讲完一期之后，破山对他表示意欲回蜀的想法：

因湛然和尚开法于海盐天宁寺，予过听讲至毕，欲归蜀，写辞启师，接之便问："我唤作书，你唤作甚么？"予向前一把夺来，毁碎便行。次日，予往堂前走过，师顾予曰："那汉走来吃些油糍去。"予曰："美食不中饱人吃。"师召侍者云："拿箸子来。"予才举箸拈起，师一箸打落，云："既不中饱人吃，拈他作么？"予连碗托过云："也要大家享用。"师笑之，复云："我老汉虽做个善知识，吃尽多少苦楚，犹不能合古人大机大用，处世天然。你们才入门，便要做个大老，就要去住山、住静，岂不闻古人道'离师太早'么？我老汉当日在云栖住得十年、廿年，也不到这般田地，只为小人不足自不虑远，一时走了，便去住个所在，累到今日，亦未歇手。吾已老矣，全靠尔辈光扬法门。个个似你，都去住山住静去了，哪个是应得的？"予曰："学人非是愚见，若是为病躯负累长久了，方外丛林虽有脚坚手健者容易，似学人又病又懒，哪有这等闲饭与人吃。"师云："你有甚么病，不过是要好底吃底病，懒做功课底病，我有天华寺、显圣寺两个丛林，难道养你这个病人不活？"（《破山语录·行实》）

这一番话可以说是湛然老和尚推心置腹的由衷之言。孟子说："得天下英才而教之，不亦乐乎"，破山不啻是湛然心目中的可教之才，法门中的可传之人，况且当时的湛然和尚已垂垂老矣，其所创立的云门法派急需有实力的后继者去完善与巩固。正当用人之际，破山提出还蜀的想法，这无疑是对湛然的当头一棒。

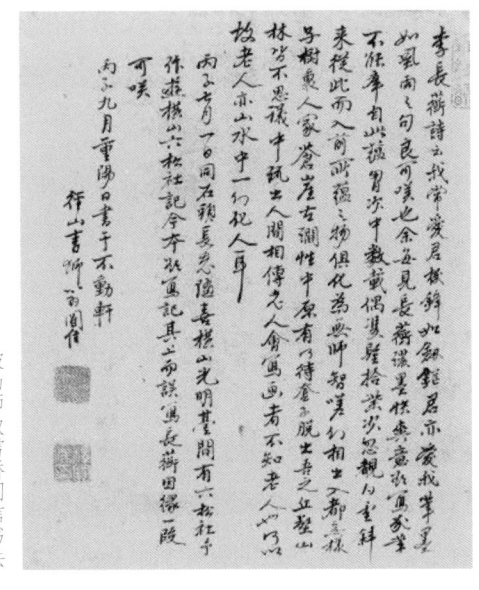

破山师叔雪峤圆信书法

所以湛然这一番苦口婆心的挽留，仿佛就成了好话说尽的乞求。天下的事就是这样，听话的不能干，能干的不听话，不仅是现在的湛然，就是稍后的密云也为驾驭不了想来就来想走就走的破山，而大伤脑筋。湛然搬出古人所谓"离师太早"这一为学大忌，又现身说法，说自己年轻时跟随云栖一二十年犹不肯离开的苦学经历，再进入正题，"吾已老矣，全靠尔辈光扬法门"，在破山以自己"又病又懒"相推却时，湛然不得已将一切说破，表明自己已是行将就木之人，圆寂之后，他所拥有的就将是破山所拥有的，"我有天华寺、显圣寺两个丛林，难道养你这个病人不活"。

湛然说完这些话后，又对破山说他马上要去绍兴，并要求破山道："你同我去"。哪知破山却说："只怕同和尚去不得，还有行李在金粟"（《破山语录》卷二十一）。说自己先到金粟山密云处取了行李，然后到"杭州报国院候和尚一同过钱塘江"。湛然没有办法，又不能勉强他同行，只好点头允诺，但提起金粟山的密云和尚，又不能不让湛然头疼。此时破山正一只脚踏两只船，往来于密云、湛然之间，按佛门惯例，早就该让他或择一而宗，或逐出门外，而两边不但不松手，反倒要据为己有。眼下破山提出要去密云处取行李，会不会是赵巧儿送灯塔呢？湛然着实放心不下，却又不好横加干涉。于是，他只好再次三番地劝说，以防破山离他而去：

>金粟老密（密云）只管东打西打，我替他担尽干计。我老汉只用三寸绵软舌，尚被人写帖送我，你们要习，还习我洞上宗。（《破山语录·行实》）

"我洞上宗"即是以"三寸绵软舌"名扬天下的曹洞宗。不出湛然所料，破山未能听从他的安排追随于他的左右，不久，湛然和尚即圆寂西去。破山始终未能成为其法嗣，当然，也不可能成为他所开创的云门禅系的传人而为其"光扬法门"，云门禅系在湛然大师之后后继无人的情况之下，很快就衰退下去。其影响反不如同是曹洞宗的无明慧经所创立的寿昌禅系了。

破山离开后，著名书画僧担当前往绍兴显圣寺"参湛然圆澄"，成为弟子，其后回到云南，仍"遥嗣湛然，改名通荷"（《明季滇黔佛教考》卷五）。但担当终身以书画为事，于佛法则不能充当湛然的后继者，起不到"光扬法门"的作用。

破山对于湛然的感情却是刻骨铭心的，在他内心深处，总是将湛然作为自己的恩师看待。随处要奉上一瓣香，以志不忘。在他离浙还蜀之前，到宁波天童寺去向密云辞行时，还专门去了绍兴的显圣寺，祭扫湛然大师之塔。面对先师的遗像，留下了《哭云门湛和尚》诗一首：

>师逝江南动五湖，光潜特地水云孤。
>白沙堆里埋松月，浊浪溪边淹济芦。
>显圣宗风千古韵，天花贝叶一时无。
>昔来觌面法堂上，今日何如哭画图。
>（《破山语录》卷二十）

六、"密云弥布"

"密云弥布"是一块悬挂在海盐金粟山山门前的匾额文字,崇祯年间由蔡子谷居士所书。匾文巧借密云圆悟之号而言其法派的宏大,犹如密云弥布于天下,风行人间。其时破山业已成为密云的法嗣弟子,与蔡居士相交谊厚,互有书信问达。

密云圆悟(1566—1642),俗姓蒋,宜兴人,出身于农民家庭。少年时,受流行的净土信仰的影响,曾"恒诵佛号",后因读《坛经》而皈依禅宗。年二十九岁,便抛妻离子,削发出家,外出游学。到常州龙池山参见禅门临济宗传人笑岩德宝的弟子幻有正传,旋即成为其法嗣,追随于正传法师左右二十余年。前三年,他在庙内服杂役,"身任众务,以至爨薪陶器,负米百里之外",所以他在成名之后也特别重视劳动,时常以自己的经历告诫门徒:"老僧三十一上侍先师,参禅学道都在劳作里办。汝辈要安坐修行耶?老僧不愿丛林遗此法式"(《天童密云禅师年谱》)。晚年住持宁波天童寺时,一次有十几个僧人不参加"普请",他知道后,"立摈之",逐出山门。在正传的门下,他刻苦攻读佛典禅籍,后又游历燕京及江南各寺庙。五十岁后,密云先后住持常州禹门禅院、天台山通玄禅寺、福州黄檗山万福禅寺、海盐金粟山广慧禅寺等大庙,晚年终老天童寺。其所到之处,都着力倡导垦田开荒。在天童时,遇大雨,山水暴涨,他不顾年事已高,率僧众砌筑防洪大堤。

密云非常重视发展自己的宗派势力,其他的禅门宗师,一般都不轻易传法和接纳弟子,"他可以'付衣拂'于跟随他多年,能力不强但俯首贴耳、唯命是从的僧人,也可以'付衣拂'于暂投门下,桀骜不驯、禅学异见但很有能力的僧人。这样,他的弟子遍天下"(《中国禅宗通史》)。钱谦益在《密云悟和尚塔铭》中说:"嗣法如大沩(湖南长沙)如学、邓尉(江苏苏州)法藏、梁山(今重庆梁平)海明、径山(浙江杭州)通容、金粟(浙江海盐)通乘、宝华(江苏南京)通忍、龙池(江苏常州)通彻、天童(浙江宁波)道忞、雪窦(浙江奉化)通云、鹤林(江苏镇江)通门、善权(江苏宜兴)通贤、天童(浙江宁波)通奇十有二人,皆亲承炉鞴。"⑦"由于圆悟门下聚集了持有各种禅观的僧人,所以矛盾多,斗争也激烈,

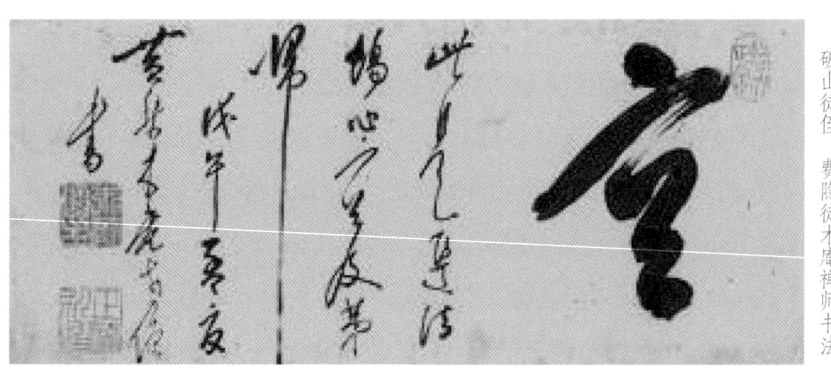

破山徒侄，费隐徒木庵禅师书法。

在很大程度上反映了明末不同的禅学思潮"(《中国禅宗通史》)。

密云长年致力于禅学与公案的研究，并创造性地将禅法进行浓缩和简化，"棒打"成了他启悟后学的主要手段，"一条白棒"成了他的代名词。"盖缘贫道无学识，兼之口讷，不善委曲接人，故以一条白棒当头直指耳"(《密云禅师语录》卷七)。这当然是他的自谦之词，密云不仅熟悉佛典，满腹经纶，而且巧言善辩，处处机锋。其实，"棒喝"的法门古已有之，"德山棒"、"临济喝"早已风行禅门之内，只是密云做得更为老辣，更为纯熟。他"用一条白棒启悟，精简了所有修习层次、阶段，也是对宋儒的繁缛学风的一种纠正"(《中国禅宗通史》)。破山曾形容密云道："吾师貌古，浑若猛虎。不露爪牙，超佛越祖"(《破山语录》卷十四)。最形象地表现了密云禅法的偏激与凶狠的风格，这种好比"海阔凭鱼跃，天空任鸟飞"的非理性非逻辑的禅法，大概是极其放任无碍的。

无论是民间、士人，还是朝廷，密云的影响都是巨大的。据其《行状》所载，"吴越闽楚，名公巨儒，慕师宗风，或晨夕随侍，或尺素相通，或邂逅咨情，得师激发，无不虚往而实归"，甚至"齐鲁燕赵及殊方异域之士，亦幢幢不绝也"。在他垂暮之年，崇祯朝廷斋香赐紫，请他住持金陵报恩寺，被他婉言谢绝了，故有"老不奉诏，朝廷慕之"(《南宋元明禅林僧宝传》卷十五)的清誉。入清以后，康熙四十四年(1705)，朝廷追赐密云为"慧定禅师"的谥号，雍正十一年(1733)，雍正帝又御书"慈云密布"的匾额，赐给天童寺，以示对密云的推重。⑧

陶望龄是晚明时期活跃在江南的大文人，因在进士的考试中名列第三，故被任命为翰林院编修、国子监祭酒等职。他与袁宏道过从甚密，相互砥砺，成为公安派的主力，又与佛门高人广结因缘，逃禅论玄，促进佛学的弘扬。黄宗羲《明儒学案》说："其时湛然澄、密云悟，皆先生引而进之，张皇其教，遂使宗风盛于东浙"（《文简陶石篑先生望龄》）。似乎湛然圆澄与密云圆悟在江南中兴佛法，均与他有不可分割的关系。密云与陶望龄常在一起悠游聚谈，留下很多富于佛光禅影的诗文，传之后世。如《别石篑陶太史》道："华事纷纷春尽头，杖藜随意且悠游。谢辞檀越何方去？万里天涯一步收"（《密云禅师语录》卷六）。从诗中也足见密云心性的超然。

明天启三年（1623），破山在绍兴显圣寺湛然圆澄的座下刚刚圆了具足戒，在尚未成为嗣法弟子的情况下，又被湛然委以重任，安为副维那，更待来日平步青云。但捆绑不能成夫妻，笼络也未必能得人心，破山无意久留，只身一人又到了杭州西子湖畔。"寓西山静室"，不料却"病有一月，几死"（《破山语录·行实》）。破山从小身体虚弱多病，多次徘徊于生死的边缘，但每每大难不死。待病情稍稍好转，这时：

闻天台密云和尚赴金粟（寺）请，予带病过金粟（寺）见师。

师问："哪里来？"予曰："云门。"师云："几时起身？"予曰："东山红日出。"师云："东山红日出与汝甚么相干？"予曰："老老大大犹有个语话。"师云："我既如此你这许啰嗦，又是哪来。"予震威一喝便出。

次日同（石）车兄进方丈，师命坐里首。予曰："昨日走得，今日走不得了。"师云："做贼人心虚。"予曰："是贼认贼。"师领之。

车兄问："闻和尚精于肇论，是否？"师应诺。车云："般若无知，无所不知。乞和尚讲讲。"师云："知不知，且置你唤甚么为般若。"车云："糊饼。"师摇手。予曰："今日天冷，不用下这注脚。"师拈拄杖，予作怕势，师便休。少顷，复翘一脚云："唤作脚则触，不唤作脚则背，你唤作甚么？"予曰："婆儿原是小新妇。"师云："饶你道得是，我只不肯你。"予曰："用肯作么？"便出。又去讨铺堂务，师允之。

这是破山初次与密云大师交锋，仿佛棋逢对手，将遇良才。密云说破山时而走时而不走，是"做贼人心虚"，怕被人看出破绽。破山的回答更加巧妙，说原来大师也"是贼"，不然又岂能"识贼"之破绽呢？看来你我是同一条船上的人吧！大师不得不为眼前这位年轻人的灵活机动、巧言善辩而点头称是。同去的那位石车兄则不然，几句话一说，便令"师摇手"，表示没有说下去的必要。幸好破山在场，一番舌战过来，才使得大师首肯，说"饶你道得是"，否则，被以"一条白棒"著称的密云大师当头一棒，是免不了的。破山在论辩之后，"又去讨铺堂务"，要求在密云的座下安排工作，留住下来，"师"当然会欣然而"允之"了。临济宗有所谓"四宾主"的说法，并以此衡量宾与主（或师与生）之间对答后的真伪高低。若问学的人能把握禅机，透彻禅法，而师父水平低下，就叫"宾看主"；若学人水平低下，师父具有高明的禅法，就叫做"主看宾"；若师生双方机锋暗合，不落迹象，均能超凡入圣，进入神秘的禅境，叫做"主看主"；若师生双方均不解禅理，却要卖弄词锋，花拳绣腿，玩弄戏假的把戏，叫做"宾看宾"。这种祖宗流传下来检验师徒的方法，对照密云和破山的言行，应该算是第三类"主看主"的范围，因此，数十年之后，丈雪通醉在形容密云和破山师生因缘之合时，说"师资道合，机锋上下，如地载天函，毫无矛盾"（《破山明禅师行状》）。

《光绪嘉兴府志》载："金粟寺，在（海盐）县西三十六里金粟山下，……天启间密云重茸禅堂、丈室、天王寝殿。"另据钱谦益《密云悟和尚塔铭》载，这里"有大井可饮千人，有伟大夫指曰：'是师住处'，金粟故有千人井。师居六年，食堂满万指矣"。当时人才聚集的盛况，可想而知。破山在海盐金粟山广慧禅寺住了下来，一边在寺内干杂活，一边接受密云的禅法熏陶，不觉已到了第二年。

一日，师坐斋堂里，顾予云："他们都颂染牛偈，你如何不颂？"予曰："颂到有一首，只是铺堂事忙，未暇呈似。"师云："试呈出看。"予诣师前画一圆相，于中书一牛字。师云："此是古人的"，予一喝便行。

一日，师坐法堂前，验众毕，欲行。予向前把住，云："学人末后来，请师最先句"。师便打。予曰："错。"师又打。予曰："错错。"师再打两棒。

师一日坐佛殿前看月初升。予问:"如何是性天底蕴?"师云:"到头霜夜月,任运落前溪。"予曰:"莫是学人安身立命处么?"师云:"脚跟下好与三十棒。"

一日普请,搬柴。予肩一捆撞着师,师以拄杖加柴上,云:"与汝加添一根。"予曰:"此是常住物,长老何故作人情。"师蓦竖拄杖,云:"这是常住物哪?"予走云:"这贼这贼。"

师上堂,予问:"上无佛道可成,下无众生可度,即今和尚升座,未审还有为人处也无?"师云:"好与一棒。"予曰:"学人过在甚么处?"师云:"你犹嫌少在",予便喝,师云:"你再喝一喝看。"予拂袖出法堂。

又值上堂,予问:"处处绿杨堪系马,家家有路透长安,既是男儿,为甚么不丈夫?"师云:"你为什么剌脑入胶盆?"予曰:"恁么则石女怀胎去也。"师云:"好与三十棒。"予曰:"早知灯是火,饭熟几多时。"师云:"闲言语。"

一日,师坐法堂前,值猛雨轰雷,示众云:"假饶雷来打我,汝等如何支遣?"一众下语不恰,予曰:"要遣作么?"遂颂曰:"地雷声透骷髅,几人欢喜几人愁。吾师善自分身去,血溅悬河倒逆流。"师便归方丈。(《破山语录》卷二十一)

破山在金粟山上,与密云大师的接触是颇为频繁的。无论是大师上堂、坐禅、赏月还是颂众普请,破山都不离其左右。朝夕问道,机锋往来,他当然受益不少。另外,密云深厚的文学素养,尤其是他那一手富有祝枝山风味的草书,给破山也不少的启发。

这时的密云正是名盖佛门之时,其门派(稍后因住持天童寺而命名为天童派)也如日中天,陈垣在《明季滇黔佛教考》中考证道:"当时天童派势力最大,不(依)附即几无所立足,故虽有豪杰之士,亦不得不舍小团体而加入焉"⑨。正是这个原因,就在这一年,另一个奇特的人物走进了金粟山,他就是已经声名卓著的汉月法藏。

汉月法藏(1573—1635),无锡人,出身儒学世家,十五岁出家,十九岁得度,此后,深研佛学经籍和禅宗语录,致力于儒学与禅学的融会贯通。二十九岁,师事云栖袾宏大师并受沙弥戒,受《高峰语录》的影响,又崇尚北宋慧洪的著作。三十七岁,在金陵灵谷寺受具足戒,以后来去大山大庙,交往大儒高僧,宣称"我以天目为印心,清凉为印法,真师则临济也"(《三峰和尚年谱》)。自认为已得临济义玄、慧洪和高峰原妙三位大师的真传。《中国禅宗通史》说:"法藏已颇有声誉,前来参学的禅僧和士大夫很多,以致'提倡无虚日'"。虽然如此,但在"讲说时,'不正席,不升座',不以宗师自居,因为他没有可夸耀的师承,没有获得正宗禅师的资格。直到五十三岁,到金粟山广慧禅寺拜密云为师。(密云)圆悟立即让法藏为'第一座',次年,法藏即以临济传法宗师的身份,历住常熟三峰清凉院、苏州北禅大慈寺以及杭州、无锡、嘉兴等八处寺院,扩大了在江浙一带的影响"。

法藏自幼接受庭训,读书既多,交游又广,于佛学有独到的见地,在"已颇有声誉",而"没有可夸耀的师承",不能"获得正宗禅师的资格"的情况下,在"五十三岁"的垂暮之年拜比他年长七岁的禅宗大师密云圆悟为师,其目的不外乎是取得一个师出名门的名分,密云欣然接受了这样一位早已名满天下的禅僧,并立马"手书从上承嗣法源,并信拂付和尚"(《三峰和尚年谱》),封为"第一座",可见密云爱才心切。密云虽为一代高僧,但他却未能料到事隔不久这位高足的反判行径。

第三年,即明天启五年(1625),得知湛然大师在海盐的天宁寺说法,破山不辞而别,又去到湛然的座下,这使得老态龙钟的湛然大喜过望。开堂说法一期刚完,湛然便极力劝说破山留在自己身边,希望他"光扬法门",并要求他和自己一道立即到绍兴显圣寺去。但破山却以"行李在金粟山"为由,又回到了密云身边。

本来,破山生就是个"无可无不可"的人,或许他会真的是拿了行李,按期与湛然相会,但是,他到金粟山后,却被密云给留下了:

行到金粟山,收起行李,进方丈别和尚。师笑云:"哪里去?"予曰:"云门去"。师云:"你要手卷拿去,去不留你"。予欲作礼,师云:"堂中正少个打磬的,送你进堂打磬去"。予曰:"量才补职"。(《破山语录·行实》)

既然回来了，失而复得，密云又怎能放手。但他并未立马委以重任，只是将破山从杂役中提升出来，"进堂打磬"。——这大概是密云有意锻炼其意志，考验其忠诚的做法，破山也应该是心里有数的，他只发句要"量才补职"的牢骚，就心甘情愿地留了下来。

事实也正是如此，不久，破山在密云座下的金粟山就"主其执事"了。这是明天启六年（1626），破山年已三十，他这个被人呼为"四川佬"的年轻人，往来于江南的禅门，委身于湛然与密云的座下，其人其才，已让他小有名气了，这时，他写的一首题为《自赞》的小诗，最为有名：

> 这个川老蜀，浑无奇特处。
> 问禅禅不知，问教教非熟。
> 懒散三十年，人天忽推出。
> 握条短杖藜，打佛兼打祖。
> （《破山语录》卷十七）

但这时，据《破山语录·行实》载，破山在金粟山中，与密云却发生了一些不畅快的事情：

> 予主其执事，与众休夏。师一日落堂，众集久之，师惟默然。予问："正恁么时如何？"师云："你可到恁么地否？"予震威一喝，师便打，予连喝两喝，师云："你再喝两喝看。"予掀倒禅床，拂袖便行，师追上前来，蓦头一棒。予曰："怎么为人，要瞎却天下人眼。"师举三圣因缘未毕，予又一喝，师咦一声出法堂去。
>
> 至夜予叩方丈，作礼云："今日触忤和尚。"师云："屈打你。"予一喝便行，师赶至门外，云："我倒不恁么，你倒恁么。"
>
> 因祈雨，与师诤论一番，辞行。师云："你要去不必忏悔，既忏悔不必去。"予曰："仁义道中，既不无，去不去在我。"次早天明便去。

追随密云大师转眼就是三年多的时间了,天生任性的破山自恃其才,师徒之间发生冲突是免不了的,棒打之后,为师既有"屈打你"的歉意,为徒却"一喝便行",为师又"赶至门外",说"我倒不怎么,你倒怎么"。意思是我不计较你对我的冒犯,你又何必耿耿于怀呢?后又"因祈雨"的事,师徒再次发生争论。一段时间以来,事端频起,破山感觉到有离开的必要了,便向其师辞行。密云说:"你要去不必忏悔,要忏悔不必去",实为挽留之意。本来,师徒之间是不可能绝对一致的,除非唯唯诺诺的平庸之辈,破山既不会完全模仿密云,也不会只点头弯腰,不发表意见,或者人云亦云。破山最终还是在"次早天明"离密云而去,他真的是需要一段时间来静静地反思自己了。

到杭州西山,至金鼓洞,将一年。(《破山语录·行实》)

金鼓洞在西湖边上的栖霞岭西北面,据张传《游金鼓洞记》所记,当时这里"竹色侵崖,野花累蹬,风来绝径,云卧空岩,丁丁者其樵斧之声乎?俨金石之作于湘阴也!泠泠者其水泉之响乎?俨丝竹之奏于洞庭也!"(《金鼓洞志》卷二)这种人迹罕至,清幽绝尘之地,是破山用来反省自己的最佳去处。他独自一人,足不出户,在洞内苦思冥想,以解决自己近年来的诸多烦恼。以后,破山在对朋友诉说这一段时间的感受时,写诗说:"闻如铁壁与银山,透了一关又一关。逼得西湖颠倒走,那来枕子著其间";"将谓渠侬笑枕子,谁知枕子笑渠侬。都卢⑩抛向西湖里,春枕明月夏枕风"(《破山语录》卷二十《复华重李居士》)。这里的"枕子",大概是可以启发思想的已经获得的固有的知识和经验。这些知识和经验既是可以依赖的东西,但又是包袱,是障碍,所以往往需要放下,需要破除,才能使人得以超然,了悟佛法三昧。破山闭关反省,苦苦思索,过五关斩六将,冲破层层网罗后,便如入无人之境。

破山在"杭州西山""金鼓洞"闭关反省,不知不觉就已经"将一年"的时间了,这时,不知是何原因,密云去了杭州,寻找破山的下落。

> 师往杭州，寓昭庆（寺）问予。予过昭庆（寺），礼足，迎师到山，师又苦口叮咛一番。予至冬复金粟。（《破山语录·行实》）

破山对密云景仰是自始至终的，虽然机锋往来，他毫不退让；当面顶撞，也不留情面。在密云"苦口叮咛一番"之后，破山再次回到了金粟山上。

破山回金粟山后，密云即任命他为"堂中西堂"（《破山语录·行实》）。寺院之内，分东西二堂，"食堂在东，禅堂在西，遂为丛林定式"（《中国佛教》二）。按现在的说法，东堂大概主管后勤，西堂大概主管业务。密云让破山掌管西堂，实际上就是要他总领广慧禅寺僧众的佛法禅学熏修及寺院宗教仪规。这一段时间，密云与破山两师徒常在一块吃茶玩笑，谈佛论禅都很融洽。但是，各种资料都没有破山与法藏接触的记载。大约这时法藏在业已取得密云嗣法弟子的资格后，以"临济传法宗师的身份"去树旗帜打天下了。

或许是出于对杭州西湖的眷念，破山又与密云告辞后，又只身到了西湖边上的"昭庆竹院静室，掩关一年"（《破山语录·行实》），昭庆竹院即昭庆寺，在杭州城钱塘门外，即今天的杭州市少年宫所在地。这是一座杭州有名的古刹，"宋太平兴国三年（978），永智于杭州昭庆寺立万寿戒坛，后允堪重建，为江南著名戒坛"（俞越《杭州昭庆寺重建戒坛记》）。破山在上一年居金鼓洞时，密云来杭州寻找，也曾下榻于此。掩关也称作闭关，是僧人在一段时间内足不出户，以静坐反省求得了悟佛法的方式，历来受到佛门的重视。广慧禅寺已缺不了破山这种通晓禅学佛法的人物，所以，密云在破山掩关一年之内，"每以书逼出关"（《破山语录·行实》），如果不是为师"逼"他"出关"的话，也许破山还会继续在昭庆寺闭关更长的时间。师命难违，他提前回到了金粟山广慧禅寺，"是冬众盈五百，师乃命予与五峰分摄两堂"（《破山年谱》）。前来参学的人太多，密云便让破山"与五峰分摄两堂"，共同管理。五峰即五峰如学，为密云圆悟的大弟子，但其才学平平，对禅门并无什么影响。又据《天童密云禅师年谱》说："冬，众盈五百，乃举五峰学、破山明分摄两堂，始有前后第二座焉。"这时，密云的门下是以法藏为第一座，大师兄五峰和破山并列为第二座。随即法藏离开并反叛后，密云便将破山视为上座,即第一座。在《复破山明上座》又说:"吾侪为本分事,行本分事,是吾本分事也。其他皆因行掉臂耳"(《密云禅师语录》卷六)。显然有将破山作为接班人的意思。

破山打算回归故里,于是向密云辞行。

> 予辞师归蜀,(师)遂书"曹溪正脉来源"一纸并信金付予,予再四却之,师云:"你'源流'不要,银子拿去做盘缠。"予曰:"要则总要,不要则总不要。"师即付之。(《破山语录·行实》)

达摩东渡,由南到北,传播禅法,被尊为禅宗初祖,然后代代以衣法相传,到了六祖慧能的手里,为避免禅门争斗,便采取了传法不传衣的做法。慧能对弟子们说:"从上衣法双行,师资递受,衣以表信,法乃印心。吾今得人,何患不信?吾受衣以来,遭此多难,况乎后代,争竞必多。衣即留镇山门,汝当分化一方,无令断绝"(《景德传灯录》)。他在争夺法衣的闹剧中,吃尽了苦头,再不想让夺衣的事情在佛门中重演,便革除了传衣的旧习。况且佛门心为宗,只要心心相印,得其精神,弟子又何须要师父的法衣作为信物呢?这里,密云在破山坚持回归巴蜀之际,便书写"曹溪正脉来源"给他,作为自己嗣法弟子的凭证,并拿出一笔"信金",作为破山回蜀的盘缠,至此,破山在继五峰如学和汉月法藏之后,正式成为了密云圆悟第三位法子。《中国禅宗通史》说:"密云圆悟认可的十二个传法弟子,分别活跃于明末清初,在南北各地弘教,都有一定的知名度,而以木陈道忞、汉月法藏、费隐通容、破山海明四支为最"。在这最为有名的四大弟子中,尤其以汉月法藏、破山海明和木陈道忞三人影响最为巨大。《巴蜀禅灯录》评价说"按才调学问,破山稍逊于汉月法藏;论风骨气节,破山远在木陈、费隐之上。在密云眼里,破山是汉月反叛后最中意的继承人"(《四川禅宗史概述》)。

这年是崇祯元年(1628),崇祯皇帝朱由检即位后,数月之内就将民愤极大的魏忠贤阉党及客氏一举剿灭,并着力治理国家。一时人心振奋,颇有复兴之象。破山对崇祯也是极为尊崇和拥护的。

七、"法门纷争"

陈垣《明季滇黔佛教考》卷二《法门之纷争第五》载:"《南雷诗历》三峰与熊鱼山夜话:脱得朝中朋党累,法门依旧有戈矛。慨法门之纷争也。纷争在法门为不幸,而在考史者视之,则可见法门之盛。嘉(靖)隆(庆)以前,法门阒寂,求纷争而不得。纷争之兴,自崇祯间汉月藏著《五宗原》密云悟辟之始,是为宗旨学说之争,上焉者也。顺治间费隐容著《五灯严统》,三宜盂讼之,是为门户派系之争,次焉者也。有意气势力之争,则下焉者矣。有墓地田租之争,斯又下之下矣"。佛门自古乃清静之地,然而,佛门却自古就不曾清静过。逃脱了官场你死我活的朋党争斗之累,佛寺禅林依然处处充满杀机。但纷争内容不同,形式有别,档次迥异。陈垣分"宗旨学说之争"、"门户派系之争"、"意气势力之争"直至"墓地田租之争"为上、次、下和下之下四类。有纷争从某种意义上可以说明"法门之盛",总不致堕入一潭死水,"法门阒寂"。特别是"宗旨学说之争",简直就是广开言路、各抒己见、百家争鸣的大好事情。但佛门之内规矩繁多,派系分明,师徒有别。"宗旨学说之争"往往会变味沦为次者甚至下者和下之下者,学术的争论于是成为势力的较量和名利的抢夺。

明末清初之际禅门纷争叠起,陈垣《清初僧诤记》所记翔实,但本节所述,为与破山相关的密云师门之争。

法藏比密云年纪虽小七岁,却先于密云而皈依佛门,且往来僧俗之间,名噪江南。在知命之年委身密云的座下,对此,密云一针见血地说,法藏"所以屈身来此者,为临济流源耳",但既来之,"老僧从来不易安第一座,今累汉公(即法藏),当是时"(陈垣《清初僧诤记》),密云施以爱才之德,破例任命法藏为第一座。第一座或称"上座"或"首座",是寺庙内长老之下地位最高的职位。密云这样做,大概是意在笼络。

"法藏虽拜(密云)圆悟为师,但以直承北宋觉范的《临济宗旨》自居,以'危言深论,不隐国是'为士林所敬,主张'但了凡心,别无圣解',把着衣吃饭,喜笑怒骂都看作是禅的表现,以为'人心'即是'两端',不参穷富善恶,不可得悟,思想与（密云）圆悟迥别"（任继愈《中国佛教简史》）。法藏没有学习密云的禅法，也没有接受密云的影响，在"天启四年（1624）甲子"，轻而易举地得到"密云悟手书源流"后即离密云而去，"天启五年（1625）乙丑，汉月藏住邓尉著《五宗原》"（陈垣《清初僧诤记》之《明清僧诤年表》），由此引发了一场经久不息的，包括钱谦益、黄宗羲直至日后雍正皇帝都直接参与的佛门纷争。

作为禅学而言，密云深刻而纯粹，法藏全面而周详。密云以"直指人心，见性成佛"为禅法的唯一门径，兼以棒喝应机，是走极端的方法，形成其鲜明的个性。法藏则不但认为应将禅宗五家融会贯通，而且还要儒禅互补，所以他针对当时禅门"竟以抹杀宗旨为真悟，致令无赖之徒，无所关制，妄以鸡鸣狗盗为习，称王称霸，无从勘验，诚久假而不归矣"（《五宗原》附《临济颂语》）。为了大力振兴五家宗旨，他作《五宗原》，对禅宗五家进行系统的整理和阐释。按《中国禅宗通史》的说法，《五宗原》主要包括三项内容：即"第一，弘扬慧洪重新厘定的禅宗五家的系谱；第二，概括五家宗旨的要点和作新的解释；第三，神化五家宗旨，推崇威音王佛"。在神话中，威音王佛是最古老的佛，他离言去相，只能用圆相来表示。法藏说禅宗一直蕴含在威音王佛中，五家宗旨是威音王佛实为其一、各表其宗的具体显现。客观地说，密云、法藏二师徒在当时均堪称佛门巨擘，一代宗匠，对佛学的兴盛起着领导者的作用。太虚在《中国佛学》中借《宗统编年》的话说："启祯（天启崇祯也）间禅以天童（指密云）、三峰（指法藏）两祖而大振，为先后左右者，云栖、紫柏、憨山三大士而外，有真寂印、鹅湖心、仪峰象、无念有诸公，为之防闲提挈，所以数十年来行吴越，几复追唐宋之盛"。这是非常公允的论述，云栖、紫柏、憨山诸公在社会上影响卓著，而密云师徒却从行动上推动了法门的重振，其天童派无疑是当时佛坛最具实力的法门。

明崇祯三年（1630），密云将法藏送来的《五宗原》稍微过目便扔在一边了，事后，密云师弟天隐圆修致书批评法藏，遭法藏反驳。天隐圆修不得已，把信件转给密云，密云说："汉月（法藏）提倡时喜为穿凿，恐后学效尤，有伤宗旨，因其省问，乃为规诲"（《天童密云禅师年谱》）。其态度是给予规劝和教诲，令其悬崖勒马。其后在法藏一意孤行不可逆转的情况下，密云著《辟妄七书》、《辟妄三录》，展开了对法藏的批判。法藏弟子潭吉弘忍为维护师说，著《五宗救》十卷，应战密云。密云更以《辟妄救略说》，对法藏、弘忍师徒进行清算。其中有"汉月（法藏）攀高峰为得心之师，觉范为印法之师，真师则临济，正若世间无父之子，认三姓为父亲"；又有"汉月（法藏）抹杀老僧，便是外道种子"。密云这类严厉的痛斥无异于恶毒的咒骂，但他更从理论上进行批驳："从上以来，佛法大意，惟直指一切人心，不从得之本来，为正法眼藏，为曹溪正脉，为五家无异之正宗正旨"。反对法藏融会五家宗旨之说，认为"直指人心，见性成佛"是禅宗五家的共同宗旨。这场争论，一直延续到法藏和密云相继去世之后，法藏师徒虽然寡不敌众，但却得到黄宗羲等遗民的支持，黄还为法藏撰写了塔铭。数十年后，清雍正帝介入其中："世宗雍正好参禅，以禅门宗匠自居，自号圆明居士，编有《御选语录》，还插手禅法的争执，用政治力量摧毁汉月法藏的三峰一系"（张中行《禅外说禅》）。"雍正直斥法藏等人'实为空王之乱臣，密云之贼子，世出世法不可容者'，敕令地方官吏细查法藏一支所有徒众，在组织上彻底摧垮"（任继愈《中国佛教简史》）。"并将藏内法藏、弘忍的语录及《五宗原》、《五宗救》等书尽行毁版……，又着直隶督抚从圆悟派下削去法藏一支，永远不许再入祖庭。传令天下祖庭，凡系法藏的子孙开堂的，即撤去钟板，不许说法，另选（密云）圆悟派的别支承接方丈"。当时，在人们眼里"三峰之禅、西人之教、楚人之诗，并是世间大妖。三妖不除，斯世又有陆沉之祸"（见陈垣《清初僧诤记》），遭到群起而攻之。三峰即法藏的三峰禅系，西教即耶稣教，楚诗即竟陵派之诗。

雍正透悉禅学，但以政治力量干涉佛门争端，显然是有他所惯用的文字狱的性质。他之所以要铲除法藏一系的重要原因，就是明清之际佛门僧人与士大夫来往密切，吟诗作文，谈论时弊，讽谕朝政。法藏不过是他杀鸡给猴看的牺牲品。他编有《御选语录》十五卷，其中选录了晋、唐、宋、明、清各代高僧共十四人的语录，所选的明代高僧即是赫然昭著的密云圆悟。雍正还翻印《大藏经》一百部，分赐天下各大名刹，时四川得赐二部，一为破山的道场梁山双桂堂，一为破山弟子丈雪通醉所中兴的成都昭觉寺。《中国禅宗通史》认为"以雍正强力干预禅宗内部事务为标志，在中国流传了千余年的禅宗，终于走完了自己最后的旅程"。

雍正不失为政坛高手和佛门巨匠，他亲自插手"治理"佛教，其结果不啻是给佛教以毁灭性的打击，自此以后，佛门几乎成为政治的附庸，只存躯壳与形式而已了。

密云、法藏师徒之间的"宗旨学说之争"迅速变得扩大化和复杂化，即使在破山回到四川以后，仍不遗余力地批驳深受法藏赏识的四川忠州聚云禅系的鼻祖吹万广真禅师，就不能不说是这场战火的延续。

破山在离开海盐金粟山后，又在嘉兴等地徘徊了三四年，方回归巴蜀，这期间，密云却去了宁波天童寺，并终老于此。密云圆寂之时，法藏业已反叛，破山业已还蜀，天童寺由木陈住持，金粟山由费隐住持。转眼间就是甲申之乱，明清易代了。满清入主中原，木陈被顺治帝迎入北京，在宫廷说法。顺治帝对他执弟子礼并请起法名为"行痴"，木陈与另一位中文名叫汤若望的日耳曼人同时成为皇帝身边最密切的人物，显赫一时。"木陈词锋，富排斥力，每有谭论，不问老辈同辈后辈，皆有微词。如谓雪峤信作诗写字，成得甚么；湛然澄崃卒出身，一丁不识；汉月藏师心自用，凿空见奇；觉浪盛下笔千言，稍欠精练……"（陈垣《汤若望与木陈忞》）木陈一方面贬低他人抬高自己，一方面讨好清帝，"正因为（木陈）道忞有如此阿谀的本事，所以顺治与他交谈的话题最多，几乎无所不谈"（《中国禅宗通史》），特别是他说"皇上夙世为僧"，更能使顺治佩服，顺治曾有"我本西方一佛子，为何落在帝王家"的诗句，表现出与佛门的渊源和出家为僧的愿望。两人分别时，又互送书法作为思念时见其书如见其人的信物。《中国禅宗通史》说："（木陈）道忞露骨地颂扬清王朝，把禅学导入维护新统治者的政治轨道，受到一些参禅士大夫和禅儒的抨击。"

木陈从江南北上京华，受宠于清帝，写有《北游集》，专门记录此行的生活点滴，并以此为炫耀，自鸣得意，遭来士林的鄙视。山河破败于异族之手，伤害了有志之士的强烈自尊，木陈置民族气节于不顾，以辱为荣，与破山等人反清复明的政治立场形成鲜明的对比。日后破山弟子丈雪奉师之命由四川往浙江祭扫密云塔，当众痛骂木陈依附新政、独霸祖庭时，便得到江南众多仁人志士的景仰。

入清以后，木陈为排斥法藏、破山等同门师兄，在已有徐心韦撰写塔铭又未经同门师兄集体商议的情况下，再请钱谦益重新为密云撰写塔铭，并隐去密云门下另外十一个弟子的事迹，将自己作为正宗传人，从而遭到来自各方面的谴责。费隐说："今方木陈以代付为事，欺昧诸方"（陈垣《清初僧诤记》），本来，"天下多文人，何必（钱）谦益，天童（指密云）在甬（越东），徐以甬绅久为天童护法，请徐固有因也。钱（谦益）自乙酉（1645）后，名誉扫地，何所慕而求之"（陈垣《清初僧诤记》）。徐心韦是越东名绅，官至江南提学御史，为密云重要的支持者，明亡后出家为僧，有"早已觉来浑是梦，譬如死去未曾埋"的诗句，表示出不与清廷合作的态度。钱谦益虽为当时的一代大儒，身为明朝重臣，清兵南下，他率众出城迎降，就是后来乾隆也说："钱谦益本一有才无行之人"，"大节有亏，实不足齿于人类"（引自张仲谋《二臣人格》），真正是"名誉扫地"，《明史》也将其安排在《二臣传》之列，钱谦益当时的口碑很差。一先一后为密云大师撰写塔铭的徐心韦、钱谦益二人，其人品气节显而易见，那么，木陈请钱谦益为师撰塔铭的目的，就昭然若揭了。木陈的种种劣迹见诸史料者甚多，其人实为搬弄是非之流，追逐名利之辈。终究落得"识者鄙之"（陈垣《清初僧诤记》）的结论。

密云师门之内的纷争错综复杂，不一而足，就是破山回蜀之后，在三十余年的传教生涯中，也拉开了与密云的距离，甚至带有某种离经叛道的性质，被人称为"逆行菩萨"。但逝者如斯，不能起密云于地下，来予以评判褒贬了。木陈同法藏一样，去世之后也受到了雍正的斥责，"自以为功能，欲以盗窃名誉"的《北游集》，被视非法出版物，予以查禁（见陈垣《汤若望与木陈忞》）。远在川东僻壤穷乡并以反清复明为己任的破山，却无意当中得到了两部御赐《大藏经》。

可惜密云大师的门下，法藏思想反叛，木陈行为卑劣，唯有破山是众望所归的人物了，密云的另一个弟子朝宗通忍禅师清醒地说："天童衣钵正在破山，归而求之，何用它觅？"（牟秉素《破山语录·序》）。南怀瑾在景印《雍正御选语录》暨《心灯录》的序中也说"密云鉴于其已成之势，乃密以临济法统转付破山海明禅师，破山亦避乱返蜀"。

八、"大振江南"

再说破山在崇祯元年（1628）离开师门后，并未立即回川，他去了苕溪湖州，为致远法师所留，住在福山禅院。这时，"嘉禾（兴）绅衿响师道风"，频频来邀破山前往，"请主东塔"，破山于崇祯二年（1629）八月到了嘉兴，住持东塔广福禅寺，不久，"遐迩学者归之如云，福城[①]赤帜由斯起色也"（丈雪通醉《破山明禅师行状》）。破山在密云的门下已经和很多文人墨客相交往，蜚声江南禅门了，密云对诗文书法的造诣，也无疑使得破山大受影响，终身得益。其中，那位因偶发文思题写金粟山"密云弥布"匾额的蔡子谷先生，就是密云与破山师徒共同的挚友，破山与其诗文唱和，书信往返，直至回蜀后仍未间断。破山入主东塔，远近学侣前来问道助兴，使冷落多时的东塔门庭若市，"福城赤帜由斯起色"是顺理成章的事情。

佛门规矩，只有作为一寺之主的住持，才具有资格开堂对众说法，这时，年方三十三岁的破山以东塔广福禅寺住持和密云高足、临济传人的身份，开始了他的传教生涯。

东塔古刹"寺即清凉国师之讲席，向无提持教外别传者"。清凉国师是华严宗第四祖澄观的别名，不是"教外别传"的禅宗。东塔又曾是禅宗曹洞大师湛然圆澄住过的道场。破山升堂说法，开门见山，却是临济宗的那一套东西，"于是建立天童宗旨，开选佛场，自斯始焉"（《破山年谱》）。从此，东塔成为宣扬临济宗法的禅院。

首次升堂，按照惯例他分别为"西天东土历代祖师"、"今上皇帝"、"合朝文武"、"天下官僚"都拈一瓣香，然后，"复拈香"，"供养云门堂上散木大师（即湛然）用酬戒法之恩"；"再拈香供养密云本师大和尚用酬法乳之恩"。湛然和密云是他终身不忘的恩师，以后他每到一个新道场，均以同样的礼仪表示内心的报恩之情。从崇祯二年（1629）入院，到崇祯五年（1632）还蜀，三年多时间他都在东塔传道授业，开堂说法。下面摘录他一些上堂的记载：

（1）结夏上堂云："东塔今年结夏，老牛老马归舍。虽无水草供看，且喜鞭绳恶辣"。

（2）上堂云："天得一以清，地得一以宁，君王得一天下太平，衲僧得一海众云臻"。

（3）上堂云："今朝正值腊月八，释迦原是小悉达。经行忽地面仰天，撞着明星刺眼瞎"。

（4）望日上堂云："天上月正圆，人间道月半。撞着阎罗王，便把饭钱算"。

（5）寂开剃发请上堂云："金助削尽千峰雪，露出天涯星月孤。照得世间人廓彻，都来依样画葫芦。大众还有依样画得者么？有则不妨。好手手中呈好手，红心心里射红心"。

（6）上堂云："有问有答，铁牛不怕狮子吼；无问无答，恰似木人看花鸟"。

（7）上堂，僧问："海干日出时如何？"师便打。僧喝，师又打。僧又喝，师云："三喝四喝后如何？"僧无语。师乃云："古佛与露柱相交，逢人且说三分话；金刚与泥人搭背，未可全抛一片心"。

（8）上堂云："柴米油盐事事空，客来无计可通融。山僧昨夜动饥火，烧得须弥走芥中"。

（9）元宵上堂云："今朝正月十五，处处敲锣打鼓。将谓移苦为乐，谁知翻乐为苦"。

（《破山语录》卷一《上堂》）

破山的传法大体沿袭了密云"棒喝应机"、"直指人心"的风格，机锋往来之中也多属禅宗法门玩弄文字游戏的惯用伎俩，但语言通透畅达，运用自如，气势夺人，在字句中透露出对禅境深刻的领悟和灵活的把握。思路一旦打开，便如脱缰的野马，又似出笼的飞鸟，其纵横自在是可想而知的。佛学根底浅、文学修养差、悟性不高的人则会不知所云，莫名其妙。

破山住持东塔后，弟子和居士们便为他刊印了"语录"传世，序言的落款是："明崇祯己巳岁，胆山弟子李璨敬书于嘉禾环碧堂中。"崇祯己巳岁即崇祯二年（1629），李璨在序中介绍破山师事密云的关系后,以佛偈一首形容破山的禅法:"骷髅劈碎法尘灰,喝退三千了不回。执把钢刀诛混沌,凭他魔佛叫哀哀。"

这大概是第一次出版《破山语录》,以后在崇祯十五年(1642)由吏部尚书牟秉素作序又刊印了《破山语录》,再以后在清顺治十三年(1656)丈雪奉命由川入浙后,再刊印了《破山全录》,那么,现存资料表明,破山仅在生前就至少刊印了三次他的语录,流通佛门内外,可惜它们已无从寻得。

根据《破山年谱》记载,东塔时期与破山交往密切的除蔡子谷外,还有岳石帆、孙和石、孙起伯、严去凡、谭扫庵等人。他们都是当地的名绅名流,机锋往来,诗书赠答均为契合。尤其与谭扫庵的交谊最厚,通信最多。据《光绪嘉兴府志》载,谭扫庵名贞默,字梁生,是"崇祯戊辰年进士,授工部主事,假归,杜门著书。有《见圣编》《其间集》《扫庵诗存》《雕虫赋》《韵史》诸书。创立鸳社,集里中诸名士相切磋。吾乡称文学者,自李太仆外,推贞默云"⑫。可见他在当地,足称名流了。岳石帆是当地的一名地方官,他原本是为劝说破山而来,说:"'我东南水方,人民老实,莫在这里惑乱人。'师(破山)云:'贫道行脚十五年,今日惑乱着一个?'岳曰:'惑乱我则可,只恐惑乱愚人。'师云:'阿谁是愚人。'岳瞪目视之,曰:'我也是路见不平,见你年幼,未是你做的时节。'师云:'释迦老子初出母胎,指天指地,难道也是年幼未是时节么?'岳曰:'所以云门要一棒打杀,我今日一棒打杀,你且怎么生。'师作怕势,云:'贫道性命几乎丧在门下。'岳跃然拜别"(《破山年谱》)。后来岳司马皈依于破山门下,破山并有佛偈相赠:

一觉长伸休问道,三餐茶饭懒参禅。
破山不是闲相识,拄杖挑来个个圆。
(《破山语录》卷二《复石帆岳司马》)

破山在《次秋潭师题茂叙居士啸竹亭韵》的诗中超然地吟道:"独为逃禅远世寻,双溪桥去水云深。想君共我同流也,日坐蒲团啸竹林"(《破山语录》卷十八)。在《和会稽女郎》中,他风趣地说:"英姿一旦破风尘,把笔三行泪满身。

题罢墨花香宇宙,等闲不与世同春"(《破山语录》卷十八)。

孙起伯居士主持新建大悲阁,竣工后请破山上堂,破山作佛偈道:

> 山僧住此二三秋,拄杖芒鞋未彻头。
> 千手大悲来摸索,一茎草上现琼楼。
> (《破山语录》卷一《上堂》)

接着,他又说:"如是则尘尘垂手,刹刹现身。垂一手则千手万手俱备,舒一目则千目万目皆然。其慈也,与三世诸佛同;其悲也,与一切众生共。玉殿琼楼,因念而感,云路丹霄,随心而至"(《破山语录》卷一《上堂》)。

给蔡子谷的信中说:"世治世乱,则名利皆祸根也。喜门下而不以名利为活计,清贫自守,安逸自居,道德自尽,真可谓吾不如老农老圃也"。表示对他的赞赏,又说"江南法匠,枚枚可数者,岂少我这腐物"(《破山语录》卷十三《复蔡子谷居士》),表明自己不必久留江南之意。

又有《题去凡严居士自谓镀铄道人》一首,其中有"与君子交,兽心人面;与衲子交,人心兽面"(《破山语录》卷十四)的句子,鞭鞑那些伪善君子,人面兽心,不过是假道学而已。

物以类聚,破山身边很快就聚集了一批文人学士,一位名叫程寂闻的居士还借破山的佛门以文会友,鸠友结社。破山应邀撰写了一篇题为《题寂闻程居士鸠友结社序》的文章:

> 斯社中人,坚其心,确其志,复何所为?曰名耶?曰利耶?名高而累己,利广而害身。谛知名利场中,罕有一人半人而远是窠臼。动经尘劫,入生入死,改头改面,不知几千劫数,始可出头。方做顶天立地汉子,尤且不知向上关捩。因我寂闻子布巾葛服,真庞老余风。在贫道处朝参暮请,每吃痛棒热喝,亦复不知是何所以,意欲以尘劳而作佛事,鸠诸精进善侣,同结是社,递相束敛,递相警策,有时语,有时默,究竟彻头彻尾处,稍知痛痒,与三

世诸佛把臂共行，历代祖师挨身有分。亦不枉来东塔门下，借路经过。谨序。（《破山语录》卷二十）

从这可以看出当时文人结社的时尚和逃禅的风气，破山给予他们禅学的启迪和佛法的教诲，希望他们不要被名利所缚、尘劳所困，做一个像唐代著名居士庞蕴那样超脱的人物。在另一篇《题棘生白居士山居诗序》里，破山说："鼻祖西来，不立文字，不离文字，皆直指斯道，无可不可而已。""吾子棘生，从通州来，又即尘劳，而善作佛事。树赤帜于擒纵之际，挝毒鼓于杀活之前，如是雄猛，如是勇锐，杰出生死关头，作山居诗三十首，言言句句悉是太平中风味矣。予器之，题片言以佳志焉。"提倡平淡自然的诗风，以"言言句句悉是太平中风味"相标榜。破山与居士们往来密切，诗文唱和不断，在《复宗白上人来韵》中说："杖影蹒跚落小溪，鱼龙轻触乱招提。不随跛鳖吞香饵，安做痴蝇逐臭遗。肯纵禹门终点额，欲腾霄汉始为题。笔尖衷曲付猿鸣，叫遍天涯徒自啼"（《破山语录》卷二十）。在《题栈道图》中，以他的生花妙笔描写巴蜀的风光道："山山有云，树树有鸟，溪溪有桥，路路有草。唯我蜀道之更难，人马凭空而缥缈"（《破山语录》卷十四）。在浙江的这些年，他的文学创作有了长足的进展。

这时，皈依破山并成为其早期嗣法弟子的有象崖性挺（1598—1651）、破浪海舟（生卒不详）、空外大邃（生卒不详）、灵筏印昌（1608—1665）、之际如通（生卒不详）等，他们大都是参访过江南高僧，饱读诗书的人，以后成为破山派系的骨干。破山给他们说法传道，赠诗示偈纳为门徒。如破浪是四川人，为破山同乡，破山有《复破浪禅人》四首，其一道：

堪怜尔我是同乡，略露乡情偈两行。
莫道归家心便了，蓬州溪口路羊肠。
（《破山语录》卷二十）

赠空外大邃的一则法语，最能体现破山自由宽容的门风和与世无争的愿望：

天地间为人，为到出家地步，极快活，极自在。无荣与人，无辱与人，天子不臣，诸候不友尘，通身彻底，唯一天真。天真之趣，花笑鸟鸣；不必别觅，动静中存。

（《破山语录》卷九《示空外禅人》）

　　在破山眼里，出家人"无荣与人，无辱与人"，是如此的超然洒脱、放任不羁和随心所欲，是"极快活，极自在"的人生境界。其无拘无束，仿佛济公和尚再世。所作《石莲冯居士请》，将自己的形象描写得更加狂放：

　　这个病和尚，生来古怪样。
　　撞着李次公，十画有九相。
　　发际蓬蓬松松，眼界空空荡荡。
　　住止东塔街头，游戏南海岸上。
　　肚里无滴墨水，惯要兴风作浪。
　　踏出虚空骨髓，横按一条柱杖。
　　任他魔佛人天，都来吃顿痛棒。
　　呵呵呵，莫道破山本分，草料不成供养。

（《破山语录》卷十七）

　　青年破山玩世不恭之状跃然纸上。
　　而另一方面，破山却极力钳锤子弟，团聚力量，丕振宗风，建立门派。在弟子、居士、檀越、护法们的共同努力下，"建大悲阁"，"塑大悲像"，"开堂演法"，并主持"翻刻《指月录》，流通海内外"（《破山年谱》）。《指月录》，明瞿汝稷撰，三十二卷，是汇辑禅宗师徒相承的机缘和语录的著作，对后世影响较大。——东塔在破山的经营下，兴旺起来，作为一代宗师的破山，也已经初露端倪。由此出现"远近观光，罔不悦服，道风遂大振于江南"的盛况。
　　师门之内，"在密云眼里，破山是汉月（法藏）反叛后最中意的继承人"（《四川禅宗史概述》）。东塔的消息密云自然清楚，为表示对破山的惜爱和挽留之情，

破山得法之地宁波天童寺

崇祯三年（1630），"（密云）悟和尚专使送法衣至东塔"（《破山年谱》）。这是一种反常的行为，因为自唐代的六祖慧能开始，为避免争端，停止了传法衣的惯例。那么，为何密云早已给破山出据过"曹溪正脉来源"的表示法门传人的凭证，这时又破例派专人给破山送法衣呢？显然是为了留住破山来继承自己的法门，传播自己的思想而作的暗示，表明天童寺的接班人非他破山莫属。密云的用心何其良苦。当初破山接到法衣时，上堂道：

大庾岭头提不起，鸡足山前成滞货。
衲僧今日获一披，如云普覆华王座。

据《天童密云禅师年谱》载，"崇祯二年（1629）己巳，三月，与三峰汉月藏、东塔破山明书，多规诲法门大体事。"密云老僧写信"规诲"二徒，其旨趣恐怕大不相同。他所"规诲"汉月法藏的是对他反叛行为的斥责，而"规诲"破山的，则应该是对他离别的规劝和回归的希望。但是，密云的"规诲"是失败的，法藏一意孤行，坚持自己的观点，反对师说，其结果如前所述，遭到群起围攻，以至于"断子绝孙"，全军覆灭；破山独持己见，不以密云为他铺好的锦绣前程所动，回归巴蜀，但他自始至终保持与师门的良好传承关系，即使晚年也未尝忘却过自己的恩师。无论江南多么的繁华，佛门多么的兴旺，破山不会改变回蜀的初衷，入主东塔也实为盛情难却。一次，他一上堂就高声吟道：

秋风起，秋夜长。未归客，思故乡。
(《破山语录》卷一《上堂》)

表达出坚定不移的离浙还蜀的愿望。特别是在一次维那向他递交辞呈，意欲离东塔而去，他不无感叹地道：

尔之执事向吾辞，吾欲辞兮却问谁？
尔我这条穷性命，不知还活几多时？
(《破山语录》卷二十《复维那辞执事》)

俗语道：国不可一日无君。他自知既为东塔之主，众心所向，他若抽身离去，众檀越、护法、弟子、居士必大失所望而作鸟兽散，所以，他还是极力将归期一拖再拖。

东塔的盛况频频传进密云的耳朵，他意味深长地感慨道："花开槜李，果熟蚕丛"《破山和尚塔铭》)。李，浙北嘉兴等地的别名。蚕丛，传说中古蜀国的第一个君主，意即巴蜀之地。密云以深邃的眼光看出破山必将成为一棵参天大树，终究会枝繁叶茂。东塔的盛况只能一时的灿烂群芳，而真正的收获却是广袤的巴蜀大地。

崇祯五年(1632)，春，破山专程前往宁波天童寺，省觐恩师密云。路过绍兴时，他又去了显圣寺，祭扫湛然大师之塔，并作《哭云门湛和尚》一首，极尽悲天悯地之情。

天童寺外，山青林茂，流水淙淙。相传西晋时期，僧人义云在此结茅修行，感化了太白星老人，化为童子，为他运水送柴，故称"太白山"，又称"天童山"，宋代建景德禅寺，明朝时，改寺名为"天童寺"，天童山也被册封为禅宗五山的第二山。密云圆悟离开海盐金粟山后，终老于此，凡十余年。因此人们称他为天童老人,其法派称天童派。

破山春季省觐密云后,回到嘉兴东塔,又在秋天"复上天童辞悟和尚"(《破山年谱》),大概这时回蜀之期已定,东塔事宜也已安排妥帖。他作有《辞本师归蜀》诗二首,其一是:

适来此处寄残身,不觉疏慵病日深。
惭愧坐消檀信食,踌蹰辜负行人心。
草鞋脚底龙蛇竞,拄杖头边佛祖沉。
八万四千功德聚,了无一法报丛林。
(《破山语录》卷十九)

寓不尽感慨于字里行间。他又说:"且随梦眼回川去,刈把山茅来盖头。火种刀耕粥粝饭,千腾万铸养高流"(《破山语录》卷十九),表现出远离是非之地,退隐穷乡僻壤,甘于寂寞的超然心态和筚路蓝缕、以启山林的决心。⑯

九、千里还蜀

据《破山年谱》记载,破山向密云辞行离开宁波后,在回嘉兴的路上,又有"慈溪尔赤冯居士延至家中,请益。冯先世误信邪术,师力为拯拔,示以正知见,合宅感悟"的事。这本是小事一桩,但可看出破山在越东的影响,也可看出破山传法的执着,正如佛祖释迦牟尼一样,有求必应,无处不在,给人以种种佛法的开示。

回到嘉兴东塔后,破山作最后一次说法,退院上堂云:"山僧肚里乱如麻,伎俩无能尽爪牙。千日禅期今日毕,杖头卓处乱成蛇",结束下座时,他又高吟道:"椰栗横担不顾人,直入千峰万峰去"(《破山语录》卷一)。从崇祯二年(1629)八月入院到这时的崇祯五年(1632)秋,整整三个年头一千余个日日夜夜了,天

飞雪禅院外的石刻

下无不散之筵席,既然回蜀之心不改,那么千日禅期就以今日为了结吧!破山也是"肚里乱如麻"的百感交集之状。

这时,嘉兴缁素一一前来送行,聆听最后的法音。破山均以法语或诗偈相赠。其中,《福城寄别石车道兄》一首道:

> 共叶连枝易,临行话别难。
> 且飞千里锡,聊挂一风帆。
> 灯尽城东塔,花开金粟山。
> 草鞋踏遍处,漫作水云看。

(《破山语录》卷十九)

《辞携李檀越》一首道:

> 打水鱼头渐觉酸,不如归去且图安。
> 零星佛法奚终用?些子离骚何足观?
> 月冷南山飘个叶,舟行西国入重峦。

破山由浙还蜀后卓锡飞雪禅院，今已毁，路旁的石刻「蜀道难」犹存。

此方未尽锋芒兴，何处推篷下钓竿。
（《破山语录》卷十九）

《福城留别》一首道：

住持千日好，言别一时难。
去水留能复，来云定不还。
人天追意急，瓢笠放身闲。
欲会必何处，相逢只指弹。
（《破山语录》卷十九）

这些离情别绪之作，其语意之缠绵，心境之悲凉，仿佛已非佛门子之所作，倒像"相见时难别亦难"的落魄才子李义山。

从破山的诗作和言行看,他对于回归巴蜀还是留在江南,长时间都处于犹豫不决的两难境地,这就是从湛然座下的天启五年,即1625年开始,他屡次提出还蜀而直至崇祯五年,即1632年才离开的原因。本来,江南是最适合破山的地方,加上他才华出众,根基已稳,又师出高门,名归正宗,特别是入主东塔后,学者云集,声誉日增,既得密云所信赖,又受佛门所瞩目,该是早年得志之人。但是,在明末江南禅门貌似繁华的背后,却潜藏着十分复杂尖锐的矛盾,种种争端,已使佛门成为一个没有硝烟的战场,哪里还有清静可言。破山自恃其才,敢作敢为,转益多师,兼嗣湛然和密云的做法也引起诸多的指责和非难。而偏远的四川虽是穷乡僻壤,佛门也一片荒芜,倒是清静得多。所以破山要"不如归去且图安",宁愿过"火种刀耕粥粝饭"的艰辛生活。

破山离浙还蜀,其嗣法弟子象崖性挺等也随师同行。他们途经南京,又应邀在此小住,为人题字讲法。在报恩寺题指月轩七绝一首道:

　　几句闲言话满天,中无一句可君前。
　　法堂草长深千尺,未敢题诗指月轩。
　　(《破山语录》卷十四《金陵静心请题指月轩》)

其寥落之景,可看出报恩寺的衰败已到了"草长深千尺"的程度。游灵谷寺,又得诗一首记其行:

　　偶来灵谷法堂上,坐听松声递远钟。
　　莫是志公时说法,广长舌底露机锋。
　　(《破山语录》卷十四《游灵谷寺》)

志公禅师虽然远去一千多年,但这里毕竟是他的栖息之地。破山与他有不解之缘,在早年"于壁间见志公禅师《劝世歌》,予读至身世皆空处,不觉坠泪"(《破山年谱》)。于是，削发出家了。灵谷寺外的破山，遐想之中，钟声接松涛而来，这莫非就是那位志公禅师当时说法的声音！冥冥之中，他是否又要透露一点玄机呢？

按《四川通志》（嘉庆版）所记，破山"尝住芜湖，闻故佥事金公被刑，乃乞贷往市棺，经前抱尸而殓，逻卒呵阻之，不为动，卒殓载归芜湖庵中"。《梁山县志》也有大体类似的记载。但据陈垣《明季滇黔佛教考》考证，"此别一海明也"，而人们"乃误为破山海明"，"僧名同者众也"。本来，破山出川，到湖北黄梅，到江西九江、上饶，再到浙江。破山回蜀，先到南京小住，再逆舟而上，西归巴蜀，踪迹十分明晰，而且可以从年谱、塔铭及诗作得到证明。

破山从嘉兴出发，大概已是晚秋了。他当年就来到了"夔之万县，寓广济寺"，在川东万县（今重庆市万州区）的时间不会很长，很快就有梁山绅士涂寿北、高瀑崖等人将他接到梁山，"迎师至万年寺，虚白公虚席延留，旦夕问道"。这大概已经是崇祯五年（1632）的年末了。

转眼间就是崇祯六年（1633），《中国禅宗通史》将这一年列入"大事纪"中，说："（密云）圆悟嗣法弟子破山海明返回巴蜀传禅三十余年，推动禅学在川滇黔的发展"，它标志着明末清初西南佛法的复兴由此开端。破山应邀来到梁山，只是一次偶然行为，或许当初他也未能料到，他这一生却由此与梁山结下了不解之缘，甚至人们到后来就干脆用"梁山"，来作为他的代称。

注释：
① 南怀瑾先生在他的力作《禅海蠡测》里，认为"刻期取证"实行打七的法门，"此事初创始于佛灯、破山明二师"。在分别列举了佛灯和破山"刻期取证"的事迹后说："宗门打七，如置洪炉大冶，欲于短期间锻炼人物，继续佛祖慧命，非泛泛事也。学者是否其人，主七者是否能有此权衡，皆须自审。好高自慢者，乌乎可！"并有诗一首赞道："繁华丛里一闲身，却向他途别觅春。千丈悬崖能撒手，不知谁是个中人。"
② 那伽：梵语称龙为那伽，意谓离诸系缚得大解脱者。
③ 钱谦益：《憨山大师庐山五乳峰塔铭》、《闻谷禅师塔铭》均见《牧斋初学集》卷六十八。
④ 破山作《题紫柏大师像》，事见《破山年谱》崇祯三年条下，但《破山语录》中佚去。
⑤ 笑岩德宝（1512—1581），字月心，俗姓吴，金台人，密云圆悟之师祖，明中叶著名禅宗大师。提倡话头禅，长于机锋，是当时佛坛独树一帜的人物，对密云以及破山影响甚著。
⑥ 幻有正传（1547—1614），德宝之弟子，密云之师父，破山之祖师，承笑岩德宝之学传临济禅法。
⑦⑧均见《新修天童寺志》，宗教文化出版社，1997年。
⑨ 见陈垣《明季滇黔佛教考》27页。
⑩ 都卢：统统、总是之意。
⑪ 福城：浙江嘉兴。
⑫ 见《光绪嘉兴府志》卷五十一《列传》，上海书店1993年6月影印。
⑬ 檀越：指施主，亦作"檀那"。
⑭ 护法：护持佛法。按佛经所说，上至梵天帝释八部鬼神，下至人世，保护佛法之人通称护法。
⑮ 见嘉兴藏《破山语录》中的丈雪《破山明禅师行状》，此处引自《中国禅宗通史》、《巴渝文化》等书。
⑯ 有关破山由浙江还蜀之事，弟子丈雪《破山明禅师行状》说："壬申春，适金吾振宇张公，讳大京，并铨部伯井冯公，讳士仁，请师回蜀"。明朝吏部尚书在《破山明禅师语录序》中说是"会铜梁（今属重庆）张大金吾，欲修建巴岳山，特请师归蜀"。清初国子监祭酒谭贞默在《破山明禅师语录叙》中亦称是"应铜梁张大金吾之请"还蜀的。其实破山还蜀自有其原因，那就是离开江南这个僧诤不断的是非之地，因此，他也没有按邀请去巴岳山。

另外，佛门长久以来流传一个破山在天童寺被迁单的传说。说是破山在天童寺禅堂当维那，他发现禅客们坐禅中饥肠辘辘，体力不支，于是利用神通演绎了一出灵魂出窍的故事。他留下色身一动不动地坐在那里，自己的神灵溜出禅堂，到大寮（厨房）偷锅巴，每个师父发一块。开静后，师父们看到腿上的锅巴，拿起就吃，力气也有了，精神大振，再坐，个个菩萨一般，庄严得很。但是很快就被密云老和尚识破。结果破山就被迁单，最终到了四川，创建了双桂堂。

第三章 开宗立派的万峰时期

一、梁山古邑

梁山（今重庆市梁平区），位于川东平行岭谷区。磅礴逶迤的南华山和明月山自东北而至西南横贯境内，两山之间一平坦大坝，豁然中开。田野纵横，沃土万顷，素有"川东粮仓"之称。梁山即由进入境内的南华山脉中有名的高梁山而得名，所以，梁山又称"高梁"或"都梁"，《蜀中名胜记》说："邑名高梁又谓之都梁，皆因山也"。《梁山县志·舆地志》说："梁邑扶舆磅礴之气，酝酿宏深"。为连接川东川西的"夔之咽喉"。这里"人多劲勇，士笃儒风，稻田繁膴，民力于农"，并有"吉凶相助，周恤可风"，"迄今丧葬婚嫁，一切尚俭朴"的风尚。南宋诗人陆游途经此地，曾有诗作多篇纪其行，其中，一首《题梁山军瑞丰亭》的七言古诗，专写地方风情，最有意味。诗中说："峡中地偏常苦贫，政令愈简民愈淳"，"都梁之民独无苦，须晴得晴雨得雨；史君心爱稼如云，时来斯亭按歌舞。歌阑舞罢史君醉，父老罗拜丰年赐"。陆游"政令愈简民愈淳"，作为一种政治主张和治民策略，在当地广为流传，成为一方之掌故。由于耕地众多，气候温和，百姓朴实，物产丰富，梁山自古就是川东的一块肥美之地。有俗语道：金开（县）银万（县），比不到梁山一半。明末清初的范麟《和高梁赈粥行》的诗里有"高梁十万户，风俗幸未漓。农则安于野，士非相在皮"的话，可见当时当地农民安居乐业，勤俭厚道，士人不尚虚华，笃实好学的生活状态。

破山由浙还蜀，在万县稍作停留，即来到这里，从此，他与梁山结下了不解之缘。地方官予以礼遇，护法者予以资助，老百姓予以拥戴。虽然他多次外出，时不论长短，地不论远近，却总是去而复回，以梁山为归宿之地。

梁山绅士涂寿北、高瀑崖等人将破山从万县广济寺接去后，住在本县大有来历的万年寺中。按《梁山县志》载,"万年寺,县东蟠龙山岭,石壁有'天子万年'字,故名"。这里山深路险,风景绝佳,一条陡峭的驿道绕寺而过,是川东进入川西的旱路的必经之路。万年寺建于明嘉靖年间,距破山的到来刚好一百年。当初四川巡抚宋沧在执行朝廷"加耆老"的公务时,途经此地,偶获白兔一只,以为"见白兔"是皇帝恩泽于民"嘉祥奇瑞"的征兆,(因野兔多为灰麻色,白色实属罕见),故派专使飞送入京,嘉靖高兴之余,下旨"建亭、勒石、竖坊",以志其升平景象,并说:"万方宁谧,四夷成宾,神功圣德,美矣盛矣"。于是,巡抚宋沧委派按察司副使张俭亲临督办,建亭之碑。竣工后,张俭在路旁的悬崖上大书"天子万年"四字以纪其盛,随后,当地之人又采石伐木,修建了万年寺。

  万年寺旁边就是有名的蟠龙瀑布,一泓碧泉飞流直下,气势蔚为壮观。陆游曾应四川宣抚使王炎的招请,前往南郑,路过这里时写有《蟠龙瀑布》一首最为有名,其中说:"古来贤达士,初亦愿躬耕,意气或感激,邂逅成功名"。表达了"尽管自己志在躬耕,但是因为意气激动,可能不期而遇地功成名就。他在这里坦率地提出自己赴南郑前线的心理状态"(朱东润《陆游传》)。这里集万年寺、白兔亭、蟠龙古洞、蟠龙瀑布众景观于一体,且地处交通要塞,因此,历来受到厚爱,骚人墨客的题咏举不胜举,甚至范成大还将它称为"天下第一瀑布"(见《梁山县志》),这当然是一时心血来潮的过誉之词。破山对它也是情有独钟,发思古之幽情,一咏再咏,就是在他离开万年寺后,还常常携徒来游,赋诗纪行。这时的诗作主要有《新白兔亭》:

  白兔何时去?亭空历有年。
  尘埃堆半壁,词赋叠三川。
  古路重荆棘,灵泉接洞天。
  洁公新此地,却以待翩跹。
  (《破山语录》卷十四)

  有《蟠龙观瀑》:

磊落山川忽地灵，云巢月窟两关情。
　　其中白兔今何在？只有崖前瀑布声。
　（《破山语录》卷十四）

有《三过蟠龙洞值雨》：

　　草鞋三过路头穷，只见苍崖不见龙。
　　转盼如云飞杖底，打风打雨跃长空。
　（《破山语录》卷十四）

破山并非有意去做一个诗人，他的诗作只是自己有感而发寄托怀抱的手段罢了。他所要全力以赴的，是佛法的中兴。这时，他有一封《与瀑崖高居士》的书信，最能说明他的环境和心境：

　　白兔亭边一别，耳耳时布法音；蟠龙洞口双跌，念念日拈宗旨。矧夫佛日西沉，祖灯夜寂，伏然大檀越傲出烟郊雪野，忽地七花八裂，惊开老树新枝，瞥尔千红万紫，则此日穿天下人鼻孔其谁也欤？山缁仰慕，为启已坠之光再焰，西沉之日重东，王道佛道并行，天魔地魔拱伏……
　（《破山语录》卷十三）

高瀑崖是梁山有名的高、古、涂、冯四大家族之一的富绅，据《四川通志》和《梁山县志》记载，后来他于崇祯十年（1637）考取"丁丑科进士"，被委任为江苏"兴化知府"。可见他是一个富而好学、学优则仕的人物，又是去万县接破山来梁山的使者，更是破山开法的保护人和资助者，所以面对佛法下衰，破山要对他一吐衷曲，表示九死不悔，重振宗风的决心。

万年寺虽是一只小庙，寺僧无几，但住持虚白和尚却是一个很有德行的人，正如他的名号所言，虚怀若谷、清白自守且有一定的禅学修养。据《破山年谱》记载，破山到万年寺后。"虚白公虚席延留，旦夕问道"。对这位年长于自己的禅者，破山很有好感，以朋友之谊视之。两人相处甚洽，分别后仍互相思念。日后，虚白圆寂，破山有《闻虚白友人讣音》七律一首相吊：

> 积怀将谓还同居，岂料专人报讣书。
> 百世愁肠断易续，万年爱纲密难疏。
> 风高白兔随亭冷，云满苍龙听岳呼。
> 驿路若前车马纵，荒荆欲待阿谁锄？
>
> （《破山语录》卷二十）

白兔亭边，万年寺里，昔日的生活历历在目，久有故地重游，与友人同居一寺，谈佛说禅的"积怀"，不料天不假年，友人已作古人，从今行正道、辟恶魔更有谁在？破山不禁发出"荒荆欲待阿谁锄"的感慨。

巴山蜀水自古为人杰地灵之所在，自东汉时期印度佛法东渐以来，特别是唐宋之际，在创造、发展和传播中国禅学的历史上，巴蜀禅师人才辈出，群星璀璨，佛学界有"言蜀者不可不言禅，言禅者不可不言蜀"的说法。但南宋后，则是佛法下衰的局面。"明朝后期禅宗再度大盛，其重心在江浙一带，四川寺庙和僧人虽多，却少有杰出人物"（《四川禅宗史概述》）。"佛日西沉，祖灯夜寂"，佛门内部魔道不分、清浊难辨，真是一塌糊涂。当时的社会形势也急转直下，川内连年灾荒，非大旱即大涝，粮食所收无几，以致饥民遍野饿殍满地。"明朝晚期，四川人民在重重压迫下，过着痛苦的生活。从而导致民变、兵变和农民起义不断发生"（《四川简史》）。

业已回归巴蜀的破山，身逢其时的便是这种满目疮痍的乱世。

二、"万峰崛起"

万年寺本来是"深山藏古寺","红尘飞不到"的绝好修行之地,但由于地处交通要道,山高水险,自古为兵家必争之地,况此时张献忠正挥师入蜀,所以,"梁山邑候费公,冯司列善长、胡玉川居士、心海法师,请住万峰太平寺"(《破山年谱》)。费公名鼎耀,浙江人,是当时的梁山知县。破山到此地以后三十余年时间,无论明朝清朝,都得到地方官的鼎力相助和严加保护。——当然,这主要是基于破山的名望。从万年寺到太平寺十余公里,均在逶迤绵延的高梁山上,但前者地名为蟠龙,后者地名为万峰。前者为要塞,兵家必争;后者为僻地,人迹罕至。看来,由地方上出面请破山迁移主要是出于安全的考虑。不出所料,第二年张献忠便率农民军来到这里,但他遭到了有力的抵抗。"崇祯七年(1634),张献忠犯梁山,邑人涂原以中书家居。贼至,集乡勇与战,败之"(《梁山县志》卷十)。涂原,梁山本地人,官至中书舍人,此时正还乡居家,他调集城乡兵勇,招募丁壮,组成持械队伍,坚守在万年寺外的白兔亭边,居高临下,用竹畚囊石,滚木飞击,毒矢猛射。张献忠部力攻不下,被迫后撤,改道巴州(今四川省巴中县)。这件事在当时影响很大,史家们纷纷将其载入史册,塑为英雄,如《怀陵流寇始终录》说,张献忠"破夔之后,旋至开县、云阳城,而东江、新宁、东乡、仪陇、广元,无不残灭,唯梁山有中书涂原集乡勇捍御得全"。由此,涂原名闻遐迩,更成为当地人人称羡的楷模,竞相效仿,致使日后张献忠的部队已进入梁山的情况下,也不乏与之殊死搏斗的人。

同万年寺一样,太平寺也是一片小庙,况且颓垣断壁,破旧不堪,寂寞而冷清,与此时佛法大盛的江南各寺相比,何止于天壤之别!破山的到来,才将它"佛殿僧堂,百废俱举。廊庑阶砌,垩墁一新"(《破山年谱》)。虽然如此,但终不能掩其凄凉和衰败之象,破山有诗慨然吟道:

复古太平寺,凄然感废兴。
寒灰八百载,破衲两三僧。

黠鼠居香积，妖狐吹佛灯。

黄金重布地，不识有谁能？

（《破山语录》卷二）

尾联显然是从杜甫"传灯无白日，布地有黄金"（《杜工部诗史补遗》四《望牛头寺》）的诗句演化而来。其实，这远不止是破山对太平寺的感慨，整个川东，乃至整个西南都是这种状况。明末的连年饥荒，持续战乱，寺院萧索，佛法下衰，一片狼藉之状。有谁能重新点燃这缕缕香火，使之"黄金重布地"，得以中兴？破山自知责无旁贷。

同万年寺的虚白和尚一样，太平寺的这位心海法师也极为厚道，人好水也甜，破山能在极其困难的情况下留住此地，与他关系很大。在其日后圆寂，破山有《吊心海法师》七律诗一首，其中说："千佛尊尊谁欲做，残经卷卷自敷陈。我来冷泪流霜眼，半洗空山半洗尘。"《破山语录》卷二十）表达出对他深切的怀念和由衷的感激。

在地方官及檀越、护法们的鼎力协助之下，破山开始了他的传法活动。在短短的时间内，他的座下就聚集了一大批信徒、居士和文人学者。按照仪规，他先后给当今皇上，当地官僚和恩师分别拈一瓣香后，开口便道："太平寺里新开堂，衲子齐来露所长。尽力吐出无字脚，有何佛法可商量"（《破山语录》卷二）。下面是他演说佛法大义的片段：

（1）师至方丈云："万峰山顶别人间，上有梧桐开合欢。不是假鸡栖泊处，个中唯许凤凰参。"……

（2）上堂，僧问："如何是万峰境？"师云："青青翠翠山头叠。"进云："如何是境中人？"师竖拄杖云："直直条条肩上横。"进云："无境无人时如何？"师便打；僧连喝，师连打。乃云："春至百花开，秋来黄叶落。四时尚不迁，谁缚谁欲脱？如是则知天地同根，万物一体，圣凡一心，古今一道，事理一揆，更无一丝毫强言巧作处。而人向此不悟，转告人我，妄计是非轮回，是中自取流转。今日山僧只得向好肉上剜疮，虚空里掘洞。"以拄杖举起，召众云："还见么？"士作礼，师云："见月休观指，归家莫问程。"

（3）上堂，僧问："如何是诸法实相？"师便打。僧伫思，师云："死汉。"僧礼拜云："假饶劫坏时，实相在甚么处？"师云："念取狗口。"乃云："山僧才上蒲团，正在做梦，忽遇尹、戴二居士到榻前作礼，请山僧升座为众说法。山僧自揣世出世法浑然是梦，妻财子禄也是梦，真如佛性也是梦，田园屋宅也是梦，菩提涅槃也是梦，为官为吏也是梦，成佛成祖也是梦，所以一切有为法，如梦幻泡影，如露亦如电，当作如是观。此是闭眼的梦，还有开眼的梦，待大家礼拜了，即向伊道。"众无出，师下座。尹居士跪乞说破，师蓦头一棒，归方丈。

（4）上堂云："黑漆皮灯笼，中间欠点红。有人解挑拨，无处不光通。大众莫是三世诸佛，横说竖说处，是解挑拨么？"……

（5）师诞日上堂。……僧礼拜，归位，师乃云："人人道我生，我生则我死，应知生死根，棒彻虚空随。"……

（6）解制上堂云："长期短限，不惜寸阴；暮请早参，非图蛙步。且如俊鹰快鹞，终登凤子龙儿。人人气宇吞空，个个光明含象。"……

（7）解制上堂，僧问："如何是体中玄？"师便打。进云："如何是句中玄？"师亦打。进云："如何是玄中玄？"师连打两棒，乃云："万峰解制万峰雪，封住圣凡人路绝。只许狞龙跃碧空，横身天外摇长舌。说道一切法不生，一切法不灭。问取诸人，向此长期短限，就中这点彻不彻？彻则掉臂不顾，不彻则从前与眉毛厮结，何故？太平寺里，原与诸方迥别。"

（《破山语录》卷二）

说法不同于讲经，讲经往往照本宣科地进行讲解和阐释，均要以"经"为证。说法则类似自由自在海阔天空的漫谈，或长篇大论，或三言两语，点到为止，见好便收。大凡禅宗大师开堂说法不是充满着玄言妙语，就是直白得如同俚语村言，并机锋往来，棒喝相应。这种传教方式只能针对有一定佛学基础和学识修养的人，使之既知其然又知其所以然。从此可见当时聚集在破山座下的多数是知识分子。破山所宣扬的万法皆空，人间如梦的观点，正是慧能所主张的"无念为宗，无相为体,无住为本"①的禅学宗旨。破山以灯笼为例启迪参禅者，暗喻内心不明，致使情形难辨，一旦明朗开来，万事无不清清楚楚，明明白白了。破山还鼓励众僧要有惜取寸阴、只争朝夕的为学精神。

破山的传法风格属于江南禅门的模式，与其师密云圆悟更是一脉相承，但他较其师语言更精彩，形势更泼辣，诗句的运用也更为普遍。常常信手拈来，不加雕琢，言有尽而意无穷。这要归功于他熟读诗书的勤奋和敏于韵律的天资。

在短短的时间里，四川佛门为之震动，"蜀人久未响此音，师一演唱，有志正因之士，远近趋风"（《破山年谱》）。巴蜀学侣，跋山涉水，纷纷来到万峰太平寺，以聆法音。这一时期皈依破山门下的弟子就有丈雪通醉、含璞净灿、雪臂印峦、体宗道宁、淡竹行密、百城印著、灵隐印文、慧觉照衣、莲月道正、敏树如相、燕居德申、大吼印传、石床印平等人。他们中间，大部分以后成为破山的得力干将和住持川、黔、滇各地的著名高僧，况且人才辈出，他们的弟子分布更广，成为西南佛法复兴的中坚。小小的太平寺里学者云集，"爰开辟丛林制度，立九旬安居风规，为众提持搊拂不辍，衲子获益，互相激扬，山还水聚，道化日隆"（《破山年谱》）。恢复了为期九十天的结夏安居或结冬安居的佛门规矩，订立了制度，一切都趋于规范化。

破山一面钳锤子弟，力振宗纲；一面放浪形骸，寄情山水。万峰山清幽雄奇，变化万千，足以极登临之娱，游览之中乘兴吟诗所作也较为丰盛。比如经他点评的"万峰十景"就均有小诗相赞。兹十选其二如下：

琴案山
天然琴案迥岩山，终日风云不倦弹。
静听个中何曲调？声声韵出万年欢。
长松岭
一亩长松堪系鹤，数竿修竹可留僧。

> 道人已是莲池客，俗驾如梭不到门。
>
> (《破山语录》卷十四)

身处穷乡僻壤，清贫自守，怡然自得之情溢于言表。另有一篇名为《题复生柏》的游记尤为重要：

> 万峰山在梁邑南去二十里，此山居众山之上，乃万峰围绕，四龙拱峙，则云雾烟波无时不启人耳目。就中方圆十里许，一平如掌，建梵刹即太平寺也。系田氏首舍，心海法师开山，予与之同参而师以法爱，请予居也。一日同二三子游寺前之东，见柏树四株同一枯椿上暴出。质已成材，被无知者伐其一而存三焉，予名之曰"复生柏"。且群木之复生，则松柏之不复生，似超群木之上也。况松柏不复生而生之者，不但上上，而更奇异之最最耳，尤绝后再苏。然自我朝远历唐宋，不下枯木复生为喻。且本不生而生之者，孰以难喻难而易喻易哉！诚迥难易之外，别有千枝万叶，盖荫今世后世者，莫若斯也。偈曰：
>
> 人亦杰兮地亦灵，枯椿柏树弄精魂。
> 枝头泄尽个消息，不到驴年始复生。
>
> (《破山语录》卷二十)

这篇游记既是对"云雾烟波无时不启人耳目"的自然山川的赞美，更是显示其立场和观点的心迹的表白。破山借枯柏复生喻示朱明王朝人杰地灵，隶属正宗，远接唐宋，光被今世后世的气度，是继元朝蒙古人统治中国后的"绝后再苏"，如复生的古柏一样，必将出现"千枝万叶"的繁荣的局面，盛及当代，传之后世。——这只是他的美好的愿望罢了，社会的变迁自有其历史的规律，是不会以他的意志为转移的。况且这时，李自成、张献忠及大大小小方方面面的农民起义、地方暴动，已如雨后之春笋，迅速成长蔓延，东北游牧的满人也虎视眈眈，朱明王朝江河日下，国运日衰，正到了不可收拾的地步。破山奉明室为正宗的立场和观点，主要是基于两点：远者，他的先辈多受朝廷的荫庇；近者，崇祯帝除掉阉党，励精图治之举，曾赢得士人们普遍的赞赏和崇敬，以为民族复兴正在此时。破山对崇祯也是激赏的，是抱有希望的，所以他对满目疮痍的明朝统治仍然要不遗余力地歌功颂德。而后来在明灭于清江山归于异族之手的时候，他坚持反清复明的政治主张，则主要是以民族大义为重了。

破山期望明王朝如"枯木复生"直至"今世后世"的梦想很快就破灭了，明朝走完了它该走的路程。但他"启已坠之光再焰，西沉之日重东"的振兴佛坛的誓言，数十年之内在他和弟子们的苦心经营下，得以实现。

万峰山尽管有绝好的风光和偏远的位置，但终究无法与世隔绝，无法抗拒普天之下的混乱局面，无法超越历史的轮回。天灾人祸，已把这时的大明王朝搞得支离破碎，破山开法的万峰山也在所难免。他在法堂上感慨地吟道：

年年七月十五，惟有今年最苦。
田禾又被天收，人物尽遭贼掳。
(《破山语录》卷二)

由于干旱，庄稼所收无几；由于"贼"乱，百姓尽遭掳掠，这真正是苦难的岁月。张献忠已第二次入川，川东各县尽在掌握之中。破山称其为"贼"，可见他对张献忠所领导的农民起义的痛恨，而农民起义队伍本身无组织无纪律，所到之处烧杀抢掠也有其自绝于人民的弱点，故在当时就将其呼之为"逆贼"、"流贼"、"流寇"的人不在少数。如果说"搜各州县山野，不论男女老幼，逢则杀"(《荒书》)的话过于夸张，那么，"归诚则草木不动，抗拒则老弱不留"(《滟滪囊》卷二)，则是张献忠入蜀的基本政策。而归诚"逆贼"之人毕竟少，抗拒"逆贼"之人毕竟多，两相对峙，伤亡自不必说。况且张献忠五次入川，最后一次几乎席卷全川，可怜巴山蜀水，遂为鬼哭狼嚎之地，人口遽减。这里面原因确也复杂，但张献忠却是最主要的屠手。世乱年荒，万峰山也朝不保夕，难以维持下去。破山在法堂

飞雪禅院外的蟠龙瀑布是破山师徒所亲近之地。破山以"只恐蟠龙丈雪冰"的诗句，题赠丈雪。

上感叹道：

> 万峰今岁强开炉，柴米油盐事事无。
> 珍重两廊云水客，肚饥须用篾条箍。
>
> （《破山语录》卷二）

粮食供给不上，生活没有保障，虽食不果腹但仍云集在座下的禅人僧侣们，奉劝大家用篾条去将自己的肚皮箍紧缩小吧！——这实在是辛酸的调侃和苦涩的解嘲。

但无论如何，万峰山由于破山到来，一改过去的冷清，数年之内变得"英灵泉涌"而"道化日隆"，成为西南禅宗的发祥地，所以刘道开在《破山和尚塔铭》中有"万峰崛起"的评价。

三、"僧侣云臻"

"僧侣云臻"是《破山年谱》对此时破山门下的评述,说明破山回蜀之初法门的良好开端。其中,"三大士"是破山门下的三个得意弟子丈雪通醉、淡竹行密和灵筏印昌。三人均为四川内江人,均为流连江南法门后皈依于破山门下而成为其高足,他们精于佛法,饱读诗书,当明末清初国破家亡,烽烟四起之际,丈雪"与淡竹、灵筏树下一栖,冢间一宿,时人咸称三大士"(《昭觉丈雪醉禅师年谱》)。

三大士中,丈雪在当时和对后世所产生的影响最大。

丈雪通醉(1610—1693),俗姓李。他"少孺矜持,长而和让,性情沉厚,意气冲融,幼依古字山清然禅师落发"(《丈雪醉禅师语录》)。后又上峨眉山,听峨眉"值一禅师谈及金粟密云老人,门庭孤峻,卓有古风",遂感叹不已,一心仰慕。旋即转辗于鉴随、了凡等禅僧的门下,但未能契合。明崇祯六年(1633),丈雪重回古字山掩关,阅读诸家语录。时逢"灵筏和尚从江南来,谈及破山和尚荷金粟衣钵入蜀,师即往参"。

灵筏印昌(1608—1665),据《巴蜀禅灯录》介绍,他"廿龄落发,瓢笠江南",而"骨力玮瑰,性秉温良,志猛强记",由于他对佛法的刻苦钻研和独特悟性,"当代师匠,名之为'金刚钻'"。在浙江东塔成为破山的入室弟子。灵筏即是破山给他起的法名,并有题赠《号灵筏禅人》偈一首道:

> 苦海常常驾铁船,经风经浪渺无边。
> 有时度尽驴和马,又去虚空接圣贤。
> (《破山语录》卷十九)

灵筏这时与其师由浙还蜀,与丈雪相见。他将江南佛坛、密云师门和破山海明的情况介绍后,生性孤傲的丈雪便随他来到了梁山万峰山上,欣然参拜破山,成为破山门下的大弟子,尔后,又继破山而成西南佛坛的巨擘。

根据《昭觉丈雪醉禅师语录》,可见其在万峰太平寺里见到破山后的情况:

问:"云门干屎橛,意旨如何?"破山曰:"胀坏了我,饿坏了你。"(丈雪)师曰:"疑杀天下人"。(破)山作卧势云:"老僧不参禅,只爱伸脚眠。"(丈雪)师愈疑骇。一日问:"香严在百丈处问一答十,问十答百。后见沩山,一句父母未生前话,却答不得,过在什么处?"(破)山便打。(丈雪)师拟开口,(破)山又打。(丈雪)师曰:"咦!"(破)山乱棒打出,而胸次中越发疑瞖,如坐在千尺井底出不得相似。一夜,因倒穿了鞋,脚套不上,拟伸手拔,忽然猛省。明日入方丈,(破)山曰:"汝棒疮发了?"(丈雪)师曰:"浓滴滴地"。(破)山因留坐吃蒸饼,举赵州与文远斗劣不斗胜机缘,(丈雪)师便拈起饼,(破)山呵呵大笑。(转录于《巴蜀禅灯录》)

卖关子,耍嘴皮,甚至胡言乱语颠三倒四是禅师们惯用的把戏,但有些看似不着边际的话,有时会起到他山之石可以攻玉的效果。在破山的座下,丈雪由敬而生"疑",且"疑"而"愈疑",再"如坐在千尺井底"——完全迷惑,最终又从迷惑中死去活来——"忽然猛省"。这是一切打通,自由自在的境界。这以后,破山对丈雪非常器重,寄予着厚望。

丈雪除接受破山的禅学思想外,还随其学习书法,以至他成名之后,书法风格也与破山相近,既有晋唐二王(王羲之、王献之)、怀素的韵味,又具明季董其昌的笔意。丈雪成为破山忠实的得意弟子,他们常一起吟咏山水,诗文唱和。破山在与丈雪等人游蟠龙瀑布时,作诗道:

> 划断苍崖倒碧岑,纷纷珠玉为谁倾?
> 拟将钵袋横拦住,只恐蟠龙丈雪冰。
>
> (《破山语录》卷十九)

"丈雪"这一法名即是根据这首诗的第四句而来。

丈雪在万峰住了一年时间,为追根求源,他又向破山告辞去浙江参访密云师祖。在宁波天童寺里,他一住就是五年。据其"年谱"所载,他与密云圆悟有过多次交锋，但似乎均不合契。这时密云门下的另一个四川人淡竹行密与丈雪过从甚密，行事和参学常在一起。一次，众僧侣到天童寺外的"太白山拖柴，因竹签伤足，血迸污地，众都归，唯淡竹密在后，问曰：'正恁么时如何？'（丈雪）师曰：'血淋淋地。'竹曰：'苍天！苍天！'（丈雪）师曰：'你为什么叫冤苦？'竹曰：'东家死人，西家助哀。'（丈雪）师曰：'苍天！苍天！'竹负柴而去。（丈雪）师拟行，忽听梆鸣，声振山谷，（丈雪）师平昔碍膺之物暴然自落，积劫未明廓尔现前"。禅人悟道，往往在特定的环境中，特定的情绪里感从中来，偶然得之。

丈雪辗转回川后，便匆匆去省觐其师，此时破山正应邀在开县大宁寺传法，师徒相见后，"（破）山问：'汝南方走一趟，带得什么宝物来？'（丈雪）师竖一拳，（破）山曰：'别我七八年了，一点气息也没有。'（丈雪）师曰：'若有气息，则不归了。'（破）山呵呵大笑"。其后，丈雪一直尾随于其师破山的身后，到大竹，回梁山万峰。

正当破山寓身大竹佛恩寺的时候，淡竹由浙江归蜀，前来参拜。淡竹行密（1609—1667），据《巴蜀禅灯录》摘录《锦江禅灯》的记载，他"生而颖异，刚毅不群"，"因见木鱼堕地，忽打脱底蕴。寓天童八载，如鳞在渊，欠烧尾耳"。后作了一首佛偈告辞密云："翛然直入千峰去，一任时流把自欺。折脚铛安乱石里，频煨黄独且随宜。"于是"乘夜出山，回蜀见（破山）明和尚于佛恩"。淡竹很快得到破山的印可，被列为弟子。

崇祯十七年即清顺治元年（1644），破山等人为避烽烟，到了石柱。"甲申十月，因老母年高，常有书召，（丈雪）师辞（破）山省亲。（破）山出源流拂子信金，师执意不受，（破）山曰：'此是从上来的，非老僧杜撰。'（丈雪）师遂受之"。源流是代代相传的凭证，往往是徒弟将离开师父去住山传法时，作为师门传承的依据，证明他的禅学已得到师父的印可。

丈雪离开破山后，很快即成为成都昭觉寺住持，开辟丛林制度，注重道风建设，使这座名刹在短时间内衰而复兴。但好景不长，明末清初的战乱又使他颠沛流离。这时，他与淡竹行密、灵筏印昌过从密切，相聚甚欢，同门兄弟如手足之情，谈禅说诗又意气相投，由此，被"时人咸称三大士"。

三大士或聚或散,终生保持良好的关系。对其师破山海明也是终身信奉,随时前去省觐和问道。

除"三大士"和在东塔接纳的象崖性挺等弟子外,破山这一时期的著名门徒要算百城印著、字水圆拙、敏树如相、燕居德申和雪臂印峦,兹简而述之:

百城印著,生卒不详,夔州(今重庆市奉节县)人,俗姓沈,按《锦江禅灯》所记,他"博通经史,天文地理,诸般术数,十四游泮,十六选拔",却"虽身羁功名而心嗜佛典。偶见《破山明禅师语录》偈云:'我为生死来出家,何须更算海中沙。无常杀鬼卒然至,锦绣文章乱如麻。'遂弃官,礼大年师披剃。具足后,遇竹帆禅师,指参破山明,相依有年总不得脱洒。一日,(破山)明唤师答话,师才作礼,(破山)明蓦地一踏,师豁然大悟,喝一喝。(破山)明云:'再喝看',师拂袖归堂,遂呈偈云:'本地风光处处知,芒鞋筋断绝纤疑。几回踏破山头月,带露和烟憩陇西。'(破山)明肯之"。破山对他首肯,以后有题《百城禅人扇》一首相赠:

> 杖笠入高梁,三冬始歇狂。
> 愁肠思欲断,客作意将忘。
> 荆路穿云鸟,嘉家到夕阳。
> 想来原不隔,即此便承当。

(《破山语录》卷十八)

字水圆拙(1605—1645),自号卧龙,四川安岳人,据《五灯全书》所载,他是"汉太师谯周之后"。谯周,三国时蜀汉的大臣。诸葛亮死后,刘禅听其言而归降于魏,唐人温庭筠有"象床宝帐无言语,从此谯周是老臣"的诗句专言其事。圆拙"五岁诵四书,十岁知春秋","一日,阅《传灯》有触,往谒双桂(应为万峰,作者注)海明禅师,入方丈,长揖不拜。次日,(破山)明特上堂,举德山见龙潭语示之,(圆拙)师茫然不知是义所在。一日,闻维那曰:'前一僧入堂,三日有省。'(圆拙)师闻,痴绝者三七日,桶底始脱。(破山)明即命(圆拙)师充西堂,出住新宁指月、开县栖灵、荆州天皇、岳州华岩、澧州药山、新宁（今四川开江）广福"。那位有名的忠心于破山的怪异人物山晖行浣就是圆拙在开县栖灵所收的弟子。圆拙"说法有古德风，重道好德，不噬利荣名，寒暑一衲，饮食一盂，故凡师之及门，莫不以清白为行。蜀父老常曰：'佛祖儿孙，如吾卧龙老人，可谓不忝'。破山有《付字水圆拙禅人》一首道：

火炉头句亲吩咐，拨着令人一爆烟。
散彻九龙风月冷，依然别是鹧鸪天。
（《破山语录》卷十二）

甲申之乱，圆拙曾避难于新宁广福寺，广福寺位于悬崖之巅，当地人据险御寇，而终不能解围，但寇营中多有仰慕圆拙大名的人，"以书射广福曰：送拙和尚来供养，围可解"。圆拙由是被迎入寇营中，寺中避难者遂得幸免于难（见《明季滇黔佛教考》）。这里的"寇"，即是指农民起义军。

敏树如相（1603—1672），四川三台人，俗姓王，"年二十五，礼本境鉴空剃染。后参破山明和尚遂以印证"。后"开法行化，往来黔蜀数十余年"（《锦江禅灯》）。其门徒较多，影响川黔湘各地。破山师门，结伴而行，诗文唱和，正是家常便饭，敏树有《同丈雪法弟游白兔亭》诗云："偕游亭畔鸟声啼，桃李芳华嫩竹齐。格外真机浑漏泄，莫惜春光一杖藜。"（《敏树相禅师语录》卷九）

燕居德申（1605—1676），忠州人（今属重庆），俗姓李，"遍参诸方，末后受万峰（破山）明和尚接嘱。印证之后，适乱入黔，寓贵（州），筑大兴善寺，次建清镇之九龙，后过平越之福泉"。他一生漂泊四方，传法弟子多为各寺住持。所以，"其余僦居开法之所，罔计其数"（《巴蜀禅灯录》），破山有《付燕居德申禅人》一首：

万峰客作已多年，一世眼高期浪传。
分付东瓜与瓢子，大都种草自天然。
（《破山语录》卷十二）

燕居颇为博学，其"语录"多奇言妙句。"可玩味者，楞严寺上堂云：'临流终日不抛钩，志在双鲸得便休。珍重渔人休放手，再抛香饵钓狞龙。'又高真观示众云：'古佛不扬眉，高真解拱手。乌龟撞着蛇，拦腰咬一口。痛杀吕纯阳，三丰脚后肿。带累僧纲司，向外扬家丑。'"（《明季滇黔佛教考》）。后燕居与山晖发生争端，经久不息。陈垣在《明季滇黔佛教考》中称"燕居所为，有少正卯、许行之风"。

雪臂印峦，生卒不详，曾在浙江宁波密云门下修行，"天童职巡照，忽闻钟声有省"，后于"辛巳（1641）秋入蜀，参万峰（破山）明于烽烟爇火之中。卧薪尝胆，以身先之。（破山）明和尚婴七难，（雪臂）师无难色，或冀以代受，若此者二十余年"（《锦江禅灯》）。对其师算得上忠心耿耿，《破山年谱》上有破山被农民军误捉的记载，其时"众皆远遁，惟雪臂峦一人不离左右，虽与难亦无怨也"。可见其赤诚与忠心。破山有《示雪臂禅人》相赠：

猗猗翠竹任疏狂，落节招人截短长。
养就雄才堪敌国，算来无处可承当。
（《破山语录》卷十五）

当年的大师门庭仿佛现在的高等学府，学者云集，来自四面八方。他们在大师的指导下，按本门的要求研习禅理，领悟佛法。时间不分长短，或数月、或数年十余年甚至数十年。经过考察得以印可之后，由大师给他们出示源流以作为正宗传人的凭证，然后分化四方，住持各庙以弘法传教。破山源于正宗，属临济传人，况得密云圆悟天童法派的神髓（当时"天童衣钵正在破山"的看法在佛门广为流传），德才兼备，声名远播，所以，前来参拜求法的禅人不绝如缕。

四、屐痕处处

破山是一个讲究礼仪、尊师重道的人,他在回到四川的第二年,也就是住进万峰的当年,就去了家乡大竹,祭扫大持和尚。实际上大持在姜家庵里给他剃度后,不到半年就去世了,况且并未收他为徒,而是指定他跟庵内的容光长老修炼,所以接触总不会太多。但破山总视大持为自己人生之旅的引路人,予以尊奉和景仰,多次前来祭扫,以后又投资扩建,将小小的姜家庵焕然一新,改名为"佛恩堂",以志大持牵引之恩。

不过,姜家庵早已人去楼空。十六年前由大持做主指定给破山当师父的容光长老,摇身一变,成为当地的名绅。破山有《与贤所胡老居士,即容光本师也》书信一封,前去问询:

> 不肖违座右不觉十有六年矣,想法体毕竟轻利,山门中道众毕竟和合,老师爷道场毕竟弥固。是以怀瓣香回座右以了老师爷得度之念,岁首抵梁邑,闻吾师入廛,垂手融通二谛,但不知的有是否?顷值南亭兄到,详细言之。欲不肖回山,恐吾师亦不纳为弟子耳!故先以数字询上问安,意可为吾师耶?意可为吾护法耶?(《破山语录》卷十三)

出家和还俗,对于佛门来说都是比较自由的事情。有缘千里来相会,无缘对面不相逢,佛门所讲究的就是因缘和合。容光耐不住寂寞,挡不住诱惑,终归与富贵有缘。虽然破山顾惜情面,说今后您是当我师父呢还是当我的保护人?但当他面对徒儿学成归来功成名就,心里恐怕不会好受。

在万峰山基础稳定,运转正常的情况下,破山又应邀去了本县的梁山中庆寺,这是佛门高僧们通常的生活规律,各地云游,到处说法。

"山不在高,有仙则名"。破山的到来,使得中庆寺门庭若市,热闹非凡。《破山年谱》载:"四方翕聚,锻炼既严,省发亦众,遇境逢缘,转加策进"。时值业师密云圆悟七十寿辰,破山遣专使去浙江"上天童寺庆祝",并作贺信一封道:

时荒世乱，津路难通，物显货名，人心易变，是以寸敬之无方，一来之有愧也。恭维老和尚婆心不歇，作将来眼，驳辩若悬河，透辟如瓶泻，则邪谬之风再尽，公直之旨重挥。致令野狐涎三千里外，吐亦没交涉；师子乳大明国内，滴亦尽承当。不肖海明，劳志丘壑，疾骨弱伦，逢吞云吐雾之士，匪可加额点胸；退捕风捉影之流，宁教放身舍命。以此之益，用报深恩，恐罪戾于法门，申情因于座右，谅师垂悯，宽宥下情，不胜惶悚之至。谨启。(《破山语录》卷十三)

"邪谬之风"贬的是法藏及其门徒弘忍的理论，"公直之旨"扬的是密云圆悟的旗帜。此时，正是密云掀起揭批门下叛逆汉月法藏的时候，密云作《辟妄七书》"驳辩若悬河，透辟如瓶泻"，破山对其师犀利的笔锋，猛烈的气势大加颂扬，表达出捍卫师门，不与法藏为伍的态度。

崇祯九年（1636），破山四十岁，各方人士前来祝贺，"及师诞辰，万指围绕"（《破山年谱》）。

这时，蜀中各寺纷纷来邀破山前去说法，有的书信相请，有的专人来接。破山先后住开县栖灵寺，住渠县祥符寺，住大竹县无际寺，长则一年有余，短则数月之内。这是破山开建万峰后第一次外出。

崇祯十年（1637），破山在开县凤凰山栖灵寺中：

上堂，举世尊升座，默然，阿难云："世尊何故不说法？"佛云："会中有二比丘犯律，故不说法。"时阿难将比丘即叱出，复白佛言："众中不清静者已出，请世尊为众说法。"世尊云："终不为二乘人说法"，便下座。师云："据山僧看来，世尊大似压良为贱……"

辞众上堂，僧问："寸心不昧，万古常明时如何？"师云："天上有星皆拱北，人间无水不朝东。"问："善恶不随时，如何？"师云："脑后见腮。"士礼拜，师乃云："摆棹临江走一头，丝纶才展浪横舟，收来放去如何速？此处无鱼别下钩。"下座。(《破山语录》卷三)

从"此处无鱼别下钩"的话中看来，这里的传法令他有些失望。讲法需要师徒之间的配合，互相默契，所谓师资道合，否则一边热一边冷，法师口若悬河，弟子不知所云，却是失败的。他去了渠县的祥符寺，"君一老宿与苏公、阖郡绅士商榷已定，欲建禅期，须行南方体裁"（《破山年谱》），可见，渠县人士为迎接破山，作了精心的安排。"南方体裁"即破山所推行的江南禅法。所以，"百度整齐，遂立君一公为监寺，总理院务。衲子四来，率多气岸"。他进祥符寺后：

> 至山门云："昔日闻公远祖从此出，今朝不肖儿孙从此入。虽然出入不同，要且门庭不别，大众且道，哪里是不别处？"以杖指云："十方婆伽梵，一路涅门。"
>
> 除夕上堂云："今朝腊尽与年穷，处处人烧松火蓬。惟有此间一种别，冷清清地闹丛丛。"
>
> 辞众上堂云："今朝三月十，百日禅期毕。衲子问如何？棒头蓦面掷。曼殊前后三，长庆蒲团七。即此罢炉锤，兀能成大器。"以拄杖掷地云："祥符解开布袋，放出一群猛虎，不会狮子翻身，个个解打口鼓。"
>
> （《破山语录》卷三）

这里的"百日禅期"即结冬安居的一百天刚刚结束，崇祯十二年（1639）春二月，破山又被大竹的"王兵马太乙、李居士凤山请住广安大竹县无际寺"。大竹是破山的家乡，土生土长，但他少年生活的种种不顺遂却导致了对家乡生活的反感，并实施了削发出家远走他乡的愿望。这时，当地各方人士"欲以梓里之情延师久住"，但破山"初虑故里人愚朴，难向佛头著粪"，在《复王公书》里又说："贫道垂髫时，视乡党中人，多脂粉气。今门下欲贫道唱还乡曲，想是鹅王择乳，素非鸭类耳"（《破山年谱》），予以拒绝，加上万峰人士又以"太平开拓有年，宜永标赤帜，不可虚席也"为由，而"强迎归万峰"。

回到万峰不久，破山开始了对忠州聚云禅系的排斥。势单力薄的聚云派不堪一击，很快萎缩衰退了。

与此同时,各地邀请仍未断绝。特别是,"开县徐檀越通碧特修大宁(寺)伫候"和"叙府(今四川宜宾)牟吏部尚书秉素、樊督台我劬二护法专启,延师蜀南阐化"。两处相争,各显其诚。徐通碧为聆破山法音,特建寺院一座以待,牟秉素与樊我劬身为朝廷重臣,遣专使来接,甚至轿夫也同时派来。本来,破山"以先受大宁之请"到开县,但"牟慕道之心甚切,更不相让",待万峰结冬安居一完,便"遣员役舆师,遂南行矣"(《破山年谱》)。破山不得已,只好先作叙州之行。

崇祯十四年(1641)二月,破山一行逆水而上,在途经丰都时,"觉城柱迎师入平都山,与绅士同请益并祈法语"。觉城柱后来成为门下弟子。"及抵叙州,缁素②驰逐瞻仰"。面对如此热闹的场面,破山只是戏谑地吟道:

拄杖肩舆③入市廛,大惊小怪乱言传。
虽无道况传千古,却有禅名播万年。
(《破山语录》卷十八)

到叙州后,"牟遂延于佛莲禅院,日夕咨决心疑,满慰夙愿"。牟秉素,字道行,据《四川通志》载,他是"天启五年(1625)乙丑科进士"。另据此时编印的《破山语录》牟氏所作的序言所称,他作了吏部尚书后,"不佞昔年奉差金陵,遇南中士大夫结社济生,幸有夙缘,叨与同参。后因王程期迫,依依难别。堂头告余:天童衣钵正在破山,归而求之,何用他觅?自愧道念不切,三上九到,远逊古人,年来屡向万峰略通消息,然浮沉者半。今年春,师开堂江安,解制抵叙(州)一见之后,真如象王"(见《破山语录》卷一)。这篇序言的落款是:"崇祯十五年(1642)壬午,佛生日,吏部尚书郎、前紫微舍人、今菩萨戒弟子、古戎郡秉素牟道行熏沐拜书于无师社中。"牟秉素皈依佛门,参与破山的传法和弘教极具社会意义和表率作用。樊我劬,名一蘅,官至吏部郎中,《明史》有传。辞官归乡后,又于崇祯末年被朝廷重新委任为"总督川、陕军务",进行剿寇和反清的战争。《宜宾县志》说他"精史学及周、程、张、邵之书",是一个正直廉洁的官吏。这时,他与牟秉素一道,积极恭请破山前来叙州,演说佛学禅法。关于牟秉素与破山的关系,《中国禅宗通史》有所介绍:"吏部尚书郎牟秉素,是四川籍官僚,曾奉差往金陵,乐于参禅。(破山)海明的同门朝宗和尚告诉他:'天童衣钵正在破山,归而求之,何用它觅?'牟以后回归巴蜀,大力扶植海明的传禅活动"。这段话源于《破山语录·序》,而《破山年谱》还记载有牟与破山接触后,所发表的"今入师筹室,方知朝宗和尚恩大难酬"的感慨。上有所好,下必甚焉。随着牟尚书和樊督台的崇奉和宣传,破山上堂开法,"峨眉、瓦屋僧侣云臻,久参初进,一皆觌面提持"。由于牟、樊的安排,他于当年的十月十三日移住泸州的蟠龙寺,所来之人更众,他的演法似乎也更成功:

至佛殿,云:"有佛处,不可住;无佛处,急走过。今日忤逆儿孙,一瓣香礼三拜,行到山穷水尽,只得将错就错。"

升座,维那白椎曰:"法筵龙象众,当观第一义。"师云:"若论第一义,观则落二落三,不观则落七落八。释迦到此,计穷力穷,谓之如来禅。达摩到此,拦腮劈脊,谓之祖师禅。虽然作用不同,要且瓦是泥做。山僧今日到此,口似碌盘,眼如掣电,思索几句,聊酬所请;诸方此日同开炉,惟有蟠龙意致殊,不向此中求锻炼,冷冰冰地自如如。"

上堂,僧问:"二十年前葛藤绊地,满眼生尘,请问如何是不生尘处?又是什么光景?"师云:"凛凛朔风吹敝庐,人人冻裂个皮肤。就中有点天然别,分付梅花树几株。如是则知寒暑迭迁,生死交谢,有物于中,流动未获,天地同根也,万物一体也。"

解制上堂云:"放出万峰云五色,甘霖指日洒蚕丛。"(《破山语录》卷四)

从叙州到泸州前后正好一年,而禅人学者荟萃,盛况空前,"牟与樊喜法席之盛,得未曾有"。而当地另一名刹云峰寺至今仍有"破山法系,临济公灯;暮鼓晨钟,六时清梵"之誉,引为荣耀。天下无不散之筵席,学风已盛,破山又将云游他方了,与叙州牟、樊等人均有辞行诗作相赠,共叙禅缘,其中,《别秉素牟居士》道:

为寻知已泛扁舟,密意风幡孰与酬。

共建法幢拈未了,点头石笑祖打秋。

(《破山语录》卷十九)

《别我劭樊居士》道:

三顾高岩心未悄,九年面壁意如何?

须知此调人难和,接拍新新唱楚歌。

(《破山语录》卷十九)

崇祯十五年(1642)早春,破山顺流而下,匆匆来到开县。他没有忘记那位虔诚的徐通碧居士。当抵达开县后,翻知物是人非,"徐公已谢世矣"。按《破山年谱》所述,"自师南上(叙州)时,致书相报,徐公适于官潭舟中开函,不能速就思绪,便投身水中"。徐通碧在万事俱备,盼望心切的情况下,一纸飞来,破山已走他方,由此而绝望,由此不能自已,便投河自尽。"徐公,本浙人也。原亲觐天童悟和尚,起法名曰'通碧'。客于开县有年,故慕道之笃如此"。徐通碧之死在当时反响非常强烈,"四方闻者,皆谓徐公真为法忘躯人也"。破山也深为愧疚和悲痛,"欲久住大宁,共酬徐公之愿",并"伊阇宅不废初志,一一倾心,大开法席,乃安徐公位于禅堂之侧"。为徐通碧重新举行了悼念仪式,破山为其作小参道:"西津坝即西方境,官潭子是白莲池"。意即像徐这样爱教笃法的人,必将往生西方净土,进入极乐世界。祭奠活动结束后,破山开始了他在大宁的传法:

至佛殿,云:"未到盛山,盛山在肚里;已到盛山,盛山在脚底,何故?只缘身在此山中……"

升座,云:"就地登空易,从空放下难。易难齐并却,直透上头关。"一僧问:"古德云:祖意教意。且道是同是不同?古德又云:鸡寒上树,鸭寒下水。"师云:"虽然如此,鸡肚不知鸭肚事,遂为禅、教之分。若有人问着大宁,则不然,只消向他说:水向石边流出冷,风从花里过来香"。

上堂云:"夫子道:天何言哉,四时行焉,百物生焉,天何言哉。所以说,大音希声,大巧若拙。无言为至言,无说乃真说。其或不然,更听一偈:跳出火炕边且疾,临终正念真端的。西方即在个中圆,不得向外别寻觅。"(《破山语录》卷四)

禅宗打着"教外别传"的旗号,以"不立文字,直指人心,见性成佛"相标榜,逐渐发展壮大,到"唐代后期,禅宗几乎代替了其他宗派,垄断了佛教,甚至禅学和佛学成了同义词"(任继愈《中国哲学史》),但作为愿始意义的佛教和具有中国特色的禅宗有其本质的区别,所以面对弟子的"祖(禅)意、教意"的问题,破山说"鸡肚不知鸭肚事,遂为禅、教之分",认为各有各的东西,不能混为一谈。以后他将禅、教、净、戒进行综合,实际上就是要全方位吸收其特点,从而保证纯正的宗教意义。破山也经常引用老子、孔子等人的话作为佐证,虽然他们或道或儒,但破山取其意而用之,信手拈来,自成妙语。

大宁寺由于破山的开法而变得饶有学术气息。但破山一生体弱而多病,饱经忧患,少有营养的补充和舒坦的岁月,常以"病僧"自谓,这时,他大概也多有身体的不适与精神的不悦,遂作《病十二时歌》道:

> 病到子,热退寒微起。取被加,谁觉谁生死。
> 病到丑,晓鸡尽开口,声纵横,几穿人耳后。
> 病到寅,窗光射枕频。眠不住,起听乌鸦声。
> 病到卯,璎珞饭熟了。满钵盛,只要肚皮饱。
> 病到辰,斗室漫经行。鞋踏破,露出脚头根。
> 病到巳,焚香打鼓笛。谁知音,拍拍令如是。
> 病到午,坐究拈八苦。法安闲,何用强张主。
> 病到未,无米饭炊至。任饱餐,一种没意味。
> 病到申,烹茶活命根。渴可解,漫道赵州宾。

病到酉，落日惊霜叟。梦欲醒，虾跳不出斗。

病到戌，黑风来迷目。度纸窗，照破无明窟。

病到亥，衲被蒙头盖。忽醒来，鼻孔何处在？

（《破山语录》卷二十）

这是他生活的写照和心境的表白，"鞋踏破，露出脚头根"、"无米饭炊至"、"只要肚皮饱"等句，一副寒酸潦倒之状，"焚香打鼓笛。谁知音，拍拍令如是"的孤寂，"落日惊霜叟。梦欲醒，虾跳不出斗"的无奈，"衲被蒙头盖。忽醒来，鼻孔何处在"的空幻……字里行间透露出丝丝悲凉的意绪。事实上，此时此刻农民运动已在全国铺开，战火纷飞，饥民遍野，人人都陷入无序的混乱的大潮之中。作为佛门中人的破山也不能真正超然于世外，不能免去"轮回流转"之苦，不能安坐禅榻，去成祖成佛了！破山虽无眼观六路，耳听八方的绝技，但他座下那些来自四面八方的弟子传来的信息，使他对全国的形势并不陌生，因此，这一时期他心灵深处便是这种末日将近，大祸临头，惶惶不可终日的情绪，他感到自己真正是"生不逢辰，处于恶世"（《破山语录》卷十八），所作《僧兵自感》七言律诗一首，最能说明他惶惑不安的心态：

削发为僧三九年，将期此世得完全。

谁知趋吉遭涂炭，始信随缘受倒悬。

济众日携解虎锡，从军时荷赶山鞭。

老来不问贤愚节，半学兵书半学禅。

（《破山语录》卷十八》）

大宁寺已无法让破山久留，战争的烽烟使得这里了无安全可言，时值崇祯十五年（1642）隆冬，他携众去了大竹佛恩寺，因为此地"山深可避"，以为可以免去战乱的搔扰。

五、力排"聚云"

数百年来，较之香火大盛的江南，四川佛门是如此的寂寞而冷清，人们常把南宋至明末破山双桂弘法期间的四百余年比作漫漫长夜。但客观地说，其实在破山之前，就已经有一位得道高僧打破了长夜的沉寂，率先迎来了西南佛法衰后复兴的曙光，只是他的声势还欠宏大，曙光也不过淡淡的一缕，很快就被后面巨大灼人的光芒所融化冲淡了。此人便是同样位居川东的忠州聚云禅系的鼻祖吹万广真禅师。

吹万广真（1582—1639），叙州（今四川宜宾）人，俗姓李，据《续灯正统》（见《巴蜀禅灯录》）介绍，他"十五岁时，与同学读书窗下，偶览菊花，叹曰：'此花今岁凋零，来春发生，尝闻，生死大事，无常迅速，读书宁免生死？'竟绝学，登少峨，参皓翁，久之返里，得《大慧录》，并获《正法眼藏》，如临旧物，朝暮参礼，若有所失"。"次入朱提，参朝阳月明和尚，深蒙敲击"。之后他又广游吴、越、湘、闽等地，云游回到四川，开法于忠州聚云寺和夔州兴龙寺，"崇祯十二年（1639）己卯四月，师偶示疾，于病中歌以自娱。谓待者曰：'我临终，须大喝而去。'至七月三十日，索笔书偈曰：'朝打三千，暮打八百，要会聚云，眉毛出血。'投笔危坐，至午，果大喝一声而逝。师寿五十八，腊三十。维，起骨得黄金锁子三茎，齿化为紫色，五色舍利三百颗"。吹万一生著述甚丰，"生平所记，语录之外，训世群集，总计三十种，近百卷，流布宇内"。清代和民国年间在各地广为流传的《佛教三字经》即出自吹万之手。

吹万是先于破山在四川开宗立派的禅宗杰出人物，他虽然师事月明联池，而性灵直通南宋大慧宗杲禅师，深受禅林推重。破山师兄汉月法藏也极力称赞他，在给吹万的"通书问"中，称吹万为"大慧种草"，承认聚云禅派是得大慧宗杲神髓的后世传人，使聚云禅派一时声名大噪，享誉佛门。但非常不幸的是，在他禅派大盛之年，也即是他生命的垂暮之年，却值正宗临济传人、密云高足破山海明载誉回归巴蜀之际，在破山名为驳斥异端实为排斥异己的清理门户的斗争中，不堪一击，迅速萎缩了，就是在这种情形之下，破山及其门人亦未放弃对它的攻击,使这场斗争延续数十年之久,甚至导致同门之内的不和。

此事发生在崇祯十三年(1640),破山在梁山万峰开法已六年有余,正是百废俱兴,根基牢固,信徒众多,气势高涨之时,"重整炉鞴,痛施钳锤,英灵泉涌,气吞诸方"。这时:

> 忽一僧从聚云来,将吹万上堂语呈似,师看毕,太息久之,乃普告大众云:"聚云钉桩摇橹,妄拟祖庭,反谓嫡悟,嫡据者为非,自甘嗣远嗣死者却是,甚至穿凿讖案,谩惑无识之辈,纽捏枝派,冒籍有宗之门,不知大慧门下有九十四人,迄今五百年来久无影响。而聚云辈焚香发誓,结五十三人挝鼓升堂,一旦嗣之,不知斯辈得何据乎?试问聚云辈梦眼何故不开,活的不嗣,而反嗣死无对证者?何不索性做个过量人,独擅嘉声,亦得而乃刺脑入胶盆耶!既谓汉月(法藏)致书,识聚云为大慧种草,则何不效黄檗,不嗣马祖而竟嗣百丈。今聚云反嗣大慧而不嗣汉月,较之古人之志,天渊矣!"遂作《佛道声价》以辟吹万远嗣大慧之妄。(《破山年谱》)

破山《佛道声价》一文未能得见,但它不过是一篇引经据典驳斥吹万的证论文而已,其意思与上述所引《年谱》中破山这段表态式的话大致相同[⑤]。无疑地,它成了破山对以吹万为首的聚云法派发出的冲锋的号角,万峰法派及其以后所形成的双桂法派的破山的法子法孙们开始了对聚云的攻击与排斥。在这场斗争中自然也有持观望或怀疑态度的人,"如破山弟子燕居申、象崖挺等对聚云禅系一直有着感情,没有加入反对聚云的大合唱中,但引起了双桂禅系的不满"(《四川禅宗史概述》)。时为破山法孙的山晖实为揭批聚云之健将,他在给丈雪的信中说:"伊(指燕石)立身行事,自以为真,殊不知轻谄愚昧未见者当作实事。伊常谓'梁山(代称破山)不宜作《佛道声价》一书以病聚云吹万'。夫梁山为一代宗盟,主张大法,自合典御四方,权衡一世,有真当褒,有伪当斥。我自戊寅春见《吹万集》,约十八人,打鼓上堂烧香,愿续大慧。伊名亦在数内。及庚辰又见一集,以朝阳为师,溯源而上,十代至大慧,自嫩草需、木草永下,伪作六代。此见《佛道声价》畏而为之也"(《明季滇黔佛教考》第五)。可见其对破山是何等的崇敬与忠诚。山晖指责象崖时说:"然(象崖)挺此时已承嗣人,领众又数岁,是时在忠南居说法位,若使弃众再见,是麟龙之卑,蛇兔之尊也。三尺童子,指犬豕令拜,尚见怒色,况号为法王,而颠倒若此!伊常称'吹万如银汉无极,真大慧后,不须源流,虽永公下六代无语录可考,无塔庙可据,尚悬丝不斩。不知何据为此。观伊当日在吹万时,数有争论,今日假梁山(破山)为师,实欲扶吹万,真业种也。我常言之,如欲扶吹万,以吹万为师可也,区区以梁山为师,而又侮其师以扶他人"(《明季滇黔佛教考》第五)。意在竭力维护破山法门之威望,纯洁组织,清除流毒。丈雪通醉日后在编写全面反映自唐至清千余年间四川佛教地方史料《锦江禅灯》时,对破山的双桂禅系极尽其详,而对吹万的聚云禅系则不着一字,全盘否认。此等例子不胜枚举。

《四川禅宗史概述》所述:"与双桂禅系迅速兴盛相反,聚云禅系在康、雍之后忽然杳无传闻。道光六年(1826)所修的《忠州直隶志·重修聚云寺记》中透露说:'吹万老人掷锡于此,从游之僧如铁壁、三目,嗣法阐蕴实繁。明季屡遭兵火、寺竟为虚。……乾隆十九年(1754),郡刺史命僧昆源托钵募化,粗营前殿三间……,今昆源法孙继月又独力经营'。这个昆源是否仍属聚云禅系已不可考,但川东本是聚云禅系的根据地,而聚云寺又为其祖庭重地。聚云寺在乾隆年间已如此衰微,更不用说该禅派的其他寺庙了"。又由于吹万开创聚云法派后,门庭严峻,收徒严谨,传法严格,所以从他学法的人虽多,法嗣弟子却只有三人,他偏偏又天不假年,尚在知命之年即匆匆西去了。但是,破山并未像某些弟子们那样,对聚云禅系纠缠不放,对曾亲近过吹万师徒的象崖、燕居等门人更没有非难的表示,明眼人一看就会清楚,他的批聚云多半是冲着汉月法藏而来的,此时,远在浙江天童的密云正紧锣密鼓地对这位叛逆者进行打击,连篇累牍,口诛笔伐,不遗余力。破山可谓是与其师结成统一战线,遥相呼应,合舟共济。"聚云禅系在禅宗史上可以说是深幽奇诡,而双桂禅系则是雄浑壮阔"(《四川禅宗史概述》)。

正如陈垣所言:"两雄不并立。"⑥吹万的结局实在让人遗憾。然而,对聚云禅系的抨击直至毁灭,就破山而言,不过是一个小小的插曲罢了。

六、开宗立派

从崇祯六年（1633）到十七年（1644），破山以梁山的万峰山太平寺为中心，广纳门徒，集聚力量，树立典范，传播禅法。并数次云游川东各地，先后住持梁山中庆寺、开县栖灵寺、渠县禅符寺、大竹无际寺、叙州佛莲寺、江安蟠龙寺、开县大宁寺和大竹佛恩寺等道场，所到之处，往往"僧侣云臻"、"远近趋风"、"缁素驰逐"，"展佛祖机用，一郡欣所未闻"。加上门内弟子高足满座，人才辈出，"衲子获益，互相激昂"，万峰法派已如日中天，破山俨然是"主张大法"、"权衡一世"的"一代宗盟"。从朝廷命官到庶民百姓，从佛门弟子到檀越护法，他不啻于声震四方的精神领袖。《万峰缘疏》是他这一时期重要的佛学论著：

> 释迦老人垂教，以六度立人，莫先于布施，度一也。是度中人多不择其贤愚，一概施之，谓是不住相之平等，诚恐以设教之意违焉。何以故，予推教之意必择贤者施之。而愚者奋志，亦贤也，此正合平等之意。以一贤而贤天下者，故获福于不可思议哉。若不择而施之者，贤者自贤，愚者自愚，至穷劫尽时，决无有废愚兴贤之心。以一愚而愚天下者，故获祸于不可思议哉。盖贤愚非一也，而施之者漫忽于是焉。若此则倾天地财不足施作业者，孰肯就拜释迦老人咀角头，快饮涕唾哉！（《破山语录》卷二十）

《大般涅槃经》说："一切众生悉有佛性，如来常住无有变易。"慧能在针对不同人的修行方式时说："迷则渐劝，悟人顿修"（《坛经》）。破山此处更借题发挥，表明自己对各种人平等相待的态度，就是"决无有废愚兴贤之心"，提出"愚者奋志，亦贤也"的观念，注重人的后天努力和度人因材施教的重要性。对其师密云"直指人心，见性成佛"和"棒喝应机"的那种走极端为特色的传教方式，采取了模糊的做法。这说明他与密云已拉开了距离，而具有更大的包容性和凝聚力，日后他要倡导禅、教、净、戒并重的修持方法，也是必然的趋势。

《戒茹荤说》也是破山这一时期的代表作品，说明他持戒是很严格的："予所谓戒杀不若戒吃（特指吃荤，作者注），意颇稍善。何则，试且一人不吃，则一人杀业尽矣；一家不吃，则一家杀业尽矣；一国不吃，则一国杀业尽矣；苟尽天地人不吃，不独修己安人之善，且弘祚王道，永固于世矣","兵戈竞起，皆杀业固积之所使然，非天地有灾祸于人者也，不可不觉"。戒吃即戒荤，戒荤而后能戒杀，戒杀而后能免"兵戈竞起"之灾祸，而后能"弘祚王道，永固于世"。破山将兵戈竞起，看成是"杀业固积之所使然"，未免失之简单，他忽略了社会内因所导致的战乱，忽略了天怒人怨、民不聊生、官逼民反等尖锐而不可调和的社会矛盾。

　　破山除住持各寺，开堂演说，推行佛法外，还与川内外高僧大德，居士檀越、官吏绅士们书信往还，广结佛门因缘。在《复李众缙绅》中说："事在人为，岂谓天地有古今，法道有僧俗耶？"在《复善长冯居士讳士仁》中，他说自己"身履其地，日夕百冗，哪得半刻闲功夫"，是因为"佛弱魔强，草鞋高挂崖畔，云锄乱握手中"的现状；朱维丰信笃信佛教，给破山在《复昭觉惟一禅人》里，教导说："若是真正道流，必审其源、正其鼻"；在《复流长苏文学》里，说："正者，载道之器也；不正者，祸道之根也。且一惟自祸而祸人，终不如初未见未闻时全然不染者"，道出师法的重要关系，若是歪门邪道，则学不如不学；在《复嘉兴众孝廉》中，对"以乡情话拔我，以文字禅益我，以师资礼尽我"的嘉兴檀越门表示怀念之情。（均见《破山语录》卷十三）

　　与聚云禅系吹万的严峻封闭、法嗣孤弱相对照，破山以极为博大的胸襟，开放的心态和非同凡响的气度，广纳门徒，集聚力量，游说演法，建立宗派。此时，破山已"住持十大名刹，受益弟子三十余人"（《破山语录》卷十八），从其皈依剃度、得其法教者上千人，名盖川、黔、滇诸省并远及江南佛门。丈雪在《破山明禅师行状》中，称其师"遂入天童辞密（云），归梁（山）之万峰，大开法化，九坐道场，非上上器莫敢当锋"。刘道开在《破山和尚塔铭》中，说破山"壬申春回蜀，卓锡于万峰古刹，学者归之，一如东塔之众也，师主斯刹凡十余年"。在由浙还蜀的这十余年间，破山周围确实聚集了大批的佛学根基深厚的游僧学侣和社会地位显赫的檀越护法及其地方官僚，使得破山的传法结社活动畅通无阻地进行。僧侣们的景仰，檀越们的资助，官僚们的保护，破山宛然众星拱月的"一代宗盟"和众望所归的佛门"象王",法门之盛是理所当然的事情了。

牟秉素在这期间是破山最重要的护法,在《破山语录》的题序中称赞破山说:"师垂手为人,婆心切众,棒头有眼,惟接上根。"特别说到自己对破山的佛法着迷后,"直凭破师打则任打,骂则任骂,惟日拈香一瓣,合十顶礼,以表不相辜负一等毒气云尔"。高官厚禄与荣华富贵不过是虚幻的过眼云烟,牟秉素已经领略到了神秘的佛光禅影,心安理得地逃遁其中。

太虚在《中国佛学》里说:"明中叶(禅学)衰落,至明末万历年间,龙池幻有禅师门下,出天童(密云)悟、磐山(天隐)修,此二人都是龙池所披剃,大兴临济于明清之际。故清初禅法所兴,大都为天童、磐山以下之人。天童之门人,如四川之破山明,湖南之想山海⑦,差不多一人即兴了一省的佛法禅林。"破山离开浙江天童寺的密云和尚,回到四川刚刚十年,就使巴蜀的佛门发生了结构的变化。打破了僵化的格局,注入了新鲜的血液,禅学如雨后春笋,迅速崛起,并波及川黔滇和西南诸省,为西南佛法的综合复兴打开了崭新的局面。

十余年间,破山的传法活动主要是以万峰山为中心,他的主要精力也是放在他常常提及的"万峰法社"的苦心经营之中,自诩其名为"万峰老人",并被徒儿们戏称为"万峰老伯",世人简言之"万峰"。破山以"社"命其法派,显然是受了江南文人结社的影响,无非以言论自由,学术独立相标榜,显示自己宽容的态度和豁达的胸怀。万峰法社的迅速发展壮大为日后双桂法派的创立奠定了坚实的基础,作好了充分的准备。

在破山离去百余年后,一僧重建万峰太平寺,改寺名为"破山堂",以纪念万峰开山之盛。至今尚有遗迹可寻。

注释：
① 见慧能《六祖坛经》之《定慧品第四》。
② 缁素：缁指僧侣，素指俗众。缁素统称在家和出家佛教信徒。
③ 肩舆：用人力抬扛的代步工具，俗称轿子。
④ 见《四川佛教文化》之《云峰寺》。
⑤ 今据嘉兴藏《破山海明禅师语录》卷二十有驳聚云一文："松谷禅人乃忠南聚云吹万徒也。持聚云小参纸一幅，中有数言谓，从上古人，单教明心见性，便是的当，次叱五家宗旨，污却古人面目，为自屎不觉臭。又叱今时授受有据，明眼行道者妄行棒喝等事。病僧披览过，不觉痛泪如雨，孰料老胡绝望之日近矣。呜呼，此害不细，不得不饶舌以救将来。盖法本无弊，羊鹿牛之器不一也。渠谓明心见性为当，试问心是何形？性是何物？若以心性是无，则不应言饭是米做。心性是有，则法法头头，不外于是。信夫饭出于米，米岂外饭乎？法出于心，心岂外法乎？如是则知米饭心法一也。达一而不外五家者，明矣。而又谓行棒行喝以至五位君臣者，尽是窠臼，是分别，是取舍，敢保渠未梦见也。若梦见，必不谓棒者拄杖子也。如是古人不应曰先照后用，先用后照，照用同时，照用不同时。又云：唤作拄杖子则触，不唤作拄杖子则背。又云：你有拄杖子，与你拄杖子。你无拄杖子，夺你拄杖子。又僧参一老宿，入门便棒。进云：打岂慈悲耶。忽然欲去。老宿云：你作打会耶？其僧乃悟。上古目为道具，在人持捉，非止一端。有持木叉者，有持竹篦者，有持弓箭者，有持刀剑者，难道尽是六祖击碓头三下始当。时击碓头三下，乃杖，非弓箭刀剑之种种。渠谓是窠臼，是分别，是取舍，则古人大机大用，脱罗笼，出窠臼，虎骤龙骧，星驰电激，转天关，回地轴，负冲天意，气用格外，提持悉成剩语也。又谓拂者，先儒谈经麈尾也。如是则百丈再参马祖，祖不应，举起拂子，丈云：即此用，离此用。祖挂拂旧处，祖又问丈曰：子已后将何为人？丈取拂子举起，祖曰：即此用，离此用。丈挂拂子，祖便喝，丈大悟。儒之所用麈尾。意有辩别，然麈鹿在群鹿中居尊，以尾东拂则群鹿随之于东，以尾西拂则群鹿随之于西，故儒者用表指挥群徒，亦犹是也。然而儒家用，祖家用，尚隔天渊，宁混同一意也耶？又谓喝者，咄咄声也。如是古人不应有言。我有时一喝如金刚王宝剑，有时一喝如踞地狮子，有时一喝如探竿影草，有时一喝不作一喝用。又云：一喝分宾主。又云：一喝分五教。难道也是马祖一喝始当。时百丈被喝，耳聋三日。其余一喝，分宾主五教宝剑狮子探竿者，何耶？又谓圆相者，马鸣所现日轮也。如是古人不应变为九十七种，目为圆相暗机，义海字海，意语默论，种种不一者，难道也是马鸣送道钦书始当。时只有马鸣所现日轮，何得又有各样差别者，何耶？如渠实未梦见。自是弄精魂汉，何冤先代为窠臼，为分别，为取舍。悲夫，先代立意，各从悟证处，百计千方，直指迷流，圆契此事，不可执一而无余。执余而无一，所谓一有多种，二无两般者是也。渠意以一而不余，余则为窠臼，为分别，为取舍，正是一眼之龟。值浮木孔，千圣尚诃，安用病僧今日如是口业耶？只因渠是狮子身中虫，反吃狮子身中肉，恐将来者去圣时遥，中渠毒药，而上辜先圣，下负己灵，切以是而告诸云。"可见破山当初为了避免"中渠毒药，而上辜先圣，下负己灵"，对吹万批评之激烈而对徒众告诫之严厉。
⑥ 详见陈垣《中国佛教史籍概论》卷六。
⑦ 想山海：疑为密云首任弟子即破山大师兄五峰如学。

第四章 明清交替的流亡时期

一、天下大乱

崇祯元年（1628），客氏、魏忠贤及其党羽被一举铲除，朝野内外为之一震，明朝似有复兴之象，崇祯皇帝朱由检也因此而赢得举国上下诸多仁人志士的拥戴。但是，前面几代皇帝所遗留积累下来的痼疾，年复一年，早已入骨入髓，朱由检十七年的折腾，不过垂死挣扎而已。正如郭沫若所说："崇祯皇帝的运气也实在太坏，承万历、天启之后做了皇帝，内部已腐败不堪，东北的边患又已经养成，而在这上面更加以年年岁岁差不多遍地都是旱灾、蝗灾"（《甲申三百年祭》）。官场内部的集体腐败、东北边患的严重威胁、持续不断的遍地灾荒是摆在这位年轻帝王面前的三大难题。

当其旱灾、蝗灾困扰之时，田野颗粒无收之际，人们"析人骨以为薪，煮人肉以为食"或"剥树皮以为食"，"掘其山中石块而食……"（《明季北略》卷五），就是在这种情况下，官场仍"严为催科"，灾民只得"此处逃之于彼，彼处复逃于此。转相逃则转相为盗，此盗之所以遍于秦中也"。穷极无路，除坐以待毙，除逃亡流浪，唯一的活路就是组织起来，反抗官府和杀富济贫，"流寇"由此而形成。

官场之中不是没有明白人，崇祯九年（1636）就有江南武生李直言上书，认为已蜂拥而起的"流寇"的形成，乃是"富者兼并小民"所致，军队缺乏战斗力，也是层层盘剥的结果。并提出"缙绅豪富报名输官"，使灾民得救，兵食有着，既可对付外患，又能促使社会稳定的良策。但此言一出，却立即遭到以东林党人、大学士钱士升为代表的官僚集团的围攻痛击。钱士升在奏疏中怒不可遏地说："李者乃倡为缙绅豪富报名输官，欲行手实籍没之法。此衰世乱政，而敢陈于圣人之前，小人无忌惮一至于此！……此议一倡，亡命无赖之徒，相率而与富家为难，大乱自此始矣"(《明季北略》卷十二)。看来,只要有人胆敢触及庞大的官僚集团的哪怕是微小私利,他就逃不过这一集团的共同清算。还好,由于皇帝的"圣明",李小命得保,那堪作济世之策的良言从此烟消云散。

灾荒没有间断,盘剥没有节制,贫富差距越来越大,"流寇"聚集越来越多,并逐渐形成了以李自成、张献忠为首的两支主力。他们所到之处,往往不战而胜,攻城略地如入无人之境。吴晗在《论晚明"流寇"》中说:"流寇初起,是从各地方陆续发动的,人自为战,目的只在不被饥饿所困死。后来势力渐大,兵力渐强。政府军每战必败,才有推翻统治集团的企图。"作为这样一支由饥民组成的队伍,居然能攻进北京,占领紫禁城,推翻一个王朝,也是李自成们所始料不及的。所以吴晗说:"与其说这是李自成的成功,还不如说是朱明政权的自然崩溃比较妥当。"那位"性多疑而任察,好刚而尚气"的崇祯帝,使出浑身解数,也拿全国一片混乱的这个烂摊子没有办法,更拿他所赖以依靠去治理天下的庞大的官僚集团没有办法——他几乎是玩不转了。最后,只有摇头叹息道:"朕非亡国之君,诸臣尽亡国之臣"(见《流寇志》),在煤山上吊之前,他又留下"任贼分裂朕尸,勿伤百姓一人"的遗旨,表明自己爱国爱民之胸怀。对于臣僚们的行径,则痛心疾首。在他以前那些名为罪己实为罪臣的《罪己诏》里,曾经又气又恨地数落道:

> 张官设吏,原为治国安民。今出仕专为身谋,居官有同贸易。催钱粮先比火耗,完正额又欲羡余。甚至已经蠲免,亦悖旨横征;才议缮修,便乘机自润。或召买不给价值,或驿路诡名轿抬。或差派则卖富殊贫,或理谳则以直为枉。阿堵违心,则敲朴任意。囊橐既富,则奸慝可容。抚按之荐劾失真,要津之毁誉倒置。(《明季北略》卷十三)

这并非是对官吏们的恶意诬陷和肆意攻击之词,各级政府官员层层盘剥,确实已到了无所不用其极的程度。"三年清知府,十万雪花银",无论升官离任还是告老还乡,他们无不是"十车细软,一队妖娆",求田问舍,修房造屋者更是家常便饭。而当大明江山到了最危险的时候,他们自己的身家性命也危在旦夕,要他们拿出贪污所得的一点银子来补充军费开支、救济灾民生活从而稳定局势也保护自己,他们却如丧考妣,坚决不予答应,并说替这种"亡命无赖之徒,相率而与富家为难"的行为说话,是"衰世乱政"、"小人无忌惮"的举动,必须严加惩处。由此,得不到救助的饥民纷纷加入起义军,与富家缙绅为敌,反抗政府;得不到救助的军队无力戍边,无力抵抗起义军,保家卫国。一败涂地便是大明王朝的必然结果。李自成进京后在他的《登极诏》里面说:"君非甚暗,孤立而炀蔽恒多,臣尽行私,比党而忠公绝少。赂通官府,朝端之威福日移;利擅宗绅,闾左之脂膏殆尽"(《流寇志》卷十)。对崇祯帝报以同情,而"臣尽行私",正道出了明以腐败亡国的根本原因。然而,李自成终究没有做帝王的福气,虎视耽耽的清兵很快就在山海关总兵吴三桂的带领下进入中原,清朝政府扮演友好邻邦的角色,打着"肃清流寇"的幌子,进行侵略战争。声称自己的行动是"非有富天下之心,实有救中国之计",他们说:"曩者我国与尔明朝和好,永享太平……,今被流贼所撼……我今居此,为尔朝雪君父之耻,破釜沉舟,一贼不灭,誓不返国。凡尔臣民,如能率先归附,即与爵禄世享。如有抗违不遵,玉石不分,尽行屠戮"(《流寇志》卷十三)。并说:"天下者,非一人之天下也,有德者居之;军民者,非一人之军民也,有德者主之。"把自己视为有德之政府,天下之主宰,但司马昭之心,路人皆知,清兵入关以后,大肆杀伐,大举侵略,其险恶用心大白于天下。这时,大明军溃不成军,李自成亦损兵折将,兵败如山倒,在仓皇逃窜之中草草地结果了性命。他以"大顺"命其国号,实际上却是大大的不顺。这时,朱由检已成事实上的亡国之君,李自成不过紫禁城里金銮殿上的匆匆过客,那么,以后就该是满清政府的天下了,充满戏剧性的改朝换代成为历史的必然。但清朝的胜利亦非一蹴而就,南方的抗清势力正此伏彼起,高举反清复明的大旗,伺机卷土重来,时时处处进行着对清兵的抵抗和反扑。而游走于西南地区的农民军实力犹相当雄厚,他们不屈不挠,且战且走,具有丰富的作战经验。由此,残明势力、清朝政府、农民武装三足鼎立的形势已经铸成。他们互不相容,互为敌我,互相残杀,锦绣山河遂为往来征战的屠场。

　　四川地处西南,和历代统一王朝的政治中心均相距甚远,但易守难攻的地理环境和物产丰富的经济状况，使它具有非常重要的战略意义。因而，在历史上它常被统治者作为建立之初夺取全面胜利的王业之基和崩溃之时负隅顽抗以期反扑的退守之地。

与李自成齐名的农民领袖张献忠纵横于江楚之间，并先后五次入川，足迹踏遍巴山蜀水，对明朝在四川乃至中西部地区的统治构成严重威胁。崇祯十二年（1639）冬，内阁大学士杨嗣昌亲自督师，屯兵湖北襄阳，意欲全歼张献忠部。杨嗣昌，武陵（今属湖北）人，《明史》说："嗣昌以己楚人，意欲驱贼入蜀。乃议以楚地广衍，贼难制。驱使入蜀，蜀险阻，贼不得逞，蹙之可全胜"（《邵捷春传》）。作为杨嗣昌，为了避免家乡遭烽烟侵扰，而要"驱贼入蜀"；作为张献忠，为了保存实力以利再战，西走巴蜀乃上上之策，所以，"驱贼入蜀"很快得以实现，这就是张献忠的第四次入川。但"蜀险阻，贼不得逞，蹙之可全胜"则无异于痴人说梦，放虎归山的结果则将会给他杨嗣昌带来更大的麻烦。杨嗣昌"驱贼入蜀"之后，先驻军于重庆，复驻军于顺庆，运筹帷幄，制订战术，勾画蓝图。并高悬赏额，缉拿张献忠，宣布"有能擒斩者赏万金，爵通侯"，还附《西江月》一首："此是谷城叛贼，而今狗命垂亡。兴安平利走四方，四下天兵赶上。逃去改名换姓，单身黑夜躲藏。军民人等绑来降，玉带锦衣升赏。"但事隔不久，他就惊奇地发现自己的住宅里贴有"斩阁部来者，赏银三钱"之类的告示，阁部即杨嗣昌，比起张献忠"万金"的高额悬赏，其身价如此的低贱而不值钱，这真正是对杨嗣昌的莫大讽刺。农民军也编了一首顺口溜："前有邵巡抚（四川巡抚邵捷春），常来团转舞；后有廖参军（参军廖大亨），不战随我行；好个杨阁部（内阁杨嗣昌），离我三天路。"可以说，官军拿"流寇"是毫无办法了。杨嗣昌自告奋勇，却落得损兵折将，落花流水，在连失两郡三州十九县，又死两亲藩的情况之下，无颜见满朝文武，遂于崇祯十四年（1641）二月自杀于长沙。在此前一年，四川方面的张令战死于开县，秦良玉兵败逃归石柱。而当时的形势是"所倚惟良玉及张令二军"（《明史·秦良玉传》），四川几乎是全军覆灭，无力支撑了。由此，巡抚邵捷春被革职下狱，次年含冤自杀。可以说邵巡抚的悲剧是杨嗣昌一手造成的，杨嗣昌不愿将战场摆在湖北家乡，又考虑到四川防守严密，足以拒张献忠于夔门之外，便以上压下，大量抽调川军，故意造成四川空虚的局面，"捷春仅提弱卒二万人守重庆"（《明史·邵捷春传》），迫使张献忠入川。邵捷春深知杨嗣昌的险恶用心，却又无法抗拒，只有愤慨地对天长啸道："今以蜀委贼，是督师杀我也"（《蜀碧》卷一）。督师即内阁大学士杨嗣昌，四川的失守，川军的溃败，邵巡抚的屈死，他负有不可推卸的责任。但他"驱贼入蜀"的如意算盘很快落空，其结局也不得好死。明军内部不顾全大局，不注重团结，不相互配合，是导致缺乏战斗力的重要因素。

崇祯十五、十六年（1642—1643），形势急剧变化，清军大举入塞，从辽东到河北、山东，烽烟四起；中原地区的李自成，西南方向的张献忠气焰日盛一日，不可遏止。内忧外患，明王朝彻底陷入无可救药的僵局。

身居川东的破山早就感觉到了情况的不妙，往来于他门下的大都是无路可走的士子和无家可归的难民，从这些人嘴里了解形势，对外面的情形当然不会陌生。他对大明王朝特别是崇祯皇帝素有好感，其以枯柏复生为喻抒发希望明朝衰后复兴的心愿的《题复生柏》，显然是一篇对崇祯歌功颂德的美文，里面说"我朝远历唐宋，不下枯木复生为喻"，必将"别有千枝万叶，盖荫今世后世者，莫若斯也"。以大明为正朔，树崇祯为明君之意昭然若揭，那么，对农民起义的敌视就自然而然的了。本来，破山回蜀之初，便因张献忠的第二次入川被迫从梁山的万年寺迁往太平寺，而在太平寺又因张献忠之乱惶惶不可终日。面对自然的灾荒和战争的侵扰，破山发出了"田禾又被天收，人物尽遭贼掳"的哀鸣。在他的眼里，农民军便是动乱的根源，所以从心里到笔端，都将他们视之为"贼"，恨入骨髓。

所见所闻所感，破山已觉察到天下大乱到了不可收拾的地步，清兵的入关更是火上浇油，把大江南北搅得破碎不堪。在他的《偶值凶夷之变口占》诗中，有"生不逢时业障多，无端将我老僧磨"（《破山语录》卷十八）的伤感之词。"凶夷"即是指越过东北边境，大举入侵中原的满清军队。在《示止止禅人》诗中，他无可奈何地说：

世乱人心乱，东西路莫论。

杖头惊鸟梦，螺响落猿魂。

草木疑征锡，云瓢别野村。

住行须好伴，似我若萍情。

(《破山语录》卷十五)

世态的混乱导致了人心的混乱，东奔西跑，找不到出路将在何方。"鸟梦"、"猿魂"，则生动地概括出自己失魂落魄漂泊无定，有如惊弓之鸟的狼狈状况，满腹悲凉之情溢于言表。自此以后的十年，他的笔端仍将继续这种以感时伤世为主题的沉郁凄怆的诗风。

二、身陷"贼"营

方其还在开县大宁寺之时，"乱风渐起"，破山已无意再待下去，考虑到大竹"佛恩(寺)山深可避"，崇祯十五年（1642）冬，"乃归大竹之佛恩"。佛恩寺即破山的祝发之地姜家庵，它位于川东三县（达县、大竹、梁山）的交界处，山深水远，罕有他乡之客至此。

按《破山年谱》载，随同破山前往佛恩寺的弟子有雪臂、敏树、澹竹、孤石、燕居、丈雪等人，他们去后，为佛恩寺重新搭建了一座大殿，而姜家庵之名在此时被破山变成了佛恩寺，以志牵引之恩。在"落成"之日，举行了"上堂"等佛事活动。其时"此地人多风鹤之惊"，但是，门生信徒等"大众亲师已久，依依不忍离其翼"，师徒们相濡以沫，共赴危难。到了第二年即崇祯十六年（1643）冬，农民军由达州至大竹蜂拥而至，来势凶猛，值此紧要关头，破山强行要弟子们离开，"师谓众曰：汝等远避，老僧听天安命"。于是，众门人作鸟兽散，只有雪臂一人死活不肯离去。"众皆远遁，惟雪臂峦一人不离左右，虽与难，亦无怨也。"农民军刀光剑影，杀气腾腾闯进空荡荡的佛恩寺，"群贼入寺，见师形貌奇伟，误认为达州唐进士"。唐进士今已无可查考，大概是达州之缙绅或地方势力之头目，与农民军有隙。破山原本"形貌奇伟"，此时又是"短发长须"的模样，可能与唐进士相仿佛。所以农民军不由分说，连捆带绑，将破山押解入营。按他的自作诗分析，此时的真实情况应该是，破山自命清高，原以为自己是佛门中有地位，社会上有影响的高僧，又是方外之人，料农民军也不会加害于他，但后来他实在是坐不住了，惊慌失措地跑到了寺外的龙耳山"隐山"，把自己"远遁深藏"起来，然而，"重围难过关"，很快就有"一队凶魁蓦面来"，"马头血刃立斑斑"，手执刀枪的农民军不由分说，将他粗绳大绑起来，刀刃上血迹斑斑依稀可见，破山已由起初的镇静自若变得"张皇不定"了，联想到农民军入川的所作所为，感觉到自己已经劫数难逃，而与其被侮而死，不如自绝而亡，尚能免辱保节，但转头一想，"若引颈就死"，"无闻之鬼"而已，况且农民军因为要活捉"唐进士"，所以严加看管，"擒住声声莫就死"，又让他求死不得。押解到"寇营"之中，只见"枪刀人马密如鳞"，大概是这支农民军的总部吧？这时，正是张献忠声威大振之时，两年前，他与杨嗣昌所率的明军在开县黄陵城展开决战，几乎全歼明总兵猛如虎部，接着，东出四川，直捣襄阳，诛杀襄王，在荆楚大地纵横驰骋，大明军队兵败如山倒，杨嗣昌"围剿"宣告彻底破产，自杀身亡。留在川内的姚天动、黄龙麾下的农民军也趁势招兵买马，攻城略地，川内川外遥相呼应，搅得热火朝天。方其破山被带入营中，"麻绳反缚"，悬"吊高梁"之上，接受农民军长官们的"苦拷"。幸好终归于真相大白，那位唐进士与破山虽然形貌相近，声音相同，但一个是仕途中人，地方官绅；一个是方外之侣，佛门大师，"说法声同意不同"。免遭杀身之祸，活命放还。后来弟子们在编撰《破山年谱》时说："欲加苦拷，师慈心善导，为说山中道人行履，贼皆释疑散去。"只字不提受刑一事，显然是为尊者讳，将"麻绳反缚吊高梁"的狼狈之状和拷问之苦，作没有必要的遮掩。破山再"慈心善导"，恐怕农民军也没有时间没有兴趣去接受他的指点。

虽然"验实"后得以"释放"，但遭此之难后的破山对这些反政府的农民军更加深恶痛绝。在稍稍安定下来后，他将这一切身体验分成十个篇目，作了题为《值寇围十景》的七言绝句十首，并在诗前加以自序说明原委。全面真实地记录了事情的前后经过和心理变化过程：

予生不辰，处于恶世，作竹阳寋氏，一百姓也，始削发大持庵，次行脚半天下，参询名宿二三，受具嗣法，僧腊已经五九，住持十大名刹，授益弟子三十余人，将期此世可作一了事汉。不意祖院倾颓，绵力强支，亦易（姜家）庵为佛恩禅寺。则落成也，已偶值寇变，急潜行龙耳山前，凶魁赶至，予若引颈就死，空负无闻之鬼，遂书十景以省将来：

号火
烽火惊人夜未眠，扶筇直上翠微巅。
满天不见云烟杳，惟有愁声近目前。

辞院
缘初缘尽待何时？不住刹那还是迟。
今日逍遥归物外，任从荆棘长茆茨。

隐山
远遁深藏龙耳山，马头血刃立斑斑。
挥鞭伏草离身祸，只恐重围难过关。

遇寇
张皇不定苦风雷，一队凶魁蓦面来。
擒住声声莫就死，个中渐觉迷云开。

赴营
紧缓行踪望寇营，枪刀人马密如鳞。
愁肠自是难舒畅，一任身亡一任存。

帅拷
麻绳反缚吊高梁，苦拷惟将素蓄藏。
买得一身穷快活，依山傍水学疏狂。

辨伪（误达州唐进士也）
短发长须近俗容，安名立姓谓唐公。
其中幸有一星别，说法声同意不同。

验实

乱世何分智与愚，休将本色待吾徒。
险些自作无闻鬼，谁谓僧乎谁俗乎？
活命
三更释放眼迷麻，一梦浑忘法正邪。
彻骨为人人不荐，鸡鸣犬吠略较些。
归庵
一家一计认如归，不觉从前尽是非。
人死物离空怅望，悲风千古欲为奚。
（《破山语录》卷十八）

这无疑是对农民军的控诉和声讨，作品通过自己身陷"贼"手的种种尴尬狼狈之状，记录了从大军压境、彻夜难眠的"号火"到仓皇之中"辞院"而"隐山"；又从"遇寇"被擒后解押"赴营"到身受酷刑而被"帅拷"；最后"辨伪"、"验实"得以"活命"而释放"归庵"的整个过程。虽大难不死，也足以惊心动魄，破山将满腔的愤怒和仇恨化作诙谐的语言和平淡的笔墨，让人看似对自己狼狈相的调侃和自我解嘲，而寓庄于谐，对他视之如"寇"如"贼"如"凶魁"的农民军表现出刻骨的仇恨，并以自己屈辱事件的如实记录作为农民军的罪证，表示作诗的目的是要"以省将来"。破山与农民军为敌的态度，体现了正统士大夫的阶级立场，他同情下层民众的苦难而不同意下层民众的反抗，他痛恨官僚的贪婪但又维护封建的秩序。

从破山被擒生还的另一侧面，又可看出农民军并非逢人便杀的事实。

已是年末岁尾，众弟子在农民军去后，又一一聚集在破山的座下。目送残年，枯坐野寺，他不无感慨地吟道：

二十余年山海游，归来特地一场愁。
儿孙伎俩驴年尽，已觉佛恩深莫酬。
（《破山语录》卷十八《佛恩寺除夕》）

遥想往昔，瓢笠出川，往来于荆楚吴越之间，蜚声于名刹古寺之内，少年得志，声震佛门，优游自在，万事无不随心所欲。哪知千里还蜀，故乡却是哀鸿遍野，一片狼藉，自己也难免战乱之苦，拳拳赤子之心未报，深深抚育之恩莫酬，思前想后，心灰意冷，哀莫大焉！

三、悲惨世界

春节了无喧嚣与喜庆的气氛，巴山蜀水竟是"白骨露于野，千里无鸡鸣"的肃杀之状。破山在弟子们的簇拥之中，犹如惊弓之鸟，回到了自己的老巢——梁山县的万峰山中。《破山年谱》称："厥后众方归，强师过万峰，抵佛香建活埋庵。""佛香"即佛香禅院，亦即万峰山太平寺之别称。他这时建庵并命名为"活埋"的用意，不外乎是表明自己身虽犹存而其心已死，由此可见，他内心是何等的悲凉！

这时，正值崇祯十七年（1644），即清顺治元年，这是明朝的末日清朝的开端，岁次甲申。转眼之间，朱明王朝便为满清异族取而代之，"甲申"成为后来人们普遍使用的明被清亡的代名词。

万峰山自然不是"不知秦汉，无论魏晋"的世外桃源，更不是"一夫当关，万夫莫开"的金城汤池。张献忠打着"澄清川岳"的旗帜，带领大西军号称六十万人，正由湖广浩浩荡荡进入四川。这就是著名的第五次入川，它将为四川留下最为深刻的印象。四川巡抚陈士奇"以兵饷不足，尽撤夔州十三隘守兵，至是，贼众数十万水陆并进，鲜有抗之者。二月陷夔门，三月陷万县，进至忠州葫芦坝，休养四十余日"（《明史·陈士奇传》），"忠州葫芦坝"即当时隶属忠州管辖的梁山葫芦坝，位于梁山关隘白兔亭（即破山初归时所住万年寺之地）下，与万峰山近在咫尺。此时，北京传来消息，李自成部已进驻紫禁城，国号"大顺"，崇祯帝自缢于煤山脚下。

陈士奇得此消息后，声称"必报国仇"，即坐镇重庆，"遣水师参将曾英、副将赵荣贵迎击之"。曾英驻守涪陵水路，赵荣贵驻守梁山陆路，以守为攻，消灭张献忠。但结果却是曾英"败走南川"，赵荣贵"亦败于白兔亭，奔川北，贼遂长驱犯重庆"。八月九日，张献忠用火药炸开重庆城墙，破城而入。十月初，直取成都，登基为王，国号"大西"。

历史上"张献忠屠蜀"的传说主要就是指的这一次入川。张献忠，陕西延安肤施人，与李自成同岁，相传幼时随父贩枣曾至四川内江。《明史》说他"性狡谲，嗜杀，一日不杀人，辄悒悒不乐"(《张献忠传》)。《明季南略》说"献忠暴狠嗜杀，鞭挞无虚刻，即左右至宠至爱信者，少失其意，即斩艾如草芥"、"凡流贼谓杀人为打发，如尽杀其众，则谓之'收拾'也，张献忠或时向天自语曰：天教我杀，我敢不杀？于是左右愚人皆信以为乃天使杀戮，不敢背叛"、"献贼入蜀，蜀人拒战，献恨之，大肆杀戮，饮酒将小儿抛掷枪上，儿啼以为笑乐，有童稚杀不尽，则以大锄刈之，其残忍如此，蜀人大惧"。四川各地地方志也多有其凶残的记载，《巴蜀志》说："六月十八日，贼据佛图关，二十三日，陷重庆，收瑞王常浩、关南道陈熏、巡抚陈士奇、知府王行俭、巴县知县王锡等，皆磔之"、"百姓俱斫右手，无一免者"。《开县志》说："国朝顺治初，张献忠复入蜀，屠戮无算，靡有孑遗，开县人民所存者仅止数姓而已。"《大邑县志》说张献忠"至则悉遭屠戮，城乡庐舍焚毁无遗"。《三台县志》说："屠城，尸横城野，无从觅葬。"《保宁县志》说："献忠令守保宁贼将刘进孝复屠保宁。绵州等州县皆屠。"《宜宾县志》有"拒战被缚"的记载，《荣县志》有"除城尽剿"的记载，《富顺县志》有"其不杀者则断手、劓刖，纵令西上"的记载，如此种种，举不胜举。尤其是对张献忠攻克重庆、成都两地，《明季南略》说"献忠遂屠重庆，砍手者三十余万人，流血有声"。《纪事略》说"城内外绅士军民男妇不下数百万，尽遭惨戮"。《蜀碧》说："秋八月初九日，贼攻成都陷之。成都王至澍，太平王至渌，巡抚龙文光，巡按刘之勃及文武诸官俱死，贼大杀三日。"《纪事略》则说成都"满城生灵，无贵无贱，同为枯骨"。《明史》说："川中自遭献忠乱，列城内杂树成拱，狗食人肉若猛兽虎豹，啮人死辄弃去，不尽食也。民逃深山中，草衣木食久，遍体皆生毛"。

综上所述，均为当时当事之人所记，由于对张献忠的仇视和痛恨，故多有夸大不实之词，但致使明末清初四川人口遽减的原因，除明清易代的双方争夺，各地方武装的厮杀，吴三桂的叛乱和当初流行广泛的瘟疫外，张献忠的"功劳"自然是最大的。所以，有关"张献忠血洗四川"的故事盛传不衰，一提此人犹心有余悸。

作为破山主要寄居地的梁山又岂能幸免，这时，张献忠已先后三次进入梁山县的境内。第一次是崇祯七年（1634）二月十五日他的第二次入川，在夺取夔州、大宁、大昌、开县等地后，进逼梁山，在白兔亭关隘遭到县人涂原组织的乡勇的打击，张献忠力攻受挫，被迫撤退改道巴州。第二次是崇祯十三年（1640）九月十五日他的第四次入川，明四川巡抚邵捷春领兵把守梁山，张献忠与罗汝才部会合，由梁山西北去达州。第三次即是崇祯十七年（1644）五月他第五次入川，巡抚陈士奇派水师副将赵荣贵戍守梁山。"贼悉众屯忠州（梁山）葫芦坝，选健卒十余万，负戴者倍之。置横阵四十里，左步（兵）右骑（兵）"，结果"贼至（赵）荣贵望风先遁，接战而败"（《梁山县志》卷十）。涂勇抗击张献忠取胜后，很鼓舞了一下梁山人的士气，所以此时又涌现出了一些不屈不挠的斗士，高宗舟就是典型的人物。《梁山县志》载："甲申献贼攻梁，宗舟率乡勇守北门，城陷，即归家，令妻妾皆自尽，作书付仆，使问道达父所，而身统家奴二十余人巷战，被重伤死，奴辈皆从之。"又如徐敬之，"县志"道："邑人，刚悍过人，流贼之变，众举敬之为镇长。贼至，身先士卒，力战而死。"又如赵趣，"县志"道："黄甲、吕凤、何景、萧锐、徐宣、杨义宽、赵采等，皆邑诸生，流贼之变，同主簿时植协心拒敌，连战三昼夜，城陷死亡。都御史林俊嘉其义，立忠烈祠祀焉。"又如杜先春，"县志"道："《明纪》称春，每战却贼，贼避其锋。授广西桂林总兵，谥忠勇。"以上见《梁山县志》之《人物传》，在《列女传》中，亦多有妇女在"流贼"面前宁死不屈的记载，如古谭氏，"县志"道："万县监生谭用之女，适邑进士古之贤之孙，举人德懋之子，庠生元直。崇祯甲申，流贼陷城被执，骂贼不绝口，随取刀毁其面；贼摸其乳，复割其乳，以头触阶，昏绝；俄而复苏，再触阶而死。"又如冯何氏，"县志"道："庠生冯士仰妻，乙酉，摇黄寇梁，被掳强逼。氏骂曰：汝杀便杀，决不受凌虐也。一贼惧以刀，骂不绝；一贼骇以枪，骂益盛，贼恚刃之。"又如一个叫冯之瑾的文人,"赋性仁孝,嗜博古今,自甲申张贼入川,摇黄继起,随父士仰,母何氏,栖岩寨,露居野处,左右不离,采野食以供。及父母被害,奋不顾生,计图复仇,长号泣,遇贼辄以死战,手刃数人"。后来,冯之瑾将自己的亲身经历写成《冯氏历难纪》一书,记载了当时梁山遭此甲申之乱前前后后的状况。可惜今已无从寻觅,但从《梁山县志·艺文志》选登的几篇该书的序跋文章,亦不难见当时情况之一斑。前明进士涂有祜在跋文里说:"自摇黄倡乱,发难于三秦,蔓延于西蜀,盘踞吾梁四五载,梁人几无噍类","寇焰弥天,哪有一片干净地容人立脚",其别后归来,"人烟断绝,无在而非惨然者",而观《冯氏历难纪》,深感"是纪也,即罄洛阳之竹,犹若未尽"。清初翰林高人龙在跋文中说:"本朝(清朝)命师灭寇,巴渝胸臆①之地尽入版图,余始得束身归里,颓垣断砌,景物萧然,在昔总角之交,率皆物故,惟迟松冯君独存,握手之顷,恍若隔世,询及丧乱,往往哽咽不能语。一日出纪乱一编,属余为序,余读之竟,其间经历之险与感召之奇,类皆人世所绝无。"清代梁山知县陈旭在《历难纪序》中说:"知献贼之暴虐,摇黄等贼之叛徒,巴蜀之变乱无常,夔梁之奸播叠至,蒙祸之毒,更有倍于他郡国者","戎马争横之际,其间死于兵,毙于贼,播迁于荒疫,焚毁于烽烬者,所在不知","悴目伤心,呼穹指昊,洒血泪于长空,呕丹忱于晦冥,而有明二百七十余年之祚,一旦化为寒萤腐草,而不可复问矣。江山如故,社稷全墟,抚今思昔,尚忍言哉"。《梁山县志》还有张献忠屠蜀,"悉断人手,男左女右,误伸者左右俱断"之类的记载。

在梁山境内,张献忠受到三番五次的阻挠,他当然也不会轻易放过此邦之人,而"暂取巴蜀为根,然后兴师平定天下,归诚则草木不动,抗拒则老弱不留"(《滟囊》卷二)是张献忠入川的大政方针和基本原则。梁山人处处抵抗,时时干扰,遭受屠戮就是理所当然的事情了。

对此,世外高人破山又岂能心如止水坐视不顾呢?况且他本人也曾深受其害。《梁山县志·杂识》中记录了破山的愤愤之语:"张献忠杀人之多,较黄巢百倍。"破山此言,还被清初彭孙贻引用到《流寇志》中,作为张献忠屠蜀的罪证。黄巢在唐末的农民武装运动中,一向以杀人著称,但在破山的眼里,与此时的张献忠

石柱三教寺遗址，秦良玉迎请破山石柱避乱，曾卓锡于此。

相比，不啻于小巫见大巫了。不仅如此，东北游牧民族在吴三桂的带领下，已轻而易举攻克北京，入主中原，国号大清。又很快挥师入川，清兵的铁蹄又将在这块遍体鳞伤的土地上回环往复长达近二十年的时间，这无异是雪上加霜，将四川推向苦难的深渊，从而最终归于清朝的版图。

白兔亭兵败，梁山县城沦陷，高高在上的万峰山四面楚歌，宛如一座孤岛，反缚悬梁的余悸犹在，流血事件频频传来，破山不得不考虑再次流亡他乡。但山高水险，何处是归程？迫于无奈之际，破山想到了素未谋面而心仪已久的石柱秦良玉，于是派弟子星夜驰书，以求庇护。秦良玉也久慕破山的大名，感佩其道德高深，便立即派遣亲信和当地佛门高人，专程迎接破山的驾临。《破山年谱》载："顺治元年（1644）甲申，师四十八岁。春三月，蜀江北岸遍地干戈，惟南岸山溪险危，兼有土兵②御侮。专使驰书达石柱司秦总戎良玉夫人处，秦即差官同永贞上人过忠州，迎入石柱之三教寺。风土人情更觉淳厚，可为安居之地。"

破山这一去，便是六年之久，流寓在这一方剩水残山之间。

四、剩水残山

石柱宣抚司（今属重庆），据《四川通志·舆地》载，"环境皆山，四面险峻，龙潭注其北，凤溪绕其南，石柱擎天，仙崖障目"。四面有险峻的高山作为屏幛，边境有精良的土兵把守门户，更有战功赫赫大名盖世的女将秦良玉掌握当地军政大权，所以，长时间内不仅能自保一方平安，还南征北战，应诏退敌、领命剿"寇"。女中豪杰秦良玉的威名在巴蜀之外，也早已如雷贯耳。

秦良玉（1574—1648），忠州人，石柱宣抚使马千乘之妻，马千乘死，她代领其职，于天启和崇祯年间，先后两次率兵北上抗清（时称后金），解京师之危，回蜀剿"寇"，亦多立战功。"以六尺躯须眉男子，忌一巾帼妇人"，凡与之对垒的军队无不胆战心惊。崇祯帝也有"蜀锦征袍手制成，桃花马上请长缨。世间多少奇男子，谁肯沙场万里行"（《补辑石柱厅志》）的诗句，表现出赞叹钦佩之情。虽然她在崇祯十三年（1640）张献忠第四次入川时阻击失利，寡不敌众而大败，但此时，又值张献忠第五次入川之时，秦良玉更表现出了智勇双全决战到底的巾帼气概。《明史·秦良玉传》说：

> 张献忠尽陷楚地，将复入蜀。良玉图全蜀形势上之巡抚陈士奇，请益兵守十三隘，士奇不能用。复上之巡按刘之勃，之勃许之，而无兵可发。十七年春，献忠遂长驱犯夔州。良玉驰援，众寡不敌，溃。及全蜀尽陷，良玉慷慨语其众曰："吾兄弟二人皆死王事，吾以一孱妇蒙国恩二十年，今不幸至此，其敢以余年事逆贼哉！"悉召所部曰："有从贼者，族无赦！"乃分兵守四境。贼遍招土司，独无敢至石柱者。后献忠死，良玉竟以寿终。

从这一段话中看出，秦良玉不失为有勇有谋的忠义之士，她不以自身的局部利益所囿，能总览大局，"图全蜀形势"，提出重兵把守蜀东十三隘的战略主张。但四川巡抚陈士奇本属文人，刚愎自用，拒不采纳。巡按刘之勃虽是朝廷派下来考核吏治的重臣，堪与巡抚分庭抗礼，并赞同秦良玉的意见，却没有指挥军队的权力。陈士奇"以兵饷不足"撤走川东十三隘的守兵，造成"坐视献忠入川，由夔州历忠（州）、万（县），所在军民望风奔逃，并无一矢相加遗者"（《明季南略》卷之十）的严重后果。《明史·陈士奇传》批评这位封疆大吏说："石柱秦良玉尝图全蜀形势，请益兵分守夔（州）、巫（山）十三隘，扼贼奔突。置不问，蜀以是扰。"不听取秦良玉的良策，导致全蜀尽入张献忠之手，他自己也终成败军之将和刀下之鬼。但是，在意见得不到采纳的情况下，年过七旬的秦良玉仍然以大局为重，带兵出石柱，至夔州抗击张献忠入蜀，而"众寡不敌，溃"。败归石柱后，她坚壁清野，严守四境，在"全蜀尽陷"的形势下，独举大明旗帜，直至生命最后时刻。当她听到崇祯帝遇难的消息时，"踊号泣，气绝者再。旋更衰麻哭临万寿宫，哀动三军，纷纷雨泣"（《石柱厅志·承袭志》）。清顺治二年（1645），福州的隆武帝为获得在四川的抗清力量，派专使到石柱，加封秦良玉，"太子太保忠贞侯"的爵位，并赐"太子太保总镇关防"印鉴。秦良玉出于对明朝的效忠，抱病接受封赏，并说："老妇朽骨余生，先皇帝恩赐，其敢不负弩前驱，以报万一"（《秦氏家乘》卷四）。决心抗清到底。其时，为避战乱，周边地区特别是"忠（州）、丰（都）遗黎襁负来依者，计十数万家"（《鹃碧录》卷一）。明朝官宦、文人学士、商贾缙绅及方外之人也纷纷云集此地，"川中士大夫多避兵来"（《四川通志》卷四十三），石柱俨然是明末天下大乱的一个避风港。

《明史》评论秦良玉，称她："为人饶胆智，善骑射，兼通词翰，仪度娴雅。而驭下严峻，每行军发令，戎伍肃然。所部号白杆兵，为远近所惮"（《秦良玉传》）。她不仅能带兵打仗，有胆识，有智谋，有气节，而且"兼通词翰"，远非草莽英雄、山大王一类的人物。此时，她正由夔州抗击张献忠未果，溃败而归，但对破山向她寻求庇护的请求仍然乐意接待，委派专人远迎，予以礼遇。这既看出秦良玉的胸怀与见识，又可看出破山在佛门内外的声望，更看出他们奉明室为正统的相同的政治态度。由于秦良玉的关照，由于民众的敬仰，由于地方的安宁，使破山有宾至如归之感。产生"风土人情，更觉淳厚，可为安居之地"的想法。

破山被安排居住的三教寺是当地有名的庙宇，依山傍水，清气宜人。《四川通志·舆地》介绍："三教寺，在厅东回龙山前，临南滨河。明弘治八年（1495）

宣慰马徽母陈氏建，崇祯十年（1637），都督秦良玉重修，僧（破山）海明曾住锡于此。"马徽即马千乘的老曾祖父，寺庙以儒、释、道三教合一之意得其名，当时过江迎接破山的就有该寺住持永贞和尚。破山的到来不仅使小小三教寺蓬荜生辉，也给山川寂静的石柱土家族带来了汉民族文化的缕缕清风。永贞和尚便率先成为破山的座下之徒，洗耳恭听破山法师的垂教。

能得到秦良玉如此的礼遇，破山自然感激不尽，而古稀之年的秦良玉一生戎马生涯，南征北讨，已到了老态龙钟的暮年，况且在听到李自成入京、崇祯帝上吊的消息时，"号痛气绝"而"哀动三军"，由此积郁成疾一病不起，对此，破山又岂能坐视。他在《与素真秦总府》的信中委婉地劝慰道：

> 传闻道况殊佳，寒暑乘隙，觉主宰不胜于平日矣。人谓之苦，我谓之乐，何也？百骸调适，靡所不为，恨不如佛如仙，飞身拔宅，正眼看来，犹是眼中金屑也。胡不闻病为良导，上古圣贤三日无病祈祷求病，无非要人觉，此有限身心不作千年调耳。身世尚幻，况其他为？此是老僧浅识，谅贤台过量处，定不如是见耶！（《破山语录》卷十三）

大概秦良玉认为自己不管是身之病还是心之病均是病入膏肓，不可救药了。破山却以异常轻松的心态加以疏通开导，说有病并不是坏事，因为"病为良导"，身在病榻之上却往往是心在天地之间，有病方能多思，多思方能觉悟，觉悟方能解脱，方能顺心自在，因此"上古圣贤三日无病"还要"祈祷求病"。他还用佛法无住无常的观点，说"身世尚幻，况其他为？"《金刚经》说："一切有为法，如梦幻泡影"，万事万物无不转头皆空，人生如梦，又何况其他的事情呢？改朝换代，亦属寻常。这无非是劝秦良玉要节哀顺变，好自为之。他拿自己打比方，说他因为"百骸调适，靡所不为"，所以在"人谓之苦"的时候能"我谓之乐"，为什么呢？这其实就是"如佛如仙"的超然境界。

破山口头虽说"我谓之乐"，但在他的心头又何乐之有？在一次与朋友倾谈后，所作题为《喜逢友人话旧》的一首五言律诗道：

乡曲情愁惨，其声不忍闻。
幸从天宝寨，尚获地灵人。
瞠目风刀远，客心雨箭频。
劳劳氛宇内，清胜深谁能？
(《破山语录》卷十八)

战乱带给人们的灾害惨不忍闻，流亡异地，漂泊他乡，坏消息总是如风刀雨箭，一次次敲打着心扉，幸有石柱这样的地方能苟且偷生，作暂时的逍遥。又有《伤春》二首，大概也是这个时期的作品：

其一
落野乘欢逸兴狂，笑声犹杂花声香。
好联诗句无人和，付与庄周蝶梦长。
其二
木叶森森春色娇，恼人红白到花梢。
几经风雨成狼藉，妒杀幽怀困寥寥。
(《破山语录》卷十八)

第一首说自己流落山野，仍逸兴狂放，但"好联诗句无人和"的孤苦寂寞，流露出对酒当歌，强乐还无味的凄凉心境；第二首说桃红李白，春色妖娆之景，一旦春色将尽，风吹雨打，一片狼藉之状又让人幽怀难开。这分明是对明朝的大好河山既遭"流贼"的破坏再遭"凶夷"的洗劫，已到了无以复加的地步的哀悼，充满了故国沦亡的悲痛和无可奈何的叹息！他托名于"伤春"，而实质是伤国。

这时，清兵既然入关，继而向全国各地推进，其对明王朝和农民军的打击竟如摧枯拉朽一般，因为此时此刻，明朝与农民军的争夺致使两败俱伤，均已大伤其元气，无论是战略战术，还是士气军心，其衰弱已达到只有招架之势毫无还手之力的程度，所以一败涂地则不可避免了。

在李自成进入北京，崇祯帝死后不久，明朝残余势力联合南京诸臣便拥立福王朱由崧为帝，建立弘光政权，后又相继在南方各地建立了唐王隆武政权、鲁王政权、唐王绍武政权、桂王永历政权等，史称南明。南明政权的腐败更为变本加厉而肆无忌惮，如福王即位之初，正是大敌当前、清兵侵境、内乱日焰之时，但福王却荒淫昏乱，朝臣也党争激烈，极少如史可法这样的忠臣又被排挤，难以有所作为，结果拥有五十万之众的南明大军，在仅十余万清兵面前兵败如山倒，节节败退，满朝文武皆落荒而逃。据说在当时南京城里百川桥边一乞丐见此，当即从店家讨笔一支，题诗桥头："三百年来养士朝，如何文武尽皆逃？纲常留在卑田院，乞丐羞存命一条。"然后掷笔跳秦淮河而死（佚名《海角遗编》，清初小说），虽系小说家言，却是莫大的讽刺。

清朝顺治二年（1645）四月二十五日清兵攻陷扬州，下令屠城，十日后"封刀"，被屠者据"焚尸簿"所载达八十余万人，各处城池亦遭破坏无遗（见王秀楚《扬州十日记》）。当年七至八月，清兵又先后三次攻打嘉定，大肆屠杀。这就是历史上著名的"扬州十日"和"嘉定三屠"。清朝政府在进行残酷的军事镇压的同时，又推行强硬的文化统治以显示其威信，入关之初即颁布"剃发令"，规定清军所到之处，限十日之内废弃明朝衣冠，剃去前半部头发，后半部依满族习俗，削发垂辫，实行"留头不留发，留发不留头"，违抗者处死的高压政策，以后相继还有"文字狱"等等暴政，从肉体到精神上对汉族人民进行摧残，激发了人们奋起抗争的斗志。而"头可断，发决不可剃"的口号，正表现出爱国志士誓不卑躬屈膝、摧眉折腰、与清廷为伍的决心，于是，自发的轰轰烈烈的反清复明活动此起彼伏，在全国范围拉开序幕，最为出色的就是以四川为前沿的西南地区和以浙江为中心的东南地区，而时间最持久、斗争最激烈、损失最惨重的则又当推前者。

当全国大部分地区尽为满清的天下后，以四川为首的西南各地遂成清兵的最后目标，但这里地形复杂，易守难攻。不能骤然而得，于是往来征战持续近二十年之久，破山即以这块渐渐缩小的残山剩水作为往来活动的栖身之地，以前朝遗民加佛门僧人的双重身份，无可奈何地等待着大清的军队来作最后的解决。

破山曾经浪迹学法的江南包括流连忘返的西湖也是一片肃杀的景象。降清后又反清的文坛巨子钱谦益曾有《西湖杂感》十首，其中有"板荡凄凉忍再闻？烟峦如赭水如焚"的句子，张岱在他的《西湖梦寻·序》中更具体地描写道："及至断桥一望，凡昔日之歌楼舞榭，弱柳夭桃，如洪水淹没，百不存一矣"、"一带湖山，仅存瓦砾"。而更有人巧妙地将南宋诗人林升《题临安邸》诗反其意而改之道："山不青山楼不楼，西湖歌舞一时休。暖风吹得死人臭，还把杭州作汴州。"在这国已不国、人已非人之际，西湖完全是一汪没有生气的死水。

值此国破家亡之秋，破山借川东这一方残山剩水得以苟延残喘，其亡国之痛、流离之苦，他又怎能真正的超然而解脱？在《为苍松禅人别言》诗中，他吟道：

> 漏声催人尽，寒夜独悲吟。
> 殿满灯光静，窗横雪照深。
> 三思诗眼疾，孤枕念同心。
> 寥落一身外，萍踪何处寻？
> （《破山语录》卷十八）

灯已尽，雪已深，孤枕难眠，只有用诗怀来排遣自己的满腹离愁别绪，而"漏声催人"、"寒夜独悲"、"寥落一身"、"萍踪何处？"这种个人的身世之感与民族的沦亡之苦交织在一起，透露出心境的哀伤与凄凉。另有以《除夕》为题，所作七言律诗一首，其落寞孤苦之情亦溢于言表：

> 窜入南滨二载余，人情愈冷道愈孤。
> 勤烧榾柮胜松火，懒扫门尘当铁符。
> 浓处尽从贫处淡，恩边却向酒边疏。
> 前贤得得寻山隐，我隐只须沽一壶。
> （《破山语录》卷十八）

五、南滨岁月

从顺治元年（1644）由梁山而来，到七年（1650）应邀去涪陵，破山流寓石柱土司长达六年，稍后又曾避乱深入到湖北境内时，途经石柱，亦有流连游历等活动。面临国破家亡，内忧外患，这时正是破山人生道路中情绪最为低落、生活最为艰辛的时期。

石柱土司境内，一条清纯的小江自北而南款款流过，它几乎贯穿全境，这就是破山笔下经常出现的南滨河。当时破山徜徉其间，往往流连忘返，借景抒怀，以此表达自己的心迹。

按"年谱"载，破山来到此地后，"彼司之人，向沾法化，信敬有加"，而那些"初为隐遁计"来石柱"而瓢笠追随"破山的人与日俱增，所以，佛门意外地兴盛起来，"复成法席"——破山又找到了自己市场，开始了他的传教活动。暮鼓晨钟之间，当地有名的三教寺、天寺、三台寺等禅院，俨然为其教化众生、培养后学、壮大门派的基地。在《示清虚戒子》法语中他说："为人生在天地间幸尔；为僧，此幸中幸也"；在《示灰一行者》法语中说："无口人解骂，无手人解打，俱是一般作用，若晤此有手有口者多所不及，何也？岂不闻无用为大用"；在《示桂寰彭居士》法语中说："居家人应佛，出家人非佛；究竟是与非，不知佛何物"（均见《破山语录》卷十）。他的心思似乎是已从芸芸众生的物质世界转移到了佛法的广阔空间，不去关心现实的世态与民情了。具有超然忘世意味的诗作亦偶有出现，如：

> 春到万红花满山，道人携酒于滨南。
> 此中拈出无生句，一任鱼龙带月还。
> （《破山语录》卷十五《示赤仪秦居士》）

又如：

> 客岁逢佳节，安贫意自如。

>烟茶当蒲酒，鼓粥胜香厨。
>饱坐论兵赋，闲行忆纸符。
>欲将忘岁月，却到法门徒。
>（《破山语录》卷十八《午日寄寿山禅人》）

再如：

>肝胆不可秘，相逢话旧奇。
>寻诗钵煮月，摘句水生芝。
>呵冻幽人懒，卧阳逸士疲。
>与君终志节，益我在何时？
>（《破山语录》卷十八《与忠宸张居士话旧》）

这时，破山频频接受各方人士的膜拜，频频收到问询求法的信件与佛偈，他都一一作答。如有位名叫黄侍伫的居士来信道："感承棒喝，得未曾有，惟是不佞二十年来饥餐渴饮"，"习学人咳唾矣"，但自己虽然"纱帽气已净，只恐烟霞气又来。望老和尚顶门一棒，急杀我眼下之无明"。破山在回信中有"将我破山如是而见，足证平日用工"（均见《破山语录》卷十三）之类的话，更无半点虚伪的自谦之词，只有居高临下、启迪开导的教诲之言了。

破山随着弟子的增多，佛偈文辞不断涌现，书法佳作也频频出手。《石柱厅志》记载："明崇祯末，僧海明卓锡世所，称破山和尚"，"破山工书法，厅人犹有藏其墨迹者"。又见《石柱县乡土志》所记："城南八十里正法寺，明高僧破山题有'一苇横江'四字匾额，又题正殿楹联云：'顽石九堆说法，点头有几个；高坡三级由来，行脚非单传'。笔致飘逸有仙气。"三教寺也有破山所题"白云生处"的匾额，境内其他各处还多有他的墨宝和碑刻木雕作品。当地还传说破山的字能避水火，想得到一幅碑刻的拓片，也要付出几斗米的代价。

顺治三年（1646）是破山的五十华诞。按"年谱"记载，"春正月师诞辰，缁素同庆，皆以世礼尊之，师亦怡然大快。时故旧绅士或专书慰问，或炙座前，如秉素牟公以古人悬草履于门上为问，师复之最详。"曾任明朝吏部尚书的牟秉素对破山的敬仰是自其始终的，对破山的支持也是具体而微的，破山自然要认真地对待。此时，在"怡然大快"的表象后面，破山的真实心境并非"怡然"，更不"大快"。有两首这时的诗作，足可窥其怀抱：

  因事自感
  年将五十觉颠连，病眼空花徒自妍。
  不住云岑随鹤舞，忽逢魔子夺腰缠。
  栖心竟到贫如洗，格物愈期富若渊。
  谩谓松堂星月冷，钩锥时对野狐禅。
  母难期有感
  闲将笔墨展愁眉，写上云笺雨泪垂。
  报满百年思去半，眼高一世觉来迟。
  从前知己今何在？格外交肩始信谁？
  莫道我侬空我相，人人尤命不尤时。
  （均见《破山语录》卷十八）

  知命之年在不知不觉中到来，自己垂垂老矣，"百年思去半"，"空花徒自妍"，自己无非是一贫如洗的野狐禅一类的人物罢了，沧海桑田，世事混乱，人心不古。从前知己，今在何处？格外交肩，谁堪信任？所拥有的不过是孤寂的松堂与冰冷的星月。正要挥毫泼墨，抒发怀抱，一展愁眉，却百感中来，竟然泪如雨下，将写在纸上的墨汁也溶化了。破山的这种身世之感、黍离之悲，当然不是一般的人所能体察感悟得到的。

  破山给牟秉素的一封回信，极能感觉他身处乱世，无可奈何的心境：

  金仙氏有言："一切有为法，如梦幻泡影，如露亦如电，应作如是观。"

此个关头人多忽略,始知今日,又当何如?来谕云,陈蒲鞋灵隐辈皆以伎俩却贼,使不入境者,间或偶取一时,非实此伎俩也。若可以却,乌用操戈演武耶?此实人之迷甚,痴心作业,恶之使然。的非天地有灾祸于人者也!山缁数数经此,只负其物,不负其命,幸窜石柱,得讽教爱,真如隔世忽苏,无奈杖履艰难,卒难如命,倘鸡足缘熟,自有团话时也!不尽欲言。(《破山语录》卷十三《复秉素牟居士》)

大概牟秉素在给破山的来信中希望破山能以自己的声望和智慧去想办法制止"流贼"入境,减少伤亡。因为这几年,破山门人如灵隐、圆拙等人因受人们的崇拜(包括农民军),有过化险为夷,避免杀伐的成功经验。但是破山说这种事情,只是偶然的成功,并非随时有效,——他根本不相信"贼寇"们能听他的说教,纵有满腹经伦和雄辩家的口才,也是对牛弹琴,无济于事的。并说这场灾难的造成,"此实人之迷甚,痴心作业,恶之使然。的非天地有灾祸于人者也!"表现出对作恶者的愤慨。

当此之际,农民军仍然没有停止与明王朝的争夺,明王朝也未肯停止对农民军的剿杀,这自然是业已入关的清军所梦寐以求的事情。明残余势力的南京政府成立不久,便很快任命大学士王应熊总督川、湖、云、贵四省军务,又任命樊一蘅总督川陕军务。王,四川巴县(今属重庆)人;樊,叙府人,即破山的追随者。试图通过"以蜀人治蜀"的措施,尽快恢复明朝在四川的统治地位。而川中的旧明官吏、地方武装,一时之间却接踵而出,攻城略地,霸占地盘。其中,以川南扬展、川西曹勋、川东曾英三部的势力最大。在农民军这边,李自成于溃不成军之际,已先行在湖北九宫山草草地断送了性命[③],残余部队作鸟兽散,又多逃窜于四川等地。清军主力分路出击,正以横扫千军之势各个击破明军和农民军。肃亲王豪格率领的部队已拿下陕西,直逼四川。大西军中镇守川北的刘进忠又已叛清投降,而张献忠虽作放弃成都的战略转移,驻营于西充凤凰山,但岌岌可危,已是强弩之末。顺治三年(1646)十一月二十八日,刘进忠秘密引导清军偷袭凤凰山,张献忠遂于乱箭之中命归黄泉。他在四川建立的大西政权亦随之消亡。《四川古代史稿》在分析其失败的原因后，得出这样的结论：一、面对"斗争形势多样化，而且产生了新的利害关系"的"明清易代"的"新的环境"，"缺乏足够的思想准备"，不从政治上、经济上、文化上等方面综合考虑，只"依靠单纯的军事行动"；二、"饥则聚掠，饱则弃余，已因之粮，不知积畜，地生之利，未闲屯种，这是农民战争中流寇主义作风的通病"，说明"他对帝王之术还是相当陌生的"；三、"打击面过宽，镇压过头，树敌太多，自我孤立，是大西政权在政治上最大的失策。"——这应该说是公正的评价。一帮没有政治远见，丧失民心的队伍，何异于乌合之众，人们将其视为"贼"视为"寇"，实在不算冤枉。

李自成、张献忠相继死去，残兵败将们或聚或散，自由组合，流窜作战。最后，均出没于西楚东川之间，依据三峡险要地形，打着反清复明的旗号，负隅顽抗，从而形成了历史上有名的"夔东十三家"，——这当然是后话了。

张献忠既死，明内阁大学士、总督王应熊便立即把斗争方向直指清兵，命令时任四川巡抚的马乾率军至内江，与清兵交战。结果大败而归，明将王廷献、贾联登、侯天锡、邓九韶等人纷纷缴械投降，共迎清兵进入重庆。侯天锡并遣使劝王应熊降清，王愤怒拒绝，"应熊斩其使，遁入仁怀县土城，抑郁而死"。

王应熊（1589—1647），字非熊，《明史》称赞他"生有异质，书过目辄成诵"、"博学多才，尤谙悉典故"，"优于文学，尤工诗"，他又"负才任性，好以气凌人，故在朝不为朝论所容，在乡亦与乡情不洽，然而清洁好修，事事以古人自命，亦非时流所及也"（《王应熊传》）。王应熊崇祯六年（1633）以礼部侍郎兼东阁大学士，七年（1634）进文渊阁，是有名的崇祯朝"五十宰相"之一。谢国桢《崇祯朝之党争》（见《明清之际党社运动考》）将他列入"可以当得沉重，皆不愧一时的正人"的东林党人一派。方其天下大乱之时，他以宰相的身份，受命于危难之间，总督川、湖、云、贵军务，"专办川寇"张献忠。崇祯既灭，他身着孝服誓师剿寇。但大明既亡，人心已散，部将们各据州县，拥兵自重，他"名为督师，无一师受其约束"，在清兵与农民军的双重威胁之下先逃入遵义，再逃入仁怀，最后客死他乡。

对于王应熊的为人，破山非常称道。在《与素施田居士》的信中，就欣喜地说："近闻王督师归来，始如山缁之愿，然天相吉人也"（《破山语录》卷十三），以为王应熊会马到成功,平定天下,亦满足自己的心愿。当王应熊仓皇逃至遵义时,王的好友、佛门中人破雪道玺即前往正在石柱土司避难的师尊破山处,将王的处境及拒降清朝的事一一禀报。破山更受感动,当即修书一封,遣专使送达王应熊:

> 尝闻一言愤事,一人定国,恭维大金汤多福,天子下一人也!虽处危时,恩被泉石,不以好恶二其心,治乱失其节,诚然圣之时者也。幸甚幸甚!山缁乃沟壑中物,况无片席寸土之宁,鸡需鼠耗之食,魔魔所骋,不逾咫尺,望龙车不啻天际耶。奈何奈何!吾徒破雪尚叨福庇,归之甚安,而山缁不德,老无结局,瓢笠云山,放身荆棘,屡经狐鼠之乖、魔妖之异,欲赖之无门,脱之无计也。偶作意间,快得张檀越遵义之归,幸呼吸之,附专徒走恳,不妄灵山付嘱[4],垂只臂以慰悬晴,是祷是荷!(《破山语录》卷十三《上王督师》)

对于这位一人之下,万万人之上的人物,破山表现出异常的钦佩之情,特别是对他拒不受降于清廷的行为击掌相赞,说他"虽处危时",却"不以好恶二其心,治乱失其节",正是不可多得的"一人定国"的良臣贤相。但这封信最多的还是在谈自己处境的艰难与身世的凄凉。这些年来四处漂泊,居无定所,"瓢笠云山,放身荆棘",饱经历乱流亡之苦,且"屡经狐鼠之乖、魔妖之异",到现在却"老无结局",只落得"无片席寸土之宁",不过是"鸡需鼠耗之食"的"沟壑中物"罢了。信中当然会提到他们之间联系的纽带破雪道玺,说"吾徒破雪尚叨福庇",多受关照,现在"归之甚安",在我这里就无须宰相大人挂念了。大概破雪在与王应熊的交往当中,经常谈及负一时盛名的恩师破山,而王也时常流露出对破山的景仰。况且,他们本身也是同出于渝州的老乡了,早已神交已久,不然,破山又怎能贸然给一个并不熟悉自己的人写这样一封极富感情色彩的信呢?何况这个人还是当朝宰相、四省总督。以当时而言,维护民族大义、抗拒外来侵略,破山确实具有爱国主义精神与民族主义气节,也正是基于这一点,他才有挥毫走笔写信给王应熊以表赞赏与钦佩之情的愿望。

不知这封信对王应熊的意义是否重要,但他始终保持名节,至死也未投降清廷。

秦良玉抗清堡垒万寿山

在王应熊客死他乡之前，另一位明朝干将亦先期殉国，他就是在追剿张献忠的过程中屡建战功的参将曾英。事情发生在顺治三年（1646）冬，张献忠死后，其部将孙可望、李定国、刘文秀、艾能奇、白文选、冯双礼等集中残余部队直奔重庆，与曾英苦战于长江之上，曾英战败落水而溺死。对此，破山深感惋惜，所作《梦赞曾彦侯》，借神人托梦来表达哀思，颂扬亡灵：

予病骨弱伦，计终沟壑而未卜，忠孝种子必莫能与是辈交肩，且是辈若界之墙，空之梯也，则鱼龙鸟兽无弗恩被，而一旦闻曾将军厄渝城，持刀自尽妻妾，与彼（指农民军）大战三日而隐。忽梦神人命题曾将军像，予援笔挥云：
一副铁心肝，一具傲物骨。
高高堆世上，临死而不辱。
可以参天地，可以忠君父。
人人而慕之，何啻弃如玉。
（《破山语录》卷十四）

曾英"持刀自尽妻妾"，显示了他破釜沉舟，与农民军决战到底，视死如归的决心，并能身先士卒，战死疆场，这确实是明朝少有的忠臣。曾英与农民军殊死搏斗的场面在破山的脑海里挥之不去纠缠于梦寐之中。破山既然将曾英称为"人人而慕之"的英雄,那么,曾英的死敌农民军,自然就是人人而恶之的魔鬼了。

破山始终没有放松对时局的关注,他长久地流落异地,寄人篱下的滋味使他渴望早日平息战火,天下太平,结束自己的漂泊生涯,因此,他不得不密切注视现实的发展情况,在一首《寓石柱闻贼退有感》的诗中,就表现出一种少有的兴奋:

抱幻妖氛苦,人心尚未宁。
拟图身口计,窜落水云贫。
瓢笠难支日,亲朋易到门。
业将听两耳,分听凯歌声。
(《破山语录》卷十八)

由于战乱而漂泊在南滨河上的破山,一面进行传教活动,一面寄情山水,游历于石柱土司境内,还一面与人谈诗论文,说古道今和分析时局。这时,士大夫中他过从最密者当推前来避难的明朝官吏张近宸,张既与破山一道追怀故国,诗词唱和,又从破山皈依佛门,所以被称为"张居士"。破山有《示近宸张居士》道:

灵山曾付嘱,藏海始相承。
不以文字学,奚将贤圣僧?
参禅志泉石,访道机浊清。
鞭影逐良驷,追风千里声。
(《破山语录》卷十五)

注重经典研究,提高文学修养,一直是破山所倡导的。自六祖以来,禅门以"不立文字"相标榜,造成不读书、不念经的流弊,此风愈演愈烈,使一些寺院变为藏污纳垢之地,僧众变为无知无识之辈,鸡鸣狗盗之徒,毫无佛法可言。古人云:书犹药也,善读之可以医愚。在破山看来,如果没有博览群书的基础,又怎能知今古明是非、趋贤趋圣、成为超凡离俗的高僧呢？又拿什么去"直指人心"，完成六祖的"向上一路"的"顿悟成佛"呢？所以，破山经常说"不立文字"其实是"不离文字"，强调"文字"的重要性。

另一首《寿近宸张居士》的贺诗，最能表明破山这时的政治态度：

> 清明国可易，忠孝名弗更。
> 率性本乎直，应机初必真。
> 壑鳞况且水，峤木将需春。
> 寿永同天地，人沾盖载恩。
> （《破山语录》卷十八）

明朝大势已去，清朝亦即将统一全国，朝代可以改易，但所忠所孝的对象不会变更，名节必须坚守。"壑鳞"、"峤木"一联，是说现在身处劣势，而一旦冬去春来，定会如鱼得水，发挥重要作用。破山与这位张近宸可谓惺惺惜惺惺的患难知己，据《破山年谱》记载，顺治四年（1647）破山入住天祐寺就是张近宸的安排："是春，近宸张公请住天祐寺，师于佛诞日入院，冬建禅期，盖张公以司人未闻西来密旨，坚请曲垂开示，提醒人心。"石柱土司均为土家族人，文化相对落后，对于深奥莫测的佛法当然不知所云，因此，张近宸要聚众坚请破山前去曲垂开示，指点迷津。

天祐寺旁边另有一个名为三台寺的小庙，寺主"碧虚老宿事师最切，自造寿塔乞师作铭，并乞题行乐图"。破山对这位老者题有"行住坐卧，人之威仪；松竹梅石，世之秀气"（《破山语录》卷十四）之类的句子，赞美其神采风骨。

破山每每应人邀请，往来于南滨河上的大大小小的寺庙之间，均有诗作相记。其中：

> 寓三教寺偶成
> 为月开门啸远山，光楼声发骨毛寒。

老僧无别营清供，待客惟将竹数竿。
天祐除夕
卜得山居岁月艰，身贫觉落许多闲。
无烦香积频吹火，懒挂柴门早放参。
衲被蒙头酣睡足，粝羹塞腹耐饥安。
也知乐道因时逐，丰俭随家莫妄攀。
宿三台寺
夜宿三台景物幽，梦魂深入古溪头。
鱼龙不许淹留住，放出波心月满楼。
过马皇寺
破暑乘驹鞭上方，盆倾风雨湿衣裳。
远烟缩地寻依止，忽见归僧是"马皇"。

（《破山语录》卷十八）

岁月艰难，生活清贫，而恶梦不断，闲愁更苦。这些诗读来便感到破山当时那冰凉的心境，除了佛门子弟对身世的超然外，更多的仿佛是落魄文人的哀鸣！另一首题为《和澄灵禅师山居》的七律，尤见其生活的潦倒：

因僧问我西来意，话及居山有数年。
折脚铛煨三合米，烂麻绳补一条肩。
云根每见穿危石，月诸常流透碧泉。
恍惚不通方外术，时添草料瞎驴前。

（《破山语录》卷十八）

铛（音称）即是锅，三合米是指红薯、土豆和大米同锅而煮的米饭，这是山里人粮食不足耐以充饥的一惯做法。"折脚铛"与"烂麻绳"一联，便可看出战乱之中物资的贫乏状况。此时，整个四川的情况都非常糟糕，《荒书》载："是时，四川大饥，重庆斗米值银四五十两。""盖自甲申为难的来已三年矣。州县民皆杀戮，一二遗皆逃窜，而兵皆务战，田失耕种，粮又废弃，故凶饥至此。"甚至于"民互相食"。另《蜀龟鉴》说："自甲申秋后，民废耕稼，赤地千里"，以至"持数百金求一饱不得而死"。由此出现当时"久无粮，觅人而食"的惨况。《破山年谱》亦有"兵戈纷起，民不能耕，所遭饥馑，有骨力衲子，同甘寂寥，勇锐辨道，师亦弥加提策"的记录，破山师徒们在衣不蔽体、食不果腹的困顿景况中，生活是十分尴尬的。破山通过对苦难岁月的描述，透露出困守穷山恶水无法施展怀抱的悲哀情绪。又有《寄万寿山主人》一首，最是意味深长：

老僧来到无人陪，幸有当门扬柳垂。
只见柳花开又落，不知春梦几时回？
（《破山语录》卷十九）

万寿山在石柱城东面，山上有寨有寺。破山闲游山寺，无人相随，花开花落之间，犹有沉睡之人。独彷徨于门外，自辗转于树前，沉睡之人，不知几时才能够觉醒。诗句之中无半点的迁怒，甚至了无忧乐之心、悲喜之情。而此时此刻，正是民族斗争最激烈的时候，也是世态最为混乱的年月，值此国破家亡之秋，他只是将内心深沉的痛苦化为平淡的语言。司马迁在《史记》中记叙屈原"颜色憔悴，形容枯槁"，"被发行吟泽畔"时，面对渔父的问话感叹道："举世皆浊而我独清，众人皆醉而我独醒。"这里，破山犹如屈原之于楚亡，其心亦如屈原不能"随其波而扬其流"，任其自然。强烈的责任感和民族意识使他不能忘怀故国，不能放弃抗争，由此，他也无法摆脱痛苦的纠缠，因为他无法去唤醒那些沉睡之人，他只能做一个无可奈何的独醒之人，去追悼故国，洒泪山川，感叹身世。

顺治五年（1648），秦良玉在久病不治中死去，近年来，清朝骑兵的铁蹄虽宛然在耳，但老病交加的她已无力挣脱病榻，耀马扬鞭去冲锋陷阵了。据《石柱厅志》载，秦良玉"每闻惨杀状，辄奋激扼腕，已而泣下数行，抑郁累年，至戊子岁病终"。足见这位"蜀亡不肯树降旗，残疆犹为君王守"的巾帼英雄临终前的痛苦心境。由于其子马祥麟已先她而亡,故石柱土司宣抚使的职位便由其长孙马万年袭任。马万年携胞弟马万春托先父马祥麟之名,将祖母葬于三教寺旁,墓前石碑上大书道:"明上柱国、太子太保、提督四川全省汉土官兵总兵、官都督府忠贞侯、钦赐蟒玉援辽将军、马母秦氏之墓。"长长的碑额,已无须再用铭文即可感知这位花木兰似的巾帼英雄辉煌的戎马生涯。马万年,字嵩山,他没有忘记流寓此地的佛门高僧破山,便专门请去为祖母主持道场,对灵小参。日后,破山对这位晚辈也提爱有加,常以诗文鞭策。在《示嵩山马司官》中教育这位后生道:"处豪贵家视名利如浮云,淡酒色如豺虎,远之又远,弃之又弃,浩浩荡荡飘然物外,气宇如王,得法法头头,适心适意,自然出古圣先贤一头地也"(《破山语录》卷九)。马万年在执政期间,确能传承家风,打败了明室宗党朱容藩的侵扰,使石柱"十余年颇称康乐"(《马氏家谱·十三世万年公传》)。

秦良玉去世的悲痛尚未过去,又传来永贞和尚西去的消息。永贞虽是佛门弟子,但常随秦良玉出征作战,多有军功。破山来石柱时,他奉命领众远迎,又拜破山为师,竭尽弟子之礼与地主之谊。眼见秦良玉和永贞这两位保护人兼资助者相继失去,破山心头犹如雪上加霜,作有《吊永贞上人》一首,寄托自己的哀思:

> 从军识面始为因,避乱重逢拂袖行。
> 气岸凤坚超彼岸,归仁远大过能仁。
> 丛林炳焕招龙象,法苑森严奔水云。
> 吾将鄙句开灵骨,永镇金刚不坏身。
>
> (《破山语录》卷二十)

崇祯十三年(1640),永贞曾随秦良玉出征,在与张献忠部作战失败后,北走梁山县会见时在梁山指挥军务的四川巡抚邵捷春,永贞便趁机上万峰山拜见了心仪已久的破山大师,所以破山在诗中说"避乱重逢",即是指他们已有过交道。作为三教寺主人,他"法苑森严"使"丛林炳焕",使破山在石柱的传法有了一个良好的基础,而深得破山赞赏。但眼前物是人非,传法也只是才开了一个头,秦良玉与永贞的死无疑会给破山的传法带来影响，就是地方的安宁亦将难以维持，破山自己也会或多或少失去原有的意义。

破山流寓南滨的日子总是哀愁多而欢愉少，在无可奈何之中，他只有通过诗歌的吟咏来形其哀乐，达其性情，由此感慨不断，怨恨日深，诗句中便总是充斥着孤独、凄凉、忧伤与愤怒的情调。一唱三叹，缠绵悱恻，既有山河沦亡之感，又有身世飘萍之慨。有《慨世》一首道：

> 瓢笠云山千万重，快心逸志每相逢。
> 频聆酒句知觞异，久默茶经信苦同。
> 鹤发可期不再剃，鸡肤将世必无从。
> 奇风怪态成何物？笑比村前三尺童。
>
> （《破山语录》卷十八）

这首名为感慨世事的"慨世"，实际是抒怀言志的自况。鹤发不再剃，表明自己将不久于人世，随时会毁灭于这场战乱之中，而及时行乐又使瓢笠云山的漂泊生涯中每每得到快心逸志之畅达适然，世事的捉弄，更把自己变得奇风怪态，不知成什么样子了。

不知是偶然还是出于对刚刚抗清殉国的史可法的敬重，这时，破山以他惯用的狂草，为南滨河上的三圣庙题写了史可法的诗句："斗酒纵观廿一史；烟香静看十三经。"

六、吕大相国

按《破山年谱》记载，顺治六年（1649）二月，"东川吕相国专书迎入司中一晤。初以老病为辞，吕因军务所羁，不能趋榻，强请再三，师乃策杖而往"。

吕相国即南明大学士吕大器，他字俨若，号东川，遂宁（今属四川）人。崇祯元年（1628）进士。按《明史·吕大器传》所载，他于崇祯十四年（1641）"擢右佥都御史，巡抚甘肃"时，平定了塞外的谋反叛乱，"十五年（1642）六月擢兵部添注右侍郎"。他"见天下多故，惧当军旅任，力辞"，其理由是自己"好酒色财，必不可用"，皇帝令他入京，他又"诡称疾不至，严旨切责，亦不至"，当他东拖西拐进京后，一向刚愎自用的崇祯帝没有处分他，反而升他为"总督保定、山东、河北军务"，后由于军功更升为"江西、湖广、应天、安庆总督，驻九江，大器任之"，参与对张献忠的围剿，看来这次他是乐意的。但由于与驻武昌的大帅左良玉不和，互相猜忌，而产生摩擦。对此，《流寇志》的记载说："辛卯三十，江督吕大器至九江，士民怨左（良玉）兵，谣言总督将至图良玉。良玉尽撤武昌防兵还九江，结营大江自守"，左良玉的队伍军纪极差，深受百姓的怨恨。为避免内讧，吕大器极力辟谣，以缓和两军关系，但是，在"江督吕大器阅兵江上，良玉称病不出。武汉巡抚王扬基、太监何志孔共谒良玉，犹未起。大器还军过营门，扬基、志孔趋出，邀大器入坐堂上。良玉称病未能起，志孔排闼入卧室，扶良玉出，良玉谢死罪。大器曰：'本部有他志如长江！'良玉起誓曰：'良玉不赤心报国，死万贼手！'扬基、志孔温言解之，良玉置酒留饮乃罢"。至此，吕、左二人言归于好。但朝廷还是上调吕大器回京，改任为兵部右侍郎。

崇祯十七年（1644），李自成进京，崇祯帝自缢，接着，清兵南下，李自成逃亡，全国一片混乱状态，南京遂为明朝政治中心，那时南方大概分成两大势力，即以史可法为代表的主战派和以马士英为代表的议和派。钱谦益与吕大器商量主张立潞王朱常淓为帝。史可法表示赞同，但时任凤阳总督的马士英及其逆案中人阮大铖等以近水楼台之便，抢先拥立福王朱由崧为帝，改元弘光。按《明史·吕大器传》的记载，"福王立，迁大器吏部左侍郎。大器以异议绌，自危，乃上疏劾士英。"吕大器身处劣势，能大胆上疏弹劾权倾朝野的强敌，在上疏中还有"士英、大铖，臣不谓无一技长，而奸佞邪慝，终为宗社无穷之祸"这种激愤之言，可见其人品之一斑。但集狡猾、软弱和荒淫于一身的福王"以和衷体国答之"。由此，吕大器遭到削职，尔后又下令逮捕。这时，钱谦益已改弦易张，见机行事去追随马士英了，弘光政权里的主张对清作战、收复失地的史可法孤立无援，独掌难鸣。

事实上，就是当时的弘光政权仍拥有较为宽广的地盘和雄厚的实力，太行山以西，长江中下游和两广、四川、云贵等大部分地区仍在明朝控制之中，而且各地人民同仇敌忾，抗清要求非常强烈。江淮的四镇总兵力约有二三十万，加上武汉有左良玉的三十六营，湖南有何腾蛟，江西有吕大器的继任者袁继咸，广东有瞿式耜，他们都各拥重兵，完全有能力抵御清军的南下，并依靠各地抗清武装，齐心协力，驱逐强虏，收复燕京，重建大明江山。但弘光政权在朱由崧的手里，在马士英、阮大铖等人的操纵下，背叛民族利益，竟派兵部侍郎左懋第携银十万两、金一千两、缎绢一万匹奉送清朝，乞求议和。对吴三桂的卖国行为非但不斥责，反而表示祝贺，封为蓟国公。弘光政府以为借长江防线就能扼险自保，以为会谄媚讨好就能阻挡清朝的兵马，从而得到南宋似的偏安之益，于是大肆搜刮民财，纷纷拉帮结派，整日挥霍浪费，人人封官进爵，故当时有一首民谣唱道："都督多似狗，职方满街走，相公只爱钱，皇帝但吃酒"（《明季南略》卷五）。而官府之内，明争暗斗又无时无刻不在进行，"朝堂与外镇不和，朝堂与朝堂不和，外镇与外镇不和，朋党势成，门户大起，虏寇之事，置之莫议"（夏完淳《续幸存录》）。弘光政权的腐败已大大胜过了晚明，那么，它的生命又能维持多久呢？弘光的皇历还没有数完一年，清兵过江，南京陷落，这个由一班昏君乱相和跋扈将军组成的朝廷就早早地夭折了。

南京陷后，唐王朱聿健称帝于福州，鲁王朱以海称帝于绍兴。唐王称帝后，迅速任命吕大器为"兵部尚书兼东阁大学士"，顺治三年（1646）吕大器"奔广东，与丁魁楚（两广总督）等拥永明王"于肇庆，改元永历。永明王即桂王朱由榔。永历政权成立后，吕大器被任命为"东阁大学士"、"兵部尚书"、"掌兵部事"。"尽督西南诸军，代王应熊，赐剑，便宜行事"。

正是接替王应熊的职位，带着永历皇帝赐给的尚方宝剑，回四川"尽督西南诸军"之时，吕大器来到石柱土司，决意要参拜名震天下的佛门高僧破山禅师。这大概是他久已有之的愿望，所以即使自己被繁忙的"军务所羁"，对大师还要"强请再三"，可见其"瞻挹心切"。吕大器在给破山的邀请书中说："时无禅风，不孝略有禅心，咫尺崇光，瞻挹心切，便拟单骑榻前，一泻夙心。山深道棘，惧兹地方之驿骚也。不弃愚忱,惠然一贲,可胜悬企为祷"(《破山语录》卷八)。挚诚之情溢于言表。

根据《破山年谱》记载,破山在"以老病为辞"谢绝吕大器的邀请后,吕又礼贤下士"强请再三"。这并不是吕大器不愿亲身前往三教寺破山座下,实在是"军务所羁",身系明朝在西南的军政大权当此之际也应该是最为棘手的时候。破山推托不了,"乃策杖而往"。在土司的衙门相见后:

> 吕出,欲作礼,(破山)一见便把住问,云:"你是吕相国么?"吕曰:"不敢。"师云:"父母未生前姓甚么?"吕拟议,师便打,吕大怒,师复打,吕直趋而进。师笑云:"将谓将谓,原来原来。"司主马嵩山请至衙内问其故,师口占一偈:"无端平地起孤堆,唗得虚空颠倒走。痛打金毛人不识,几乎翻作跳墙狗。"吕出争论,以势相加,师又说偈云:"父母未生前句子,等闲棒着发无明。猛然省得非他物,十八女儿不系裙。"吕乃省,送归三教寺。

以上这段材料在"年谱"的基础上,综合了《破山语录》卷八中的内容。叱咤风云的明朝高级中央官员,南明东阁大学士的吕大相国没想到破山给他的见面礼竟然是一顿毫不客气的当头棒喝。但进士出身的吕大器既然爱好佛法,对禅宗的顿悟法门应该说也不会陌生,在大怒而后转入内室之际忽听破山随口所唱的话中有话的偈子,茅塞顿开,猛然省悟也是不奇怪的事情。对此,《巴蜀禅灯录》的记载稍为详尽,除上段文字外,它又说:

> (破山)遂归。司主马嵩山以扭缧拘,明复占一偈:"柱杖芒鞋荆棘路,沾沾滞滞无回互。通身泥水未曾干,又穿一双铁脚裤。"大器有省,再请降阶,始焚香拜为弟子,执礼甚恭。(破山)明云:"汝尚未知主人公落处在。"大器拜曰:"谢师指示。"明便打云:"如何是十八女儿不系裙?"大器于言下豁然有省,遂呈二偈曰:"天生体态自轻柔,红粉佳人日夜愁。逐色寻声年易过,婆婆原是旧风流。""粗言恶棒不容情,收放何须借主人。恁般磕着

吾怀里，一句承当觌面亲。"明阅偈领之，援记付法偈曰："五年未剖荆山玉，忽得渠来秘不住。柱杖麻绳密密通，雷门有鼓明明露。泥猪癞狗打惊张，跛鳖盲龟生恐怖。献与楚王仍不识，只当一个大萝卜。"

破山的话使吕大器一而再，再而三的受到启发，他那有名的"痛棒到底"也使这位当今宰相充分得以领教，面对破山的"粗言恶棒不容情"，吕大器了无屈辱与痛苦之感，反倒有愉悦与通透之乐。于是"焚香拜为弟子"并"执礼甚恭"。破山在点头认可后，也毫无愧色地接纳了这位名重朝野的吕大相国作为自己的座下门徒。在吕大器另一封给破山的书信中，表达了自己礼拜破山后的兴奋：

不受棒喝，却也自能解脱。一阵黑风黑雨，原自天朗日晴，只苦一伙盲人，不识此段因缘耳。远承切念，更损珍物，从此拜教多矣，他年天台山上幸以只手相携也！并呈一偈：
万丈潭头横夜月，千重宿雾扫晴天。
他年合坐三生石，始信因缘不偶然。

这封书信附在下面的这封破山的回信之后，列在《破山语录》卷十三之内。吕大器通过对破山的参拜，使郁积于胸的千重宿雾一扫而空，愚昧顿消，逃出黑风黑雨的迷障，归于天朗日晴的境界，看来，他对这段因缘是非常珍惜的。这位饱经宦海浮沉，在官场中大起大落的大学士果然不负其名，在诗坛亦堪称高手，其以禅为诗的佛偈也写得如此富有才情，气度非凡。几番接触，几番论辩，破山也一改傲慢的姿态，放下架子，和颜悦色地对吕大器复信道：

向慕不凡肌骨，而未获一觌面耶，幸弹丸地上相逢，此奇缘，势不可斗胆。果符素心，漆涌子快，不然，老僧与阁下只当咫尺天涯矣！承命敝檀越坚留三教寺，再话"兔角杖挑潭底月，龟毛绳缚树头风"，因山中人接欲归，聊具瓢拂机缘偈语，以悉鄙衷。

信里称赞吕大器悟性高，感觉好，否则，即使相见，也"只当咫尺天涯"，不会心心相印。对他的才学人品也是仰慕已久，能够在这里相逢相识，真是天赐奇缘。破山的信中充满了相见恨晚的情绪。

从《破山年谱》上看，吕大器于顺治六年（1649）二月在石柱土司邀请破山并与之交往，又于当年"五月石（柱）司亦有烽烟侵境"的情况下，再次邀请破山随他"过渝之彭水"（今重庆市彭水苗族土家族自治县），但被婉言谢绝了。在这段短暂的时间内，他们可谓过从甚密，常有诗书赠答以记其谊。在一首《和吕相国韵》的五律里，破山说：

病骨南征日，刚逢毒热时。
七重天可上，九节筇安支？
蜀道明惊险，吴颜暗密移。
不因法乳约，瓢笠何所之？
（《破山语录》卷十八）

吕大器还将自己收藏并随身携带的古画拿来，请破山题款作跋，破山欣然命笔道：

古卷呈来索笔书，毫端说法令人苏。
图成一具风流骨，时与老僧圆戒珠。
（《破山语录》卷十四《吕相国请题美人卷》）

破山又有《寄东川吕相国》一首：

老僧行径惹人疑，不作将三就两时。
桃李也随肝胆露，难兄难弟吐花诗。
（《破山语录》卷十九）

吕大器出入三教寺，留有《游三教寺》诗一首，其中有"宾山顾兮宾水滂，万物芸芸芬且芳"的句子，以示对淳朴自然的向往，他还题有"万派归宗"的匾额，表示对破山法门的敬仰。以后，他又频繁往来于破山门人之间，人们称赞他"不触乌纱气息，不言世类俗情，单提向上一著，诚哉，官邸中圣人也"（《语嵩和尚语录》卷第七）。

吕大器不同于他的前任王应熊，王"名为督师，无一师受其约束"，只是"蟒衣玉带，端坐受拜而已"，这真是典型的有名无实的光杆司令。吕大器的情况就好得多了，《明史·吕大器传》称他"性刚躁"但又"善避事"，接替王应熊的职务后，他"至涪州（今重庆市涪陵区）与将军李占春深相结。他将（音匠）杨展、于大海、胡云凤、袁韬、武大定、谭弘、谭诣、谭文以下，皆受大器约束"。不能不说他是一个实力派人物，这既有主观方面的原因，而客观上与他们各自所处的时局也不无关系。王应熊"专办川寇"的主要敌人是张献忠的农民军，出师未捷，又恰逢南京政府覆灭，所以出现"诸将杨展等，各据州县，拥兵自雄"，因而"应熊不能制"的局面，这显然是树倒猢狲散、各自为政的惯例，一代名相王应熊失败潜逃，抑郁而死的悲剧是顺理成章的了。吕大器"代王应熊"并"赐剑，便宜从事"，"尽督西南诸军"，他的主要敌人就是清兵。这时，李自成、张献忠均已丧命，全国上下苦于清兵的践踏，先攘外后安内，抵抗满清已成为当时各种势力的共同呼声。所以，吕大器能够一呼百应，包括以前不听王应熊指挥的"诸将杨展等"，也"皆受大器约束"，任其发号施令。此时，发生了明朝宗室朱容藩据夔州称蜀王的事件，但是很快，"大器檄占春、大海、云凤讨杀容藩"，朱容藩自立门户，想趁浑水摸鱼，在战乱中跳出来称霸巴蜀，身为明室而不与吕大器为伍，结果不堪一击，落得身败名裂的下场。然而，据《巴县志》等史料记载，就在两年前顺治四年（1647）九月，清兵从重庆大举东下，到达忠州无风渡时，朱容藩组织李占春、于大海"以舟师御之，往来如飞，清兵不习水战，又风雨大作，山岸泥滑，骑不能逞，占春、大海以步兵蹙之"，结果，清兵惨败，"不战而溃，焚舟千余，清兵弃辎重器械无算，遂舍重庆，径由达州小路退入保宁"。清兵溃退，重庆得以光复，首先应该归功于朱容藩。但他欲称霸巴蜀，却落得此时的下场,则是自食其果。第二年(1650),吕大器以总督西南军务的身份,去了贵州,在思南抱病而亡,永历皇帝追封他为文肃公。《中国佛教人名大辞典》将他作为佛门弟子收入其中,说他得法于破山,"后以国步日危,忧愤而死。"其子即清初著名书画家吕潜,继承先父遗志,不与清廷合作,以书画终其一生,清人张庚在《画征录》里说他是"崇祯间进士,甲申后不仕,花草放纵,不越矩"。现代绘画大师黄宾虹在一幅吕潜的山水画题道:"先生文章气节彪炳宇宙,顾不独以诗画名,而得其寸缣零楮者,已不啻璜璧"(见《艺苑掇英》第五期)。足见对其气节与艺术的景仰。

根据《破山语录》卷十二的记载,吕大器成为破山的正式的嗣法弟子,他像其他的弟子一样,接受了师父破山海明的付法:

付东川吕大器内阁
黄檗室中三顿棒,大愚肋下便还拳。
老僧撞着吕公缚,祖代冤流如是传。

吕大器身在朝廷,心在佛门,而值此家国危亡之秋,四海纷争之时。明朝在东南的势力业已瓦解,去台湾的郑成功只有扼险自保之力,又哪有回归大陆光复明朝的可能,西南的永历政权遂成为反清时间最长,实力最大的明朝势力,吕大器又是这个政权的举足轻重的人物,"尽督西南诸军"实际上是尽督永历南明的天下,正是他居大任、出大力、干大事、谋大业的关键时刻,反清复明成功与否,与他的关系实在太大。偏偏在这个时候,他从破山皈依佛门,这不能不使人震惊。但特殊的是,吕大器既是正式的嗣法弟子(非在家修行的居士),禅宗传人,却不剃发更衣遁入空门,仍然一如既往忙于政务,东奔西走,效忠朝廷。佛门成为心灵的皈依,而身体犹被局势所驱使,应该说这种形式是名副其实的居士而并非出家修行的僧人,破山付法于他,也可以说是对佛门规矩的破坏,但破山还是接纳了他作为自己的座下弟子。

很难说什么是吕大器皈依佛门的真实动机,但从当时的情况看,不出以下三个范围：

一、政治目的。破山声望已显，在西南地区拥有众多的追随者，可以借此取得舆论上的支持和全社会的参与，从而团聚力量，笼络人心，增强实力。另外，他们有相同的政治观点，既敌视农民军，又反抗清朝政府。而此时，反清复明活动进入白热化的阶段，安内必先攘外，联合起来，一致对外的呼声越来越响，那么，顺应潮流，团结拥有广泛的群众基础的破山，对吕大器来说有十分重要的意义。

二、精神需要。宦海浮沉，世道险恶，吕大器满腹文韬武略，平生塞北江南，但在他的经历中，最费人心力伤人脑筋的恐怕是官场内部的是非。在崇祯时与左良玉的纠纷，在弘光时与马士英的争夺，在此时又有宗室朱容藩的骚乱，其他不大不小的是是非非也未曾间断，这些纷争都是发生在自己人内部，发生在大敌当前的关键时刻，内耗削弱了对敌作战的实力，消减了尽忠报国的热情，也模糊了建功立业的理想。况且清兵压境，永历朝廷能坚持多久，反清复明成功的可能性有多大，吕大器自己大概也是恍惚的。种种烦恼滋生，矛盾迭起，迷惑顿生而厌倦难排。由此而产生委心佛门的愿望，获得心灵的慰藉，寻求精神的解脱。吕大器便是在这种心境下，拜高僧破山为师，皈依佛祖的。

三、偶然之举。吕大器屯兵石柱土司，机缘巧合，军务之余，由于久仰破山的大名，故执弟子礼与其往来，谈佛说道，吟诗论文，既得禅悦之乐，兼得文雅之名，及其相聚甚欢，于是吕大器又拜为门下弟子，接受破山的付法。但按吕大器自己的说法，他对破山"瞻挹心切"，而欲"一泻夙心"，不惜繁忙的"军务所羁"，仍"强请再三"，一旦请到，又受到"棒喝"的"非礼"，作为朝廷重臣或许不会接受破山的这种娱乐方式，所以，"偶然之举"的可能性有，但不大。

丈雪在《破山明禅师行状》里，也记录了这一段有意思的因缘："（破山）移居石柱司，偶值东川吕相国机缘不偶，反为侮慢，及至省来，两膝不待折而自屈，故有'祖代冤流如是传'之句记焉"（见《破山语录》卷二十一）。吕大器是饱读诗书的科举进士，饱经世事的高级官员，先因受破山的粗言恶棒而"大怒"，后因破山的奇言警语而"猛省"，以至书信往还，诗文唱答，"两膝不待折而自屈"，拜倒在破山的座下。可见，破山佛学之深厚，知识之渊博，气度之超然，语言之富有感染力，是非同寻常的。

无疑地，吕大器的皈依，对破山的传法起到了推波助澜的作用，并且，再一次提高了破山的身价。

七、破戒止杀

顺治七年（1650），应涪陵总兵李占春的邀请，破山由石柱来到涪陵，住在专门为他营建的禅房里。李占春，营山人，号立阳，绰号李鹞子，《四川通志·李占春传》称他为"姚黄十三家，统众数万，攻城临危"。实际上是盘踞川东的一支地方势力的军阀头目，这支队伍的前身是农民军，属"姚黄十三家"之一，后被明将曾英收编，曾英既死，遂据守于涪陵一带。李占春虽为南明政府卖力，由"贼寇"变为"官军"，但杀人放火，打家劫舍仍然是他的拿手好戏和看家本领，贼心不死，"贼寇"的桂冠也从未在人们的眼目中消失。他曾接受朱容藩的命令，与于大海联合打败清兵，这时，又接受吕大器的命令，诛杀叛逆朱容藩。李占春也不完全是胸无谋略的亡命之徒，听任调遣，充当打手和帮凶，主要还是有符合自己的利益作前提。《明史》说吕大器代王应熊"尽督西南诸军"来到四川，"至涪州，与将军李占春深相结"，尔后，"他将（音匠）杨展、于大海、胡云凤、袁韬、武大定、谭弘、谭诣、谭文以下，皆受大器约束"（《吕大器传》），李占春即得，他将便纷纷归顺，可见李占春在川东地方武装中的实力和影响。但是，李占春在私交上虽与吕大器是朋友，而在名义上仍然是受其约束的部将，"特营精舍"，恭迎破山大驾光临也不能排除有讨好吕大器的用意，始作俑者，其无后乎？吕相国是科举出身，朝廷命官，又是手握西南军政大权的顶头上司，对破山如此敬重，上行下效，李占春之流当然也要奉破山为神明，执弟子礼了。并且借助破山的名望，拉大旗作虎皮，取信于人，自立于社会，也是乱世之中最为简便易行的办法，又何乐而不为呢？所以，由吕大器开端，继李占春以后，于大海、胡云凤、谭文、谭诣、谭弘，包括姚玉麟等等军阀，竞相效仿，纷纷恳请破山去他们的营门山寨传法说道。而地方官们也大展其能拉拢破山，尤其以对清廷解决西南问题、完成统一大业作出卓越贡献的四川总督李国英最为典型。

从《破山年谱》分析，破山在涪陵李占春的营中有将近两年的时间。幸好他从浙江回归四川以来，云游各地，均有弟子们的陪同侍候，多则数十人，少则十余人，故无日常起居之虞。在这段长达近两年的时间里，以重庆为中心发生的包括南明内部、农民军内部、南明与农民军、农民军与清兵、清兵与南明之间的大大小小的战争从未间断，而涪陵与重庆又近在咫尺，难免烽烟之扰。先有明将李乾德不满杨展要他镇守重庆的安排，于是勾结袁韬与武大定联合起兵，攻击杨展于嘉定（今四川乐山）。继有农民军张献忠部将孙可望从云南到贵州，遣部将白文选到乌江，联合王祥而遭拒绝后，遂引兵攻打王祥，王祥兵败逃亡，其部众全部投降，于是白文选占领重庆。后有清廷赐平西王吴三桂金册、金印，率领清军"入川征剿"。涪陵地处乌江与长江的汇合处，堪称重庆的前沿阵地，所以多次"烽烟侵境"，战火不断。盘踞于此的李占春又绝非甘于寂寞之人，舞枪动刀杀人越货是他的本行，视百姓如草芥，视生命如儿戏，视杀伐为乐趣，这大概是各方势力共有的特色。破山身临其境，又岂能坐视不顾。他为了避免更多的生灵涂炭，热血横流，于是以一个佛门高僧的身份公然开斋吃酒吃肉的方式，即反常的举动来劝诫李占春停止杀戮，这一事件不只是李占春，在社会上也引起巨大震撼，因此，收效十分显著。事情的经过大致是：涪陵总兵李占春特别营建一精舍，执弟子礼恭迎破山前去传法，破山去后，往来行营之中，见他们屠戮太甚，在一次大概是聚会时说："上天有好生之德，你们何必要滥杀无辜呢？"李说："要我不杀人，除非公吃肉。"破山不假思索，立马便吃，李在众目睽睽之下，不好食言，便出令不许再误杀一人，由此之后，百姓多幸免于难。对于破山，也颂德不已。接着，又有于大海迎破山到黄化城中，破山仍开斋不止，并以因果报应和佛祖恩德委婉劝导，皆以不杀为至德。于大海心有感悟，良心发现而从善如流，其余大小头目受破山启悟者，也大有人在，破山俨然成为军阀们的座上宾和百姓们的保护神。各种史料争相记载，民间口碑亦广为流传，甚至成为农民军血洗四川的证据，到后来反而各说不一，莫衷一是。兹特辑有代表性的说法数种于下：

一、《破山年谱》

七年庚寅（1650）师五十四岁，时立阳李总戎屯兵涪陵，特营精舍，坚延憩锡，师以间关险阻，暂允其情。后李事师如弟子礼，师尝谓李曰："上帝好生，宜护惜残黎。"李即出令，不许误杀一人。迄今蜀东，颂德不已。

二、丈雪《破山明禅师行状》

时涪陵有李将军号立阳者，肃启请师，师至营中，韬光混迹。一日，见将军屠戮太甚，故食酒肉，将军惊异，师曰："但公不杀人，老僧便不食肉。"阳曰："弟子不杀人，愿师常食肉。"夫曹山酒志公鸽，固是游戏神通，师于游戏场更施活命手，不大出古人一头地欤？相斯时也，云霾雨蠹，石走沙飞，六月降霜，三冬闪电，扫庵曰："在和尚分中，只当一顿家常茶饭。"

三、刘道开《破山和尚塔铭》

及至甲申，刀兵横起，杀人如麻。有李鷂子者，残忍好杀。师寓营中，和光同尘，委曲开导。李一日劝师食肉，师曰："公不杀人，我便食肉。"李笑而从命，于是暴怒之下，多所全活。昔人以澄公之于二石，如海翁狎鸥，师不但狎也，而且化之矣。拯溺不规行，救焚无揖让，此之谓也。然自此人目师为酒肉僧，反有借师为口实者。师以救生为卫法之苦心，甚不得已也！

四、嘉庆《梁山县志》

甲申后，川东为诸贼所窃据。有李鷂子者，嗜杀更甚。遣使招（破山）

明至,食以酒肉。(破山)明曰:"公止杀,我当食肉。"李诺,(破山)明即食之,李亦不好杀而去,士民多全活者。

相传贼(指张献忠)欲屠保宁府属,破山为民请命。贼持犬豕肉进曰:"和尚啖此,吾当封刀。"破山曰:"老僧为百万生灵,忍惜如来一戒乎?"遂食也,贼为止杀,府属获免。

五、乾隆《巴县志》

海明号破山,梁山人,幼披剃游四方,所至参扣多契合,得临济嫡传,归遭乱,孙可望颇尊养之。一日掠男妇数百将杀,师令释,可望曰:"师破戒,便当释。"遂饮酒食肉,可望喜,尽释去。

六、嘉庆《四川通志》

甲申岁,尝劝贼帅李鹞子勿杀人,贼以羊豕进曰:"和尚食此,我当封刀。"海明曰:"老僧为万姓生灵,忍惜如来一戒乎?"遂食之,贼为止杀。

七、彭孙贻《流寇志》

《破山禅师语录》曰:"献忠杀人之多,较黄巢百倍。"……
破山和尚尝劝李定国止杀,定国以羊豕进曰:"和尚食此,当封刀。"破山遂食之。《绥寇纪略》谓劝献忠,误也。

八、吴伟业《鹿樵纪闻》

贼(指张献忠)先欲屠保宁,僧破山为之请,贼方进狗肉,谓僧曰:"啖此即从汝。"破山曰："老僧救百万生灵，何惜如来一戒？"为啖数脔，保宁由是得全。

九、王士祯《香祖笔记》

大竹破山和尚，天童密（云）弟子也，蜀乱后居万峰。贼李鹞子者，残忍嗜杀，延师供养，请肉食。师曰："公不杀人，我便食肉。"李笑而从之，全活无算。……

十、张元庚《卮言》

破山和尚，密云老人十大弟子之一也。十弟子各擅一长……而破山则神通第一。张献忠屠戮生民，所过郡县，靡有孑遗。其将破某城也，破山至焉，曰："某有求于将军也，愿勿屠是城。"曰："和尚肯啖肉，我即从汝。"破山合掌西向曰："老僧为百万生灵，何惜如来一戒！"遂与献忠共啖酒肉，城得不屠。乃与之约曰："自今以后，将军所至，若见老僧来迎，即勿伤百姓。"许之。献忠兵势神速，常一日夜而行三百里；南北东西，又无定向。及进一城而破山已先在矣。曰："我来迎汝，幸勿伤人。"献忠曰："如约。"即携手入座，令啖酒肉，如是者数十处。

十一、清乾嘉时期著名诗人舒位曾客西南黔蜀，有《破山和尚》七律一首载入《瓶水斋诗集》

"酒肉穿肠叶打头，破山和尚老于牛。去来缥缈谁千古？人鬼须臾此一州。七庙牲醪张恶子，万船风火洞庭侯。不知只笛吹何处，残梦无声水自流。"诗前有序云："张献忠乱蜀，遇之于渝，逼令食肉，既食，乃曰：'酒肉穿肠过，佛在当中坐。'献忠为免渝人之戮。"

十二、陈垣《明季滇黔佛教考》

　　破山亦蜀人，曾劝李立阳止杀，李曰："和尚吃肉，我即不杀人。"遂为吃肉数片。

十三、王纲《清代四川史》

　　关于破山在四川曾食过猪肉一事，各书所记不同。《破山语录》说是涪陵的李将军，陈垣《明季滇黔佛教考》又说："有李鹞子者。"其实都是指的四川重庆地主武装首领曾英的部将李占春，外号李鹞子。曾英败死重庆后，李占春逃驻涪陵。此外，据《怀陵流寇始终录》《鹿樵纪闻》、民国《苍溪县志》诸书说，还有一次在保宁遇农民军，破山请"止杀"吃肉之事。据民国《巴县志》说，大西军与破山关系甚好，平东将军"孙可望颇尊养之"。

清初彭遵泗《蜀碧》，吴伟业《绥寇纪略》，戴笠、吴殳《怀陵流寇始终录》，孙骐《蜀破镜》等当时著名的史料及一些州县的志书对此事都有类似的记载，而民间传说的影响更大，在四川直到西南地区几乎家喻户晓，人人皆知，流传至今成为正义战胜邪恶的佳话，破山也成为智慧与道德的化身。兹将四川《龙门阵》杂志所刊《破山和尚》[⑧]一文，摘其有关内容如下：

　　破山于公元一六三二年回到四川，出川时是默默无闻的一个游方僧人，回来时却已经是南派禅宗的继承人了，其春风得意的劲头，不亚于蟾宫折桂，金榜题名。他曾自夸："虽无道况传千古，却有禅名播万年"。破山进行传教活动，正值明清王朝交替，农民起义风起云涌的动荡时期。有这么一个故事，说破山曾只身去见张献忠，请求他破城后不要杀戮。张献忠叫人取来一个鸡蛋，对破山说："你们出家人是不杀生的，今儿你若肯开斋，把这鸡子吃了，俺就依你所请。"破山接过鸡蛋,二话没说,就放进口里,边吃边念:"混沌乾坤一口包,也无皮肉也无毛。老僧带尔西天去,免在人间受一刀。"据说张大帅果然传令慎杀。

如此种种,只有细节的差异,并无实质的区别,无论是史学家的春秋笔法,抑或是老百姓的街谈巷议,对于破山这种超常越轨的做法都是肯定而且钦佩的。《补辑石柱厅志》对此事作了"功亦伟矣"的评价,应该说是当时人们的普遍看法。破山开斋止杀的意义是重大的,它给久已麻木的社会以震撼和警醒,同时,它又唤起那些红了眼的杀人恶魔的良知与人性,使他们在这场杀人比赛中,至少有所收敛有所顾忌,杀人的数量也有所减少。另一方面,这些记载虽不足据为信史,却反映了当时一种普遍的社会心态,就是对混乱局面的厌倦,对杀人者的愤恨。吴伟业们甚至将李占春有意或无意地移植成张献忠,这显然是将矛盾直指农民军。但平心而论,将一切灾祸都归罪于农民军,当然是不经之谈。但破山置此乱世,能挺身而出,为救人活命而放弃教规,其实也曲折地体现了普度众生的佛门宗旨,则是应当永远颂扬的。特别是自此以后,破山凡应邀前往各处,均一如既往开斋饮食酒肉,以此表示自己反对滥杀无辜的态度,直到战乱结束,才止荤封斋恢复正常。对此一些文学作品借助生花妙笔,大肆渲染,几乎是将破山神化了:

往者全蜀遭流寇,虐害生灵非细故;……谁敢呵止献忠刀,卓锡老僧邂逅遇;……为众请命死不辞,如来之戒何妨忤;啖罢一城得安全,高义由来贼亦慕。英雄胆略菩萨心,岂止忠魂得安厝。⑨

闻说老人居阆中,黄虎咆哮来献忠;杀人如草无皂白,日色沉沉不肯红;……破山破山尔最奇,佛法可抵百万师。⑩

李敖的长篇历史小说《北京法源寺》里,叙述谭嗣同和梁启超在谈及舍铜佛以济世困的周世宗和破山的这段史事后,谭嗣同说:"周世宗和破山和尚,他们真是第一流深通佛法的人,因为他们真能破执。佛法里的'执'有'我执'和'法执':

我执是一般人所认为主观的我；法执是所认为客观的宇宙。因为他们深通佛法，所以能'为百万生灵'，毁佛金身，开如来戒。而一般佛门人物，整天谈世间法，谈出世间法，其实什么法都不能真的懂，真的身体力行。佛教被这些人信，被这些善男信女信，'佛若有知，当悲哭哀愍'。"（《北京法源寺》第七章《回向》）这虽是小说家言，但所持之论，堪称至理名断。

  酒肉对于一般人来说自然是享受，尤其是饥寒交迫的乱世，更属奢侈品之列，但对于一个具有多年素食习惯的清虚自守的并一再倡导"戒杀不若戒吃"以达到"杀业尽"而"弘祈王道"（《戒茹荤说》）的佛门中人来说，则无疑是身心的摧残。特别像破山这种人人崇敬的高僧大德，更无异于是拿自己的名誉作赌注，所以他实在是不得已而为之。老友牟秉素几年前曾给他写信，希望他能以自己的社会地位，发挥作用，以"伎俩却贼"，当时，他根本不相信自己在这种乱世中会起到什么作用，而此时在迫于无奈的情况下，才不得不使出这招釜底抽薪的苦肉计。事后他对门人们说："老僧处乎此世，万不得已，全在酒肉中作便，始到今日"（《破山语录》卷十三《复语嵩法孙》），但又告诫弟子"不当效老僧行径"。他给一个朋友的诗中说："伎俩不将酒肉尽，何能夺得老僧安"（《破山语录》卷十五《示王居士》），正是道出了这种心曲。整天看见人头落地，看见血流成河，他又怎能心安理得，无动于衷？应该说破山为阻止杀伐而破戒，并非是对佛门清规戒律的破坏，而是突破，是超越。但是，就在当时，破山便遭到一些人的非难和指责，有人甚至以此为口实，将他称为"酒肉和尚"。对此，破山感慨道："昔日破山奉斋蔬，今日破山吃酒肉。今昔虽然一破山，破山只此教人悟"（《破山语录》卷十五《示开之熊居士》），诉说自己不得已的苦衷。他还有一首题为《移新荷口占》的小诗，写道：

  种自污泥开白莲，就中无染是天然。
  应知浊世多贤圣，岂在随方又逐圆。
  （《破山语录》卷十八）

显然是说自己外浊内清,并借出淤泥而不染的莲花来表白心迹的自喻之词。而针对李占春本人,破山以诗言志,慎重其事地告诫他说:

携酒封斋愧我流,我流非是等闲流!
黄金自有黄金价,终不和沙混作鍮。
(《破山语录》卷二十《复立阳李将军》)

自己虽然暂时破戒,但这是为了免使生灵涂炭,决非是要自甘堕落。

这时,又有军阀于大海前来恭迎破山,《破山年谱》道:"小山于总戎闻师直心导物,未亲法音,延至黄化城(今属重庆忠县)署中,频频请示佛祖因缘,师一一随机奖劝,或说罪福受报,好丑皆以不杀为至德。于(大海)心感悟,乞垂法语。"于大海字小山,他是与李占春相类似的人物,其经历也大致相同,发端于农民军,被明将曾英收编,受命于朱容藩,打败清兵,复受命于吕大器,诛杀朱容藩。于、李二人同命相连,很多战争都同时参与,配合算是默契,或胜或负,都是他们共同的事情。虽然江山易改,本性难移,但于大海在与破山接触后,听了有关因果轮回、善恶报应之类的理论后,心有所感,大概是可能的,因为死后有天堂的享乐和地狱的煎熬,是当时人们所深信不疑的事情,于大海不会例外,所以,把对地狱的畏惧转换为对杀人的畏惧就自然而然了,况且破山的种种理论,"皆以不杀为至德",那么,光荣的梦想既然消失,杀人英雄不过是屠夫与强盗而已,于大海内心受到触动是理所当然的。对于于大海或是内心或是表面的悔悟,破山不无欣慰之感,应邀挥毫为他题写了扇面,作有《小山于将军持扇索偈赋赠》二首:

其一
城开黄化松双栽,为鼓风涛引鹤来。
近日如何枯不并?独参天地静氛埃。
其二
结义楼头松两株,一枯一茂意何如?

可知伎俩天然别，日鼓松涛听岳呼。

（《破山语录》卷十九）

黄化城中，结义楼头，双松并栽，但"近日如何枯不并"，出现一枯一茂的状态。破山大概是借景说理，要于大海明白凡事得道则生，失道则灭的道理。

《破山年谱》说于大海"方欲久沾慈诲，而李（占春）复延归涪陵"。其间，又有屯兵忠州的胡云凤将破山迎入营中，聆听佛法和指教，破山有《复胡侯府讳云凤拈偈得"牛"字》一首并记相赠：

老僧牧得一头牛，恶辣鞭绳经几秋？
随份纳些收不住，走来天际问胡侯。
吾人之顽，性乃牛也。加以鞭绳，乃工夫也，如是牧之，久久则顽而自化，亦淳也。请问老居士顽乎？淳乎？试为老僧道将一句来，一并书上。

（《破山语录》卷二十）

破山成为李占春、于大海、胡云凤一类的人争相抢迎的座上宾，这一方面是出于对破山的敬重，另一方面则是出于对破山的利用，利用他来树立自己的社会声望，确立自己的社会地位，称雄一方。

自此以后，破山毫不拒绝大小头目们的邀请，频繁往来于营门山寨之间，一如既往地破戒开斋、劝阻杀伐、解说因果报应、赠送诗文书法，关系都较为融洽，因此，这一时期破山的应酬诗作不断，兹选录数首如下：

赠龙丘陈军门
因邪打正道相亲，布服粝羹不改仁。
只恐风雷轰日脚，梦岩顽石也生情。
赠魁寰段总兵
平西杰出个英雄，志量过人迥不同。

烈性懒挝涂毒鼓，时来萧寺听疏钟。

赠灿斗韩总兵

菊残犹傲霜，叶绿扶其旁。

气骨天然别，如君志四方。

赠薛将军

鞭车鞭马各成功，做了将军又务农。

大抵合时春兴好，就中更不与人同。

寄邹将军

东北生灵瘴疠消，挺然杰出个英豪。

老僧说法堪依赖，如旭如霖破寂寥。

寄远离毛刺台

卖弄曹山酒一壶，颠三倒四醉模糊。

门神野鬼才惊散，瓠子冬瓜逐队扶。

（以上均见《破山语录》卷十九）

寿完初姜元戎

王母蟠桃熟，驴年种下来。

生生寿不已，颗颗仙无埃。

鸟道诚难入，虫门敢易开？

侯君当此日，红日满瑶台。

寿绍筹范镇台

益君福禄寿，符合天地人。

如此长生术，任从蓂荚更。

寿联宇袁总戎

威名久蜀东，浩气何雄雄？

问我千秋旨，答君山海同。

寿道之胡镇台

忠南多杰者，云汉了无依。

> 试看江上柳，年年拂钓矶。
>
> （以上均见《破山语录》卷十八）

这些给"总兵"、"镇台"、"将军"们的应酬之作，不乏颂扬之词，不乏违心之言，这或许是因为破山"韬光混迹"，置身于这些手握生杀大权的人物中间，既要他们放下屠刀，又要他们重新做人的一种不得已而为之的策略吧。此后，破山的法子法孙们也纷纷效仿，置身于烽烟战火之中，劝人止杀，留下许多可歌可泣的感天动地的故事。"破山一杯酒，大地人皆醉。授受与儿孙，价钱转尊贵"（《语嵩和尚语录》卷第三）。他们为制止血腥事件的发生，救助无辜百姓发挥了积极的作用。《梁山县志》说："当破山之在明季也，人第传破斋止杀，其彰彰大节，父老至今犹传之"。[11]

破山"在明末清初剧乱期间，周旋于大西与残明及清军之间"，这期间所作的诗文被史学界视为研究此时社会状况与张献忠入蜀的"第一手资料"（见任乃强《关于张献忠史料的鉴别》）。[12]

成书于民国时期的《中国佛教人名大辞典》在"破山"词条中叙述他这段经历时说："明清交替，蜀川多故，师出入其中，庇护群生。"破山似乎完全由清净之地的佛门，介入到了充满是非和硝烟的现实当中，干预社会。作为一个在佛门中有地位，在社会中有影响的高僧，他身逢乱世，关注现实，情系生民，为劝阻杀伐，不惜放弃多年坚守的清规，破戒开斋。往来于各种势力之间，委婉劝导，甚至置之生命于不顾。由于破山高尚的德行和委婉的言辞，所以，"纵逢剑戟武夫，瞻德容而敛其暴露；即遇王公宰辅，钦法令而小其威权"（《破山年谱》）。正统的官僚贵族和非正统的流贼草寇，都成为他的灵魂的俘虏，"小其威权"，"敛其暴露"。破山的这种行为，无疑会给当时的社会带来精神方面的重大影响，就他自己而论，外浊内清也得到最好的行为体现。

八、长歌当哭

顺治八年（1651），《破山年谱》载："是秋张兵与于、李相战，师复入南滨，进黎水忠路司。"南滨即是他曾经避难的石柱。黎水，今为重庆黔江土家族苗族自治县。忠路安抚司，今湖北利川。据《明史》载，当时"属湖广都司"，为施州卫所辖。"张兵"即曾被朱容藩委任为兵部尚书张京的队伍。这时，吴三桂带领的清兵正大举图蜀，这是清军第三次大规模进入四川，战火遍及全川甚至包括广西、云南、贵州的整个西南。上次流亡之地的石柱亦大概烽烟侵境，因此，破山及其弟子们不得不由石柱再进入到川楚交界的黎水这个土家族、苗族杂处的大山深处。然而，他们的脚根刚刚站稳，战争的烽烟也烧到了这里，只得另投他处了。破山在临行前有《黎水留别》一首，记录这段居无定所、东躲西藏的辛酸经历：

偶来黎水罢征鞍，道鼓人天未尽欢。
颠酒铺才开不久，妖氛云已布其间。
点头顽石惊身汗，行脚蒲团扭鼻酸。
尔我三生应有幸，俨然一会别灵山。
（《破山语录》卷十八）

自破戒开斋后，破山常以酒肉之词自嘲，将自己的法堂戏称为"酒铺肉案"之类，此诗中的"颠酒铺"亦即此意。"颠酒铺才开不久，妖氛云已布其间"，说明漂泊至此，仍未间断其对弟子们的传法教化，但法堂才开不久，"妖氛云"即战争的烟云已布其间。本来，破山见久乱不治，有定居黎水的打算，以后他在给覃敦源的信中透露过这种想法："过黎水，将谓黎水幽深，可作遗老计。不意兵事猖狂，人心鼓乱，弗由人不胆怯魂惊耶"（《破山语录》卷十三）。局势不以破山的意志为转移，战火烧到了眼前，破山师徒只好另投他路。他们脚步匆匆，履痕处处，犹如惊弓之鸟，诗中表现出身逢乱世，无可奈何的伤感情绪。这种情绪在这个时候他的其他诗作中，也表露无遗：

平西营居

随营缚个茅茨住，入口三餐岁有艰。
乞食杜门僧空走，买粮断路客无还。
安心学圃虫苗稼，举意逃荒虎野山。
种种愁里对鸟语，高飞莫妄妄其间。

宿玉屏山

玉屏高耸万山中，道涉悬崖路欲空。
一个病僧闲憩锡，两行云树怪嘶风。
禅床夜永惊清梦，佛殿灯澄省旧容。
拟把钵盂吞日月，为怜居者要降龙。

茶台龙凤寺山居

九岭山中九带禅，一溪风鼓一蒲团。
时听古调传新律，日舞枯藤醒旧颜。
壁立岂堪空意马？崖虚擅可纵心猿？
纵教不许红尘到，破衲和云枕石眠。

忠路除夕

随寓安身到九夷，顽机莫化自凄凄。
无心学到偷天日，有口宜将挂壁时。
城地况同山地静，世厨以异香厨齐。
炉头拨火拈新句，益我师徒解皱眉。

（均见《破山语录》卷十八）

  漂泊流离，艰难苦恨之状如在目前，从诗句中传递出的信息不难看出，破山此时的心情是非常沉重的。幸好有弟子们紧跟破山，不离左右，给予服侍供养，如《破山语录》卷八中说："除夕，师同二三子坐次，及至午夜，一众不忍退去"。可见弟子们对师尊是何等的忠诚与敬爱。

破山一行辗转来到湖北忠路司后，幸有"覃公讳敦源者，延住福田寺，礼遇甚优，有'苦李昔拈今熟也'之句，盖覃曾师椎拂，故契合如斯"（《破山年谱》）。唐朝诗人高适有"莫愁前路无知己，天下谁人不识君"（《别董大》）的诗句，若以此喻破山，则当之无愧，这些年来他处处流亡，处处逢知己，处处有门徒。这时在这种人烟稀少的川楚交会的忠路，居然又有覃敦源这样的崇拜者，让他喜出望外。覃敦源曾参拜过破山，并受其影响，又是忠路的司官，当然有能力将破山"延住福田寺"，并且"礼遇甚优"，这无疑使流亡中的破山感到意外的兴奋，对覃敦源也诗书往返，倍加称赞，其中有《寄敦源覃司官》一首，诗中说："不觉相逢十载余，世情更变人情疏。而今记得当年事，李子机缘熟也无？"覃敦源大略在十余年前到梁山万峰拜见过破山，通过这些年的磨砺，稚嫩的"李子"早该成熟了吧？破山另有《敦源覃司官讨贼归赋赠》道：

楚蜀威名震不虚，雄雄万世果相符。
才打边关得胜鼓，壶天尚有玉音呼。
（《破山语录》卷十九）

覃敦源率兵讨贼，出师告捷，凯旋而归，破山赞赏有加，说他的威名震动楚蜀，名不虚传。但此中的贼，不知所指何人？这时，对清兵的斗争进入白热化，阶级矛盾渐趋淡化，民族矛盾十分强烈，南明政权与农民军已携起手来，共同反清，反清复明活动如火如荼，轰轰烈烈，在全国范围拉开了序幕。除很少的摩擦外，各种势力同仇敌忾，一致对外，成为普遍现象，因此，此处的"贼"当指清兵。清兵入主中原，铁蹄过处，无不大兴杀伐，"扬州十日"之类的悲剧处处重演，"剃发令"之类的屈辱时时发生，这些早已耳熟而且被迫逃亡中亲眼目睹的事情，使破山也早已形成了对满清的仇视。加上满清为异族，而非正朔，对于破山这种对明朝怀有深厚感情的人来说，从心理上也是无法接受的。那么，此时覃敦源率军能打败入境忠路的清兵，破山当然会兴奋之余，援笔称赞的。

然而，在吴三桂、墨尔根、侍卫李国翰的率领下，清兵来势凶猛，志在必得，明将朱化龙、詹天颜、范文光、樊一蘅皆败殁，川东诸将亦被迫退走，但此时残明势力与农民军的联合也达到最佳状态，他们屡败屡战，百折不挠，给清兵以沉重的打击，由此，清兵对抗清势力的剿杀也极其残忍毒辣之能事。西南诸省，尽遭毒手，而四川更是首当其冲，遍地尸积成山，血流成河。堪叹巴蜀大地一波未平，一波又起，先有地方暴动，后有"流贼"横行，而此时清兵铁蹄的践踏，将四川的灾难推到了无以复加的程度。正如康熙年间的四川湖广总督蔡毓荣所言，"蜀省有可耕之田，而无耕田之民。"[13]据《四川简史》所述，"明末清初，四川地区由于明朝官军对农民军的镇压、地主武装和少数民族叛乱、土司间的互相残杀、清军与四川抗清武装之间的战争，以及康熙在四川平定吴三桂叛军的战争，使社会经济遭到严重破坏，四川人口大量减少。顺治十八年（1661）四川全省入籍者仅一万六千零九十户……，合计全省在籍人口也只有九万人（折合数）"。这大概是四川自古以来史无前例的浩劫，饱受家破人亡之苦的民众挣扎在生死边缘。此时，远遁深山的破山亦无清静可言，座下的弟子们东奔西走、你来我往，将噩耗频频送来，打乱他的思绪，刺破他的心扉。据《破山年谱》所载，正是在他流亡忠路寄居福田寺之时，"铁鹤寺象崖法嗣讣音至，师悼以偈曰：

遥闻铁鹤已冲霄，留下空巢期寂寥。
瓢笠恩随云水散，风幡义逐雨花飘。
廿年鼓粥终初志，十处开堂始称豪。
同泛锦江三峡上，岂知尔去益吾劳。"

象崖是破山的早期弟子和忠实信徒，小破山两岁。还在旅居浙江时，象崖遍访江南佛门之名宿后，即皈依住持嘉兴东塔的破山门下，其后又随破山回蜀弘扬大法，成为破山法派的中坚力量和破山传法的得力助手。此时，与其他分化到各地进行传法活动的弟子们一样，他住持酉阳（今重庆酉阳土家族苗族自治县）大酉禅林，又名铁鹤寺，据《锦江禅灯》记载，象崖有"来亦无所从，去亦无所至。来去本无踪，无是无不是"的绝命诗一首，但时年五十三岁的他的死因却不得而知。同治《酉阳州志》显示，清兵这时候已进入到酉阳境内，一些避乱酉阳的江南遗民又多死于战乱之中。

象崖去世的讣音，给丧乱之中的破山以沉重的打击。铁鹤冲霄，一去不返，寂寞空巢，知音何处？抚今思昔，象崖追随自己由浙还蜀，瓢笠云水之间，他勤勉一生，奔走各地，十处开堂，高举宗门赤帜，使大法得以阐扬，师徒之谊迄今整整二十年的时间了，讵料天不假年，象崖命绝于乱世，破山切齿腐心，肝胆欲裂，不啻于丧子之痛，诉诸于诗，则是这般的沉重，悲恸与凄切。但长歌当哭，亦无法排遣淤积于怀的多年隐痛。另据《破山语录》卷二十中，属于这一时期的悼亡诗作比比皆是，它们"字字看来皆是血"，透露出破山穷途末路的绝望心境。其中，《吊破雪吾徒》道：

> 将为驴年一祸胎，谁知先我别尘埃。
> 空摇断舌法堂冷，远送残衣方丈开。
> 四海传声惊木落，三巴取泪洒吾侪。
> 专人特地来相语，愿子灵机永古锥。

破雪在取得其师破山的印可后，远离师门，流寓于贵州遵义等地，开堂说话。在传教活动中密切保持与其师破山的联系，多有书信和偈语相寄，进行问候和请教，破山也复信指点，示偈启迪他，《破山语录》均有记载。破雪后与明朝大学士王应熊过从甚密，王抗清失败，保节拒降，破雪又不辞艰辛，跋山涉水，专程前往流亡石柱的破山门下，详细禀报。破雪的好学与孝顺使得破山对他格外器重，寄予希望，并且事实上破雪的传法也已遐迩闻名、"四海传声"，足具影响了，不料"专人特地来相语"，其门人从贵州前来报告他不幸死亡的消息，"三巴取泪"其悲何限？斯人已去，法门的希望又在哪里？白发人送黑发人，破山不由得发出"谁知先我别尘埃"的叹息。

《吊耳毒法孙》道：

大哉法道继儿孙，水有源头木有根。
　　一旦不知谁薄命，独留孤雁唳荒村。

　　耳毒和尚是破山弟子敏树的弟子，年纪轻轻便命归黄泉。留下的只有孤雁的声声哀鸣。生逢乱世之人，彼此均"不知谁薄命"，诚惶诚恐，哪有什么安全感可言呢。

《吊苍松上座》道：

　　只望苍松鹤梦长，谁期巢冷自乖张。
　　频揩眼泪空惆怅，依旧收归破钵囊。

　　噩耗不断传来，弟子们相继而亡，破山频揩眼泪，惆怅难排。

《吊胜幢上座》道：

　　收威敛爪入深山，相继酉阳那一斑。
　　志节固然全得好，满腔战血几时干？

　　"志节固然全得好"，保全的当然是大明的节气，所遭的也当然是清兵的毒手了。

《吊默石吾徒》道：

　　不觉已经归二九，孤光寒影落平西。
　　伊蒲妙供勤来学，宝炬冥钱识所知。
　　成佛尚同翳在眼，就中奚取莲开池。
　　临行忍听诸方骂，愧我钳锤未辣施。

　　平西在涪陵，默石独来独往，打开局面，传法于当地的天台寺，故有"孤光

第四章 明清交替的流亡时期

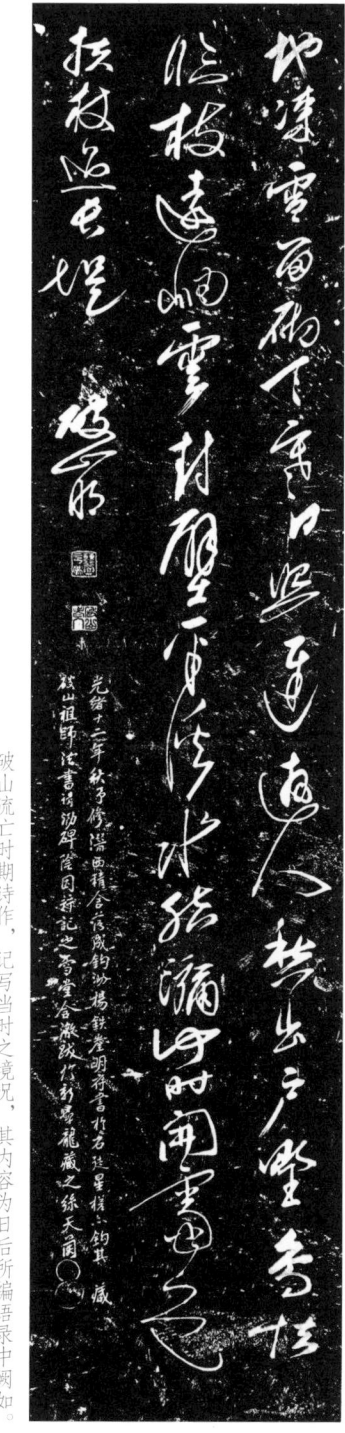

破山流亡时期诗作，记写当时之境况，其内容为日后所编语录中阙如。

"夔东十三家"之万州天子城，破山过往之处

寒影"之说。

《吊云南上人》道：

> 鸡足山中发意来，晚随瓢笠见吾侪。
> 始知大梦从此觉，肝胆如何不敢开？

鸡足山是云南著名的佛教圣地，寺庙众多，僧侣云集。破山此时的弟子很多流寓滇、黔等地，或传法或避乱，与当地频繁接触，广泛交往，很快就占稳了脚根，确立了自己的地位。但凡大小事情，均不忘秉报他们的尊师，因此，他们要将这一云南上人的讣音报送破山得知，而破山总是感慨不尽，以诗相悼。

《闻萍石监院凶亡》道：

> 呼尔同行尔不前，挺身自去入狼烟。
> 可怜跌在尘埃地，几点红光遗后传。

萍石和尚本来与破山同路，但他未能接受师父的劝告，同行避乱，而是挺身而出，进入硝烟滚滚的战场。他大概是要去做摇唇鼓舌，劝阻杀伐之类事情吧？

因为自破山破戒止杀之后，弟子中间多有效仿之人，即他们所谓的"伎俩却贼"。萍石虽然亡命烟火之中，但他临危不惧、舍己救人、挺身入狼烟、视死如归的精神，却展示了破山门派的风骨。

除了对弟子的悲悼之外，对在反清中死难的人亦致以哀挽之情和激励之词。其中，《壬辰腊月廿一日，奉吊明大封君荣吾老大人之灵前，泣而诗》道：

> 忠孝人人欲尽之，惟公不与众相驰。
> 乱机静壑安天日，治况封疆乐地时。
> 家庙已增千古庆，锦堂早谢一身遗。
> 漫言声价无泥水，尚继凌云有去思。

奉行忠君爱国，充当孝子贤孙，在破山看来，是人人所应做到的，但此公更是高人一筹而与众不同，在各处战乱频仍之时，他能治况良好，保一方平安，在抗清保国之时，他又能将荣华富贵置之度外，"锦堂早谢一身遗"。因此，破山要泣之以诗，"奉吊"于他的"灵前"。

《闻李邑侯凶亡》道：

> 置之宦海泛扁舟，风浪徐经逐石头。
> 伎俩日撑还就岸，机关用尽别成愁。
> 忠肝义胆将何益？蝇利蛙名岂自由？
> 堪笑时人不解荐，频抛白骨露荒丘。

乱风大起，杀声震天，清兵蜂拥而来，纵有"忠肝义胆"，也是于世无补。

《吊太常古文学》道：

> 笔砚同心刚两年，何须先我去逃禅。
> 蠹鱼欲吐三生梦，小玉频呼一粥缘。

倒砌残红谁解举？摩天嫩绿自能妍。

可怜昔笑成今哭，冷泪如冰落柩前。

以文会友，诗书赠答是破山通常的交往方式，他与这位古太常接触刚刚两年，不料古太常"先我去逃禅"，骤然死去，昔日的谈笑翻成为今日的痛哭。知己不再，前路莫测，只有将"如冰"的"冷泪"来寄托自己的哀思。

除这类悼亡诗以外，《破山语录》中破山给佛门同道、宗门弟子、居士护法、抗清将士等等这一时期的死难人物做法事所说的唱词颂语，也有大量的记载。虽然它们属超度亡灵、寄托哀思的泛泛之词，但仔细品味，却能看出破山不平静的内心世界。如在默然法孙遇难周年祭祀上，他吟唱道："默然默然，幸也周年；尔我口业，改绽金莲。衔冤一世，抱恨九泉。我为汝正，汝为我圆。彼此相雪，孰圣孰贤"（《破山语录》卷六）。又如《为觉凡监院举龛》记录道："师云：觉凡觉凡，通身破残。早知是苦，出入何难。以拄杖击龛数下云：拄杖频敲开只眼，一声佛送涅槃山"（《破山语录》卷二十）。"衔冤"、"抱恨""通身破残"正是诉说自己万事不得已，多蒙屈辱的自况之词。

纵观破山的这些诗作，既是悼亡，又是哀时，更是自伤。诉说离乱，宣泄积怨，倾吐幽愤。它们将破山天下大乱以来的感时伤世的诗风推到了顶点，将破山内心的痛苦忧怨也推到了顶点，长歌当哭，语言苦涩近于凄厉，意境悲凉益显沉郁。因为所悼之人大都死于非命，所以诗中看不到修短随化、顺其自然的佛教生死观，满篇是"残衣"、"断舌"、"空巢"、"冷泪"以及"孤雁唳荒村"、"白骨露荒丘"的景象，没有色彩，没有生气，没有光芒，有的是死一般的孤独和寂寞，有的是无休止的"狼烟"，是"频揩眼泪"的痛苦。破山将亡国之哀、失子之痛和离乱之苦交织在一起，通过对死难者的祭悼，兔死狐悲，其主旨重在自伤身世。表现自己苟延残喘于乱世、生死存亡亦难以预测的心态和饱经患难、颠沛流离的痛苦。同时，以小观大，这些仿佛是为一人一事而作的诗，从侧面又反映了整个时代整个民族共同的不幸的命运。那么，"通身破残"的就不仅仅是觉凡，也不仅仅是破山，而是惨遭国家沦亡、山河支离、内忧外患、体无完肤的普天下与全民族了。

地冻雪留砌，天寒日照迟。
游人愁出户，野鸟怯临枝。
远岫云封壁，平溪水结弥。
何时开霁色？扶杖过长堤。

破山这首以狂草笔法书写出来的五言律诗，以书法的形式，保存在他门人的手中，清末镌刻成碑辗转至今，陈列在成都郊外的桂湖。由于它明显的反清情绪，为避免"犯国忌"而致祸，所以《破山语录》找不到它的踪影。诗中处处充满隐喻，以天寒地冻来喻其环境的恶劣、希望与绝望，最后一联依然祈求反清复明取得最终的胜利，云开雾散，曙光初照，使自己欣然地"扶杖过长堤"。此时，破山诸多弟子法孙亦复感同身受，无法回避这一悲哀的时代。丈雪有《避兵有感》诗描述其环境之险恶："烽火惊人地屡迁，数峰猿鸟冷相煎。溪边红浪多应血，天末乌云半是烟。满肚愁肠如石转，一条穷命似丝悬。虽无十住安身术，幸有芒鞋脚底穿。"此作大概亦因"避国讳"，不见于《丈雪禅师语录》，为晚清贵州学人郑珍编入《播雅》卷廿四之中流传下来。

应当指出的是，破山在这一时期写有很多言辞激愤的诗文，将矛头直指清廷。入清以后，当弟子们将集他平生所作的文字汇编"语录"时，他也有过自己的言论"犯国忌"，不合时宜的感叹。[13]今天我们所见到的《破山语录》则是经过了清廷"文字狱"的洗礼，其涂改和删削的痕迹显而易见。那些明显带有反清倾向的诗作，要想流传下来，已是万难之事。

九、"夔东十三家"

"夔东十三家"即"川东十三家"，是历史上明清之交活跃在四川东部、湖北西部及陕西南部一带的各种反清势力的集体性名号。"十三家"并非实指，而是沿袭农民军习用的称呼，它发端于"荥阳大会"，当时农民起义军大小各部共

"夔东十三家"之云阳磐石城,破山曾有诗书题赠。

七十二营,其中强大者十三营,人称"十三家"——这是明崇祯朝的旧事。进入清顺治朝后,全国各地反清势力相继灭亡,出没于东川西楚的抗清武装由于地形险要仍坚持抗清,长此以往,成为清朝政府统一全国的心腹大患,这些大大小小的武装势力多达二十余支,数十万人,分布于长江三峡为中心的险山恶水之间,统称"十三家"。他们大致上由农民军、明朝旧部和地方武装三个方面组成,从名称看来,农民军占的比例最大。

《怀陵流寇始终录》记载:"闯贼遗党袁宗第、贺珍合、郝摇旗、李本营、党守素、李来亨等,以兵出巴(今湖北巴东)、渠(羊渠,今重庆万州)、施(今湖北恩施)、巫(今重庆巫山)、郧(今湖北郧县)、竹(今湖北竹山),所谓夔东十三家也,而郝摇旗最著。""其外,蜂起之盗,天生城(今属重庆万州)有谭文、谭诣、谭弘,巫山有刘体纯,丰都有胡明道,金城(今重庆梁平境内)有姚玉麟,施州卫有王光兴,又有王有进、呼九思、景可勤、张显、刘维灵、白蛟龙、扬丙英、李世杰等,莫可稽考,总所谓夔东十三家也。"《绥寇纪略》道:"诸蜂起之魁,或称四家,或称十三家。袁韬、武大定后反正,次有天生城之谭文、谭诣、谭弘,巫山之刘体纯,丰城(即丰都)之胡明道,金城之姚玉麟,施州卫之王光兴,皆甚著……总所谓夔东十三家也。"出自道光年间的《重庆府志》谓:"时川中诸贼,或称四家,或称十三家。袁韬、武大定及夔州谭文、谭诣、谭弘、巫山刘体纯、丰都胡明道、金城姚玉麟、施州卫王光兴最著"。清朝初年,李自成、张献忠相继而亡,农民军群龙无首,缺乏有威望的人作为后继者,总领其事,统一指挥。各支队伍独立行动,各自为政,他们彼此之间时合时分,对清政府也是时降时起,没有统一的旗帜和呼号。川东地区山高水险,地形复杂,易守难攻,适宜流动作战。从顺治三年(1646)李来亨"率众走川东,分据川、湖间,耕田自给"(《明史·文安之传》)开始,三谭(谭文、谭诣、谭弘)、刘体纯、姚玉麟、胡明道、王光兴等纷纷入围,安营扎寨,占山为王,分布在四川、湖北、陕西三省交界的夔州、巫山、建始、房县、竹山、归化、梁山、万县、施州、巴东等广大的高山地区。他们一方面在各自的根据地内收兵买马、扼险自保并频频出击清兵,一方面休养生息,发展生产,屯耕与练兵结合,与地方百姓保持友好往来。由此形成"蜀寇逋窜川、湖、陕边界,偏攻则易遁,小急则互援"(魏源《圣武记》卷一)的局面,与清廷长期对峙,负隅抵抗,成为清兵扫平西南的障碍和统一全国的后患。而当永历帝被杀,云南平息后,除偏居台湾的郑成功遥相呼应外,坚持武装反清的就只有"夔东十三家"了。

而事实上,郑成功与清廷为敌,主要是出于他自己的经济利益受到损害,东去台湾赶走荷兰殖民者也属报复行为。说白了,郑氏的行为多半是一种商业目的,是为一己之私利,并非民族大义。如郭沫若所说"郑成功为了要保护他的财政命脉,他和清廷自然也就势难两立了"。后来"郑成功去了台湾,他主要的目的是从事屯垦,即是把他的财政经济从初期的海上贸易转换到农业生产上来"(《由郑成功银币的发现说到郑氏经济政策的转变》)。从这个意义上讲,"夔东十三家"则是全国当时独树一帜的以反清复明为目标的武装势力。

"夔东十三家"是在继清朝政府、残明势力和农民武装三足鼎立的局面打破之后的必然发展趋势。清兵入关,推行高压政策和严酷统治,大兴杀伐,导致流血事件不断发生,又强制执行满人习俗,以"留发不留人,留人不留发"相威逼,强令汉人全部剃发易服,均按满人规矩,大大地伤害了人民的自尊,造成了人民的痛苦,从而也激发了人民奋发反抗的斗志。残明势力与农民军之间虽有"君父之仇"、官"匪"之别,但有着共同的文化传统和生活习性,特别是外族横行之际,有着共同的民族尊严，因此，联合起来，一致对外，反对清朝遂为历史之必然。而农民军在反清活动中要取得民众的支持和社会的认可，又不得不改变原来的身份，丢掉"流寇"的帽子，于是，归顺南明政权就势在必行。谢国桢在《明清之际党社运动考》之五《南明三朝之党争》里说："张献忠已死，他的部将孙可望、李定国、白文选、刘文秀等都骁勇善战，出没于云南、四川之间，苦于名义不正，不能号召群众，所以都投降了永历"。永历政权是南明政权中坚持时间最长久的，抗清效果最显著的政权。大西军归顺了永历后，"明廷的气象很为振作，恢复了西南八省之地"。李自成大顺军余部刘体纯、郝摇旗等也已先期归顺了明朝湖广总督何腾蛟。吕大器当年前往涪陵、石柱等处，即是行招降纳叛之事，将李占春、于大海、袁韬、武大定、胡云凤、三谭等实行收编，尽归自己约束，尽受南明封赐。但是，由于历史的原因和本质的区别，虽然"苦于名义不正，不能号召群众"而"投降了永历"的农民军，却遭到明朝旧将们的歧视和排挤，相互之间明争暗斗、拉帮结派甚至反目成仇的事情屡见不鲜，所以，农民军与南明政权貌合神离、阳奉阴违，实际上只是一种名义上和礼节上的关系。虽是如此，但清兵是他们共同的敌人则是不容置疑的。

"夔东十三家"便是在这种背景下逐渐形成的跨地区间的抗清同盟，他们接受永历政权的封赐，"用永历年，假故明封号"（光绪《大宁县志》），于是人人封官进爵，从"流贼"摇身一变，成为朝廷命官。其中，郝摇旗封益国公，刘体纯封皖国公，袁宗第封靖国公，谭文封涪侯，谭诣封仁寿侯，姚玉麟封佐明将军……十三家所属各部经常联合行动与清军作战，先后进攻襄阳、彝陵、归州、宜昌等地，并两次围攻重庆，打破了清兵进军云贵、消灭永历政权的计划，约束和牵制了清兵在大西南的种种军事行动。

对此，清朝政府软硬兼施，既打又哄，多次进行招抚。顺治帝在诏书中说道："流贼余孽刘二虎、郝尧奇（摇旗）、姚黄等贼渠，窜伏郧襄山中，接壤数省，盘踞有年。"但是，"朕洞鉴隐衷，深为悯恻，兹特开一面，赦其既往之辜，予以功名之径"。如果"执迷不悟，梗化仍前"继续顽抗的话，希望"其部下伪官将士人等，有能将为首贼渠生擒来献，或斩首来降，必破格论功，不吝高爵厚赏；如不能擒

万州城后太白岩，孤峰耸峙，长江尽收眼底。

斩贼渠，或擒其妻子，或各率伪官兵丁来投，亦分别议叙升赏"。擒斩贼首有奖赏，捉拿妻室儿女有奖赏，吆喝几个喽啰来降也有奖赏，这种下作的方法也使得出来，足见清廷的无奈。顺治还不惜恳切表白："朕奉天子民，布大信于天下，招携怀远，决不食言；尔等亦宜尽释疑畏，乘时建功，毋得坐失事机，自贻后悔。"（见《清代农民战争史资料选编》）看来，此举并无多大效果，"夔东十三家"未能自动瓦解，去受封领赏，反而僵持下去，继续反清。清廷软硬兼施绞尽脑汁也无可奈何的情况下，曾一度放松对它的征战，"姑以云贵及川东地委之"（《东华录》），彼此相安无事，一时之间，东川、西楚、陕南呈现暂时的太平景象。

正是在这种情况之下，破山接受了"夔东十三家"中"三谭"的邀请，于顺治九年（1652）春"率众还南浦（万县）"的。从《破山年谱》得知，早在上一年冬季，"万县首四谭公，以北岸地方烽烟大息"而派专人来忠路司恭迎破山"出江，重布当年法化"。但破山凡受人之邀，通常需要事先预约，需要稍后数月，并将一切准备妥帖，与当地人士告辞后，才"率众"前往。

破山到了万县，往来于开县、梁山等"夔东十三家"的辖区之内，频繁与反清将士接触，赠以诗书，激励他们的抗清斗志，以达到反清复明的最后目标。但是，"夔东十三家"不可能长此以往，与清朝政府分庭抗礼，解决这一遗留问题的清朝重臣名叫李国英，而李国英在这一行动的前前后后，均注重建立与"夔东十三家"的支持者破山的关系，破山也由于李国英的到来，开始了与清朝政府联系。

十、劫后余生

破山到万县后,"谭公迎于太白崖万年寺居焉。见愚、贤庵、玉环、续长等获瞻师面,如隔世重逢,左右给侍最为精勤"(《破山年谱》)。战乱频仍,师徒分散,破山自崇祯十七年(1644)流亡石柱等地,迄今已经八年,此次相见,"如隔世重逢",自然"左右给侍最为精勤",对恩师倍加关照。而"首四谭公每邀谭爵台士心、西昆两大护法,与师终日剧谈,共慰多年积慕之怀"。还在吕大器来川东之时,"三谭"与李占春、于大海、胡云凤等一样,均有恭请破山之意,却未能遂愿。此时吕大器早已离去,李占春、于大海在内讧中败走出川入楚,投降清兵。谭首四邀请破山的动机大概出于久仰破山的大名,并"多年积慕",希望能聆听大师的法音,指点迷津,寻求精神的寄托,获取民众的依附。

对于谭氏三兄弟的爱国行为和抗清意志,破山深为佩服,常以诗言志,予以表彰。在《寄赠养玄谭侯府》中,破山赞道:

> 吾蜀巫山十二峰,势参天地有谁同?
> 而今与国坚关锁,日吐风云盖外中。
>
> (《破山语录》卷十九)

"夔东十三家"凭借三峡之险,坚持反清大业,"势参天地",其作用无与伦比,而叱咤风云,名震中外。在破山看来,三峡是西南的门户,所以是拒敌之锁口、抗清之关隘,是应该坚守的"与国坚关锁"的前沿阵地。他所谓的"国"当然是大明故国,大明复国的希望似乎就在这些人手里。养玄谭侯府即谭诣,字首四或养玄。破山在给他的另一首题为《赠养玄谭侯府》五言诗中说:

> 独踞云阳地,万民咸赖之。
> 如天尽企仰,似海任奔驰。
> 容易叨恩宠,诚难克己私。

幸沾张傲骨，隐现应今时。
（《破山语录》卷十九）

夔州、云阳、万县一带，皆属"三谭"的势力范围，而谭诣大概又以云阳为主，理所当然是当地抗清的领导者，因此，破山视他为"万民咸赖之"的人物。据《破山语录》卷十所记，他这时还应邀作了云阳之游。谭弘，字士心，破山有《赠士心谭太师》道：

国宝从天降，恩分泉石间。
共欢山斗望，独节雨花还。
蜀道坚关锁，秦风亦恶寒。
中原期大定，战血有谁干？
（《破山语录》卷十九）

"国宝"即大明国的宝贵之才，末尾一联希望大家团结一致，共赴危难，以热血换来大定中原、恢复明室的最后胜利。谭文，字西昆，破山有《赠西昆谭太师》道：

海内拟贤豪，君具其上首。
能为将相师，解作狮子吼。
壁上之高僧，江头之钓叟。
凤因启自吾，试问当机否？
（《破山语录》卷十九）

谭文是"三谭"之中唯一保节完名坚持到最后的人，大概也是颇具才学和佛理的人，他不但"能为将相师"，反清卫国，还"解作狮子吼"，洞察佛法大义。"海内拟贤豪，君具其上首"，显然有献媚之意，破山时逢国运危难之际，对凡是具有反清趋向的人，均不惜摇唇鼓舌而歌功颂德，其中不乏违心的语言，甚至重复的句子，这从侧面不难看出破山的政治立场。另有《寿西昆谭侯府》一首，予以颂扬：

> 我参居士禅，居士知禅否？
> 南浦从六松，西昆栽五柳。
> 轻烟弄羸鹤，薄雾惊霜叟。
> 寿比江心矶，长生其不朽。
>
> （《破山语录》卷十八）

破山与"三谭"的交往是很频繁的，川东一带的局势也还算安宁，他们之间有时间常常聚会，畅谈国计民生及当前形势等话题，上述的赠诗主要是经过这类谈话并形成共识之后的作品。当然，他们也少不了谈佛说禅的话题。在闲暇之中，游古迹览名胜也是他们交往的方式之一，《题太白岩》就是这时的纪游诗作：

> 太白危岩路，凌云独杖藜。
> 家家松影合，处处竹烟迷。
> 云傲归秋壑，风高落晚溪。
> 骚坛诗骨在，传与夜乌啼。

此诗题于太白岩石壁之上，经刻石留存，故今日犹见。《破山语录》卷十四中亦有记载，语句稍有不同。太白岩在万县城边，拔地而起，危岩高耸，相传唐人李白曾游寓于此，因而历来诗赋传诵。它是川东有名的胜迹。破山登高望远，"家家松影合，处处竹烟迷"，一幅平静安宁的富有生气的市井图画浮现在眼前，诗中的景象与前几年的萧条肃杀已经迥然有别，破山的内心，充满了对和平的憧憬。在《重游岑公洞赏夏即景》中，破山感叹道：

> 二十年前曾过此,觉来非我昔时游。
> 岑公洞在人何在?空掷钵盂泛水沤。
>
> (《破山语录》卷十八)

整整二十年前,破山由浙还蜀,第一站就住在万县,并应邀游览了岑公洞等名胜。二十年过去,仿佛刹那之间,抚今追昔,"洞在人何在",物是人非,二十年前陪他同游的象崖法子等人,已丧身于乱世,所以他有"觉来非我昔时游"的感觉,透露出他对战争的怨恨情绪。

破山抵万县后,受到各方人士的款待和信众的供奉,"缁素方谋久住之策"时,弟子"本明彻、西瞿望,亦缘别师有年,议诸檀越梅、王、冉、徐、杨等,请师过开县休夏"(《破山年谱》)。开县是破山传法的重要基地,在梁山万峰时期,他曾两度旅居于此,分别住持栖灵寺和大宁寺,传法授徒,拥有很多门人、信众和崇拜者,破山怀旧之情萌发,便很快答应了弟子们的邀请。而对于"三谭"的礼遇,他是非常感激的,所以,离别之际,均有诗作相赠作为纪念,同时,也满足他们求取诗作和墨宝的愿望。其《留别西昆谭太师》道:

> 山河三尺剑,社稷一戎衣。
> 不是君恩薄,皆因世道微。
> 弹丸地血海,天眼角尘堆。
> 恨待何时静,凯歌指日归。
>
> (《破山语录》卷十九)

据《破山年谱》所载,破山一行前往开县,"及到龙城,见闻者莫不合掌加额,咸称古佛重来"。明末清初的持续战乱,再加上连年的灾荒和瘟疫,生灵涂炭,人口剧减,特别是四川,灾害最为巨大,死亡人数也最多,处处是"白骨露荒丘","孤雁唳荒村"的不堪入目之状,经过这场浩劫,幸存者十不过一二,亦朝不保夕,宛如惊弓之鸟和孤魂野鬼,人间世事遂为地狱魔窟。因此,破山的莅临对人们来说仿佛是从天而降,隔世重逢,于是,大家"合掌加额",称他是"古佛重来"。破山也不无劫后余生之感,在感慨万端中给弟子本明赋诗一首道:

干戈队里几经秋,恐我师徒难聚头。
今日相逢舒一笑,两城烟水自悠悠。
(《破山年谱》)

若许年来,混迹于军营山寨之间,整日干戈相见,师徒别后再见是难以想象的事情。然而苍天有眼,今日相逢,自当舒心一笑,彼此天各一方,阔别之情,恰似无穷无尽的烟水一样,悠远而深长。这正是破山与弟子们互相牵挂,互相依存的难以舍弃、经久不变的师徒情结,使得他们这种师徒的传承关系在最艰难的环境中,形散而神不散,不但未遭到破坏和分离,反而越来越牢固地维系在这个以破山为核心的精神磁场之中。之所以能出现这种牢而不破,破而不散的状态,除宗教的因素外,破山个人的魅力,包括他的佛学修养,文学功力和书法造诣均具备了让他的弟子们顶礼膜拜而五体投地的法力。

置身开县的破山,被人们东迎西请,下榻于紫云寺、栖凤寺等寺庙中,重振旗鼓,又开始了他的传教活动。这时,他生活的川东仍在残明势力手中尚未归入清朝的版图。虽是偏居于残山剩水,但他能重开法筵,则说明他的生活较为稳定,世态也较为安宁了。标志着十余年来颠沛流离的流亡生活行将结束,他俨然是走出了生活的低谷,其法派的鼎盛时期亦将到来。

注释：
① 朐䏰：古地名，秦汉时置朐䏰县，属巴郡，治地在今重庆云阳，辖今云阳、开州、梁平、万州，即当时川东数县。
② 土兵：石柱土司军队，勇猛善战，人称"白杆兵"。
③ 有关李自成归宿问题，有死于湖北通山之说和禅隐湖南石门夹峙之说等争论，甚至有将破山弟子雪臂印峦因曾称奉天和尚而误认为是李自成的说法。本书以通山说为是。
④ 灵山付嘱：相传释迦牟尼在灵山会上拈花示众，众皆默然，惟迦叶破颜微笑。佛曰："我有正法眼藏，涅槃妙心，实相无相，微妙法门，不立文字，教外别传，付嘱摩诃迦叶。"后以此比喻心心相印，相互默契。
⑤ 清朱鹿田诗，引自《四川通志》卷二百。
⑥ 引自《秦良玉史料集成》1987年，四川大学出版社出版。
⑦ 《中国佛教人名大辞典》，震华法师（民国）遗著，1999年月上海辞书出版社出版。
⑧ 《破山和尚》，李德森著四川人民出版社1983年2月《龙门阵》。
⑨ 邵墩《双桂禅院》，引自《梁山县志·艺文志》。
⑩ 姜嘉佑《双桂禅院》，《梁山县志·艺文志》。
⑪ 见《梁山县志》卷十，沈芝林《双桂堂舍利塔记》。
⑫ 任乃强《张献忠屠蜀辨.附：关于张献忠史料的鉴别》将明末蜀乱及张献忠入史料分若干类，"第一类，为作者自记亲身经历，实见实闻的原始资料。这类史料属于第一手资料，是我们研究张献忠问题的主要依据。"《破山禅师语录》即属此类。并说："《破山集》，大竹（误，应为梁平）双桂堂破山和尚，能诗文，有声望，在明末清初剧乱期间，周旋于大西与残明及清军之间，未蒙祸难。其徒众辑其诗、文、行事为全集，有刻本。"（四川大学出版社，2008，8，《川大史学，任乃强卷》）。另外，一些学者又否认破山语录的真实性，如浙江人民出版社1983年4月出版的《流寇志》，在前言中就有"对于张献忠的大西军，许多史书相信了农民军的敌对者破山禅师的捏造，诬蔑献忠屠戮四川殆尽"（谢伏琛、方福仁《流寇志与平寇志》）的说法，但它显然还存在阶级斗争的影响，尽量维护农民起义的地位，而将一些不利于农民军的史料归于"诬蔑"之列，成了"破山禅师的捏造"。
⑬ 引自《中国通史参考资料》第八册，翦伯赞、郑天挺主编，1966年1月中华书局出版。
⑭ 见《破山语录》卷十三《复丈雪上座》。
⑮ 参见戴逸主编《简明清史》，1984年10月，人民出版社出版；详见五纲《清代四川史》1991年，成都科大出版社出版。
⑯ 见《郭沫若全集》历史编3，1984年，人民出版社出版。

第五章 大道圆满的双桂时期

一、"佐明将军"

佐明将军即"夔东十三家"之一的金城姚玉麟，金城地处梁山县城西南十公里处，一座状如石鼓的山峰拔地而起，气势巍峨，矗立于群山中间，四周的悬崖峭壁，托出一块方圆近百亩的肥田沃土。山前只有一路可上，别无他途，又有寨门城墙等防御工事，真是名副其实的金城汤池和世外桃源。当地人称为金城寨。梁山县城在甲申之乱中变得残破不堪，四处颓垣断壁，风声鹤唳，百姓们死的死，逃的逃，整个县城宛若一座死城。这时，姚玉麟屯兵金城，手握梁山军政大权，与不远处的牛头寨互为犄角，遥相呼应，发扬前人抗元的精神①，抵抗清兵入侵。数十年间，这里即是梁山县政治、军事的中心。

姚玉麟，名迟沛，法号圣瑞，称圣瑞居士。相传他是张献忠的部将，被封为姚王。这时，他与"夔东十三家"的其他人一样，"用永历年，假故明封号"，联合抗清。金城寨石壁上至今保留有接受永历政权封赐的碑记："钦授标前镇守东北，挂'佐明将军'印、左军都督府都督姚玉麟。明永历乙未春建。"姚玉麟抗清态度十分坚定，虽曾一度降清，但降后复起，一直坚持到康熙二十年（1681）以后。通过《四川通志·政绩》之《朱霖传》的记载可以看出康熙年间在"夔东十三家"的抗清势力已普遍被消灭、姚玉麟及少数残余亦迫于无奈，归顺清朝并受到封赏之后，他几反几复，抗清之心不死的情况："朱霖，直隶人，康熙十九年（1680）任梁山时，平西余孽谭宏封顺义侯，驻夔；姚玉麟封右路将军，驻梁山。逆情已露，（朱）霖具文督抚，条陈备御甚悉。闰八月，谭逆僭伪号陷大竹等州县，姚逆遂纵兵大掠执（朱）霖，囚送金城寨。时荡寇将军固山贝子奉命讨之，谭逆先死，玉麟退保梁山以自固。明年正月，大兵抵梁山，（朱）霖遣仆缒崖，夜赴军营，

第五章　大道圆满的双桂时期

"夔东十三家"之金城山，姚玉麟屯兵处，距双桂堂一公里，乃双桂堂创建之前破山住锡之地

备述玉麟虚实，且劝速进。将军喜，夜即破贼，获玉麟以下数百口，出（朱）霖于囚。""僭伪号"即是重新打着南明反清复明的旗号，这对于清朝政府来说，当然是大逆不道的非法行为，必须置之死地而后快的。姚玉麟是"夔东十三家"当中的最后一人，大概也是全国反清复明运动在这一时期的最后一人，东南部的郑成功于1662年去了台湾，"夔东十三家"也于1664年以李来亨兵败茅麓山为标志，画上了句号，姚玉麟"贼"心不死，反反复复，能坚持到1681年，实非易事。

当时，破山在结束自己的流亡生涯后，稳定下来，开始在开县进行他的传法活动了。《破山年谱》记载，这年（1652）冬季，"高梁圣瑞姚护法，请住金城寺"。高梁即梁山，圣瑞姚护法即姚玉麟。梁山是破山由浙还蜀后最初演法的道场，基础最扎实，他所建立的万峰法派早已名扬海内，弟子们分化四方，桃李满天下，均不忘他这位"万峰老人"，回归梁山，光复旧道场正是他的希望所在。所以，破山接受了姚玉麟之邀，很快就率领门徒，来到了梁山，入住金城。金城寨上有金城寺，但它不过一殿一楼的一座小庙，这时，因破山师徒们的到来，变得热闹非凡。破山"乃为众开炉，旧日参随衲子同聚法筵，大振颓纲，宛如昨日"。在《题金城山》中，破山慨然吟道：

昔年客又复归来，今日如何口不开？

试问就中端的意，一声痛快一声哀。

（《破山语录》卷十四）

山河依旧，今昔巨变，饱经沧海桑田的破山，故地重游，悲喜交集之情油然而生。"流落天涯十载余，老将安枕欲何居？怪行索隐皆荆棘，惟有同尘即敝庐。"（《破山语录》卷二十《复鳞伯吴居士》）流落归来，何处是"安枕"逸老之地？破山充满了迷茫。据《破山年谱》的记载，他曾多次准备接受邀请去峨眉山逸老，但终未成行。

在金城寺的第一次升堂时，破山以拄杖指法座说道："即此宝花王座，是我崇祯先帝时也，曾七上八下，乃至永历圣主中兴时，复升此座，一任百匝千重大众，老僧拨转今昔关头去也！"拈香后说："此一瓣香自治而乱，自乱而治，非木石而莫能全其体，非水火而莫能发其用，热向炉中，祝延今上皇帝圣寿万岁万万岁"。再拈香后说："此一瓣香奉为阖朝勋贵、本省东道、夔州府梁山县当道尊官及缙绅大檀越、现前僧俗等，伏愿风以时，雨以时，道安百姓，齐其家，治其国，德被万民"。并祝在场抗清官兵"伏愿始作春秋之关锁，终为东北之界墙"，而结束语说："杖头日月光天德，照破山河瘴疠开"（《破山语录》卷四）。这不像是劝人避世求静的佛语，倒像是鼓动反清复明的演说，他以日月作为明朝的代称和永远不灭的象征，予以颂扬。他所"祝延""万岁万万岁"的"今上皇帝"自然是那位偏安西南一隅的"永历圣主"了，可见他对南明政权寄托着何等深切的期冀。最值得称道的却是他希望各方人士"风以时，雨以时，道安百姓"而"德被万民"，足见破山爱民之心。他有诗吟道：

独踞金城第一峰，满天星斗现穹窿。
老僧高着青莲眼，看得众生与佛同。

（《破山语录》卷四）

此时，西南的永历政权正如日中天，实施"联合恢剿"的策略，分路出兵，捷报频传。刘文秀率部入川,大败清兵,声势为之一振。李定国率部由川东入湖南、广西等地"清兵大败,横尸披野"(《小腆纪传》卷三十七),一时之间,"天下震动"(黄宗羲《永历纪年》)。破山亦备受鼓舞,当他到梁山金城寨时,又恰逢明军收复成都,所以他满怀希望,等待着反清复明的最后成功。梁山又是川东北抗清势力的前沿阵地,破山称它为"春秋之关锁","东北之界墙",在重庆、长寿、垫江等地先后沦陷的情况下,这里长时间内,均为明清两朝的分水岭,成为清兵无法逾越的"关锁"和难以突破的"界墙"。在破山心里,这当然归功于姚玉麟的强硬。在《赠圣瑞姚将军》的诗中,称赞道:

老大乾坤孰个新,高悬日月照当今。
功劳万世一腔血,几向人前肝胆倾。
(《破山语录》卷十九)

"高悬日月照当今",实际上就是在他方均已沦陷的情况下,仍然高举明朝大旗,撑持着一片天地,直至今日,"高悬日月",说明姚玉麟心里装着明朝,奉明室为正宗的态度。姚玉麟将破山请到金城寨后,日夜倾谈,分析时局,谈论佛法,叙说人生,过从非常密切。破山还曾为他的肖像画题诗说:

从来杰者多出奇,不在治时在乱时。
肋挂"佐明"安蜀北,威扬负胜助黔西。
功名身价标青史,道德口碑继白眉。
千里乌骓谁驾御?一腔热血令人思。
(《破山语录》卷十四)

姚玉麟的确是佐明的乱世英雄,反清的热血斗士。道德口碑,亦无瑕疵。清朝嘉庆时编辑的《梁山县志》对张献忠及"姚黄"等人大肆数落,而对他只有"逆贼"的辱称,并无残害百姓的罪证。死后人们还自发为他修坟造墓,树碑立传,尊称为"姚王坟",至今遗迹犹在。破山对他十分钦佩,更有"不凡道骨自天来"(《破山语录》卷十八《寿圣瑞姚将军》)等诗句相赠相赞。他能随姚玉麟返回故地梁山,也是基于他们有这种亲明朝而反满清的共同立场。

由于破山的来到,金城寺又新建了一座楼房,作为他会客、授徒和起居的寓所,破山题笔命名为"醉佛楼"。这名称带有自嘲的意味,因为他自破戒开斋以来,云游各处,饮酒食肉如故,以此表明反对屠杀的态度,大有天下不太平,不足以改其志的意味。与人交谈,演说佛法,也总是"皆以不杀为至德"。人们对他"颂德不已",劫后余生,都尊他为"古佛重来",倍加敬仰和崇奉,而"酒肉和尚"之类的冷嘲热讽亦不绝于耳,对此,破山除不时流露矛盾心情之外,更多的则是从容和坦然,对自己大破酒肉之戒毫不掩饰和隐讳,甚至常常记录于诗中,赠送给世人。昔人有"救人一命,胜造七级浮屠"的古训,况且禅门中人以心为宗,注重内心的修炼,不受外力的影响,破山此时将自己寓身之楼名以"醉佛",既有刺世愤时之意,又是自我解嘲之言,醉酒与作佛,原本两不相容,但为时事所逼,破山不得已而为之,日与虎狼为伴,酒肉为食,来往于酒狂与佛子这僧俗两端,虽身不由已而心有所属,故能保持外浊内清的状态,在闹中取静,在颠酒中成佛,出淤泥而不染,所以,破山在此要毫无愧色毫无避讳地自命为"醉佛"。实际上,在他长达十多年的开斋时间里,信众们仍然崇奉如初,弟子们仍然"无戒不持",足以说明对他的破戒行为的理解。

在梁山金城寺醉佛楼里,破山频频接待着他的崇拜者,送往迎来,赠以诗文佛偈,如《赠参之秘侍者》说:

醉佛楼头颠酒多,逢人未敢鼓风波。
有时醒眼看大地,举世无能奈尔何?
(《破山语录》卷十八)

诗中反映出来的情绪,从某种意义上说有自我麻醉的成分,因为"醒眼看大地",直面现实,投身社会,也无济于世、无可奈何,徒增烦恼而已!反不如借酒浇愁，尚能自得解脱。在这位自己身边的侍者面前，破山悲观主义者的心态透露无遗。又如《示六法孙》说：

> 几来醉佛楼前过，独为老僧念不休。
> 今日扇头书远虑，只将肝胆寄荒丘。
> （《破山语录》卷十六）

此处的"肝胆"，是指他还在浙江游学时便确立的回归巴蜀传播佛法的理想；此处的"荒丘"，是指包括金城寺"醉佛楼"这种与军人俗子混迹一处的一个个流亡之地。看来，破山虽受款待，却并不愿意与他们搅在一起。"只将肝胆寄荒丘"是无可奈何的叹息。而破山之所以在这些年不加拒绝地接受邀请，是因为他们有反清复明的共同立场，仅此而已。再如《赠三佑陈童子》说：

> 忠臣之子苦飘零，国运何时得太平？
> 有日上苍开只眼，任教顽石也生情。
> （《破山语录》卷十九）

长年的漂泊，长久的战争使得破山期盼生活安宁的愿望达到了顶点，由是发出"国运何时得太平"的强烈的呼唤，并说苍天若开眼，"顽石也生情"，这种竞相杀伐竞相争斗的血肉世界何时才是尽头？破山只有仰天长啸，慷慨悲歌。为此，他除用破戒饮食酒肉的做法来表示对将军们进行微弱的示威外，还常常委婉劝导，或不停地以诗相赠，表明自己的观点，如《赠章有王镇台》说：

> 肝胆从来不可秘，恩威并举抚残黎。
> 高粱荆棘承谁力？想是皇天启志思。
> （《破山语录》卷十九）

"恩威并举"就是要施百姓以恩德,抗清兵显威武,抚惜残黎,保护好劫后余生的老百姓是此诗的主旨。高梁即梁山,梁山荆棘丛生,满目疮痍靠谁的力量来振兴,想必镇台大人当之无愧吧!破山对王镇台的赞扬似乎已到了吹捧的程度,为了黎民百姓的生死,其用心是何其良苦。

"夔东十三家"的联合使得清兵不能骤然获得川东之地,暂时的僵持又使得这一方水土出现较为稳定的局面。战后家破人亡,妻离子散的状况,更使得游子浪人纷纷皈依佛门,寻找寄身之地与安心之所。在这种万物萧索、百业凋敝的情况下,金城寺却显得异常的热闹,人们纷至沓来,破山俨然成为一个抚平战争创伤的救世主和填补精神空虚的指路人。

从此时起,破山开始了传法的鼎盛时期,对他自身来说,其佛学思想、书法艺术和诗歌风格均已炉火纯青而大器晚成,走向大道圆满的境界。

隶属南明永历政权的姚玉麟将军,则是破山晚年最大的资助者,对破山法派的壮大起着举足轻重的作用。

二、双桂祖庭

按照民间的传说,破山学成之后,在浙江天童山辞别师门,意欲云游四海,广开法化。他的师尊密云和尚顺手以桂树二株临别相赠,嘱咐道:"桂树在哪里落根,哪里就是你的安身立命之处和功德圆满之所"。破山依言而行,时时谨慎,但道行江南江北,途经万水千山,仍不见桂树落地生根。他只得遵从师命,将二株嫩桂小心护持,不停地游走。一日来到山清水秀的梁山地界,入夜,他仍像平常一样,将桂树放在座位前面的地上,自己闭目打坐,参禅入静。午夜时分,突然霞光冲天,光耀大地,四方之人纷纷赶来观看,但见一个像貌不凡的高僧正旁若无人地盘腿冥坐,身前双桂郁郁葱葱,散发着迷人的清香。众人推想此僧一定大有来历,于是拥而尊之,并为他建庙立殿,以弘扬佛法,西南祖庭双桂堂就这样神奇地出现了。

双桂堂外象鼻咀禅林

除此而外,民间还有"一袈裟之地"等故事广为流传。但传说终究只是传说而已,事实上破山的传法与双桂堂的创建,远非如此的浪漫和轻松。

清朝顺治十年,按梁山当时所属实际上应为南明永历七年(1653),《破山年谱》载:"圣瑞姚公请于师曰:'和尚门墙高大,龙象甚多,非大道场不能海纳山容。'"小小的金城寨上僧侣云集,而慕破山之名前来参拜者,犹源源不断,刀光剑影的御敌山寨宛然成为谈禅论道的佛门法场。僧众越集越多,寨小不敷应用,所以姚玉麟有这种池小鱼大的感叹,说"非大道场不能海纳山容"。他已敏锐地觉察到这种将成大气候的征兆,便亲自下山考察地形,准备为破山营建一座能够海纳山容的宏大的道场。他将考察的情况给破山汇报说:"弟子卜得一山,俗传古之黉宫,尚有老桂二株,局面恢宏,可建一大梵刹。"并引导破山亲临考察定夺。只见山环水抱、地势平缓,适宜建造规模宏大的庙堂,以应四方信徒之需。破山看后非常满意,"师览云:此山较之千二百五十人同居,犹其少者也"。

自古有"天下名山僧占多"的说法,僧舍佛寺往往远离市井,建造于高山之上,潜藏于密林之中,适合于僧侣闭关习静,独自修炼。如以前破山曾经住持过的风景独特的万年寺和正住持的山势险绝的金城寺就是这种类型。而此时的破山,高足满座,信众如云,其门庭不啻于禅学交流中心和佛法传播基地,选址在地势平缓的山下营建大道场当然是最合适不过的了。

选址一旦确定,于是动员各方力量,伐木采石,建堂立殿。按《破山年谱》道,"是秋鸠工采木,于佛成道日竖大殿、方丈、僧堂三十余楹,即名之曰'双桂堂',

双桂堂后万竹山步道

遂结冬安众，顿成大观。"又按《破山和尚塔铭》载，"壬辰、癸巳间，蜀难渐平，师回梁山之金城寨，去寨半里有旧绅别墅，尚余老桂二株，师葺而居之，颜其堂曰双桂，门曰福国。"再按《双桂堂四界碑》所记："双桂之肇造者何？盖破山大师所以惠来学也！师避乱南滨逾十稔，为姚将军迎归，敷席金城峰顶。一楼一殿不足以受学者，乃循城西里许，得祝氏废址，庀材鸠工，期年而堂成，复殿周廊，来学如归矣。"种种资料显示，双桂禅院是在"祝氏废址"这个"旧绅别墅"的基础之上改建扩建而成的、在当年年底的腊月初八日即"佛成道日"初具规模的佛寺，并以原来的"老桂二株"命名其法堂为双桂堂。反清将领姚玉麟无疑是最大的资助者，因此，直到后来光绪年间寺中报恩堂铸幽冥钟，其铭文亦有记载道："今双桂，古名簧宫，祝氏废基，大清顺治十年，癸巳岁，由浙江宁波鄞县天童密云悟传曹溪三十五世破山海明禅师初创，遇护法圣瑞喜舍赞瓢之业，建为十方安身禅院。"可见姚玉麟对创建双桂禅院的贡献，功不可没。

双桂堂在南明永历七年（1653），只能说初具规模，以后仍不断进行修建与完善，如《破山年谱》所述顺治十八年（1661）时就有"法堂告成，廊庑毕备，复建一楹于法堂之左隅，题曰：寝堂"之类的记载。破山之后，其传人亦多次进行修缮与新建工程。在双桂堂草创时期，破山足迹往来于双桂堂与金城寨之间，两处说法，传教之事不曾须臾停歇，好在两处相距不远，去来亦非难事。《破山语录》卷五中有破山上堂的法语道："金城寨上，尘埃不到；双桂堂前，泥水甚多。"足

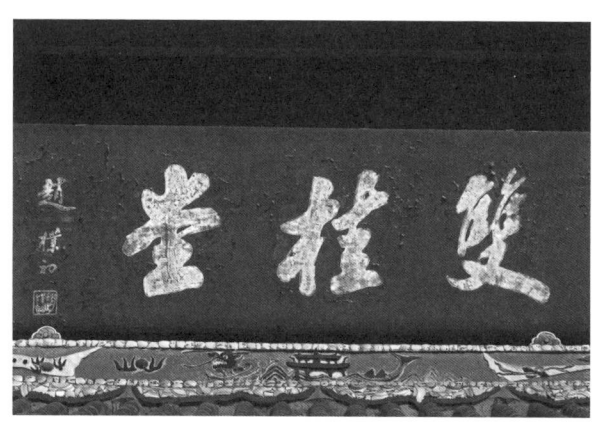

1983年双桂堂列为首批全国重点汉传佛教寺庙，恢复开放，赵朴初题匾。

见当时情况。在双桂堂的建设工程中，僧侣们自己动手，自力更生，是积极的参与者和主要的劳动力，他们添砖加瓦，各尽其能，发挥了巨大的作用。"凡断木、拽石、挑砖运瓦，皆僧侣躬为之，犹有力行而恐后者"（《破山年谱》）。对此，破山在开堂时，不无感慨地说：

> 今年双桂开堂，个个脚忙手忙。
> 山上工头喊号，堂前执事敲梆。
> 芒鞋东穿西脱，索杠论短争长。
> 务要同心竭力，都来直下承当。

（《破山语录》卷五）

争先恐后，你追我赶，群僧激昂，干劲冲天，好一派令人振奋的热闹景象和劳动场面。

双桂堂代代相传，延续迄今，占地一百一十二亩，寺内殿堂林立，规模宏大，关圣殿、弥勒殿、大雄殿、文殊殿、大悲殿、舍利殿，位置从前到后，地势由低到高，坐东朝西，一一平行排列在中轴线上，均衡而对称。客堂僧寮分布两旁，天井海坝点缀其间，主次分明、虚实相生、自成体系。回廊曲巷，长亭短榭，巧妙地连接成一个结构恢宏的宫殿式建筑群。另据《双桂堂四界碑》所圈定的范围，寺庙

双桂堂大山门

拥有的田产地产共计近两千亩。由举人冯百祥撰写的《双桂堂四界碑》，立于"皇清康熙丙午岁（1666）十二月佛成道日"。即破山圆寂的当年年底，双桂禅院的主体工程也基本在破山生前告一段落，所以形式上属于明式建筑的风格。而当时的社会形势却是战乱频仍，民生凋敝，满目疮痍，遍地哀鸿的状况，能在这种前所未有的大浩劫、大灾难之时建立这种规模恢宏的大禅院大道场似乎是个奇迹，但从这个奇迹之中，更能感觉出破山在当时的分量。

据《梁山县志》载，双桂堂初次竣工后，由破山与姚玉麟合写了"双桂堂"匾额。这种文人雅士常有的笔墨游戏，在这里却有非同寻常的意味，它透露出佛堂与世俗，僧侣与社会某种不可分割的联系。

在双桂堂山门前，破山还亲笔题写了楹联二副，镌刻于石柱之上，流传至今：

其一

二株嫩桂久昌昌，正快时人鼻孔；

数亩荒田暂住住，稍安学者心肠。

其二

万竹山前逢野衲，话虚心高节；

三家村里学老农，得广种博收。

　　禅宗初祖菩提达摩只身东渡，前往中国，临行前辞别其师般若多罗尊者时，般若多罗尊者有诗偈一首相赠道："路行跨水复逢羊，独自栖栖暗渡江。日下可怜双象马，二株嫩桂久昌昌"（《水月斋指月录》四）。暗喻禅法必盛行于东土震旦大地。破山第一联第一句即源出于此，并原句照搬，恰到好处地与自己的双桂堂暗然吻合，天衣无缝。日后他自谓为"双桂老人"，其法派称为"双桂禅系"，有意无意之间，显示出与一千一百年前的达摩祖师的渊源关系。双桂堂又名福国寺，日后又因掘得金带一根得名为"金带寺"。但自破山始，人们均乐以称它为双桂堂，原因大概就在这里。第二联的"万竹山"即双桂堂之所在，以竹林丰茂之故得其名。"三家村"指人烟稀少的村落山野，《景德传灯录》二四《白云和尚》中有"恁么见解，何似三家村里"的话，这里，破山既有对战争灾难的叹息，又有"只将肝胆寄荒丘"的身世之感。从两副对联清新淡远的文字和超逸闲雅的书法中，流露出此时他已思绪"稍安"而归于平淡的心态。

　　这时，破山着力倡导农禅并重的思想，领众普请[②]，参加垦田开荒，在明末的持续战乱后，这种人烟稀少的不毛之地上，开发土地，恢复生产，重建家园。投奔破山门下的，除文人学士、前朝故吏、官宦缙绅外，很大一部分则是家破人亡无处可归的流民和失魂落魄精神空虚的浪子。破山以宽容的心态，来者不拒，去者不留。冯百祥在《双桂堂四界碑》序中，说破山面对源源不断的皈依者们，"师乃买犊载耜，率众而田之"。在这里，流民以僧侣的身份进行劳动，生活趋于安定，彼此平等、独立、自由，不受官府的约束，不受政府的干预，甚至在佛门法度之内可以逍遥放纵、宽松自在，种田吃饭与参禅念佛相融合，自然而又恬淡，随意而又安全，丛林宛如理想的桃花源，洋溢着宁静而协调的诗情画意。在《示万一禅者》的偈子中，破山说道：

　　　　欲参双桂禅，猛力开荒田。
　　　　佛法亦如是，何愁不向前。

（《破山语录》卷十六）

将学佛和种田这两个似乎不相关联的东西融为一体。在《示开密行者》的偈子中说：

双桂重开罗汉田，高低平处自安然。
有时握断锄头柄，拍手呵呵叫阿天。
（《破山语录》卷十五）

劳动的喜悦、坦然的心境、安闲的生活状态溢于言表。在《示大奇禅人》偈子中说：

双桂堂前无剩言，教人活计只开田。
生涯就里天然别，种草生生待正传。
（《破山语录》卷十五）

"一日不作，一日不食。"来双桂堂参禅学道，似乎除了"开田"务农，就别无他法可学了。在《示默念庄主》偈子中说：

做就庄稼活，田园五谷丰。
诸方禅衲子，共享太平风。
（《破山语录》卷十六）

双桂堂成了"不与秦塞通人烟"的太平世界，改朝易代、国恨家仇种种不平之事宛然消失殆尽。在《示白崖禅人》的法语中，破山更夸张地说：

老僧年迈，归高梁，居田里，种田博饭，只知有温饱，尚莫知禅何物，

木石结构的双桂堂建筑

道何物……

(《破山语录》卷十)

正如佛门常言,"生死事大"。命且不保,妄谈他业?没有较为稳定的经济来源作后盾,佛教活动亦难以开展。要弄清楚禅为何物,已不是那么重要了。安顿下来,解决生计问题是当时包括佛门在内的整个社会的头等大事、燃眉之急,破山提倡农禅制度,正是顺应了这一形势的需要。另一方面,他大量安置前来皈依的外来移民,又开了以后康乾之际"湖广填四川"的先河。

在佛教史上,农禅发端于中唐的道信,开拓于弘忍,规范于怀海,而此时的破山是杰出的后继者,自给自足,自由自在,有如怀海所说:"行普清法,上下均力。"僧众不分位置高下,共同参加劳动,双桂禅院无疑是明末天下大乱之后游民僧侣们理想的人间天堂。佛教的原始教义认为世间皆苦而厌恶人生,鄙薄生产劳动。除少量的来自国家的供养外,游方乞食和施主布施是僧侣的主要生活来源,因此,成为社会上一个特殊的寄生阶层。达摩东渡来到中国后,创立禅宗,其人及其门徒,也都是南来北往,浪迹天涯,以游方为务,居无定所。农禅并重的原则,既解决了僧侣的生计问题,使流动趋于稳定,又扩大了修行的范围,使禅由坐住行卧渗透到生活劳动与日常行事之中。

由于破山坚持不懈地进行对土地的开发利用，双桂堂四周遂为肥田沃土，使这个新兴的禅林也显得气象万千，一派生机。对此，破山非常满足地说道："禅堂四面尽良田，夜夜虾蟆宇宙喧。仔细听来无别语，声声啼破葛藤禅。"（《破山语录》卷十五《示石幢生元》）

破山在双桂堂提倡农禅，对广大的难民游僧来说，既收容其肉体，又安抚其灵魂，在农作中悟禅，在禅悦中农作，也最好地体现了自中唐以来南派禅宗"明心见性"、"平常心是道"、"随缘自在"、"即心即佛"的佛门精神。破山通过种种方式，不分时间和地点，随意点染，给善男信女们以委婉诱导，指示迷津。如《破山语录》卷十八有佛偈一首并序道：

运土次，一居士呈偈，师云："胡思乱想来底，不若将扁担筥篼作题。"遂占：
一条扁担一筥篼，搬尽土巴与石头。
莫待后人犯脚手，驴身骑跌马身忧。

开荒运土，劳作之时，师徒之间仍不废禅法的授受切磋，但这位居士所呈的佛偈，被认为是"胡思乱想来底"，没有生活的根基，缺乏正确的方法，破山便以大家手中的"扁担筥篼"作比方顺口作偈一首，予以启迪，体现佛法无处不在，无时不有的道理。这类例子在《破山语录》中屡见不鲜。

破山开辟双桂堂之后，已不再像早年那样云游四方去传法布道了，从顺治十年（1653）双桂堂初次竣工到康熙五年（1666）圆寂西去，他不得已只外出了三次：第一次是应谭首四之邀到万县，第二次是到大竹祭扫大持和尚塔，第三次是应李国英之邀到重庆。他自己久已有之的江南之行却成为终身的遗憾，至死亦未实现。不过，他对先师密云圆悟的教导之恩始终未能忘怀，如在《上天童老人》诗中，他无可奈何地说：

师逝江南十余载，烽烟不息阻征途。
汗颜拟则机缘去，恐我同门骂瞎驴。

（《破山语录》卷十四）

密云于1642年去世，至此已十多年了，破山久有重到江南祭扫师塔的打算，然而战争不止，"烽烟不息"，关山阻隔，难以成行，虽然已经委托丈雪法子前去祭扫，但同门中人会不会认为自己忘恩负义呢？在这一点上，破山表现的是既惭愧又无奈的心态，因此，在给密云在天童寺的接班人木陈写信时，便采取模棱两可，看似通篇恭维的做法。

破山寓身双桂法堂，在弟子们的悉心照料、信徒们的顶礼膜拜中，度过了他较为安定的晚年生活。从这一时期大量涌现的诗作和书法看来，垂暮之年的破山是一个精力旺盛、思维敏捷、性格开朗、感情丰富的老人，或聚众说法，或领众熏修，或带头普请，均显得那样从心所欲、游忍有余而又意味无穷。在《中秋示众》中，他咏唱道：

> 时临冷落中秋节，四海禅和心未歇。
> 云集齐来觅指归，一人一饼一轮月。

（《破山语录》卷十六）

饼圆如月，月圆如饼，或在手中，或在眼中，或在心中，同向此时而圆。破山这时因一时兴起，有感而发的诗作最能看出他暮年的心态，如《双桂堂偶成》说：

> 朝朝醉酒三家村，靠壁扶篱倚树根。
> 叫笑不知参有路，狂歌翻信学无门。
> 将期道远绝孤独，岂料法微殃子孙。
> 醒眼看来浑是梦，希贤希圣复何存？

（《破山语录》卷十八）

首联说"朝朝醉酒"以至于"靠壁扶篱倚树根"的程度，任达放纵，落拓不拘仿佛已不是佛门弟子所为，更像浪漫文人的行径。第二联说自己的"叫笑"、"狂歌"，自己的所作所为，在古人中找不到先例，在佛典中也没有依据，自己的学业来自何处，是什么路数，现在看来则是"无门"之门，无法之法了。第三联说本来有高深远大的佛法启迪众人，不料法子法孙们却热衷于自己这种不伦不类的东西，使他们深受其害而殃及子孙后代。尾联说"醒眼看来"浑然如梦，正如他以前所说"世出世法浑然是梦，妻财子禄也是梦，真如佛性也是梦，田园屋宇也是梦，菩提涅槃也是梦，为官为吏也是梦，成佛成祖也是梦"。又如《金刚经》所说"一切有为法，如梦幻泡影"。既然一切皆空，万般皆梦，那么又何必去奢望法子法孙们趋贤趋圣，成佛成祖呢？空幻、虚无、从心所欲、随缘自在是破山晚年心境的真实流露。另一首这时所作的题为《栽秧勉众》的七言律诗最富有生活情趣：

> 三家村里老农忙，未得天明开普梆。
> 垢面去随泥水净，闲身来逐鼓锣狂。
> 歌声大发倦人胆，笠影横遮散雨光。
> 双桂住持非刻剥，要将底事胜诸方。
> （《破山语录》卷十八）

日出而作，日息而息，双桂丛林顿成山清水秀柳暗花明的田园农舍，破山带头普请，参加生产劳动，"未得天明"，普请的梆声就已敲响，泥水洗面，锣鼓助兴，载歌载舞，一片欢笑。这并非是对僧众的刻剥，而是要让双桂堂这农禅并重的"学业禅堂"，以自己的独特风味，与其他佛门禅林形成鲜明的对比。

清朝政府在全国基本统一后，加紧了思想文化方面的统治，致使文字狱不断发生，并明令不准文人结社，不准谈论朝廷，对佛教道教特别禅林这种文人经常出没的场所也进行诸多的限制和规定。其主要内容是限制僧道人数和活动范围、加强僧道管理、禁止扩大寺庙、打击悖逆不法并适当予以利用等。康熙元年（1662）十月十五日阖山大众云集座下，破山开堂说法道：

> 年年此日开炉,惟有今年不如。
> 圣旨敕僧复俗,檀那乏供充厨。
> 锻贤炼圣风火,起死回生术符。
> 一旦掷之没有,谁扶佛日皇图?

在下堂时,他哀叹道:

> 一堂风冷淡,千古意分明。
> (《破山语录》卷五)

    双桂堂虽然偏居于川东僻远之地和俗世红尘之外,但普天之下,莫非王土,又岂能摆脱大清朝廷的统治以及种种高压政策的冲击,双桂堂中的破山感慨叹息是免不了的。然而事实上双桂堂却从未遭受过满清政府直接的冲击,反而几度承蒙清廷的"圣恩"。按《梁山县志》记载,双桂堂在雍正和乾隆年间,就曾四次"奉旨钦定入藏",这当然是荣耀的事情,其佛经典籍藏书之多,在当时就已为各方所垂涎。雍正四年(1726),由雍正帝主持刻印了《大藏经》一百部,分赐天下丛林,双桂堂也在受赐之列。为此,文人李云程写了一篇长长的题记,其中说:"皇上御极之四年,重刊三藏圣教经皆成,印百部,颁赐天下名蓝大刹。蜀省得二,其一昭觉,一则双桂也。共计七千二百卷,作七百二十四函。"李云程感慨道:"我朝崇儒重道,而于释氏亦为加意,此非管蠡之见所能窥测其高深者也!但念双桂,半亩之区,以天下视之,沧海之一粟耳,而亦远被恩波,得此大藏,良由破山明手植双桂以来,子若孙相继,栽培灌溉,代不乏人"(《梁山县志》卷三)。可见清廷对双桂堂不薄。当然,这主要是基于佛门大师破山的影响,虽然他这时已作古多年,但流风余响犹甚。就连除双桂堂外的另一部《大藏经》所赐给的昭觉寺,亦不无破山的影响,——它本身就是破山弟子丈雪中兴的、双桂堂的接法寺庙。双桂堂自创建以来,确实深得清廷"顺(治)、康(熙)、雍(正)、乾(隆)之圣主栽培,(嘉)庆、(道)光、(咸)丰、(同)治之明君庇佑"[3]。长期兴而

双桂禅院掠影

不衰。

由于破山创建双桂堂的宗旨就是要使之成为学者荟萃，人才辈出的"学业禅堂"，提出"内外典籍，贵以贯通"的学术观点，兼容各家各宗之长。因此以供修学而大量刻印经书，是双桂堂又一特色，其刻印水平亦处于当时领先地位。据《清代四川史》载，"清代四川寺院都自己招工刻印经书，梁山县的双桂堂，成都的昭觉寺、文殊院，新都县的宝光寺和德格县的德格印经院等，都是刻印有关宗教书籍的中心。"另据《梁山县志·风俗》所述，"六月六，为天贶节，曝衣服书帙于庭，以免霉虫。是日双桂堂遍翻藏经。"双桂堂翻晒经书成为当地一大奇观，可见其藏书之丰，学人之众。

此时，"双桂道风，大振遐迩"（《破山年谱》），除川、黔、滇外，陕、鄂、湘、闽及江浙诸省均有其付法弟子和接法寺庙，双桂堂被赋予"西南丛林之首"、"第一禅林"、"宗门巨擘"④等尊称，饮誉佛门内外。

《中华佛教二千年》说："双桂堂创建以后，得到清朝历代皇帝的支持，连续不断地修建了二百多年。"到了"民国时期，双桂堂以它宏伟的规模，庄严的殿堂，丰富的藏经，独特的雕塑被列为蜀中丛林之首"。

三、学业禅堂

开放的思想，灵便的方法，使双桂堂里的僧侣们具有鲜活的生命力，他们身上除佛门清规戒律外，还有孔孟的思辨精神、老庄的自然心态、魏晋的名士风度、唐宋的诗人气质，艺术才华与思想境界充溢着他们的灵魂。

破山在双桂堂根基已稳的情况下，便着眼于：一、建立双桂法派，使西南佛法迅速兴盛；二、拓展对外交流，增进东西部佛学的融通；三、关注时局发展，促使战争尽快结束、社会尽快稳定、人民尽快安宁。破山顺应时代的需要，发挥了极其重要的作用。双桂堂几乎成为明清两种势力相互联系的纽带。在这一时期，破山的传法是分层面进行的。他所面对的法子法孙，善男信女们，既有学养深厚、诗书兼善的禅僧，也有目不识丁、不通翰墨的粗人；既有沧海桑田、饱经患难的老者，也有乳臭未干、不知世故的童子。诸如前朝官吏、昔日富绅、落魄文人、外地流民、游方僧人……不一而足。破山因人而异，因材施教，根据根器的利钝、学问的深浅，对他们"朝夕磨砺"，"施以本色钳锤"。

以下是针对学养深厚的高足及其传人所出示的佛偈和法语：

示笑白禅人
名山高出有名人，随处相将淡世情。
惟有破山伎俩别，头头物物是嘉珍。
(《破山语录》卷十五)

示燕石法孙
相逢相别十余秋，未恰老僧拄杖头。
试问何时知痛痒，白云天际任风流。
(《破山语录》卷十五)

示耶湘禅人
吃酒又谈禅，如疯又似癫。
拈来干屎橛，却当破铜钱。

(《破山语录》卷十五)

示易安西堂

相逢不谓易和难,只在工夫密密间。

非是老僧悭吝法,棒头落处月星寒。

(《破山语录》卷十五)

示祇园静主

兀兀蒲团冷坐,个中摸索不着。

忽然七穴八穿,便买草鞋行脚。

(《破山语录》卷十五)

示唯心禅人

山水依然是故乡,草鞋钱尽可承当。

祖翁一片闲田地,几度耕来几度荒。

(《破山语录》卷十六)

示滥厕僧人

出家僧行有千差,莫道行同无正邪。

瞥尔不遭混饱锁,俄然又带静禅枷。

仪容滥欲人恭敬,过恶轻遮鬼录查。

叮嘱我曹休错会,羽毛鳞甲失袈裟。

(《破山语录》卷十六)

示尼晴虚

出家容易学道难,难中最苦是家缘。

若知难易从何处,野鹤无粮天地宽。

(《破山语录》卷十六)

示不会禅人

闲来双桂学枯禅,七破蒲团非偶然。

卷起画帘云不隔,始知不负草鞋钱。

(《破山语录》卷十六)

清代翰林李惺『双桂堂重建禅堂记』

示昙云禅者
来我双桂堂，对渠无法说。
一条短杖藜，与尔堪歇脚。
（《破山语录》卷十六）
示玄晖戒子
来参双桂禅，如羊伴虎眠。
有时遭一口，怨声万万年。
（《破山语录》卷十六）
示直指禅人
道及指南处，其心未悄然。
拟行三五步，便觉万千言。
远岫白云杳，平溪绿水漩。
何时得到岸？直直话君前。
（《破山语录》卷十六）
示荣眉禅人

学道无分老少，只要信得及。此信非从外来，即是日用。穿衣吃饭、迎宾待客、屙屎放尿，一动一静处讨个分晓……（《破山语录》卷十一）

示圆虚禅人

既到为僧田地，千自由，万自由，若住若行，何人关涉？只是就中穿衣吃饭、迎宾待客处分晓得。不疑佛，不疑祖，便是放身舍命之时也。

（《破山语录》卷十一）

示尼见微戒子

持戒之人不上天堂，犯戒之人不落地狱。若向此处理会得无戒不持、无生不度，即此是真持戒者。勉之。

（《破山语录》卷十一）

示紫莲禅者

学不言之道，非笔舌尽之也！悟无影之禅，非手足蹈之也！然而学、悟虽殊，究竟到家一也。……

（《破山语录》卷十一）

示半月禅人

蒲团上打几日瞌睡，丛林中行几日如来，始不负割爱辞亲苦志也。

（《破山语录》卷十）

示圣意

老僧行径令人疑，不令人信。信，一时也。疑，永劫不忘也。然而疑乃悟之因，不疑则不悟。信乃道之本，不信不能入……

（《破山语录》卷十）

示光慧行者

……逐日上山，见花开花落，生灭宛然，洞知我有限身心，同于生灭，急早知我生灭中，有个不生灭者，且道是谁？忽地里觑破，始知冒雨冲风去，披星带月归，不知身有苦，惟虑行门亏。

（《破山语录》卷十）

对于这些上上根器的佛门弟子,破山所说的"法"就是要尽量淡化"法"的作用,直至消除,从而摆脱"法"的束缚,达到精神的解放与心灵的超脱。这也是中国文人士大夫们普遍的心理要求,一方面不以规矩,不成方圆,人们要努力建立法度,寻求规律而趋于完善,另一方面法度却限制自由创造,消减才情,泯灭个性,因此,法度往往是通向圆满境界的障碍。那么如何把握法度,张扬个性,实现二者兼容,相得益彰?则需要破除"法执",使其"法无定法"甚至法为我用,"无法之法,乃为至法"。境由心造,随缘自在,顺其自然便是禅师们所共同追求的目标。在这里,破山所谓"卷起画帘云不隔",就是要打破隔膜,以心传心。"野鹤无粮天地宽",就是要放弃条条框框,突破所知障,实现"向上一路"、"直指人心"的禅法。从"持戒之人不上天堂,犯戒之人不落地狱"来领会和实践"无戒和持",灵活运用法则,反对死守戒律,他还反对以单纯的坐禅方式去悟道,说"兀兀蒲团冷坐"只能"个中摸索不着",一切旧习成法都是禅门的陷阱,对不能超越者发出"试问何时知痛痒"的感叹。他所提倡的修行方法就是要以自己为中心,充分相信自己,其他一切放下,自然地思想,自然地行事,自然地生活。"穿衣吃饭,迎宾待客,屙屎放尿,一动一静处讨个分晓。"在不用功处用功,在不修行中修行。"山水依然是故乡",平平常常,无牵无挂,"白云天际任风流","千自由,万自由,若住若行,何人关涉?"至于蒲团上打瞌睡,吃酒谈禅之类均无碍于大道。一言以蔽之,破山之目的,就是要破除对一切有形有相或无形无相的,或主观或客观的执着,一切打通,一切无碍,达到自由圆满的精神境界。

以下是针对初学者们所出示的法语和佛偈:

示光法行者
年轻学道志当坚,学尽前贤古圣传。
身要行坚心要密,学来不费个盘缠。
(《破山语录》卷十五)
示光藩书生
小小书生志要坚,从头到尾诵诗篇。

双桂禅院廊柱天井鳞次栉比，庭院深深。

其中自有黄金物，只在工夫不断间。

（《破山语录》卷十五）

示光藻沙弥

从小沙弥要勤学，休将懒惰生轻薄。

有时发奋步青云，独取骊龙头上角。

（《破山语录》卷十六）

示真际小童行

道无门，何处入？从早晚，功课熟。

莫贪眠，殷勤役。随丰俭，置衣服。

莫华丽，饰粗布。少辛苦，老享福。

要出家，听吾嘱。

（《破山语录》卷十一）

示瑞峰戒子

既受老僧戒，当行持老僧事，然而老僧别无他语，只要人人莫造业，知因果，明罪福，即是真守戒法也。

（《破山语录》卷十一）

示道生沙弥

小沙弥，须勤学，莫向空门躲日脚。

烧香换水结良缘，扫地烹茶习礼乐。

动静忙闲着意思，明明后觉从先觉。

(《破山语录》卷十一)

示义发行者

……身若不苦，福禄不厚；心若不苦，智慧不生。始知行苦行有益也。

(《破山语录》卷十一)

示六也沙弥

妙年英姿，切不可学懒贪眠，混过日子，只须向忙里偷闲，以日继夜，以月继年……

(《破山语录》卷十)

示禅源禅人

出家志在参学，参而不透必学，学而不圆必参，此两者亦不可偏废……

(《破山语录》卷十)

对这些年少无知，寡文少墨或悟性较低的追随者，破山则告诫他们必须勤学和苦修，扎实锻炼，积极进取，无论是"烧香换水"还是"扫地烹茶"，均要认真仔细，用心去做，"切不可学懒贪眠"。破山还教导他们在修行过程中要参学结合，"参而不透必学，学而不圆必参，此两者亦不可偏废"，学即是多读多看，出于行动，参即是静思静虑，在于体会。既要身体力行，又要静观默察，实际上破山是希望他们学而思之，思而学之，立大志，走正路，行大道，成大器。

以下是对居士们所出示的法语和佛偈：

示天阶秦居士

问君曾读几车书，握管文成似有余。

我已摇鞭君信否？归家应笑倒骑驴。

(《破山语录》卷十五)

示付衣成居士

不从色见与声求，个里如何始彻头。
试问耳闻及目睹，水声山色自悠悠。
(《破山语录》卷十五)

示国相居士
携酒来登双桂堂，教人礼乐尽相忘。
与君说句无生语，短者短兮长者长。
(《破山语录》卷十五)

示公调吴居士
我法对君说，君机对我写。
墨花笑水云，捧喝惊松舍。
愈觉复愈疑，转疑堪转者。
试看物物前，谁是谁非也？
(《破山语录》卷十五)

示明川张居士
话头一句始牢关，坐卧经行只此参。
参到情忘心绝处，白云依旧覆青山。
(《破山语录》卷十六)

示仲远杨居士
老僧终日酒，一醉何所有？
试问几时醒，西南看北斗。
(《破山语录》卷十六)

示李居士
索我临行句，当头一棒亲。
痛声情未瞥，忽见本来人。
(《破山语录》卷十六)

示太宇肖居士
学道如登万仞山，一步是一步工夫，及至登极顶而小天下，始信不离脚跟，若向此理会得，一念不生全体现，十方无处不毗卢。

（《破山语录》卷十一）

示印我徐居士

元亨利贞，乾之德也；常乐我静，佛之德也。以一气而致柔，悟一心而成道……

（《破山语录》卷十一）

破山门下的居士是一个相当复杂并极为庞大的群体，在这种明朝势力尚未彻底瓦解，清朝势力亦未完全成功的交替时期，社会动荡，人心混乱，人们宛如惊弓之鸟，惶惶不可终日。从破山创立双桂禅院到圆寂前的十余年间，前来参拜和皈依的人络绎不绝，成为庞大的外围组织和强有力的支持者。他们中间夹杂有明朝遗老、满清官吏、文人学子、富商绅士、农民领袖、军阀土匪……，均以居士自居，他们逃禅于破山门下，参禅说道，诗书往还，求大师的开示，寻找精神的寄托而获得心理的平衡，破山与他们无话不谈，以佛偈和法语的形式传递心灵的感悟，启发他们将一切放下从而得以解脱。"不从色见与声求，个里如何始彻头"，有形有声的不过是表面的现象，实质性的东西还须仔细思量，"试问耳闻及目睹，水声山色自悠悠"。但是，耳之所闻及目之所睹，却又是自自然然的真实。在这里，破山揭示出形式与内容，外部与内在既联系又区别，既矛盾又统一的关系。由于佛门的兴旺，双桂堂里文人荟萃，禅僧云集，"墨花笑水云，棒喝惊松舍"，一派笔歌墨舞，棒喝交映的热闹景象。门人居士，只要"参到情忘心绝处"，便可达到"白云依旧覆青山"的自由无碍的境界。但"学道如登万仞山，一步是一步工夫"，非是一蹴而就，需要脚踏实地，勤学苦修，不离根本。破山也毫不隐讳自己的饮食酒肉之举，"老僧终日酒，一醉何所有？""携酒来登双桂堂，教人礼乐尽相忘"，仿佛除了癫酒之外，已别无所长。破山反复在诗文佛偈中表达自己陶然于禅悦，沉醉于酒狂的状态，而不愿"醒眼看大地"的心境，实际上他是一个最能面对现实关怀生民的高僧，只是此时战火未歇，满目疮痍，确切地说他是不忍"醒眼看大地"，在禅悦酒醉之中，聊以忘世消忧，这也正体现了作为悲观主义者的人生态度。破山给来访者每每以当头棒喝，使其猛然省悟而脱离无边的精神苦海和无奈的事实人生，进入"忽见本来人"，物我两忘的世界。

以下是对佛门耆老和禅林朋辈所出示的佛偈：

示仁安老宿
七十七翁病复苏，纯钢打就个头颅。
有时撞破天边月，大地风光何处无。
(《破山语录》卷十五)

示寿天老宿
水上葫芦活录录，寺中僧宝寿长长。
坐禅若得那伽定，酒肆窑房总不妨。
(《破山语录》卷十五)

示愸容上人
万般无如出家好，出家决定没烦恼。
纵有机境不相投，浑如晴空一电扫。
(《破山语录》卷十五)

示恒一上人
自出家来本幻栖，看空身世孰如之？
蒲团竹椅松堂坐，一任流光东复西。
(《破山语录》卷十六)

示发闲善人
鸟吟花笑示他宗，只在工夫日用中。
忽地踏翻波是水，了知色色总成空。
(《破山语录》卷十六)

示印殊殷善人
佛语心为宗，无门为法门。
心虽人人具，不识心之灵。

（《破山语录》卷十六）

此时的破山已无须避讳自己饮食酒肉的作风和独立特行的观点，着力阐扬"佛语心为宗，无门为法门"的禅法，讲求"只在工夫日用中"，登岸即可弃舟，得意即可忘形，只要事事圆通，事事无碍，获得禅悦而解脱，则"酒肆窑房总不妨"。杀、盗、妄、淫、酒是佛门五戒，而万恶淫为首，酒为乱性物，释家弟子往往谈此色变，即使曾经染指，也会矢口否认，讳莫如深。破山却说佛在自心，只要本质清静，不受污染，"酒肆窑房"也并无大碍。在一次小参中，破山更为透彻地说："夫佛祖方便固多，要之不出两种，则禅、佛是也。信得参禅，及立志参禅；信得念佛，及立志念佛。虽顿渐不同，出生死心一也"（《破山语录》卷六）。条条道路通长安，成佛成祖的方法固然很多，但不外乎禅悟和念佛两种。上上根器的人可以通过禅悟而得解脱，中下根器的人则可以通过口念阿弥陀佛往生西方极乐世界，所以不分利钝，"信得参禅，及立志对禅；信得念佛，及立志念佛"，均可殊途同归，功德圆满。

破山还应人之请，为诸如"总兵"、"邑侯"、"术士"、"庄主"、某某"夫人"、某某"孝子"及"库司"、"饭头"之类各种阶层的人说法，阐释佛道因缘，解说善恶区别，启发心智，唤起良知，所出法语和佛偈甚多，不再赘录。

综上所示，破山在双桂时期的传法呈开放的态势，作为他本身来说，也进入了人生的晚年，积数十年生活的磨砺、学问的积累、佛法的修炼，而至于炉火纯青的境地，兼容并包成为他佛学思想的主要特征。

据《破山年谱》顺治十二年（1655）中所记，此时"得法弟子分化四方"，而"欲亲承棒喝"者"犹雾拥云臻"。双桂堂变得门庭若市、热闹非凡，破山于"是冬立灵木、绶空、如禅为监寺，心宗、慧心为副寺，清溪为值岁，卓尔、朴存、燕石、继竹为知客，云幻、圣可参之西钵，忘我、东也为侍司，分领其事，规约整齐"。让主要的弟子们各安其位，各负其责。除上述职位外，另据《破山语录》上破山所出法语佛偈的称谓显示，还有"西堂"、"后堂"、"堂主"、"书记"、"寮元"、"照客"、"司水"、"饭头"、"火头"、"库头"、"门头"、"园头"等等，共计一百余种

职务。"规约整齐"指制度健全,管理严密。破山制定了《规约》,在文前他申明道:

> 异人同日新,道行川贵地。匪可有殊时,长宁能无弊。宗极说极,顽石尚应点头;霜严雪严,老柏况不易色。共操听之,亦善乎始终;则提防之,不约乎乖憎。侬也愧不识丁,安居僧首,然而引线得针,行舟须水,与一众团,话三更星月,不亦屑侬耶?
>
> (《破山语录》卷七)

破山一向追求自然自在的生活,教授学徒,亦提倡不受法度所囿,《规约》则显然是约束僧众的指令性规定,需要共同遵守,不可逾越,这就与他平日主张两相矛盾。但人上一百形形色色,能保一时之安宁,也难得永久的太平,不以规矩,不成方圆,作为"安居僧首"的破山亲手制定这样束约大家行动的条条框框,由此看来,也是不得已而为之的事情。至于《规约》的具体内容,现已无可查考,但总不异于中唐之时《百丈清规》的大体模式。更有《示众》一篇,不惜长篇大论,委婉引导,带有补充说明的性质,兹录于下:

> 初做工夫,于行住坐卧四威仪内,遇境生疑,逢缘理会,稍知分晓,则不必生疑,此是先德入门最要紧处。若久做工夫者,似是而非,终是恍惚。惟理障难除,当机有依倚,临事觉沾滞,总未大彻大悟之过也。然而彻悟处非在方册子上印证过来,诸方知识口角头许可去就,所谓把手牵人行不得,为人自肯乃方亲。学道如登万仞山,且万仞山况有形段可立,犹有程限,必期可到,然而此道无形段,非期月程限而可必者,故古圣云:"佛道长远,久受勤苦乃可得成。"须立远大之志,将我日用寻常、穿衣吃饭、迎宾待客、屙屎放尿,看是阿谁主张,贴体理会去。老僧前所谓遇境生疑、逢缘理会者是也。古有十八高贤,内有一弃妻出家,夜梦与妻行不净行,忽惺来梦遗,致疑谓"彼又不曾来,我又不曾去"。不待天明,豁然大悟。灵云看桃花,香严击竹,而非人不见闻,因何不悟?此今人古人非根器别,在人功夫切不

切耳。若切，刹那倾尚是钝汉，不切，纵经尘劫，犹未梦着，在前辈者流问万法归一，一归何处？赵州答云："我在青州做领青布衫重七斤。"众兄弟看他问处答处，是何道理？此是漫天要价，不妨就地还钱。须是当家种草，始解翻腾者矣。若是裁长补短，较重论轻，虽是新奇，亦成滞货。老僧如是告极，未审诸人还委悉么？莫教错过眼前事，无限春光不再来。

观乎雷霆之声，无欲闻人之耳，而耳自闻，管乐之音，无欲悦人之心，而心自悦，然则声音大小不同，喜怒一也。所喜者音也，所怒者声也，音声大小，致令人之好恶，不若无言可也。胡不闻天何言哉，四时行焉，万物育焉，天何言哉。诚然不言之道，身此彰矣。吾侪佩符圣训，既同碗同箸，行不言之道，安以声音骂詈，以强人执役，为我一身之谋，此何理也？若四来相从者，日逐事务当行，岂犯婆舌，如自住一庵，难道也听人处分？一年之计，春也；一家之计，勤也；一日之计，寅也；必要烦执事人，教非理也。若仍前不悛，不许共住。

（《破山语录》卷七）

志向要远大，功夫在眼前。从小事情做起，在细节处用心，切莫好高骛远。前辈先贤往往是悟道的障碍，他们的宏论警句、玄言妙语，"此是漫天要价"，你只管着眼现实，把握自己，"不妨就地还钱"。遇境生疑，逢缘理会。体会、思考、领悟，则须时时处处进行。"四来相从"之人众多，既已"同碗同箸"，就得相互和谐，平等共处，不比"自住一庵"，可以放任自流。若有无视规约，仍前不悛者，将被逐出山门，"不许共住"。破山还在客堂写有一副对联道：

不嫌淡泊来相处；
若厌清贫去不留。

一向以自由相标榜的破山，其门庭除必不可少的约束外，应该说依然是一块比较自由的天地。乘兴而来，兴尽而返，进进出出，来来往往是非常寻常的事情。"正路而趋贤趋圣；真门以利己利人"是双桂堂大山门两侧的楹联，"趋贤趋圣"，追求"向上一路"、"直指人心"的禅法是僧众共同的愿望，也是学习佛法的正确途径。既要自由行事，自己解脱，又要不妨碍他人修行，既"利己"又"利人"则是法门的真髓所在。家有家规，国有国法，"规约"之类的制定是必要的。况且禅门以心为宗，将身与心一分为二，只要自心能自由，自心得解脱，身体不过是一个包装灵魂的躯壳罢了，身不由己，身受限制，甚至身受苦刑，均不防害内心的通脱超越。实际上，破山启迪他座下的门生信徒修行悟道，说倒底，就是要放下思想包袱，消除精神负担，从而忘记现实的痛苦，顺应社会的变迁，心无挂碍，随缘自在，任其自然。

破山宽松宽容的心态和兼容并包的思想，使得"一时四众人天，咸集双桂者，不啻万指"（《嗣初祖四十一代嗣临济三十一代万峰明禅师塔铭有序传》）。"双桂道风，大振遐迩矣"（《破山年谱》）。大弟子丈雪通醉在《破山明禅师行状》里说："草创招提，门曰'福国'，堂名'双桂'。师住持廿余稔，三门佛殿焕然聿新，英灵云集，炉鞴大开，得骨得髓。先后付法八十余人焉。而阖省当道绅衿士庶，多有仰其德风，怀慕终身，弗能一面者。"经过破山印可的付法弟子达八十七人之多，这是佛门中绝无仅有的事情。自古以来，佛门传法弟子往往数人而已，至多也不过十余人，由此破山曾遭到"付法太滥"之类的非议，对此，刘道开在《破山和尚塔铭》里解释道："或疑其付法太滥，而不知师于此又有深心也。盖佛法下衰，狂禅满地，倘一味峻拒，彼必折而趋邪。师以传法为卫法之苦心，甚不得已者也。"当初破山由浙还蜀之时，便对"黠鼠居香积，妖狐吹佛灯"的状况发出过"黄金重布地，不识有谁能"的感慨，决心扫除邪魔，弘扬大法，因此他不仅要自身树立起壁立千仞的风骨，更要有海纳百川的气魄。破山早就是人心所向的人物，踏破千山万水，走过南北东西，前来顶礼膜拜之人，又岂能一一拒之门外呢？上求佛道，下化众生，本来就是得道之人的本分。《四川禅宗史概述》说："破山传法既广，后世弟子又竞相传法，百余年间，双桂禅系遍及川、滇、黔三省，陕西、甘肃、湖北、湖南亦有其传人。成书于康熙四十一年的《黔南灯会录》所记载的高僧121人，其中110人属双桂禅系，并且十有七八是川人，丈雪通醉所编的《锦江禅灯》更以极大的篇幅记载了该禅系的五代传承,人物多达300人。双桂禅系传衍至今,构成了近现代四川及西南汉地佛教的主体。"又综合其他派系的特点后说:"双桂禅系则是雄浑壮阔。该禅系的开山祖师破山海明是禅宗史上的一个传奇式人物,通过他卓越的传教活动,使四川地区的禅宗兴盛到历史的顶点。""因双桂禅系的宏大,清初又较快地进入了承平,四川丛林于是有一番辉煌气象,时人称之为'双桂堂宏法'。"《中国禅宗通史》结合明末清初的政治形势将佛门高僧一分为三归纳道:"一部分能够迅速改变政治态度的江南禅师,受到清王朝的欢迎,""憨璞性聪、玉林通琇、茆溪行森、木陈道忞等人,则是与清王朝合作的代表";另外,"一些禅师曾为挽救明王朝而奔走疾呼,与明遗民保持密切联系","觉浪道盛和祖心函可是其中最著名的代表",然而,在这一软一硬之间,"以破山海明为代表的僧人,为躲避战乱,传禅巴蜀,使禅宗扩大到了川滇黔地区"。这只是一个粗约的划分,难免失之简单。但仍可看出在丧失名节取媚清廷和生命不息反清不止两者之外,破山着力推行佛法的意义及其历史作用。

四、沟通东南

江南自两宋以来,一直保留着禅林中心的地位,破山早年又长时间寄迹于此,亦是其师门之所在。这些年来,破山一直怀有旧地重游,祭扫恩师佛塔的愿望,只是世乱年荒,难以成行。时在顺治十一年(1654),即双桂堂开堂的第二年,"丈雪醉自夜郎来省觐,师命上天童,代扫悟和尚塔。每告醉曰:'老僧欲诣先老和尚塔前拈一瓣香,奈年来荒乱,道路荆蓁,汝不辞劳,可先为老僧一往。'"(《破山年谱》)丈雪于二十年前皈依破山门下,又曾游学于浙江宁波天童寺密云的门下,以后又阐法于云南、贵州等地,佛学深厚,诗书兼善,是最能体现破山佛学精神和诗书风格的大弟子,所以,他是代表破山前往江南最合适的人选。

破山以扫塔为名,派人出访江南,实际上至少具有三方面的意义:一、通过祭扫佛塔,缅怀祖师,表明破山创立的双桂法派渊源有自的传承关系和师出名门

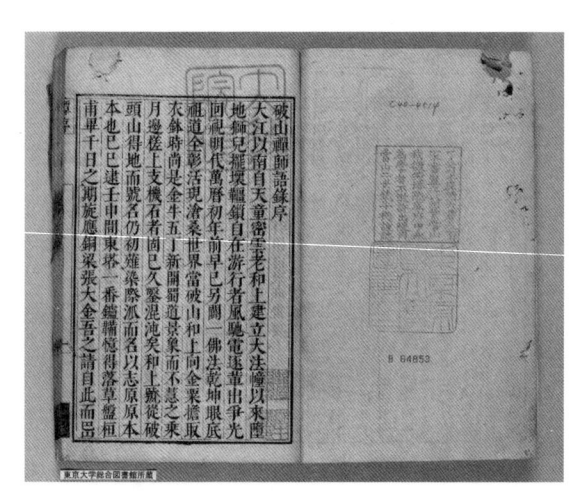

丈雪领师命至江南，刻"破山语录"。此为日本东京帝国大学藏本。

的正宗地位；二、展示破山门派的佛学思想和宗门实力，确立应有的席位；三、增进与江南佛门的联系，使东西部禅学得以沟通交融。丈雪临行前，破山对其交代叮嘱，并"书送行偈"一首道：

> 雪骨冰肌谁个知？临行相赠扇头诗。
> 清风赢得还归握，漫莫人前露一丝。
> （《破山年谱》）

江南之行看来是非常重要的，势在必行。不然纵有"雪骨冰肌"的精神，不予以阐扬推行，更有谁能知之？

根据《丈雪通醉禅师语录》及其《年谱》（引自《巴蜀禅灯录》），丈雪率弟子懒石觉聆、佛冤彻纲等人离开双桂堂所在的川东梁山后，因避此时清兵在三峡地区的征战，遂辗转由北路出川，取道陕南，"道经汉中"时，受到当地人士崇奉而被挽留，"当道延师（丈雪）主静明寺，不得已而应之。时平西王吴（三桂）驻节汉中，装卧佛表忏请斋，时常礼教"。

吴三桂被清廷封为平西王，正驻兵于此。他欲平定西南，西南的虚实自然早已探究明白，破山的大名自然就绕不过去。吴三桂表示出对丈雪额外的恭敬和礼遇,其目的就是要通过丈雪建立与破山的联系。丈雪不得已,在静明寺暂驻下来,接受当地僧俗的供奉并为他们说法,随之出现轰动效应,"众当道曰:这样师表,天下咸稀,临济宗风振于汉南矣"。破山师门所传承的临济禅法给当地文化带来了重大的影响,然而师命难违,无论此方之人如何拥戴挽留,丈雪只得嘱咐自己的得意弟子懒石留下后,带领佛宽等人离开汉中东去江南,而吴三桂为了牢牢抓住这一线索,便派人尾随而去,侍候保驾丈雪的行程。

吴三桂与丈雪保持了数十年的交往,在破山圆寂之后,丈雪俨然已为西南宗盟,他们仍然时有接触,只是吴三桂其人反复多变,后世讳莫如深,少有文字记载。康熙五年(1666),吴三桂起兵反清,由建昌(今四川西昌)北上,经荥经、雅安,围攻成都,四川巡抚罗森、提督郑蛟龙等投降,西南多地尽在吴三桂之手。据成都昭觉寺僧人口耳相传,吴三桂曾多次造访昭觉寺,丈雪曾折柳相赠暗示他以识时务为俊杰,顺应变化,不必再起是非。其爱妾陈圆圆皈依在丈雪座下。据说"文革"以前,昭觉寺还保存陈圆圆供养的一双黄缎绣花僧鞋,拆毁大雄宝殿时,还发现大梁上有吴三桂的题名,——这都是后话了。

丈雪一行从顺治十一年(1654)出川,至十五年(1658)方结束访问,回归巴蜀,时间长达四年,岂是简单的扫塔所能涵盖的。

按照尊师破山的要求,丈雪祭扫祖师的塔墓后,往来于江南各大禅门,参访各位师叔耆老,并当众痛骂木陈道忞依附新政,独霸祖庭的恶劣行径,受到众多民族志士的景仰。在这时,他主持了"刻破山老人全录"的工作,其中当然也包括他自己的一些著作,分赠各寺。他还应邀上堂说法,"手段抑扬纵夺,衲子无处可容"。丈雪在江南期间,"众和尚过访抵掌谈心","士大夫不时亲近","与之谈论,朝夕不倦"。文坛泰斗钱谦益由白法禅师陪同,前来东塔寺访问丈雪,二人"携手深谈,不忍分袂,遂成莫逆"。

钱谦益的文坛领袖地位,世所公认,黄宗羲称其"四海宗盟五十年"(《八哀诗·钱牧斋宗伯》)。清顺治二年(1645),他曾与王铎等人出城迎降清兵,得授礼部侍郎管秘书院事,由此背上"贰臣"之骂名。但他仅仅六个月便告老还乡,而且义无反顾从事反清复明的秘密活动,不断地以诗文揭露新政,并将此一阶段之作命名为《投笔集》，志在"投笔从戎"之意。当得知永历帝被擒杀的消息后，他"鼠忧泣血，感恸而作"，悲愤交集，在《后秋兴十三》里写道："海角崖山一线斜，从今也不属中华"。真可谓字字看来皆是血的肺腑之言。钱谦益与佛门向来广有交接，然而入清以后他所往来的大都是对于新政有抵制情绪的僧人。所作诗文咏叹与行为政见，足以见其风骨凛然的晚节。所以陈寅恪慨叹"披寻钱（谦益）柳（如是）之篇什于残阙毁禁之余，往往窥见其孤怀遗恨，有可以令人感泣不能自已者焉。夫三户亡秦之志，九章哀郢之辞，即发自当日之士大夫，犹应珍惜引申，以表彰我民族独立之精神，自由之思想"（《柳如是别传》）。陈寅恪对于钱谦益的态度一目了然。余英时在《陈寅恪晚年诗文释证》中十分肯定地指出："他写《柳如是别传》，一大部分也是为钱牧斋洗冤的。他一方面指出钱牧斋具有'热中怯懦'的个性，但另一方面则是运用大量的史料来证明钱牧斋在入清以后基本上是'复明运动'的主要人物。"钱氏其人其事，后世亦早有公论。

一时间，丈雪出入僧俗之间，蜚声江南之地，"郡人曰：此川若苴，可谓大旗手"。宗门巨匠"费隐老人（破山师弟、丈雪师叔）待以优礼，语笑如同门"，"曰：西川幸有此人耶，所以吴越缁素，咸生渴仰"，对他竟如此的提爱和推重。

由于丈雪的访问，西南佛法受到江南等地的瞩目，破山正如人们所谓的"古佛重来"，成为顶礼膜拜的对象。此时的江南佛门，由于内部持续的争端，又由于汉月法藏及其门人的反叛，更由于木陈道忞等人受宠顺治皇帝，背叛民族，服务清廷的行径，呈现出群龙无首、一盘散沙的分裂状态。破山在西南迅速崛起，以其富有传奇色彩的人生经历，佛学的兼容并包，书法的浑厚超逸，诗文的清新自然，卓然独立，显示出一代宗师的风范。至此，江南各界人士纷纷致函破山，表达尊奉之情，请教佛法大义，并希望大师重返江南，主持法化。破山为他们的盛情所感，一一答复，若无法作答者，也要委托转达。

其中，《复扫庵谭贞默祭酒兼众缙绅》道：

自壬申（1632）归蜀，不觉廿七年矣。忽得华札下颁，知素相与者仍复如故。喜天相吉人自是出格。然老僧备历诸苦，人影不到处，一一亲婴。况国难家亡，花花世界尽成瓦砾荒郊。想诸檀江南一带别是一天，憾不疾插翅矣。总因两地风烟，卒难轻举。吾徒丈雪，幸诸檀纳在爱中，刊老衲语录行世，即如请老僧登曲录木⑤，鼓两片皮说话竟已，又乌用老僧觌面为耶？吾师道场况在宝地，终不免活一日，在贵地一日想也。只等天空地杳，驾三峡木鹅，岂用五丁之力，与诸檀团话，时未可料也。祝。

（《破山语录》卷十三）

谭扫庵曾任国子监祭酒，是破山住持嘉兴东塔时重要的支持者和过从密切的禅友。此时江南一带，已在清廷掌握之中，而川东地区，则烽烟未息，清兵与"夔东十三家"等抗清势力犹如水火不容，双方时而对战，时而僵持。破山久有旧地重游，故人重逢之愿，无奈关山阻隔，况年过花甲，行动多有不便，幸好大弟子丈雪刻印语录，那么，就只有请老朋友及追随者们借语录来读其书如见其人，认识二十七年后的破山了。在信中，破山诉说自己饱经离乱，大有不胜今昔之感。《复木陈法弟》道：

遣丈雪与吾师扫塔，弟不知天童法道是何人住持，尚未修候，罪多如发。适得贤弟佳音，知我先师，灵骨犹在也。喜甚幸甚。大约愚兄年迈，只可填沟塞壑，海内玷声，每盈其耳，何如贤弟郑声锦缕，播扬海外，真吾师道脉成不虚印，想往江南逸老，但缘未卜，何如？若俟烽烟稍静，得缩地术，可与贤弟良晤也。余言不既。

（《破山语录》卷十三）

木陈道忞是破山的师弟，其时正是接受清廷的封赐后，离开顺治皇帝身边，衣锦还乡，成为江南佛坛的盟主。虽然春风得意，但他投降新政，压良为贱，因此为士林所不齿。

木陈在他的《北游集》中不厌其烦地记录了他在宫中所受的种种恩宠。他曾说："今得奉天颜八阅月，亲见皇上虚怀嗜学，使生三代，何难与禹汤并驾？

惜不幸而生斯世主斯民耳。……我皇功德,岂不与天琅同流哉!上与学士,释然。"(卷四)把年纪轻轻,根本无心理政的顺治皇帝吹捧成尧舜禹汤。

《北游集》刊成后七十余载,连雍正帝也看不下去了,降旨直斥此书"狂悖乖谬",指斥木陈乃是"凭空结撰"者。木陈有诗一首道:"瀛国为僧全后尼,大元于宋岂偏私。兴亡自古有天命,斩艾徒多曷尔为?"(《北游集》卷二,杂咏)诗中以大元代称大清,以宋代称明,从中可以看到木陈道忞对清王朝的统治已经采取完全驯服的态度,肯定了这一历史的转变,只有充作僧人的身份才得以保全。他给破山来信后,破山的这封回复,其语言模糊而隐讳,意味深长,恭维对方如何风光,"郑声锦缕,播扬海内",辱骂自己"海内玷声,每盈其耳",是"只可填沟塞壑"的山野草民,有眼不识泰山,居然"不知天童法道,是何人住持",也"尚未修候",尚未请教,真是"罪多如发"。从破山对木陈前前后后的态度,不难看出通篇却是在表面恭维中的谩骂,并用反语进行调侃和讽刺。破山还针对木陈散布丈雪"假攀",冒充弟子的谣言,给江南各名宿耆老的信中,特别介绍与丈雪的师徒关系,给木陈以有力地回击。相反,当破山的另一个师弟费隐通容在顺治十八年(1661)圆寂时,他却用发自肺腑的语言,表现出由衷的悲伤之情:

吊费隐和尚
忽闻吾弟归何速,益我劳劳苦不休。
西蜀高梁惊雨泪,东吴崇德冷烟浮。
人天福果才生色,佛祖炉锤又值秋。
愿得早开三峡口,木鹅展翅五湖游。
(《破山语录》卷二十)

另外,在《复江南众文学》的回复中破山说:"复闻各诸檀金声玉振,与吾蜀大不相同,真咫尺天涯,……吾师道场幸在贵地,……幸诸檀积念也,谢谢。"言下之意,经过这些年,他已经与曾经江南佛门拉开了距离,自成面目了。在《复去凡严居士》的信中说:"当时见与今日见,天渊之殊矣。老僧恐不复面,吾徒丈雪稍通口气，借重栽培，即见老僧也。"表明他现在的双桂禅法与他过去学习的天童禅系天渊之别，那么，双桂禅法的特点何在呢？"吾徒丈雪稍通口气"，自己借重其才进行栽培，见到他"即见老僧也"。在《复东塔监院暨众房头》的信中，他又说："想两地不能疏通，且老躯诚难行履，况吾徒丈雪在彼，即如老僧在。"在《复清白长老》的信中，委婉地表示乐意接受给对方馈赠诗文墨宝请求，"意欲老僧匾对，以志不朽，又何痴如此。承玉然再四叮咛，况老僧病甚，曾有旧作匾'逸居'二字，对联：'客不到清函境界；蜂也来热闹门庭。'"在《复神生方学士》的信中说："远承大教，请题瓮头禅三字并一钵猪头之语。诚然大诳语也。何也？吃肉之人当不知肉味，作此话传后世，安得无咎？若是狮子儿，终不逐快。当此之世，行径之殊，各人肚皮明白，试问居士所食之肉，所饮之酒，果此真令大苏发一大笑，不惟勘破天下禅和子，抑勘破天下吃酒汉。且居士吃了一生酒肉，尚作此见解，何况大苏手段耶！他谓已死之肉，无复活理，吃在东坡，无碍腹中，有何不可？岂如居士吃酒肉，竟作酒肉想。"大苏即苏轼，苏轼从佛法禅悦中寻求解脱，虽饮食酒肉不止，但行径旷达，心境超然，深得佛学三昧，破山对他非常佩服，称之为"大苏手段"。破山在这里要说明的是无论酒肉还是其他佛门禁忌，并不是不可逾越，要分情况因人而异，佛法的领悟关键在于自心，要"各人肚皮明白"。破山破戒开斋饮食酒肉的举动，在当时江南佛门也曾引起过争议。面对一个叫吴春元的士大夫"数万言"的来信，破山在《复吴春元》的信中说："江南诸大老曾中他毒，竟不能以楔出楔，反令毒气发者，诚然迷颠之甚。"对江南当时一些所谓的"国师"们的旁门左道进行了批评。陈垣在《清初僧诤记》中也有"所谓新朝（指清朝，作者注）国师者固如是乎！以若所为，诚足以退人善根，阻人向上者也"的评论，完全是鄙视的态度。⑥

另外，江南的禅人学侣不辞千辛万苦，纷纷前来破山座下，聆听法音，请求法语。对此，破山曾深有感触地说："自南（指江南）至蜀，历数千里而来参老僧，但不知老僧何德何行，令人远远而来"（《破山语录》卷十一《示水月禅人》）。浙江嘉兴地方官及佛门僧众联合"公启，请再住东塔"，盛邀破山前去主持江南法化。破山以"烽烟未尽"为由婉言相谢（《破山年谱》）。

成都昭觉寺，破山大弟子晚年弘法之地。

作为深得破山神髓的嫡传弟子，见丈雪"即见老僧也"，丈雪在"即老僧在也"。丈雪"受天童扫塔之重寄，越岭关河洛之长途，抵兹吴越，了大机缘"（谭贞默《破山明禅师语录序》），从形式上展示了破山法派的精神；作为破山的著作，《破山全录》从禅学理论、诗文佛偈以及其中所反映的生活阅历诸方面展示了破山的整体风格和崇高的人格魅力，让江南人士所折服。正如《四川禅宗史概述》中说，"破山回到四川后，在禅宗内独树一帜，脱离了江南禅林这一是非之地。虽然在政治上没有如玉林通琇、木陈道忞那样受到清廷的重视，没有被封为'国师'、'禅师'的殊荣，但其气节却为江南禅宗所称道"。

五、法化西南

《中国禅宗通史》说："明末清初，兴盛于江浙一带的禅宗逐渐影响于巴蜀地区，使那里沉寂了数百年的禅学重新兴起，并波及贵州、云南等地，在一定程度上推动了川滇黔佛教的结构变化。开创这一局面的，始于圆悟的弟子破山海明。"在双桂堂创建之前，破山门下已经是"远近趋风"、"僧侣云臻"、"英灵泉涌，气吞诸方"、"法席之盛，得未曾有"的盛况，双桂丛林的开辟，将破山法派的势头推向了极致。破山自1633年由浙还蜀，至1666年圆寂西去，其间三十余年，通过他崇高的人格魅力、深邃的佛学修养及卓越的传教活动，直接嗣法弟子八十七人，受其法礼教化者不计其数。这些法子法孙大都以云游为其特色，往来于西南各处及陕、楚、闽、湘等地，他们"分化四方"，高举破山赤帜，广结佛门因缘，大振双桂道风，无论是在佛门内部还是在社会上都产生了重要的影响。而在这前前后后的数十年的时间里，西南地区战乱频仍，天灾不断，成为遍体鳞伤的悲惨世界。法门之昌盛，山河之衰残，通过这一盛一衰，则足以看出当时人们的生存状况、心理特征、文化生态和整个社会的方方面面。因此，《中国禅宗通史》对破山的传法总结道："清初的川滇黔地区，是全国抗清力量最强、坚持时间最久的地区之一，也是兵荒马乱、社会动荡最大的地区之一。海明禅系能在这里得到迅速发展，显然与这种形势有关。"

明末清初西南佛教的盛况和传承关系，陈垣在《明季滇黔佛教考》一书中作了较为详细的考证，他指出佛门得以兴盛的原因是："人当得意之时，不觉宗教之可贵也，惟当艰难困苦颠沛流离之际，则每思超现境而适乐土，乐土不易得，宗教家乃予以心灵上之安慰，此即乐土也。凡百事业，丧乱则萧条，而宗教则丧乱皈依者愈众，宗教者，人生忧患之伴侣也"。这种昌盛，显然是在明末清初种种社会巨变和重重矛盾之中，现实与思想的混乱所促成的。陈垣名为考证"滇黔佛教"，实为考证四川佛教在滇黔的发展状况及三省的历史渊源。他明确地指出："滇黔之僧多蜀籍"，说："《黔南会灯录》所载之黔僧，蜀人居十之七八，不独黔南然，不独禅宗然。《云南阮志》所载之仙释，各种僧徒游方滇南者，亦以蜀僧为多"。"此可证川滇黔夙昔之关系矣"。既然如此，为何不直称"川滇黔佛教考"而损其源头呢？陈寅恪在《明季滇黔佛教考·序》中说："明末永历之世，滇黔实当日之畿辅，而神州正朔之所在也。"滇黔是永历帝延续明朝天下之地，抗清的大后方，而四川则是南明与满清共同拥有、互相争斗的沙场。"明季中原沦陷，滇黔犹保冠带之俗。"不肯投降清朝的遗民纷纷逃往此地，不剃发，不易服，仍然保持明朝的衣冠穿戴、习俗和名节。所以，书中所考或人或事，时间从明末至清初，而只用"明季"限定，主要是歌颂"明末知识分子怀念故国、抗节不仕的精神"。

滇黔之僧多蜀籍，蜀籍之僧又多为破山传人。兹根据《明季滇黔佛教考》对破山法派在滇黔的地位、对士大夫阶层甚至皇室的影响分别作扼要的介绍。

（一）

《明季滇黔佛教考》四《滇黔之僧多蜀籍》列举了八位在滇黔声名卓著的高僧，他们依次是：丈雪通醉、半月常涵、懒石觉聆、破石悟卓、云腹道智、梅溪福度、山晖行浣和野竹福慧。除破石悟卓一人是破山师弟香林法师的嗣法弟子即破山的法侄外，七人均为破山门人。其中，山晖行浣虽然未能取得破山的嗣法资格，但却是疯狂的追随者、积极的阐扬者和得其精髓的门外弟子。

丈雪通醉，破山大弟子，嗣法破山后，阐法于四川、云南、贵州、陕西等地，又遵师命前往江南，弘扬双桂禅法，门下弟子众多，影响巨大，后另有专文记之，此不赘述。

半月常涵（1625—1679），邻水（今属四川）人，俗姓张，早年于丈雪门下落发，纳为弟子，旋即到双桂堂参拜破山老祖，深得法门神髓，后开法于贵州遵义禹门寺。戎州宋肄樟在序其语录时评价他说："（半）月主席时，惟作本色衲子，受用实地风光，一粒一粟，取之耕耘；行住坐卧，不染纤垢，诚（丈）雪师止礼三拜者也。"他沿袭了破山农禅并重的思想，故"一粒一粟，取之耕耘"。时有遵义邑令名叫高洪者，欲向禹门寺借书习佛，但其人"无丝毫恻隐"，不"慈闵残黎"，遂遭到半月的拒绝与指责，由此半月被誉为"僧中之铮铮者也"。

懒石觉聆（1616—1694），忠州（今重庆市忠县）人，初参破山于石柱土司，嗣法于丈雪并随其出访江南。途经陕西汉中时，遵师命留住静明寺阐教，后又前往云南，"应滇南商山之席，从此道播南天"。嘉兴汪挺在序其语录时说："一真独领，领辄宣来。岂不勺水知源，寸脔饫味！睹懒石如睹丈雪、破山，并睹密老人于勿替也。"把他誉为传递密云、破山、丈雪神髓的人物。

云腹道智（1613—1673），渠县（今属四川）李氏子，象崖法子，往来川黔之间，后又入楚阐法，深得信众拥戴。秀水曹溶序其语录说："云腹禅师，蜀人也，为破山之裔，象崖之子。振曹源之宗，竖溥沱之帜。数十年来，为法门龙象。虽不以文字新天下之耳目，亦不以无言秘大法之真传。故其开法川黔，一皆以恶辣贵阳黔灵山——破山法派在贵州的重要据点。

钳锤，本分草料，不带枝叶而超无上者也。追后乘槎泛楚，缁素遮道，如失怙恃，其德法相深，以入人者如此。"

梅溪福度（1673—？），永川（今属重庆）张氏，得法于破山法子灵隐印文，往来于云南、贵州两地。"曾住（贵州）安顺清源、普安圆通、贵阳东山，又住（云南）蒙化等觉、云州玉阁、宗州观音，复还贵州筑之栖霞，敷教滇黔数十年。"在云南时，有《云州复诸儒士》诗一首道："释教儒宗天下传，何分西蜀与南滇。欲知月指当空处，须识吾无隐尔篇。居易亲僧因重道，长公解玉为逃禅。了知彼此非同异，文字凭拈入大圆。"

山晖行浣（1621—1687），破山门外弟子，其人多才、自负、任性，一生历经坎坷，忠实于破山，后另有专文述之。

野竹福慧（1623—？），长寿（今属重庆）叶氏子，因明末之乱，流亡滇黔等地，出家得法于山晖行浣。他"久住嵩山，嵩山居昆明城南"。李仙根序其语录说："阐道德之深微，醒人心之本有，缥缃数帙，等于贝文，不几为吾乡江山生色邪！"与其师一样，"野竹才气奋发，自负不凡"，尝"以升庵（杨慎）自比"。

以上是按陈垣所举的八人作简约的介绍，破山其他弟子如敏树如相、圣可德玉、淡竹行密、燕居德申、密行寂忍等等及其门徒们潜行滇黔开法阐教者大有人在。例如陈垣在《明季黔南传灯鼎盛》一章里所考贵州高僧共计121人，其中，"破山派一百十人，浮石派一人，木陈派二人，汉月派一人，未详五人，洞宗二人"。

破山法派居于绝对优势，云南高僧未能细分，但破山法派的优势亦显而易见。陈垣另在《语嵩塔铭》中说："《黔南会灯录》称黔南书宗风，兴自燕居、语嵩、云腹三人。"三人均系破山弟子，对贵州佛法之兴盛，功不可没。贵州著名历史学家任可澄先生在《重刻语嵩语录叙》中云："黔当明清代嬗之际，禅宗有大善知识二人，振宗风于延江南北，北曰丈雪，南曰语嵩，皆嗣法乳于破山，称一时宗门龙象。"贵州绥阳知县在一篇《重修五涯寺碑记》里记录了佛门流传的一句话："自曹溪六祖以下，出破山老人，传佛心印。"可见，在人们心目中，破山当属慧能以下，一人而已。法门弟子们身在滇黔而心系祖庭，常常回归破山座下，或聆听法音，或请赐法语，或索求法书，从而保证了以破山为首的双桂禅系严密的组织结构和传法风格。

除西南诸省以外，湘、鄂、甘、陕亦广有双桂弟子活跃其中，在教内教外发挥作用。湖南佛门，本来早已有破山大师兄五峰如学禅师在其弘宗演教，然而影响甚微。破山门人灵隐印文、象崖性珽、敏树如相、澹竹行密、莲月印正、慧觉照衣、丈雪通醉、燕居德申等反在此地大行其道，引领风气，而以灵隐印文一系的禅师贡献和影响最大，尤其在湘西一带，几乎成为旗帜性的人物。长期在湖南弘法的密印禅师在应《胜觉监院请》所写的诗偈中说："破山续派，灵隐传芳。握临济之宝剑，剖衲僧之锦囊。贫者即与肩担臂荷，富者便教家破人亡。非是平地波浪，从来万古纲常。"十分清晰地表明了在破山一派影响下湘西的禅学风范。

灵隐印文（1625—1667），四川梁山（今重庆梁平）人，俗姓王。幼年作做过象崖性珽和尚的侍者，最终得法于破山。开法川、滇、黔、湘各地，贵阳东山发昙寺住持梅溪福度是他的法嗣，也是《灵隐印文禅师语录》的编者。灵隐印文在贵州安顺，初居静乐寺，后应僧俗信众之请，迁居紫竹禅院。当地官府和信徒，对他极为敬重，因而不时上堂说法。住云南新兴云集寺时，与当地名流刘文季居士时相过从，并有诗文唱和。他住湖南洪江回龙禅院时，僧俗亦多请他说法，并广事布施，可见其受人尊崇及影响之大。康熙六年二月二十二日，寂于贵阳大兴禅寺。世寿四十三，僧腊一十七。康熙七年，密印真传派弟子照俸赴贵阳取舍利回湘，在会同县若水乡旗山永兴禅寺，造立塔院。灵隐颇具诗人气质，登山临水，每有佳咏。如《登鸡足山》道："道人旅次日登临，便憩鸡山狮子林。断贯索头穿孟浪，破沙盆底待知音。芒鞋有耳忘行脚，拄杖无情起住心。华首门高衣钵在，自从微笑到如今。"清新洒脱，浑然忘世之趣跃然纸上。

清康熙三年（1664），灵隐携徒翻山越岭回归巴蜀，回到乡梓之地的梁山，前往双桂堂省觐本师破山老人之后，又与师兄莲月和尚久别重逢，一时感从中来，留下《别怀莲月和尚》五言律诗一首，最是意味深长：

> 复聚由双桂，香分异国敷。
> 幢标云世界，法印水天湖。
> 是洞龙惊舞，无山鸟不趋。
> 连支虽送别，未免晤京吴。
>
> （《灵隐禅师语录》）

其有小序道："甲辰秋，回蜀梁山双桂堂，省觐本师破山老人。值法兄莲月和尚，别经廿载，俄然聚首。越乙巳大蔟。同时出堂，途次分袂，感成一韵。"莲月和尚亦有《送灵隐法弟归楚》诗记其情怀：

> 高梁重送别，万里百花敷。
> 水脉分三峡，风光动五湖。
> 开帆群鹤舞，掷饵众龙趋。
> 把臂复何处，杖藜策越吴。
>
> （《莲月禅师语录》卷六）

同时，莲月和尚还为紧随其师前来双桂堂礼祖的灵隐法徒密印题诗《赠广福密印（真传）上座》一首道："立身行道与师同，今复恢张振祖风。双桂亲传来正脉，克家子是赖弘通。"寄重望于他，"弘通"大法，以不负"双桂正脉"。

直到现代，湘西法统犹传承有序，黔阳龙标山普明寺敏恒治（1920—1995），为破山派灵隐印文下第十八世,一生笃行禅法,临终前付曹溪源流与弟子并法偈云:"曹溪水涨破山边,巴蜀滇黔支脉连。紫竹回龙传胜觉,沅江一路浪滔天。"嘱咐其绍隆佛种,再振祖道。

而莲月和尚,亦是双桂法派中不可多得的人物。破山称他为"老僧一个放心的人"(《莲月禅师语录》卷六),《五灯全书》誉其:"结集破山遗录,为双桂功臣。"

莲月,字印正,生卒不详,蜀果州岳池(今安岳县人),俗姓姜,因母早背,遂有出尘之念,父不许,乃自以刀断发。尔后遍访名师,遇象崖禅师请益,后随南明相国吕大器有桂林之行,直至黔之思唐(今思南)。两年后象崖圆寂,乃出涪陵,至忠路司参破山,受具戒,得法印,随破山住万州太白岩、梁山金城寺、开县鹤峰寺。双桂堂初创,议补监寺,以协助处理事务。弟子们便推举莲月担当大任。破山道:"他正是为老僧代劳。复顾众曰:老僧这数日目他语录,出语亦清,却是老僧一个放心的人。"莲月却婉言谢绝,旋即入黔住夜郎山怀白堂,顺治十五年即永历十二年(1658)住遵义九青山东印寺,开法黔北,两年后返蜀住重庆府涂山觉林寺、巴县白岩山宝轮寺、果州凌云山度达寺。康熙五年(1666)入湖北,历主荆州龙山寺、江陵柏子山青云寺、福昌山龙兴寺、鹤穴广嗣寺。康熙十五年(1676)住鄂中名刹郢州当阳县玉泉寺。著有《莲月禅师语录》六卷。莲月游走于蜀、黔、湘、鄂之间,得法弟子数十人,影响甚著。

南明大学士吕大器皈依破山后,广与佛门交接,莲月与其最为莫逆。曾同游黔、粤等地,诗文唱和。如莲月有《上肇庆七星岩,复东川吕相国》云"经地照程出外江,金瓯姓字世无双。杖头虽拨天涯路,千里同风化万邦"。吕大器为莲月题写有"黔南名刹"和"花梵莲云"匾额,至今流传。

破山晚年在双桂堂已成气候之时,本欲亲自前往浙江天童寺扫密云先师之塔,而双桂禅堂初开,必寻一人代行主持法化,首先想到的就是莲月,于是三次传书召见。莲月日后回忆道"师欲下浙江扫密云师翁塔,又虑双桂开创辛勤,要人继住,乃走三书唤予速归,令得早上天童,尽多年未展之孝"(《莲月禅师语录》卷六)。莲月所虑事情太大,不敢应承,因为他深知破山一旦去到江南,必为此方僧俗合力挽留,再度回归巴蜀的可能性极小,乃以"樗栎朽材,难胜法门巨任"为由,真诚地回复道：

> 自省觐后，欲依宇水偷闲，于初春时已入涂山守拙，岂知慈训遥颁，召归继席，焚香捧读，喜惧兼生，若论双桂代劳，犹思退后，樗栎朽材，难胜法门巨任。
>
> （《莲月禅师语录》卷五《上双桂破山老和尚》）

后来破山应李国英坚请赴渝州，为其母说法以超度亡灵。三月后破山荐莲月到重庆，自己还双桂堂。莲月至渝，李国英请主涂山觉林寺，随后，破山破例派专人给莲月送去法衣，以表衣钵传承之厚望。破山圆寂后，莲月回到祖庭奔丧，留下《双桂室中留别有感，为众同参，述此》：

> 剪烛焚香话夙根，吾师隐显孰同尊。
> 忽然举到感伤处，不觉离颜带泪痕。
> （《莲月禅师语录》卷六）

事后莲月远离双桂堂，仍念念不忘祖庭，还与梁山宗门兄弟诗书问答，追怀先师，"我师破山老和尚，道行恶世，机越箭锋，于两军相对处，卖弄慈悲；在百战不休场，拈提搥拂。不顾危亡，只图拨转人心，同见太平世界"（《莲月禅师语录》卷二）。其《怀破山老和尚》七言诗一首写道：

> 拨草瞻风入楚西，行藏未定复追随。
> 马驹并辔力重买，狮子同声威大施。
> 钟击辕门三峡动，血流栈道数书驰。
> 炉边何日团话圐，稍慰关山寤寐思。
> （《莲月禅师语录》卷五）

《嘉兴藏》《一揆禅师语录》记载："玉泉一席，宗风绝响久矣，今得（莲月）和尚驻锡，起废兴衰与历代古锥重开生面，不惟祖庭有幸，亦法门大幸也。"玉泉寺曾被誉为"三楚名山"、"荆楚丛林之冠"。湖北一地清初禅宗之推行，莲月堪称翘楚。

还有许多的破山派禅师在湘鄂弘扬禅宗，一直延续到民国时期，贡献卓越。除灵隐、莲月外，敏树一系的法脉也延续到现在。尤其是湘西的佛教，是以禅宗为主。而湘西禅宗，又以临济宗破山派贡献最大。是以明清以后的湘西禅宗，其实是破山派的天下。

丈雪于顺治十一年（1654）领命率懒石、佛冤等一行往江南祭扫密云祖师塔，取道陕南汉中时，不料被平西王吴三桂及地方缙绅苦留，并在此开法阐教，声震陕南，时逾数旬，丈雪有《扶老关中作》三首，其一写道："人生好似一枰棋，局局赢来何作奇。输我几分犹自可，让他两着不为迟。休将胜负争闲气，毋倚神机相战持。埋伏不如休意马，心王常湛即摩尼。"师命在身，切不可误，《丈雪年谱》所载，吴三桂与当道："巴乐轩、佟咸若、李常山及众都统过山问道。佟云：久慕棒喝之风"。直到第二年，犹不放行。丈雪"揣护法等留心此道，艰于辞脱。先行出栈，始发辞书。至众当道入方丈，见衣具如旧，渴仰无斁。韩权宰曰：这样师表，天下罕希。临济宗风振于汉南矣"。丈雪几乎是偷跑逃脱出来，留下懒石继续演教，倡破山法门，携佛冤等人奔赴江南。

丈雪有《别懒首座》嘱咐："晴雨连环不一同，筏人无岸自高风。流沙戏水机先活，老树逢烟叶复雄。击碎东吴云五色，拂开西蜀海来空。不因鬓化霜如许，那得杨岐正脉通。"（均见《丈雪语录》卷十）

《懒石禅师语录》有大量懒石在汉中开堂说法的记载，曾多次应"平西王吴"或"平西王福晋"之请，或说法语，或小参等等佛事的应酬。懒石滞留汉中三年时间，留下诸多写景寓怀的诗作，如《静明有感》写道："古志城东曰静明，清规提率振嘉声。兔狐自是嫌游戏，狮象从教任纵横。门外幡高来野鹤，室中竹杖警儿孙。城头放出梅花月，香照长林万卉新。"《静明塔》七绝："卓立无私万古存，撑天拄地倚云门。长安风月惟君寿，架海金梁柱一根。"

流寓异乡，怀想祖庭，懒石对破山祖师的景仰尤其发自肺腑，其《呈双桂破师翁》道："联不成兮拨不开，成团作队汉江台。终南山顶月中桂，云是师翁亲手栽。"破山应李国英坚请，去了重庆，懒石得知后，有《闻破山师翁抵渝》记其感慨："适乘水月宿芦花，掷钓风高兴转赊。一带秋波翻玉浪，数千紫气绕晴霞。渔舟泛泛丝弦动，剑阁飞飞毒鼓挝。欲使中华歌古调，凭空推出海天车。"特别是康熙五年（1666）破山圆寂西归，他更是无限感伤，作《闻师翁讣音》一首："违座南滨二十秋，快人肝胆解人愁。而今幸得安平贴，又谓西行征战游。"事后痛定思痛，又有《哭破师翁》七律一首道："翁逝高梁（高梁即梁山的别称）法栋倾，锦江半壁月征清。风规零落龟毛拂，法范罕逢兔角生。照世祖灯收慧焰，辉天佛日愈沉平。儿孙愧继双林嗣，惨戚伤思泪满襟。"情深意笃，岂可为外人道哉！

在这期间，懒石和师尊丈雪亦多有问答。丈雪在《复汉中静明懒石首座》的信中曾自豪地说："来稿阅毕，悔当时不曾与子道个末后句，直使溽沱一脉流入秦川，令终南山中大小峰峦讨脚跟不着，一等怎么时候，勿教点滴渗漏为珍"（《丈雪语录》卷八）。丈雪赠诗懒石道："终南山下五云垂，别有搏风一鸟飞。特达惯扶羊角上，推开碧落活天机"（《丈雪语录》卷十），誉之为"终南山下"的"搏风一鸟"，已然大展鹏程。三年之后，吴三桂已经驻扎云南，懒石亦奉师命驻锡昆明商山寺，丈雪有《送懒石首座之滇》诗写道："汉南忽别已三年，破雾归兮话暖冷。每因路绕过河来，喜以春初惟日永。一钵军持缩地回，千云弗隔昆明请。斗光山色甲牂柯，锡卓时有万人井。"

丈雪既开双桂道风于陕南，便如星星之火，在三秦大地传播开来。除汉中静明寺不断来请之外，"长安（今陕西西安）众护法请主大兴善寺。师不允。孝廉刘非眼问道请益"。顺治十八年（1661）丈雪只得前往，离开时"仍嘱懒石聆继席，为此山第二世住持"（《丈雪年谱》）。

丈雪还蜀，作有《辞终南山歌》七言古诗一首，超然透脱，最具风人韵致："甲午冬初以受请，落来将已七年准。每因采药入深云，最喜秦山名万顷。缚雨编云不识时，花开花落弥清省。风梳木末压千山，瀑堕香流填万井。饫我云厨选佛儿，溪春偈句常心领。耕烟种雨不放闲，洗月烧枯嫌日永。门溜千寻结水帘，案堆千嶂如凤屏。徜徉宽似亮公庐，陕隘危如蒙正枕。露徙烟花茜石纹，雨余寒色翻晴影。此风乱世劫中无，生就清平十样景。蘖里蜂来贴贴飞，天边鸟去忙忙逞。元初不肯事断常，那借功勋成勇猛。相知幸有树千条，扫叶烧铛月一岭。削出峰峦昆仲齐，接天沙屿如蒸饼。寻诗误入乱青冥，握麈消闲无别耿。瘦谷烟波笑傲肥，懒司斫额而伸颈。虽无名闻落人间，且喜逸民适侥幸。分付鸟猿勿乱啼，溪边浴菜防流骋。终南万里室居中，仆自落来惟敬儆。辛丑秋吹八月风，辞山歌尽山之冷，辞却终南还旧隐。"（《丈雪语录》卷五）

丈雪及其懒石在三秦之地倡传破山法音，一时之间缁素围绕，影响很大。但明清交替，烽烟未歇，吴三桂乃一大关键人物，因此，这一禅门兴盛的背后，其政治的因素或许不可回避。

破山师门之所以在历史中影响宏深，正是因为聚集了这样一大批有智慧的头脑、能感悟的心灵和才华横溢的衲子。

（二）

由于滇黔为边陲之地，又由于永历政权代表明朝称帝于此，所以，士大夫们为了保命完节、为了反抗清廷，便纷至沓来。"永历之世，滇黔实当日之畿辅，而神州正朔之所在也。故值艰危扰攘之际，以边徼一隅之地，犹略能萃集禹域文化之精英者，盖由于此"（陈寅恪《明季滇黔佛教考·序》）。"禹域"即是华夏民族，文化精英的到来无疑给这个少数民族众多的地区带来了汉文化的新鲜血液。而另一方面，这些文人士大夫们群英荟萃，共诉离乱之情，同怀亡国之恨。他们惺惺惜惺惺，无不"通过一姓的兴衰朝代的改易，透露出对整个人生的空幻之感"（李泽厚《美的历程》）。空幻之感弥漫在人们心头，成为挥之不去的"时代感伤"，致使削发出家者络绎不绝。

当时的黄宗羲说："近年以来，士之志节者，多逃之释氏"（《南雷文案》十）。委身佛门，寻求解脱，精神慰藉成为人们的普遍心理需求。于是，士大夫逃禅甚至出家之风大盛。"禅悦，明季士大夫风气也，不独滇黔，然滇黔士大夫已预其流矣"（《明季滇黔佛教考》卷三）。文化精英们的加入对佛学在清初得以昌盛起到了推波助澜的作用，也使破山法派在西南的发展更具文化意义、社会效果和现实作用。

《明季滇黔佛教考》分别以《士大夫之禅悦及出家》《遗民之逃禅》《遗民之禅侣》等篇章专述这一时期在这一地区出现这一类型的著名人物，计八十余人。兹选数人略作介绍如下：

钱邦芑（1602—1673），字少开，丹徒（今江苏省镇江市）人，官至四川巡按、贵州巡抚。顺治九年（1652），张献忠后继者孙可望与诸将引兵进入云南、贵州，被南明永历帝封为秦王，联合抗清。但孙可望久有称帝的野心，又"恐人心不附"，其手下有个名叫方于宣的翰林院编修给他建言，"于宣曰：朝内相左者止吴贞毓、徐极等数人，川黔两省止钱邦芑、陈启相数人，除此数人，其余不足虑矣。可望曰：'（吴）贞毓等易处分，但（钱）邦芑等在外，人望所归，杀之恐士民解体'。亟发令促（钱）邦芑入朝"（《明季南略》）。钱邦芑不屑于进入孙可望的朝廷，又不敢公开拒绝，于是，"孙可望索之急，遂祝发，号大错和尚，称柳湖的旧居为大错庵"（《黔诗纪略》廿五）。当时，跟随钱邦芑一同落发出家的就有三人，次日又有五人，第三日又有两人，"时诸人争先披剃，呵禁不得，委曲阻之，譬晓百端，乃止"（《明季南略》十六）。孙可望得知钱邦芑出家的消息后，"外虽怒骂，而中惭愤"。派遣专人劝说，钱邦芑答诗一首道："破衲蒲团伴此身，相逢谁不讯孤臣。也知官爵多荣显，只恐田横笑杀人。"

钱邦芑进入佛门的前前后后，往来于破山法派的法子法孙，尤其对于破山，虽无缘见面，而心仪神往。在破山圆寂后，他怀着悲痛的心情给人写信道："客岁哭破和尚不已，又值语公迁化，其法门哲人，相继逝去，吾门不幸，莫此为甚"（《明季滇黔佛教考》卷五）。"语公"即语嵩传裔，破山之法孙，象崖之法子。

破山弟子敏树有寄大错禅师书，论大错二字道："禅师既不爱功名富贵，不受尘网，是不错也。既而下发为世外高人，以青山作伴，绿水为邻，喜时歌，闷时饮，真乃天子不得臣，王侯不得友，此禅师别具一番眼界，有何错也！……今禅师何故言其大错？莫不是一腔热血未曾冷，忠肝义胆，欲上报天子恩渥？……今禅师以不报之报，不酬之酬而出家，是万幸也，是大忠孝才也，何言错？……"（《明季滇黔佛教考》卷五）

陈启相，生卒不详，字梅庵，富顺（今属四川）人，官至河南道御史。出家原因及时间与钱邦芑同，出家后自号大友，又号无尽。"梅庵在明末实一文章巨手，《遵郡纪事》称其行文如烈马驭空，游龙戏水，不知其来"（《黔诗纪略》廿五）。

陈启相出家后，成为破山法派的传人，并到川东梁山双桂堂参拜破山祖师。"破山所示法语云：富与贵，人之所欲；贫与贱，人之所恶，然我释迦老子，富有四海，荣启万乘，一旦弃之，入雪山六年苦行，睹明星悟道，为人天师，岂非从富贵中出世度人耶！今陈居士夫妇发大乘心，请老僧指点出世之路，只得向伊道不是心，不是佛，不是物，且道是个甚么，于二六时中参取看，若会得时，掷个消息老僧拄杖头也"（《明季滇黔佛教考》卷五）。

郑逢元，生卒不详，字天虞，又称天瑜，平溪人，崇祯十六年（1643），"以副使加参政，监滇黔楚蜀粤五省军"，"永明居滇，特召授礼部尚书，永明被执，遂祝发于滇之宝台山，自号天问和尚"（《黔诗纪略》廿三）。

郑逢元与破山弟子敏树如相、灵隐印文，再传弟子语嵩传裔等过从甚密，诗文唱和。"《敏树相语录》卷十有寄御史郑天虞居士书云：昔在思唐时，每承护法，对贫道所谈者是佛法之理，所讲者皆圣贤之章，博物不凡，穷理不俗。虽居宰官，而无宰官之气；虽住城市，而无城郭之声。心上所存者忠孝，面上所敬者高人，诚然白居易居士之再来应身，撑持儒释之大道也。"语嵩亦有《答天虞郑居士》诗："山居一室两三椽，折脚锅中煮碧莲。茶熟不逢佳客至，日高独许老僧眠。棒驱佛祖浑无迹，喝验龙蛇别有天。断舌英才曾解玉，休将文字谤逃禅"（均见《明季滇黔佛教考》卷五）。

刘茝，字文秀，又因避与农民领袖刘文秀混同，遂改为文季，生卒不详，富顺（今属四川）人，永历时为翰林。《云南阮志》称他"工诗文，风流豪放，士大夫多从之游"。曾随永历帝流亡缅甸，"永历亡后，被押至云南，抗节不屈，请死。吴三桂甚重之，寻安置附近"。在永历未亡之前，刘即已好佛，多与破山门人敏树如相、灵隐印文等交往。敏树有《复内翰刘文季居士书》道："读来翰，无一字一句不是楞严血脉，内翰别号醉和尚，又是一格外奇人也。"又有《赠内翰刘文季居士》诗："公今自称醉和尚，斗酒百篇沧海量。或坐蒲团竹石间，或持钓竿烟波上。……"（《明季滇黔佛教考》十五）

胡钦华，字凫卿，山阴（今浙江绍兴）人，永历时官至湖广巡抚。自称凫庵居士，与破山法派之山晖、野竹师徒及敏树弟子赤松关系甚恰。山晖有《与胡开府书》道："客邸无聊，岑寂万状，逮寻胜迹，忽遇君侯，此夙缘未坠也。时复饮我以茗，饱我以餐，连日盘桓，深谈教益，不独佳趣良多，亦消穷途多少积衷也。"赤松有《答凫庵居士》诗云："逃名丘壑伴林松，何幸奇缘世外从，自信烟霞惟我有，难将诗酒与君同。三生石上花含笑，半亩池中月色溶。好理前身金粟事，居尘策进旧禅翁"（《明季滇黔佛教考》十五）。

高奣映，号雪君，云南姚安知府，博学能文，曾增订明季梁山来知德所著《来氏易注》，从圣可德玉皈依佛门，《锦江禅灯》十三有问答机缘云："圣可，破山嗣，然则映，破山再传也"（《明季滇黔佛教考》十）。

查慎行，号初白，海宁（今属浙江）人，康熙四十二年（1703）进士，授翰林院编修，受业于黄宗羲，有《敬业堂集》等。其诗多纪行旅，赵翼曰："梅村后欲举一家列唐宋诸公之后者，实难其人，惟查初白才气开展，工力纯熟，鄙意欲以继诸贤之后。"查慎行曾入黔，有"初入黔境，土人皆居悬岩峭壁间，缘梯上下，与猿猱无异，睹之心恻，而作是诗"七律一首，诗云："巢居风俗故依然，石穴高当万木颠。几地流移还有伴，旧时井灶断无烟。余生兵革逃难隐，绝塞田畴瘠可怜。为报长官宽赋敛，猕猿家息久如悬。"入黔后，查慎行与赤松等人相往来，有《同赤松上人登黔灵山绝顶》四首，其一云："绝磴攀跻望已穷，忽穿鸟道入禅宫。云端方丈娑罗日，井底孤城筚篥风。草木连天人骨白，关山满眼夕阳红。兴亡何与闲僧事，一角枯棋万劫空"（《明季滇黔佛教考》十一）。

以上所举不过数人而已，但足以管中窥豹，得知当时之世士大夫的心理状态和崇佛情结，他们欲脱尘劳之苦，力求禅悦之乐，逃避现实，以禅入诗，为日后风行天下的神韵说诗歌流派的产生，作好了扎实的铺垫。

（三）

永历帝从破山再传弟子月幢彻了皈依佛门，既反映出偏居一隅的南明皇室的微妙心态，也表明破山法派的传播已渗透到了社会的各个阶层，发展到了影响政坛的作用。

据《锦江禅灯》十二所记,破山法孙,丈雪法子月幢彻了法师"开法滇南石宝禅院。永历帝响其道风,请开示求偈,法名'真佛',上锡椹服,恩渥甚厚,发币藏为国祝厘,两奏表呈偈颂,皇情大悦"。月幢为永历帝上堂说法道:"天不能盖,地不能载,包括五须弥,吐纳大千界。释迦、弥勒,无地容身,文殊、普贤,有意难解。生死涅槃划断,真如佛性捉败。虽然如是,为国开堂一句,作么生道?顿超诸佛祖师意,仰祝吾皇亿万春"(《明季滇黔佛教考》十八)。

永历朝是南明坚持得最久的政权,当此存亡继绝的紧要关头,永历帝朱由榔心向佛门,可见他对朝廷的命运和未来的希望,已到了何种地步。

陈垣在《明季滇黔佛教考》第十三中总结明末清初佛教对云南、贵州的作用道:"滇黔之开辟,有赖于僧侣"。并举觉浪禅师之言论证道:"世说天下名山僧占多,非僧占也,世人自有所系,不能到耳。即今五岳群峦,穷海绝岛,不是龙蛇之所蛰,即鬼怪之所栖,不为逃亡之所依,即奸盗之所伏。自非离尘拔俗,不求声色货利之人;忘形死心,弗恋恩爱名位之士,安能孤踪只影,入无烟火之乡;涉险跻危,造不耕织之地乎!"正因为僧人"不求声色货利","弗恋恩爱名位",有"行脚"的"习惯","探险"的"精神",所以滇黔处边陲之地,多险危之境,封闭、落后、贫穷,由于僧侣的大量流入,为加快它进化的步伐起到了积极的作用。反过来,滇黔的广阔山川,却成全了明末清初佛教的兴盛。对于佛教此时在西南的兴盛,陈垣归为两方面的"原因":"一佛教复兴,二中原丧乱"(《明季滇黔佛教考》三)。"佛教复兴"是佛门自身发展中种种内部因素促成的,"中原丧乱"则是那一特殊的历史时期改朝换代所导致的混乱和动荡的社会现状,这正是佛教发展所需要的土壤和气候。

综上所述,是被称为"当日畿辅,而神州正朔之所在"的以滇黔为中心的西南地区的著名高僧、朝廷政要直至南明帝王皈依破山法门的情况,而其他僧徒和普通信众则举不胜举,不计其数了。对此,当代高僧隆莲法师在《书奉双桂堂》中说:"双桂流芳遍两川,千枝万叶被西南。祖庭门户欣重振,拄地撑天继破山。"⑧准确地概括了破山双桂禅派千枝万叶,广被西南的盛况。

陈垣在申明自己著述《明季滇黔佛教考》的意图时说:"此书作于抗日战争时,

清初兵部尚书兼川陕总督李国英题"灯传无尽"石坊

所言虽系明季滇黔佛教之盛，遗民逃禅之众，及僧徒拓殖本领，其实所欲表彰者，乃明末遗民之爱国精神、民族气节，不徒佛教史籍而已"(《重印后记》)。人们纷纷逃向佛门，很大程度上就是表明与清朝新政不合作的态度。陈垣于抗战时作此书，其目的也是激发国人的斗志，宁为玉碎不为瓦全，坚持到底。也正是这个原因，陈寅恪在《明季滇黔佛教考·序》中精辟地指出："及明社既屋，其地之学人端士，率相遁逃于禅，以全其志节。今日追述当时之变迁，以考其人之出处本末，虽曰宗教史，未尝不可作政治史读也。"

毋庸讳言，以破山为核心的西南佛法的兴盛，其意义早已超出了宗教的范畴而影响于全社会，渗透到人们的精神生活之中，从而迎合了回避矛盾，脱离现实，悲观自守普遍的心理需求。

六、封疆大吏

轰轰烈烈的反清复明运动在清廷重臣李国英手里最终得以解决，从而开创了清朝一统天下的崭新局面。与此同时，李国英荣获清廷"加太子太保"、"授兵部尚书"、"总督陕西、四川三边军务"等等的封赐和委任，死后又追"授世职一等阿思哈尼哈蕃"。然而，这位声名显赫的封疆大吏在剿灭反清势力的过程中，对佛门高僧破山却表现出极大的兴趣和特别的崇敬。

据《破山年谱》记载，顺治十三年（1656），"复李制台培之书"。又据《破山语录》卷十三有破山《复培之李督台》书信一封，信后附李国英（字培之）的"来书"道：

> 久仰禅师大名，昨以诏谕姚（玉麟）总兵之便，草勒附致，乃荷来函注及，真觉刻画无盐[9]，增人面赤矣。不佞虽沉身宦海，然而出尘之志未尝退转。何时卓锡渝城，直受棒喝，一慰年来企仰之怀，未审发此慈悲否？拂冗附复并谢，不尽。

破山的复信在顺治十三年（1656），那么，李国英的来信当在此之前。驻节重庆，重任在肩的李国英不惜军务与政务的繁忙，给梁山双桂堂的破山禅师主动来信问安，表达"久仰"之情，又表明自己"虽沉身宦海，然而出尘之志未尝退转"的对佛门亲近、对佛学信奉的夙缘，还盼望破山的大驾"何时卓锡渝城"，使自己"直受棒喝"，得其教益，从而"一慰年来企仰之怀"。信中聊聊数语而又意味深长，给一个素未谋面的禅师冒昧写信，李国英的语言十分谨慎，态度十分诚恳，直至"未审发此慈悲否？"简直有些低三下四了。

这封表示"企仰之怀"的书信，不能说不是李国英以崇佛为由，达到拉拢破山、获取民心的政治手段。

李国英给破山的信送去后，却没有任何反应，按捺不住的李国英不但没有怨而怒之，他又派人前往破山的座下，主动沟通，并"道及谆谆"，表白他的心迹。此时，破山才有《复培之李督台》的回音：

> 传闻大金汤遥舒一臂，来携朽人之手。而朽人尚未识面，恐触觉亦非也！忽转盼间，得谭首四书，稍之影响，未敢谛信其实。欲书只字片言，冒惊台侧，不能触觉是妄，则无因亦妄也！目今蒙贵差官至，道及谆谆。只得附几句俚语，书之扇头，一则奉贺千秋，二则以雪前答非，叙寒温故套也。乞叱留俟异日团话何地，此则一重公案耳，余言不悉，并谢。

重庆华岩寺清道光年间龚晴皋题"破老祖禅"匾，破老即破山也

破山对李国英的冷漠可想而知，在"贵差官至，道及谆谆"的情况下，无法推托，破山才"只得附几句俚语，书之扇头"，算是对他的交代。并说这不过是"一则奉贺千秋"，为其寿辰作礼节性的祝贺。"二则以雪前咎非，叙寒温故套"，弥补来而无往之咎，叙说温寒。对李国英充满"企仰之怀"，主动"遥舒一臂，来携朽人之手"，答之以"故套"之礼，应付之词，并且还在对方来人后才迟迟作答。

尽管如此，但是李国英却从未放弃对破山的积极争取。由《破山年谱》来看，李国英或"专书问道"，或遣使往来，或诗书赠答，都非常虔诚而执着，例如：

> 十六年（1659）己亥：师六十三岁，李制台出师夔关，专书问道，师复最详，更赠以偈，有"重开巴国苏民困，再造夔门起世贤"之句。李览之大悦，志拟旋师，躬亲法座。后巫峡屯兵六载，屡裁问答之书。
>
> 十八年（1661）辛丑：……制台李尝问使："双桂丛林体制、僧徒躬行如何？"使对以"梵宇巍峨，寮舍恬静，其中皆真诚学道之士，约万有余指"。李乃大书"灯传无尽"四字额之。

由于李国英的努力，更由于时局的变化和具体情况等复杂因素的作用，使破山对李国英的态度逐渐转变而趋于友好，并将"苏民困"和"起世贤"的希望寄托在这位满清政府的封疆大吏的身上。

出没于川东地区的"夔东十三家"和出没于滇黔地区的永历政权的其他武装

势力，虽然均以反清复明为旗号，接受永历的封赐，但实际上不过是占山为王，纪律松散、各自为政、胸无大志的散兵游勇，在清朝大兵压境之际负隅顽抗，也只是作垂死的挣扎罢了。况且他们中间，烧杀成性的有之，为利忘义的有之，腐化堕落的有之，投降变节的也有之！他们自身的腐败和内部的倾轧足以使其民心和斗志丧失殆尽，由这些人来担当反清复明的重任，其成功的把握是可想而知的。即使侥幸获得成功，除了祸国殃民，他们还会有什么能耐？从弘光政权、隆武政权到鲁王政权，一个个短命的南明王朝其朝廷的腐败早已大白于天下，路人皆知。而永历政权虽以广阔的西南为根据地，坚持时间最久，生命力最强，但其中激烈的党争、不断的内讧亦昭然若揭，日落西山，气息奄奄的气象预示着它的寿终正寝之日也已行将不远了。而"士之志节者，多逃之释氏"的情况，一方面说明众多士大夫不愿与清廷为伍的决心，另一方面则是他们对南明政权的失望。"贼党内乱，人心未定"（《清世祖实录》卷十三），就连清朝统治者也清楚地认识到了南明王朝这一致命的弱点。进出双桂堂的游僧信徒们频繁来往于西南各地，来往于种种势力的上层人物之间，各种人物的荟萃，各种情况的综合，破山越来越感到反清复明不过是一场无法实现的梦，相反，持续的战乱则只能增加人民的痛苦与社会的灾害。况且这时，清朝政府在统治区实行"招民复业和垦荒"等有关农业的扶持政策①，也有一些安民解困、恢复生产、弥补战争创伤的效果。

久乱思治，祈求安宁成为破山晚年的强烈愿望，反清复明的思想渐趋淡化，特别是李国英以仁政、以崇佛为面目出现，更是加速了破山思想的变化。

李国英终得以成为破山的朋友，除《破山语录》卷十三中所附他的第一封来信外，其他的诗文和书信已难以查考，但通过破山的诗作和书信，则可看出破山对李国英前后态度的变化。破山《与培之李督台》道：

> 雀舌将开，龙牙欲出，欢颂赵州新句子，解渴止消七碗正堪，峨岫旧家风得饱，还须一片，恭维大金汤，殄嘱川陕，百万妖氛退于黑山鬼窟，勇健东来，八千子弟收于肉案酒楼。指日凯旋，共朽人话。沙里米、米里沙，甚安眉睫；肉边菜、菜边肉，大快口头。自怜俗骨，未下忠孝种子，滥厕僧伦，

取辱法门秽物，便鸿附侯，不胜翘企。

（《破山语录》卷十三）

此外，破山有不同时候写的两首《寿培之李督台》祝寿贺诗，其一道：

人寿同天寿，民安即国安。
锦江成字水，鹫岭现巴山。
松竹梅三友，鹿龟鹤一班。
都来舞殿下，共庆紫泥颂。

（《破山语录》卷十八）

"鹫岭"即灵鹫山，在中印度，山顶似鹫，又因王舍城南尸陀林中极多死人，群鹫常聚食后还归山顶，故名。全诗饱含破山对李国英的期望，尽快改变四川的惨状，使锦江重新成为养育人民的乐土，让"鹫岭"一样的屠场鬼域再现巴山的风采。各个方面的人士都来到你的殿下，起舞欢歌，共同庆贺皇上紫泥诏带给大家的恩泽。其中，"民安即国安"则是全诗的主旨所在，要想国家安定，江山稳固，安抚和爱护人民是最大的前提。破山此处所谓的"国"已经不是朱明王朝的"国"，而是大清帝国的"国"了。这时，对他来说，人民的安宁与否似乎已经高出民族的兴亡了。另一首给李国英的祝寿诗道：

威镇蜀南与蜀东，贤豪杰士尽归从。
桃园果熟邀仙子，巴国民顽起化公。
义胆忠肝扶社稷，血衣汗马鼓玄风。
而今只有绵软舌，说彻洞中丹鼎红。

（《破山语录》卷十八）

这时，破山俨然成为李国英剿杀反清势力的支持者和吹鼓手了。这一方面说

昆明篦子坡永历帝殉难处

明他对复明的绝望，对反清的动摇和对反清复明参与者们所作所为的反感，另一方面则说明他渴求和平与安宁的近切心愿。

李国英不失为一个善于攻心的人，赢得破山，从很大程度上说就是赢得了民心，但他在剿寇和施政上亦注重民生之功德，实不负破山一片苦心。

据《清史稿·李国英传》载，"李国英，汉军正红旗人，初籍辽东"，他在明末时"仕明，隶左良玉部下，官至总兵"。清兵入关后，"顺治二年（1645）与良玉子梦庚来降（清朝），三年（1646），从肃亲王豪格下四川，讨张献忠，授成都总兵。五年（1648），擢四川巡抚"。李国英可谓官运亨通，青云直上，降清后三年即被提拔为四川巡抚这样的要职。又据《四川通志》卷百十五《官职志·政绩》，记录李国英担任四川巡抚后，于"顺治十二年（1655）四月，以四川乱后，民生凋敝"，上疏建言道：

> 治平之略，在苏民生之困。苏民生之困，在祛其致困之源。今滇黔未靖，征兵转饷，因一隅未安之地，累数省已安之民，旷日废时，师老财匮，此坐而致困之道也。我国家兵盛无敌，而小丑弗靖，非兵不强，饷不足也。封疆之臣畏难避苦，利钝功罪之念先入于中耳。臣闻，非动不足以致静，非劳不足以求逸。今湖南两广俱有重兵，平西王及固山额、真侯墨尔根辖之兵现屯汉中，蓄锐甚久，诚能分道并进，首尾夹击。贼力有几，岂能四方支持？是

诚一劳永逸之计也。万一机会有待，请先敕平西王及固山额真侯墨尔根辖率兵驻镇保宁，为各路之主宰，遣将先取成都，资其肥饶，且屯且守；次取重庆，以扼咽喉；后乘流东下，扫清夔关，以通荆襄之气脉，撤滇黔之门户，即为收滇黔之张本。从古取滇黔，未有不先取蜀者也！

李国英这篇上疏非常切合时政。要征服西南，统一全国，平定天下，"苏民生之困"就是最好的策略。要"苏民生之困"，又必须"祛其致困之源"，即消灭残明势力。而"从古取滇黔，未有不先取蜀者也"，"取蜀"又必须先"扫清夔关"。铲除了活跃在川东鄂西的"夔东十三家"这一心头大患，即可"撤滇黔之门户"，才能"通荆襄之气脉"，完成清朝的统一大业。其核心就是要集中力量，速战速决地解决西南的归属问题，从而结束持续的战乱，"一劳永逸"，使天下太平。李国英的上疏既体现了人民的要求，更代表了清廷的利益，所以很快得到朝廷的赞同，并加封他为"太子太保、授兵部尚书"，由巡抚提升为总督，"总督陕西、四川三边军务"。李国英接令后，随即主持四川、陕西、湖广三省兵力，对"夔东十三家"进行大规模的军事围剿。在军事围剿的同时，李国英又展开政治攻势，招安"夔东十三家"归顺清廷，梁山的佐明将军姚玉麟便是这时投城李国英的。而姚玉麟的归顺却与破山又有不可分割的联系。在姚玉麟徘徊犹豫之时，破山又以"安民"为由鼓励和支持他前去重庆李国英的总督府，所作《送圣瑞姚将军之渝城》道：

安民何怯暑？为国自忘身。
拍马开荆路，张弓散阵营。
梁山山大迥，字水水刚平。
驾上木鹅背，风波任纵横。
（《破山语录》卷十九）

大概姚玉麟以天气酷热为借口迟迟不作重庆之行，破山以"梁山山大迥，字水水刚平"相规劝,希望梁山和平,成为养育生民之地,再不要卷入杀伐的战场,对于这种极大的功德,"安民何怯暑",又怎能畏惧天气的酷热呢?

大功告成后,李国英继续以重庆为总督府所在地,屯兵于此。《破山年谱》载:康熙三年(1664)"时制台李凯旋,太夫人讣音倏至,即差员役进双桂,请师荐亲。前归巴渝,以候杖临。师命云峤水监院、莲月正领众,乃过长寿县(今属重庆),及抵渝城,缁素争先拜于街市,乃至屠儿亦皆稽首。李延寓观音寺,于官衙设座,请师为母说法。李跪听母位之侧,盖思亲之切而尊法之至也。示李制台杨夫人法语,示子李雯法语"。另据《破山明禅师行状》载,"李公讳国英,数四恭迎,(破山)力以病辞。甲辰秋,再专使请师,遂不负舆情之望,寓渝之观音庵,九旬而归"。再据《破山和尚塔铭》载"总制李公奠安全蜀,数遣使迎师,皆力辞。甲辰秋,再使敦请,师不得已,飞锡临渝,盘桓九旬,相得甚欢"。破山应李国英之请为其母说法,超度亡灵,这种事本来就不便拒绝,加上专人来接,更不好推托。当破山来到重庆,则是"缁素争先拜于街市,乃至屠儿亦皆稽首"的盛况,说明他在百姓心目中地位的崇高。李国英在总督府内为亡母设的灵位旁边,"跪听"破山的法音,显其孝顺之心、敬佛之意和对破山的挚诚。破山被李国英留住重庆九十日,彼此之间"相得甚欢"。根据《破山语录·机缘》记载,破山"作佛事毕",就急忙"告辞",但被李国英挽留住了:

时李柱国(即李国英)曰:"大和尚宜住大府分,何得区区辞之。待开祭后与大和尚开荤始行。"据意坚留,老僧执意对曰:"非为今尊慈封斋,为天下国家大事。昔戊子年曾寓于(大海)、李(占春)营中,见杀业太甚,遂开荤肆口,及今一十六载矣!幸下东封疆已毕,众将军封刀,老僧即封斋矣。老僧曾有口款云:要得和尚不吃肉,除是将军不杀人。将军不杀人,以德忠君父;和尚不吃肉,以戒报佛祖。老僧才吃数片肉,尚惹众将军生厌,众将军终日杀人,上苍安无厌耶?"遂出示止之,经今不觉十有六载。天下大定,国家无事,众将军已封了刀,老僧亦封了斋也。

破山这番对李国英的话真正是有感而发,曲尽情伪,十六年来身逢乱世,破戒开斋,饮食酒肉,劝阻杀伐的隐衷明白无误地表露出来,充分显示了自己厌恶战争,痛恨杀人者,慈爱人民的立场。另据《破山和尚塔铭》记述道,"李公享师以牢醴,师搁箸曰:山野昔遇恶魔而开斋,今逢善友而止荤。从兹不御酒肉矣"。更能看出破山的态度。

从此,破山结束"酒肉和尚"的生涯,重新回复到了清虚自守的佛门的正常生活。被破山称作"善友"的李国英,据《巴县志》等地方史志介绍,他在战争结束后,便积极"补筑重庆郡城";"重建府文庙","恢复内地"等,恢复人民的正常生活秩序,所以《四川通志·政绩》说他"保厘全蜀者二十有一年,康熙六年(1667)以劳瘁卒于官,士民巷哭"。

作为满清的朝廷重臣、封疆大吏,李国英改变了破山的政治态度,从某种意义上说,他赢得了民心;作为以普度众生解脱苦难为旨要的佛门高僧,久乱思治,破山顺应了历史的演变,从而放弃了反清复明的主张。但是,在破山心灵深处,依然是非常矛盾和痛苦的。

七、南明挽歌

从顺治元年(1644)清兵入关,到康熙三年(1664)"夔东十三家"最后一支抗清力量的覆灭,其间凡二十年漫长岁月,艰苦卓绝的对外反击,错综复杂的内部斗争,使南方尤其是西南地区的反清复明活动,更富于悲剧色彩。在这二十年间,破山"和光同尘",不可逃避地身临其境,要去经历和感受这个灾害频仍的苦难岁月和悲惨世界。从"高悬日月照当今"、"中原期大定,战血有谁干?"期望大定中原、光复明朝,到面对纷繁的混乱和无止尽的杀伐,发出"天下何时能太平"的感叹,呼唤和平的来临,由此到放弃反清复明的政治主张,希望结束动乱,"重开巴国苏民困,再造夔门起世贤",将苏民解困的希望寄托在满清新政的官吏身上。"民安即国安"是破山政治观点在晚年的集中表现。作为朝廷,只有以人民的安宁为前提才能达到国家的稳定；作为人民，也只有以国家的稳定为保证，才能获得生活的安宁。久乱思治，息事宁人，是整个时代的需要。

顺治七年（1650），摄政王多尔衮去世，亲政后的顺治皇帝的头等大事就是如何解决在西南南明永历政权这一持久而又顽强的敌对势力。

永历政权的军队由三方面构成：一、明朝旧部；二、李自成大顺军余部，以李锦、高一功、郝摇旗等为头目；三、张献忠大西军余部，以孙可望、李定国等为头目，后两方面都是在清兵入关后，调整斗争方向，与南明联合抗清的农民武装。三方力量若能和衷共济，一致对敌，应该说反清复明并不是一句空话。后来又有东南的郑成功、张煌言率部加盟，可以说，永历政权在南方具有强大的实力和广大的地盘。又曾经屡破清军，气象大振。但是，官军蔑视农民军，仍然呼之为"贼"，彼此互不相容，而官军内部、农民军内部亦互相摩擦，互相抵消。如孙可望一直怀有称帝的野心，他见李定国军队日益强大，遂起歹意，把永历帝劫持到安隆，后来被李定国打败，他便投降清朝，并将西南虚实和盘托出，被封为义王。清廷掌握情况后，发动大规模攻势，顺治十五年（1658），贝子洛托、平西王吴三桂占领贵州，随后进入昆明，永历帝逃往缅甸，李定国兵败，缅甸被迫将永历帝送交吴三桂，康熙元年（1662）四月，永历帝在昆明被吴三桂绞死，不久，李定国亦病死于缅边的猛腊。在大顺军余部的李锦病死后，所部由义子李来亨统率，与高一功并肩作战，在贵州遭到孙可望的突然袭击，高一功战死，李来亨北上四川、湖北，以川东鄂西作为根据地，坚持抗清，成为"夔东十三家"的骨干力量。

"夔东十三家"凭借长江三峡险要地形，游击作战，扼险自保，在永历帝已死，南明朝廷瓦解、东南的郑成功去了台湾后，仍然据境抵抗。并于顺治十五年（1658）联合攻打重庆，声势浩大，但谭诣、谭宏久有降清之意，这时又被谭文得知，并转告了刘体纯、袁宗第等人，谭诣、谭宏见事不妙，遂杀谭文后投降清朝。"夔东十三家"遭此内乱，慌忙退回三峡。

康熙元年（1662），总督李国英见时机成熟，作了周密的安排，于是上疏道："（四川、陕西、湖广）三省士马同于是日进发，如荆彝一路官兵，即专办兴（山）、远（安）、巴（东）、归（州）等处之贼；陕西、兴安一路官兵，整拥前赴竹溪，会同郧阳官兵，

清代乾隆状元、四库全书总裁、礼部尚书潘世恩题匾，追怀先贤。

专办竹（山）、房（县）等处之贼；四川官兵，专办大宁、大昌、夔（州）、巫（山）等处之贼。各剿各境之寇，一处荡平，即移兵前进，与相近他省官兵会合同剿。如此则诸逆自顾不暇，无能彼此救援"（《清代农民战争史资料选编》第一册）。此时，东南及西南的其他反清势力基本平息，清政府可以腾出手来全力以赴彻底解决"夔东十三家"了，故非常满意李国英的计划，即刻命令实施。李国英接令后，亲率大军，于康熙二年（1663）正月攻克袁宗第的大昌，攻打巫山。巫山之役历时十二昼夜，"夔东十三家"集中兵力对垒，英勇奋战，阵亡将士七千余人。巫山失败后，"夔东十三家"处境更加艰难。当年八月，清廷又增派八旗劲旅，以都统穆里玛为靖西将军，都统图海为定西将军，集中力量，重兵围剿。此时，"夔东十三家"已经力不可支，军心涣散，各级将领各部兵丁非死即降，到了穷途末路之时，刘体纯先将家氏杀死后，自己自缢身死；郝摇旗、袁宗第均在被俘后被杀；马腾云、党守素、塔天宝等率部降清。十三家只剩李来亨一家独守湖北兴山茅麓山上。康熙三年（1664）八月，李来亨终因寡不敌众，弹尽粮绝，遂"将妻子杀死，房屋放火焚烧，自缢身死"。残兵败将们"四散奔出，俱被各路汛守官兵尽行擒斩"（《清代农民战争史资料选编》第一册）。

梁山金城的姚玉麟业已归顺李国英，免去了一场血腥的杀伐。至此，"来亨败没，中原无寸土一民为明者"（《永历实录》卷十五）。以"夔东十三家"的覆亡为标志，明朝已彻底失败，反清复明运动画上了沉重的句号，清朝出现了崭新的大一统局面。

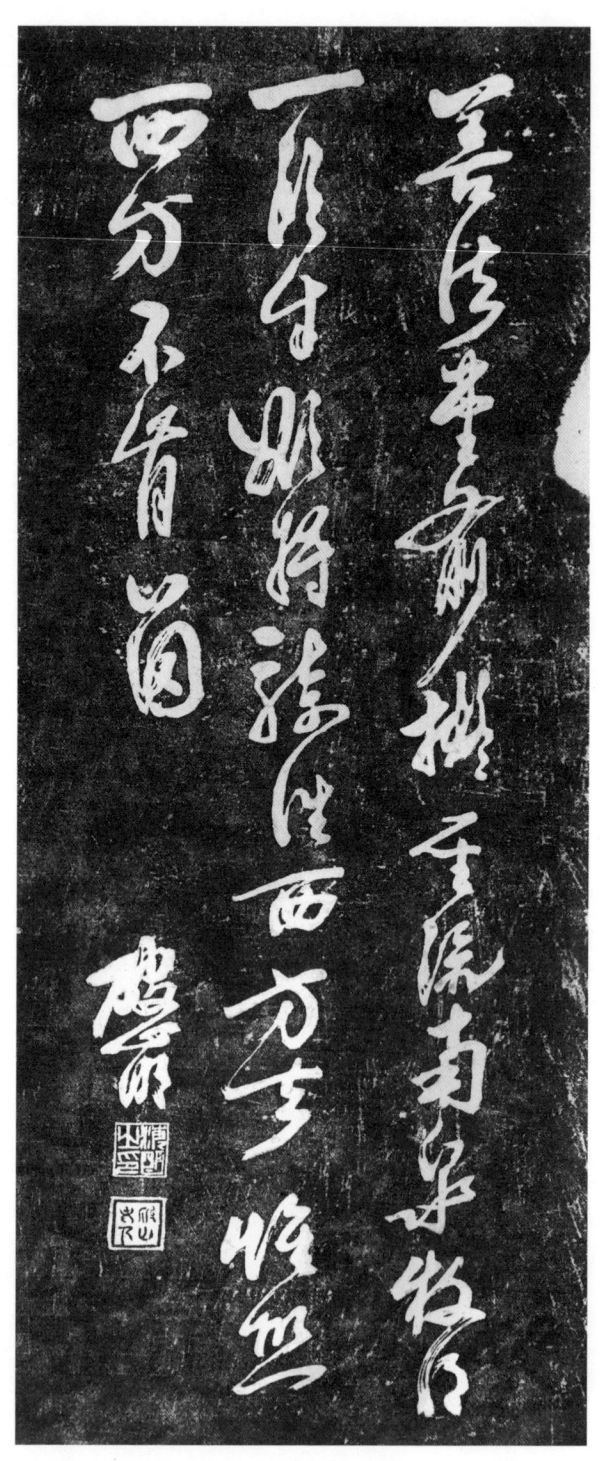

破山晚年应邀索书不暇，常刻木版印刷自作诗题赠，此其一也。

在抗清势力纷纷瓦解、抗清人士纷纷死难的过程中,破山是极为悲痛的,常动之以情而悼之以诗,如《吊西昆谭太师》道:

蜀东山水启王侯,恼恨滩高不让流。
委尽一身全故国,忠魂千古自悠悠。
(《破山语录》卷二十)

谭西昆是屯兵万县的抗清名将,曾多次与破山聚谈,深受破山赏识,并有"恨待何时静,凯歌指日归"的诗句相赠。谭西昆不幸以身殉国,却死于同胞之手,尤其令人忧愤而绝望,所以破山便有此沉痛之词,称赞他是鞠躬尽瘁,"委尽一身"保全名节的千古忠魂。破山所谓的故国,正是他心里日思夜想的、在异族铁蹄下破败不堪的大明王朝。此时此刻,他不仅仅是为一人而哀痛,也不仅仅是为"蜀东"抗清力量的行将灭亡而"恼恨",他所表现的是故国之思,他所伤怀的是亡国之痛,他所咏唱的是整个反清复明运动大势已去的一曲悲壮的挽歌。

八、泰山北斗

山不在高,有仙则名。双桂堂不依附于繁华都市,不借重于名山大川而名振寰宇,四方之人不远千里,不畏路途艰险纷至沓来,亲聆破山的教诲,得以指示迷津、解脱痛苦、领悟人生的真谛和佛法要旨,也作为身在乱世的心理需要,寻求精神的寄托。

由此,川东僻远之地的双桂堂一度成为西南地区的政治和军事中心,各种阵营,各派力量,各色人等都将目光聚焦于此,以求获得各自不同的需要。当此之际"其负笈来从,有树下宿者,有冢间宿者,有溪畔岩穴而宿者,皆冒险乘危,甚至官司嫌疑而鞫问者。如斯道路,楚水秦关,犹雾拥云臻"(《破山年谱》)。不顾"楚水秦关"的艰难,不顾兵荒马乱的危险,也不顾夜宿坟头树下、溪畔岩穴的辛苦,一批又一批,一路又一路前往双桂堂者,犹如"雾拥云臻"一般。破山曾给人在信中说:"老僧左右常数百人"(《破山语录》卷十三《复离指上座》)。时常数百人跟随在破山身边,在双桂堂学道的就更多了。总督李国英当其屯兵夔门时,曾经询问起双桂堂的情况,部下回答说:"梵宇巍峨,寮舍恬静,其中皆真诚学道之士,约万有余指",李国英听后深为感佩,"乃大书'灯传无尽'四字额之"(《破山年谱》)。对双桂法堂兴旺之状,破山弟子感叹道:"西来一宗,自天童(指密云圆悟)中兴,济上儿孙遍天下,可谓盛矣。然未有如双桂(指破山海明)之尤超于诸方也"(《象崖挺禅师语录·序》)。其门庭之盛,"朝参暮请之众,盈万指而有余"(《中国禅宗通史》)。在破山六十华诞时,"凡嗣法门人,远近学侣皆云集座下,同庆大年",而山高水远,无法亲身前往双桂堂拜祝者,"虽遐陬僻壤,莫不绘师像而瞻礼焉"(《破山年谱》),破山几乎成了人们心中的神。

  破山晚年,着力于佛法与禅学的圆融,义理与参学的圆融,念佛与禅悟的圆融,持戒与破执的圆融,综合与包容是他最大的特点,也是时代的需要。各种心性、各种档次、各种阶层的追随者纷纷聚集门下,促使了破山传法风格呈现兼容并包的集大成的发展态势。在《示徒》中,破山明确地说:

  念佛一声,嗽口三日,若不念佛,如水浸石;打鱼念经,经且是路,若不修行,如风过树;戒急乘缓,乘急戒缓,若不持戒,如鸡卜卵;一句话头,击涂毒鼓,若不因循,如猫捕鼠。

  (《破山语录》卷十五)

  将念佛、修行、持戒与话头统一起来,既综合了禅理和净土的修炼方法,又反对死守戒律,说"若不因循",就能"如猫捕鼠",轻而易举进入禅悦的精神世界或往生净土。

  一篇题为《开学业禅堂缘起》的文章,具体而详尽地阐明了破山的佛学观点和法门宗旨。

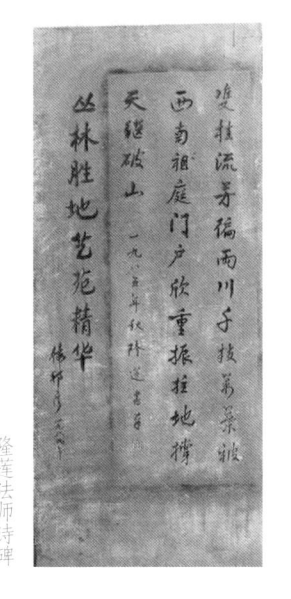

盖闻佛法无主,要假人弘,得人则兴,失人即废,所以达人不可无也。是人也,非生而知之者也。吾教建丛林、立规矩,意在养育贤才,陶铸后学,继往开来,如日月大明乎天下也。奈何海内丛林,悉忘此意,予不得不犯天下所忌,敢以古今兴废试一论之。

上古丛林,聚众朝夕激扬,使悟本心,冀各为一方眼目,辗转传化,续佛慧灯,以故古时脱颖者不知其数,此佛法得人之所以兴也。迩来丛林虽在,古法尽忘,招贤弘教,杳绝无闻;自愚愚人,辗转蒙昧,致使初学有志者无处栖泊,无人熏陶,蹉跎白首,不知佛义,此佛法失人所以废也。

不思丛林者,何所取义如来?无量劫中修行,难得无上菩提。演布三藏,欲后人讲诵参讨,自见本心。古人知此,所以建禅堂以安学者身心,使用力于此,即知是中代出高人,如林内具诸栋木,故以丛林立号。岂如今日驱贤养愚,忘本务末,以了丛林之事,此非木之丛,实草之丛也。况诸施中,法施为最,如来为法降生,为佛子者,不知本末先后,谓之倒置,致佛日不明者。谁之咎欤?故知达人必出丛林,兴废关乎主者。唯主人权柄在手,指呼是从,荏是位,不行是道,佛祖宁不皱眉耶?

明自参学以来,经历多载,见今思古,每自伤叹,何今古相反若是耶?

古亦人也，今亦人也。古人何增？今人何减？特因昧本忘恩，不思不行而已矣。若海内丛林，一一皆能体佛心而行佛事，则天下咸成佛国，何今古之间然？况今教、禅、律，人各执一边，互相矛盾，鲜窥大全。岂知无上妙道，出于口为教，运于心为禅，轨乎身为律，三法本一人行。今乃分疆自画，去佛法远矣！明不揣薄劣，忧佛道之不行，虑人心之忘古，欲于通津大郡建一学业丛林，集有志缁流，究性相之深诠，穷离文之妙旨，破目前之坚碍，消历劫之固执。融五教十玄于毛孔之中，会六相五宗于扬眉之处。通变自在，迥异常情。达摩不向东来，释迦未曾出世，以斯先觉复教后觉，内外典籍，贵以贯融。罢参者休心无事，初进者励志向前，不计岁月，以彻为期。圆性达人，必从此出，心色法界，体合真空，即一切非一切，虽度生而无生可度，佛即我，我即佛，虽成佛而无佛可成。佛法之兴，安有涯量？故曰：佛法兴莫先于得人，得人莫先于整丛林，以教后学。舍此而欲佛法兴者，吾莫知也！由是观之，无贤主则不出达人，无达人则不兴佛法，反复推寻，主人为最，此位任大，毋自抑小，宜去慢，虚心待物，视此身为天下学人之父母，视天下学人皆我一家之子弟。内则为之聚粮、办衣、供油，以资其岁月朝夕之需；外则为之请出世名宿以作模范，熏之陶之，日益日损，方不失为主人之实。

虽然，明更有说焉。如来昔以佛法付嘱国王大臣，诚有见于末法之弊，非主持世道者不能弘扬吾教。愿今举世宰官达士，世道既平，亦宜傍兴佛法。盖三宝乃世间福田，下得一种，收得一斛。世谚云：山中无老僧，朝中无宰相。安知满朝文武，非昔修行苦行僧耶？惟冀不忘前因，各出手眼，共报佛恩，使天下丛林俱兴佛法，贤者进而愚者化，佛教则焕然一新，王道亦不教而善，此二教兼化，并行不悖也。愿与同志共遵之，无负灵山之付嘱也矣。（《破山语录》卷二十）

破山根据当时佛门禅林之中的纷争不断、封闭保守、青黄不接的情况，指出种种流弊所在，他结合历史褒古贬今，说"迩来丛林虽在，古法尽忘，招贤弘教，杳绝无闻；自愚愚人，辗转蒙昧，致使初学有志者无处栖泊，无人熏陶，蹉跎白首，不知佛义"，况且佛门内部，宗派之间又长期纷争不止，致使"教、禅、律，人各执一边，鲜窥大全"，彼此之间，各持偏见，自以为是，"驱贤养愚，忘本务末，以了丛林之事"，这样的丛林"非木之丛，实草之丛也"。指出这就是"佛法失人所以废也"的道理。破山说：佛法"得人则兴，失人即废"，营造学术环境，倡导学术风气，培养后学，造就人才已经刻不容缓，而自己因为"忧佛道之不行，虑人心之忘古"，所以久有"欲于通津大郡建一学业丛林"的夙愿，建"学业丛林"的目的，就是要"集有志缁流"于一堂，"究性相之深诠，穷离文之妙旨，破目前之坚碍，消历劫之固执"。由此，他提出了佛法的"无上妙道。出于口为教，运于心为禅，轨乎身为律，三法本一人行"的著名观点，并强调："内外典籍，贵以贯融"。这里，破山将从慧能起流行的与传统佛教拉开距离的所谓"教外别传"的禅宗，又重新回归到教禅结合的佛法之中，更与他的老师密云"白棒当头"、"直指人心"的偏激方法形成鲜明对比。求综合而贵贯通，既讲教义，也重禅学，又求净土，集大成是破山晚年佛法最突出的特点。文章最后，破山还引用"山中无老僧，朝中无宰相"的谚语，说现在"世道既平"，奉劝"举世宰官达士"，"亦宜傍兴佛法"，使得各安其位，各得其所，王道与佛法"二教兼化，并行不悖"，从而获得社会的长治久安。

破山这篇说明自己建立"学业禅堂"由来的文章，既是对当时"海内丛林"——整个佛坛的全面清算，又是为自己以"养育贤才，陶铸后学，继往开来"为宗旨创建的双桂法派，确立正宗的地位。这种口吻的文章，在当时恐怕也只有久负"一代宗盟"之名的破山，才敢为而且能为了。

"名钦四海，道重天下"（《破山语录》卷十七）。破山的良操懿行，使他成为名副其实的一代宗师。"曹溪水源，天童水本，双桂飘香，四海难隐"（《破山语录》卷十七），以慧能为源头，以密云为根本的破山，又使此时的双桂堂已四海飘香，名满天下。这个地处川东僻远之地的禅堂成为人们心中的圣地，变得门庭若市，热闹非凡。破山寓身于双桂堂中，承接着成千上万的信徒们的顶礼膜拜，然后给予他们无穷无尽的精神慰藉。时人赞叹道："盖西川自宋（克勤）圆悟、大随（元静）而后，少室宗纲久矣绝响，人皆习为讲诵。师一提最上极则之事，远近瞻风，心怀畏爱,道风于是乎大著矣"⑫(《破山明和尚行状》)。

这期间,很多古寺名刹争相到梁山迎请破山前往传法。据《破山年谱》记载,顺治十五年(1658),浙江嘉兴"东塔监院清白常勤、旧房僧慈霖洽同绅士金太师之俊、谭司业贞默、朱郡侯茂时、汪进士、挺玉方伯庭、文学施博翁、天麟法侄、严书大参等修公启,请再住东塔";顺治十七年(1660),"峨眉诸刹名宿思聆法音,欲究此事。有(破山)法孙紫芝住峨眉之万年寺,众与商确,专趋法座,启师逸老峨眉";康熙四年(1665),四川"张抚台坤育、郑提台西云、郎藩台钧衡、李臬台息六、郭道台余庵、冀府尹襄翁"等,"众宰官皆怀企慕,乃力修昭觉,各通请书"恭迎破山前往成都弘法……这些邀请除佛门内部的关系外,各级地方官僚也参与其事,各显其诚。凡此种种,破山均以老病为由,婉言谢绝。其中,峨眉山的"诸刹名宿"在破山谢绝他们后,"峨眉高志之辈皆接踵而来,朝夕磨砺。师施以本色钳锤,均有深省"。

面对一代宗师的魅力和双桂弘法的潮流,峨眉山诸寺的许多僧人也有意加入,高僧贯之性一禅师亦心向往之。性一从顺治八年(1651)起修建伏虎寺,逐渐使其"巍然焕然,为峨眉第一大观"。他最得意的弟子是可闻(1631—1700),曾常年跟随,并协助修建伏虎寺。性一圆寂之前,嘱咐可闻投到海明弟子成都昭觉寺丈雪通醉门下。通醉留可闻住数月,"乃书偈付嘱",承认其得法弟子资格。于是,可闻开始"弘临济正脉"。性一系统也就有理由并入双桂禅系了。

《峨眉山志》卷五《历代高僧》一文,附有破山的《伏虎寺开学业禅堂缘起》,此文与《破山语录》卷二十中题为《开学业禅堂缘起》大体一致,有一处重要改动,《峨眉山志》卷五所载文是:"明不揣薄劣,忧佛道之不行,虑人心之不古,值峨眉伏虎贯之禅师建一学业丛林",而《破山语录》卷二十载文是:"明不揣薄劣,忧佛道之不行,虑人心之不古,欲于通津大郡建一学业丛林"。破山这一宏文,无论是应峨眉伏虎寺之请,还是为开创双桂而作,都完整地、准确地体现了他弘法的宗旨。

除此而外,当权者们还通过"入山问道",修书求法,馈赠捐助等等方式,表达对破山的尊奉,从而建立起与破山某种微妙的关系。见于《破山年谱》中的这类人物以吴三桂的拜访最为耐人寻味:

顺治十四年（1657），"关南平西亲藩福晋，专使赍信香、法衣并法被、华幔、茵褥，凡法座之可严饰者，无不备焉"。前往双桂堂参拜破山。"平西亲藩"即吴三桂。"福晋"，满语，指亲王夫人。由夫人出面，给破山馈赠一切高档的寺庙用品，显然是吴三桂为平定西南拉拢破山所作的政治铺垫，应该说，这位夫人正是被吴三桂纳为妾后，又被农民军首领刘宗敏占有，导致吴三桂"冲冠一怒为红颜"，引来清兵入关后，再回归吴三桂的苏州名妓陈圆圆。吴伟业《圆圆曲》中有"专征箫鼓向秦州，金牛道上车千乘。斜谷云深起画楼，散关月落开妆镜"的诗句，就是写陈圆圆随吴三桂由秦川到汉中的情况。陈圆圆重新跟随吴三桂后，南北转战，直到云南，却以削发出家作为自己的最终归宿，改名为寂静，字玉庵。吴氏家族与破山法派的关系在丈雪出访江南，途经汉中时，就已结下了不解之缘。据《昭觉寺史话》记载，陈圆圆皈依在丈雪的座下。

吴三桂主动与破山往来，由陕入川，不惜跋山涉水，不惜劳神费时，足可见破山对他的重要和他对破山的诚意。吴三桂以夫人的名义派遣的使者们到达梁山双桂堂后，参拜破山祖师，并"请上堂说法，请题自真赞及法语以归"（《破山年谱》）。说，吴氏的造访是因为破山法孙、丈雪法子"懒石聆住汉中府静明寺，与（吴三桂的）藩府相近，故特来请法也"。当初丈雪奉破山之命，徒懒石觉聆等东游江南，行经陕南汉中时，受到吴三桂及地方官的礼遇和挽留，吴三桂还"时常礼敬"，请教佛法，交往之中势必谈及破山祖师的懿行大德，由此引发起吴三桂追根溯源的兴趣，由此而筹办一整套丰厚的佛门用品，派遣专人馈赠破山大师以表崇敬之心。《破山年谱》的编纂者们对这位既叛明又反清的吴三桂采取闪烁其词的做法来介绍他与破山的关系，另外，《破山语录》里也抹去了给吴氏的"上堂说法"、"题自真赞及法语"这些在当时不宜宣传的内容，以避免"文字狱"的打击和吴三桂带来的负面影响。不管是吴三桂夫人对破山的供奉，还是吴三桂以夫人的名义对破山拉拢，均可见破山对当时社会人们在精神生活或政治领域中的意义。其他亲自或派人来双桂堂朝拜者，举不胜举。如铨部郎即吏部侍郎谢沛之"入山问道"之类的事情多见于《破山年谱》之中。破山均为其解说佛法，指示迷津，化解疑团，并以他浑朴超逸的书法，书写偈语诗文相赠。如夔州府尹邢拙溪入山问道，破山示以偈云：

　　食禄元来各有方，老僧双桂君瞿唐。
　　相逢没甚好消息，拳头巴掌绝商量。
　　(《破山年谱》)

人之于世，应该各尽其能，各安其位，才能使社会保持一种良好有序的状态。达州的王刺史来信请法问道，破山有《复达州王刺史》的书信，说道：

　　荣任达州，是达州人福，想老檀越不负凤心，曾教化过，是以熟因熟果也。老僧耳其口碑，不胜雀跃。幸贵治一班太平人物，今日复得良晤者。信知老檀越不在做官，乃在做佛也！……
　　(《破山语录》卷十三)

对爱民如子，口碑传颂的王刺史予以表彰，并说他的这种做法已达到了"不在做官，乃在做佛"的境界。双桂堂所在的梁山及邻近州县的官僚们更是频繁地前来"入山问道"、"入山饭众"和乞求法语，接受破山的教诲。

由于破山的名望，前往双桂堂请求诗偈和书法的人亦络绎不绝，即使片纸只字，人们也视若珍宝。破山为满足崇拜者们的要求，或多或少，大都有求必应。对此，他曾不无感慨地叹道："四来不问禅和道，一定要求字与诗"(《破山语录》卷十六《示涵之禅人》)，甚至说："老僧不善书，忽得山人王居士苦索"(《破山语录》卷十《示亨我王居士》)，又说："书债半生梦"(《破山语录》卷十九《别流长苏居士》)，表示难以应酬的笔墨债务。破山早年游学江南，其书法深受晚明的徐渭、文徵明、祝枝山等人的影响，特别是董其昌风流潇洒的行草书对他影响更大，但晚年以后，由于饱经离乱流亡之苦、饱受国破家亡之痛，破山书法愈老愈雄浑，愈厚愈生辣，已经远离江南文人的风气而独树一帜了。他书写的内容也主要是自己兴之所致的诗文和佛偈，如：

赠君儒陈居士

新年初举笔,闻墨觉多祥。

染就风云气,时来弄酒狂。

(《破山语录》卷十九)

赠三笑上人

酒醉无诗伎俩穷,毫挥有则振家风。

老僧欲写天边月,恐落池中惊卧龙。

(《破山语录》卷十九)

示不我禅人

老僧才病起,禅者来求书。

不以文章赋,安能山水图。

挥毫无笔力,裁句有思殊。

漫道诗脾滑,口开一字无。

(《破山语录》卷十六)

示自成戒子

静室悠然坐,心头霎时冷。

老僧信笔书,为汝发深省。

(《破山语录》卷十六)

破山笔歌墨舞,为人书写了大量的诗文法语和扇面条幅等作品,他还应邀为一些寺庙题写匾额对联,如题浙江东塔广福禅寺的楹联道:

客不到清涵境界;
蜂也来热闹门庭。

题丰都名山的楹联道:

双桂堂中的破祖塔，破山安葬于桂蕊飘香之处。

其一
懒去何心翻贝叶；
闲来无事理蒲团。

其二
不涉阶级，难从这里过，行一步是一步；
无分贵贱，都向个中求，悟此生非此生。

题成都文殊院的楹联道：

悬佛日于中天，光含大地；
灿明珠于性海，彩彻十方。

题峨眉山的楹联道：

山迥迥，水潺潺，片片白云催犊返；
风萧萧，雨洒洒，飘飘黄叶止儿啼。

破山冥心运笔，大起大落，直抒胸臆，为后世留下了丰厚而珍贵的文化遗产。十磨九难成正果，破山晚年身心已超越人世的种种苦恼和佛门的种种障碍，

法堂之上，风铃之声不绝于耳

并自觉觉他，以他无边的法力让众多的弟子和信众皈依三宝，脱离苦海，进入佛教所谓无上光明的精神世界。破山由此了达到大道圆满的境界，无论作佛作人，生活行事，诗文书法，都趋于自由、自在和自然。时人称他为"小释迦"。⑬

由于木陈、费隐、浪觉等人政治态度的不同所导致的相互之间的排斥斗争，江南地区呈现出"僧诤"不断、群龙无首的状况；又由于此时的西南为所谓汉民族的"正朔之所在"、"萃集禹域文化之精英"的地方，佛教发展得天时、地利、人和之便，盛行于世，影响及于近二十个省份。据此可以得出这样的结论：清朝初年的一段时间里，佛教的中心已由江南诸省转移到了西南地区，成为它发展传播的主流，而且宗风所至，影响到社会各个层面，佛法由此大盛。开创这场佛教复兴运动的旗手正是江南和西南佛门众望所归的破山海明。《中国禅宗通史》说："海明在巴蜀传禅三十余年，无论在佛教界还是社会上都产生了广泛影响"，"在巴蜀之外，海明也被视为禅学正宗"。清朝"翰林编修"、"盛京典试大主考"朱之俊在《破山大师圹碑并铭》中说，由于破山的名望，"宰官拜其座下，将军奉其教律"。翰林刘道开在《破山和尚塔铭》中称破山的大名"上至朝廷，下及委巷，近而中夏，远而外国，罔不闻知"。破山已无异于那一时期的精神领袖。

九、涅槃境界

康熙五年（1666）正月二十一日是破山七十岁生日，从上年冬天开始，人们便陆续云集到了双桂堂,"南北学者及得益弟子联袂而来,趋归如市。师命众执事竭力开炉,弥加整饬,乃普告大众曰:'今年不惜眉毛,重打口鼓,向后更不说禅,亦不说戒,尔等欲参禅受戒,不可后也。'众谓师年尊谢事之说,而不知已无意于世矣"(《破山年谱》)。破山提醒大众若欲得法受戒机不可失,否则时不再来。人们都说祖师因为年迈,要谢绝事务了,不知道他"已无意于世矣",行将西去了。

破山已经衰老了,他无法抗拒生老病死的自然规律。还在前年(1664)辞别李国英从重庆回归梁山双桂堂时,就因"道途风雨,每有寒暑之恙"。大去的期限离他愈来愈近了。据《破山年谱》道,破山自知将不久于人世,上堂对大众垂语道:"初开劫运九开炉,七十年来志不输。每见隙驹难度尾,常闻老蚌易生珠"(《破山明禅师行状》)。他在寿辰前的"正月十五日将眼、耳、鼻、舌、身、意,分成六偈,付嘱六人,以终生平之事"。把六首佛偈付嘱给六个最后的弟子,作为传法的终结,如《付指北通鉴禅人》道:"得吾舌也若言诠,能说长篇与短篇。言满天下无口过,软如铁石硬如棉。"《付如岳觉无禅人》道:"得吾意也守幽闲,觌面何如隔万山。放去孤危寻不见,收来只在刹那间。"(《破山语录》卷十二)到了生日这天,"越二十一日,师诞辰。远近士大夫、当道宰官及入炉鞴久近弟子,左右环拥,莫不怀香瞻恋,共庆大旬"。这是非常隆重而热烈的。出席庆典之后,"自此谢绝人事,闲居寝堂"。破山便不再在众人面前露面,"至三月初十日,师示微恙,落堂告众云:'老僧年经七十,四大渐颓,报缘将尽。'众等白言专人请医,师云:'不可,人生去来,原属平常,何必贪寿。但率众修塔,乃是真孝。老僧行径虽异诸方,然去亦不同故套。从上有坐脱立亡者,有拈拂竖指者,有奇言妙句惊世骇俗者,老僧若入涅槃,只是起居如故,候时至则瓜熟蒂落,自然之道也。至于丛林风规,确守为上,亦如老僧住世无二,勉之。所有竹杖瓢笠道具之类,分与旧契,尚存衣钵之余,可付丈雪醉修昭觉祖庭'"。破山叙述了自己的遗言后,"至十六日午时别众,众皆潸然,师却就寝,少顷复坐,指烛顾众而逝"。破山至死大概还在关心佛法的传承、灯火的延续,之所以"指烛顾众而逝",就是要大家节哀顺变,而致力于传教护法,度化众生。

第五章 大道圆满的双桂时期

破山的圆寂西去，无疑是佛门巨星的殒落，各界人士纷纷前往悼念，"僧俗吊慰，哀声震地"。"毋论远近贵贱，缁素挽词，哀声盈门，而追慕不已耳。"如贵州巡抚钱邦芑给人的信中就有"哭破和尚不已"，"吾门不幸，莫此为甚"的话，表达自己对这位无缘相见的大师的深切悲痛之情。破山临终前，写信火速传至大弟子丈雪，丈雪昼夜兼行，"方抵重庆，讣音已至"。在双桂堂，丈雪主持了安葬事宜。"丧事毕，对众磨图章，散手泽"（《丈雪年谱》），将破山用印销毁，以防作伪。将手稿遗物分存各大弟子，以镇山门。"丈雪醉至，欲舁棺至（成都）昭觉建塔，众皆力争，遂塔全身于本寺万竹山之前。"争而未得之后，"丈雪醉负衣钵爪发塔于昭觉（寺）影堂之侧"，弟子们按照师尊的遗训，"备衣衾棺椁，殡葬如缙绅礼"，将破山安葬在双桂堂中的二株桂树中间，塔额书"偶留"二字，碑铭为"传曹溪正脉第三十五代破山明禅师之塔"。佛塔之后立石牌坊一座，雕刻精细，所选破山书法大小兼备，内容丰富，并由翰林刘道开撰写《破山和尚塔铭》，由"翰林编修"、"盛京典试大主考"朱之俊撰写《破山大师圹碑并铭》，四川总督李国英所书"灯传无尽"横批等等，均镶嵌于石坊之中，其中的一副楹联作为盖棺论定道：

  继往开来久矣，人间轨范；
   超凡入圣诚哉，佛祖权衡。

《破山年谱》总结其生平说："师建法幢凡十有五，升堂语要、普说小参、机缘法语、拈颂偈赞、书问杂著，先是丈雪醉编成十二卷，离为二册，刊入嘉禾楞严藏室流通，其有后录如记录参之秘所集，亦刊行以寿于世矣。剃度弟子印开等凡百余人，嗣法弟子八十七人，南北分化，各振家声。或辅弼丛林，深养厚蓄，或诱一郡，或导一国，或居止不定，呵佛骂祖，虽未付授而昭昭然大有光明者，又未可枚举也。若夫宰官绅士，有入山问道者，有久入参请者，有随缘理会而渐渐发悟者，有亲受钳锤而处处露锋芒者，有同事摄化而弘护法道者，亦莫能尽述。"破山天资聪慧，用功尤勤，且诗书兼擅，还在江南时期，他就已经蜚声佛门内外了。由浙还蜀，"天童衣钵正在破山"，成为共识，"破山和尚荷天童衣钵

破山书"衣钵流芳"石刻

入蜀"为他在西南的传法起到了良好的舆论作用。破山传法分层面、重团结、尚宽容，使他周围聚集了大量的禅僧学侣作为门生弟子，也拥有大量的宰官绅士作为檀越护法，更有广大群众作为他的信众群体，各种力量的综合，促使了他传法的圆满成功。另外，"师根性猛利，天资高强，工夫急切，彻悟渊深，行脚扣击，当锋已少，其人出身接物，端如制电，所以自东塔开法至于西川，十五名蓝，驱耕夺食，皆是利害脚手，煅生炼死，无非恶辣钳锤。凛凛威光如岩壁千仞，赫赫声誉似雷霆九天"。"恶辣钳锤"是破山启迪参禅者最大的特点，这一特点效法于密云圆悟，渊源于临济义玄，用他猛烈的痛棒和喝声以及玄言妙语变化万千的锋芒达到当机立断，雷厉风行的效果，让人快速地领悟，弟子称之为"恶辣钳锤"。但这只是破山针对上上器的弟子采取的方法，若遇目不识丁之辈，他就只好渐劝了。破山面对种种人物，因人而异，演说佛法因缘和人生哲理委婉善诱，直心导物，"笑里有刀，泥里有刺"，极富感染力。所以，"纵逢剑戟武夫，瞻德容而敛其暴怒；即遇王公宰辅，钦法令而小其威权"。

盖棺论定，其实还没有到盖棺的时候，对破山的评说就已争论不休了。其是是非非，总括起来不外乎来自三个方面的指责和非议：一是酒肉和尚之说，二是付法太滥之说，三是肉身土葬之说。

破山曾自嘲地说："酒肉和尚，天下无比。底事如何？花开碓咀。"（《破山语录》卷十七《印真张居士请》）。碓咀不能开花犹如和尚不可酒肉，那么他自己大开酒肉之戒的"底事如何"呢?则是知其不可为而为,反其道而行之,所以"天下无比"。其实原因只有一个,就是救人活命,并以此警醒世人,停止杀伐,在后来天下太平重新封斋守戒时,破山说:"山野昔遇恶魔而开斋",道出了他身逢乱世迫不得已的苦衷。他的开斋不但没有降低其声望,而且还使人们对他"颂德不已",愈加崇奉。在入清以后,更作为佛门高僧济世救人的佳话和美德传颂不衰。所谓"付法太滥"乃至于弟子盈门,又是时代的使然和佛教发展的需要。改朝易代,世事纷乱,人们以佛门为精神家园和栖身之所,形成皈依者众,佛学昌盛的态势,而佛门内部"佛法下衰,狂禅遍地",破山又有责任驱邪扶正,不得不打破历史上严格付法、不过多培养接班人的既定方针,满足众多弟子嗣法的要求。通过"嗣法弟子八十七人,南北分化,各振家声"。西南佛法达到空前的昌盛,并对社会产生直接的影响。试想,若无一种思想既能安抚肉体,又能拯救灵魂、解脱痛苦,那么,社会的混乱、佛门的争端、人心的浮躁将导致更持久更广泛更剧烈的动荡。破山无法选择自己所处的社会,故常感叹"身不逢辰,处于恶世",在这种无序的非正常的时代里,他的生活又怎能既合故套又合己意呢?对于本质上唯心是宗,只求心性的破山来说,身体不过躯壳而已,已显得不重要而无所谓,因此,临终前遗言说"老僧行径虽异诸方,然去亦不故套",也就是无须进入涅槃堂中煅烧,以求得舍利子,只需按俗人衣冠,入土为安。他已无须在乎他人的评说与后人的毁誉了。

因为他的种种"倒行逆施"的越轨行为,又因为他情系生民自度度人的菩萨德行,所以,当时"世人谓破山为逆行菩萨"(见《国朝全蜀诗钞》)。"逆行菩萨"之于破山,应该说恰到好处,既说明了他独立特行的人格魅力和传法风格,又显示出他身逢乱世,富有传奇色彩的人生历程。

破山圆寂后,众人"公举云峤水为监院,众执事如旧"。云峤水即云峤印水,是破山得意的嗣法弟子,随后又继破山成为双桂堂第二代住持。

十、"衣钵流芳"

语嵩法孙在《颂破山师翁》的诗中说："儿孙个个起家门，散质疏狂物外尊。八万四千狮子座，一时哮吼震乾坤"（《语嵩和尚语录》卷第十）。破山创建的双桂堂法派之所以能青出于蓝，超过密云的天童法派，从规模到范围到社会影响均能盛况空前而独立特行，除破山外，其众多的弟子发挥了不容忽视的作用。他们分化四方，高扬破山赤帜，广结佛门因缘，大振双桂道风，并代代相传，香火不断，高僧辈出。其中，嗣法弟子丈雪通醉开法贵州遵义禹门寺，中兴四川成都昭觉寺；圣可玉德创建重庆华岩寺；燕居德申开法湖北楞严寺、贵州平越福泉山；莲月道正开法湖北随州玉泉寺；雪臂印峦开法盛京（今辽宁沈阳）圣恩寺；破浪海舟开法江西胜缘寺；灵隐印文开法贵州安顺紫竹院、云南集云寺；易庵印师开法西安大兴善寺；四维普宽开法于湖南衡山；淡竹行密重建四川成都草堂寺；啸宗印密重建四川新都宝光寺……再传弟子慈笃海月重建成都文殊院；圣水可拙重建四川内江圣水寺；懒石觉聆中兴陕西汉中静明寺；月幢彻了开法云南昆明石宝禅院；云峨喜开法河南汝州风穴寺；憨月闻开法湖北夷陵洪山寺；不二贵开法燕京净严寺；赤松道领创建贵阳弘福寺；紫芝藏开法四川峨眉山；语嵩传裔创建贵阳西山传法寺……三传弟子琼目开法成都万福寺；大凡开法贵州恩南太平寺；极乘开法云南安笼伏龙寺……，如此等等，不一而足。

双桂法派不仅笼罩西南佛门，而且蔓延大江南北，法派中人学养深厚者，佛法精纯者，道德崇高者，个性突出者比比皆是，代不乏人，兹举数人于下，以收管中窥豹之效。

（一）

丈雪通醉，他是破山思想的最大推手和忠实践行者，破山法门能够产生如此巨大的影响，与丈雪奔走各方、接纳四众、推崇师学不遗余力有极其重要的关系。破山有丈雪犹如释尊有迦叶，破山曾昭告天下，见丈雪"如见老僧也"。世人亦公认"今丈雪和尚荷破山老人钵袋"，而"深知其为破山老和尚冢嫡也"（《丈雪语录》序）。直至晚清，破山法嗣嫡远孙雪堂和尚还发出感慨："破山衣钵醉禅师，

破山大弟子丈雪自作诗书法条幅

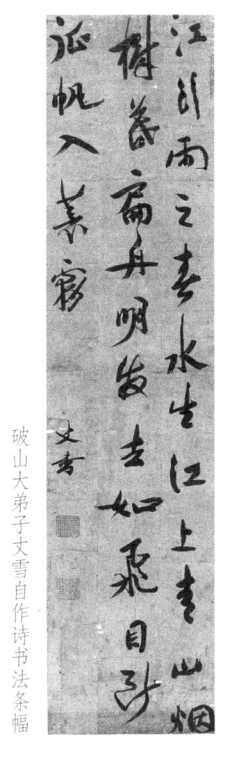

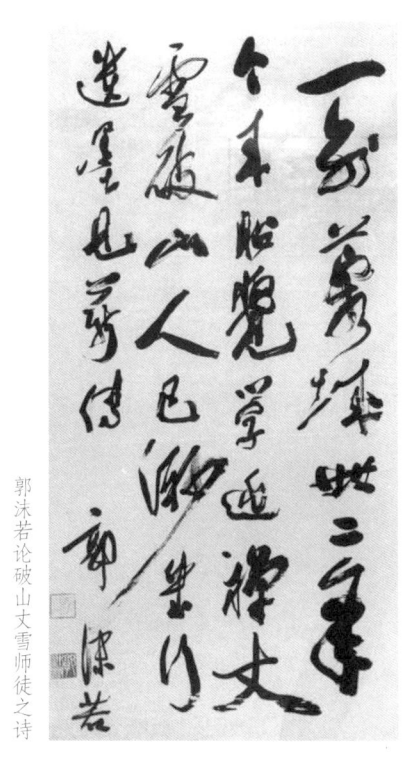

郭沫若论破山丈雪师徒之诗

一笑拈花老辟支。月白风清天地大,旃檀香霭八功池"(雪堂《赠昭觉寺广济方丈》)。出自丈雪座下法子法孙遍及巴蜀滇黔、吴越陕鄂等地,可谓宗门兴盛,桃李天下。

  丈雪在破山的万峰时期即已皈依门下,此后,取得印可,他又出入江南各寺和往来西南各地,阐扬破山之道。顺治十一年（1654）,奉破山之命前往江南游访,刊刻破山语录,弘扬破山精神,为沟通东西法门建立了不朽的功勋。据其年谱（见《巴蜀禅灯录》）记载,破山师弟、江南佛门魁首木陈以"弗从破山来,是谓假攀"为由头攻击丈雪,丈雪便去了木陈这时寓居的三塔寺,"值谭扫庵、朱葵石、张菊存、孙起伯（均为破山老友）及本寺住持自闲在座,师（丈雪）与木陈及士大夫相见,叙寒温毕,遂云:'贫道有椿不平事举似,众护法可为千古眼,昔法叔在天童（寺）职书记,号木陈,贫道寓藏堂,聚首数年,彼此同参。无何今日不认为同参,而反不认为法侄。种种谑刺,欺法门太甚。想昔挞隐元（费隐弟子）为不孝,今视丈雪为假攀。老叔独霸祖庭,欲抹杀破山、费隐两家矣!'木陈见卞急,亦倒地发咒。众护法劝解，师（丈雪）怒方息"。有关木陈的行为前人早有论说，本书前文也已曾涉及，当时师尊密云圆悟去世，又值法藏反叛，破山还蜀，他独霸祖庭天童寺，一手遮天，同在浙江的另一同门师兄费隐更不是他的对手，遭到排斥。进入满清新朝后，木陈应顺治帝之招北游京华，极尽阿谀奉承之能事，与顺治过从密切，北游归来，衣锦还乡，称霸江南佛门，从而受到诸多爱国志士的鄙视。丈雪代表崛起于西南的破山法派，仗义执言，当众痛斥不可一世的木陈采取"种种刺谑"、"独霸祖庭"、"抹杀破山、费隐两家"的丑恶行径。负一时盛名的所谓"帝师"木陈在法侄的一番数落之中无言以对，只得"倒地发咒"，一副狼狈不堪之状。

陈垣在《明季滇黔佛教考》和《清初僧诤记》、《丈雪年谱》对此事均有记叙，并说"丈雪庭折木陈，木陈不敢与校"（《清初僧诤记》卷二）。表示对丈雪正义之举的褒扬。由此，敢怒敢言的丈雪备受江南人士的青睐，亦多受江南禅院的恭请，与"众和尚过访，抵掌谈心"，与"士大夫不时亲近"、"与之谈论，朝夕不倦"，以至于"吴越缁素咸生渴仰"。

顺治十五年（1658），丈雪圆满结束江南的游访，由陕西"汉中当道启至，迎师返锡"，阐法于静明寺，康熙二年（1663），入蜀至成都，"见昭觉寺荒芜，图恢复焉"。于是，他"领众赤手撮砾，结茅五十余间"，并"置农具"，又得"诸山及众善人助耕牛五十余头垦荒种菽"。而如费密等的文人学者们[14]，均以其交往为荣。

《四川禅宗史概述》（见《巴蜀禅灯录》）说："丈雪还曾在贵州遵义、陕西汉中、四川内江等地七处寺庙住持，所到之处，都能'整顿颓纲'。他重建的昭觉寺，在近三百年间，一直为四川，乃至全国最为著名的丛林之一，在国内外佛教界中享有很高的声誉。"

破山圆寂后，丈雪以大弟子的身份，"欲舁棺至昭觉建塔"，准备把师尊的遗体从梁山运往成都，为其在昭觉寺中建佛塔，遭到反对后，他仍然"负衣钵爪发，塔于昭觉影堂之侧"，以供他随时凭悼和祭拜，缅怀先师。在破山圆寂三年的祭日，丈雪不顾衰年老病，又专程从成都前往梁山追悼，可见其对破山的一片赤诚。

清初四川巡抚张德地慕丈雪大名，多次拜谒丈雪，对重新恢复昭觉寺深为赞叹，极力支持，捐献耕牛十头农具若干。

丈雪效仿破山倡行"农禅并重","其生平佛法未离镢头边也"(见《行乐图引》),领众开荒修渠,植树育林,建堂立殿。到康熙二十六年(1687),基本恢复了"吾蜀名刹,首推昭觉"规模,奠定了昭觉寺近三百年的根基。据《成都城坊古迹考》,此时成都的市政尚在发展,康熙十七年(1678)才在大城之内的西部扩充,成都大城还远未竣工。昭觉寺的中兴开成都城市重建的先河。以至民间流传着"先有昭觉寺,后有成都城"的说法。康熙四十二年(1703),康熙皇帝赐昭觉寺"法界精严"的匾额,并题五言律诗一首:入门不见寺,十里听松风。香气飘金界,清阴带碧空。霜皮僧腊老,天籁梵音通。咫尺蓬莱树,春光共郁葱。

丈雪一生著述甚丰,特别是他"扫劫灰,得诸方残篇,辑为《锦江禅灯》二十卷"尤为重要,它是"在国内各种灯录和四川寺庙的史料中,经抽择而编撰成的一部反映四川禅宗史的资料,定名为《锦江禅灯》",时间"从唐代至清代一千年间","从这里足可以看到四川在禅宗史上的突出地位。巴蜀文化在中华民族的历史文化中历来有自己的特殊地位和个性,在禅宗史内则更为明显"(《巴蜀禅灯录·后记》)。师弟圣可德玉在《锦江禅灯》的序中说:"得死心于先师(破山)者,唯昭觉丈(雪)法兄耳。吾兄荷法心殷,践履唯实,寿几九旬,应接十方龙象,精力犹剩。而能罗全蜀古今名缁宝匣廿有余年,名曰《锦江禅灯》。"对死心踏地追随破山先师的丈雪师兄表示钦佩。

郭沫若1955年游成都昭觉寺,曾有诗道:"一别蓉城卅二年,今来昭觉学逃禅。丈雪破山人已渺,几行遗墨见薪传"。赵朴初曾在一首《西江月》中写道:"喝月拿云气概,破山丈雪家风。搬柴担水是神通,竹笠芒鞋珍重。纵使虚空可尽,其如行愿无穷!妙花香饭与谁同?普供十方大众。"于右任曾有跋《张岳军所藏丈雪和尚诗轴》道:"破山大弟子,圣水一诗僧。清绝如苍雪,悠然得上乘。头陀原不醉,心法自相承。四十八盘路,人间有废兴。"他们不约而同地将破山与丈雪并称,恰似北宋苏门四学士之一的黄庭坚一样,苏黄并称,相得益彰。

(二)

圣可德玉(1628—1701),四川营山人,俗姓王,据《锦江禅灯》(转见《巴蜀禅灯录》)记载,他"幼具善因,不茹荤酒。稍长攻书,明慧宿成。尝听《金刚经》云:

圣可中兴渝州名刹华岩寺

'胎卵湿化，咸证金刚不坏之身'，稍有疑骇。及明末蜀乱，痛家国沦亡，乃投朝阳道源禅师落发，法名德玉。越二年，受具足戒于澄江和尚，时年二十九。行住坐卧，便疑此身乃脓血所成，犹如聚沫，哪个是我金刚不坏之身？因参本师破山明和尚于（梁山）金城（寺），以前话诘之，服膺。数稔始印证焉"。圣可少年聪颖好学，"明慧宿成"，深受《金刚经》的影响，后来因国破家亡而落发出家，这种情况在破山法门中不算少数，几番寻师问道，最终"服膺"于其时寓身金城寨中的破山大师，数年之后得以"印证"，取得正宗传人的资格。

圣可离开了师尊后，如"狂猿未控，走半天下"，他沿嘉陵江北上出川，经昭化，抵汉中。旋即翻越秦岭，至华阴，宿七星寺。继而过潼关，经平阳（今临汾）入汾，再越太行，南下渡黄河，至鄢陵，复北折渡汴河至邺（今河北临漳），礼二祖慧可之塔。时法兄雪臂正在此处阅藏，见圣可至，即问何时离双桂？破山老人安否？圣可说已经离别三年了。雪臂斥责他道："汝离师太早，是不肖之流，今日何面目来见我耶！汝当速去入汝那一队社火，不得冒称吾之法弟也！"圣可亦痛切心扉，自责不已。然破山对弟子每有读万卷书，行万里路之告诫，圣可游学也深得破山之鼓励。遂辞雪臂，再北上至正定，礼临济老祖之塔。事毕，直下江南，至宁波天童山，礼密云祖师塔，遍访高僧名宿。翌年，溯长江而上，沿途访法兄密行、莲月等人后，回归巴蜀。

他首先奔梁平双桂堂而去,其时破山已圆寂两年了。圣可追怀师恩,祭扫破山塔,随后到了渝州,寓居待漏山中。时有半偈、立禅、松石三禅师携居士李生蕃、杨继芳请圣可住华岩洞,一时之间慕圣可大名而趋附者络绎不绝。法兄丈雪由成都至梁山扫破山塔,曾道经华岩,见此山水清奇,称羡不已。杨继芳再慷慨献宅基、田地以建新寺,立方丈、禅堂、僧寮,徒众二千指,遂成川东一大丛林,传法巴蜀及至京华等地,故有"华岩寺宗,支流衍天下"之载。

圣可在圆寂前,"集众笑云:'老僧住世,七十三年,接人三十余年,今日方得自在也'。书遗命曰:'六祖有云,披麻戴孝,非吾弟子,老僧亦然'。复书偈云:'过去佛祖何曾灭?现在佛祖几时灭?未来佛祖亦不灭?心心万里一条铁'。"写罢掷笔,"合掌微笑而逝"。"康熙末,重庆知府陈邦器铸师铜像,奉祖堂至今"。圣可有《语录》、《梵网经顺》、《百颂》、《禅林宝训顺朱》、《道德经顺》等数十卷著述行世。

民国时期,著名学者张宗祥游华岩寺后有"双桂传来法派长"的诗句,著名书法家潘伯鹰游华岩寺亦有"双桂飘香四百年"[15]的诗句,以纪其渊源。

(三)

啸宗印密,重庆人,俗姓蹇,大概是破山本家,他是破山在圆寂前最后付法的六位弟子之一。当时破山"将眼、耳、鼻、舌、身、意分成六偈,付嘱六人,以终生平之事"。啸宗所得的是以鼻为题的偈子,其偈曰:"得吾鼻也缺中交,一吸一呼透九霄。帝释宫中触碎了,惟香惟臭任飘飘"(《破山语录》卷十二)。《五灯全书》(转见《巴蜀禅灯录》)记载,啸宗曾经"遍参诸方"后"受双桂(破山)明和尚"印可,再"后住成都十方堂,继迁宝光(寺)"。又据《四川佛教文化》道,"宝光寺:清康熙时,破山弟子啸宗印密任住持,得县令毕成英资助重建殿宇,时规模可与昭觉寺、草堂寺媲美,三寺合称'三大精蓝'"。啸宗对中兴宝光寺,复兴西南佛学发挥了重要作用。

(四)

山晖行浣(1621—1687),新宁(今四川开江)人,俗姓侯。其经历非常丰富,个性特别突出,《明季滇黔佛教考》分别在第四、第五、第八、第十五等章节中,对他有较为详尽的考证和记载，兹据此书介绍如下：

　　山晖少年时期，随父亲游历河南嵩山一带的寺院，早有出尘之志。"时破山明嗣栖灵拙和尚，兼精教学，从游者众，师（山晖）礼之。"栖灵即开县栖灵寺，拙和尚即字水圆拙，崇祯七年（1634）春，遭明末之乱，山晖父亲被诬告与流寇有染而身陷囹圄，山晖即"鬻身李氏，赎父出狱"。父亲出狱后，"还李氏金，赎师（山晖）归"，年仅十二岁的山晖有此举动，世人莫不惊诧。被赎出来后，山晖"即求出家"，并于崇祯十一年（1638）春年方十七便正式拜字水圆拙为师，被命名为"完璧"。第二年秋，他又随师"上（梁山）万峰觐破山"，崇祯十五年（1642），破山住开县大宁寺，山晖又前去参拜，破山慨然作诗赠他道："昔去栖灵心尚酸，今来挥麈意悲欢。与君携手登云室，砖镜照人心胆寒"。"砖镜"即怀让以磨砖为镜启发马祖的典故，破山赠诗后，山晖便以"砖镜"来作为自己的字，时刻自我警策。甲申乱起，明清易代，山晖一直伴随其师字水圆拙的左右，字水禅师不幸早逝，临终前将破山传给他的信衣转付山晖，将山晖作为密云圆悟、破山海明的正宗传人，以弘扬临济宗旨。山晖安葬师父后，跋山涉水到正在石柱避难的破山座下，第三次拜谒师祖。不料破山对他说："天童法衣，知在汝处，老僧久失天童小照，且汝弱病，奔走未定，将衣暂留老僧处供养，待汝住院来请"。让他交出法衣，等待日后住持禅院时再来取回。山晖"如命"将法衣奉还给破山祖师。离开石柱后，他又被清兵所擒，"以白刃加颈"，勒令他更改衣冠。但他视死如归，大声说道："吾为佛祖儿孙，断头碎骨不渝也。""贼为改容"，但是，他"终被羁留者五载"。放还后，他"脱难到（贵州）平越，四众知名，请住开圣（寺）"，这时，同门之中有对他的非议道："信衣已为（破山）明和尚收去矣，何及门邪！"于是他又前往时已回归梁山的破山处，打算领取法衣。但破山说："数年不见，人传汝死贼难，原衣已付别人。汝既来，老僧造衣还汝"。他自忖已失爱于破山，大感委屈，"遂别（破山）明东下"，远走吴越等地，最后到吴江报恩寺拜破山师弟浮石通贤为师，更名为行浣。蜀东烽烟平息后，他于顺治十七年（1660），"佩装上夔州，登梁山，望梓里，道路荆棘，目击心伤，到南庄（出生地），徒见劫灰瓦砾，邻里亲戚，遭戮殆尽，沉吟久之，诗曰：'情深世外下夔门，乱后归来失旧村。草野有骸疑弟妹，乡园无路问椿萱。潸泪洒青松死，独人悲白露翻。望断西江风雨急，冤魂日暮叫秋原'"。这次他由浙还蜀虽然路经梁山，却没有去拜谒双桂堂中的破山祖师，但他的心情是复杂而又矛盾的，他将尊师字水圆拙的灵骨修建舍利塔后，去了云南，再东下吴越，"阐教江浙二十余年"，康熙二十六年（1687）圆寂后，"苏州虎丘山涌泉禅院"为他立塔树碑，以彰其德。

山晖离开破山法派完全是迫不得已的行为，在离开前甚至离开后，他始终是破山思想的追随者和门派的捍卫者。在破山发起的对吹万建立的聚云禅系的攻击后，他更是不遗余力，发挥了重要的作用。他说："夫梁山（指破山）为一代宗盟，主张大法，自合典御四方，权衡一世，有真当褒，有伪当斥。"极力维护破山"一代宗盟"的崇高地位。对亲近聚云禅系的破山门派中人，如燕居德申、象崖性珽等人也进行大事抨击。说他们"如欲扶吹万，以吹万为师可也，区区以梁山（指破山）为师"。又说："有太平（燕居）者，称得法万峰老伯（指破山），在云天杜撰数篇，……偶见不胜悲痛。"对行动不积极的丈雪及敏树弟子大冶，他"不胜悲感"，说："盖川东（指破山）法道，赖此老（丈雪）及虎丘（大冶）维持之，而禹门（丈雪）既隐，则寂寥之风，将见吹人衿怀矣。我虽行道于黔，而力孱弱，不能张之，惟觊有光明烁大者整刷之，启迪之，是所愿耳"。深感自己虽然竭力弘扬破山师祖的"川东法道"，"而力孱弱，不能张之"。由于山晖过分地任性、自负和偏执，过分地意气用事锋芒毕露，致使他的朋友越来越少，弟子也越走越多，就连他所谓"一代宗盟"的众星拱月的破山，也并不垂青于他，在这种备受孤立和冷落的情况下，山晖只得赌气出走，寄身江浙等地。他在苏州双塔寺给在云南的弟子野竹写信道："到吴越三年，绝无可语者，真入无人之境，每怀西还，辄不如意。前年天童（寺）贤老人（指浮石通贤）收余为法嗣，此非去蜀归吴，盖不得已也！梁山（指破山）既收回栖灵信具，而燕公（指燕居）又夺人二子，敏公（指敏树）亦取我一孙，十五六年苦训之人，皆为同门间绝，睹此能不痛心乎？"字水师父已经作古，破山师祖收回了付法凭证，两名法子跑到了燕居师叔的门下，另一名法孙也投奔到敏树师叔的门下，众叛亲离，山晖何尝又不"痛心"呢？江南吴越虽号称禅门的昌盛之地，而此时却反不如西南佛门，所以对山晖来说"绝无可语者"。相对高僧辈出的破山法门来说，真是"无人之境"。"此非去蜀归吴，盖不得已也"更道出了山晖离开破山纯属不得已而为之的隐衷。在给自己远在云南的法孙即野竹的法子竹眉和竹元写信时，山晖又说自己"不得已乃寓双塔"，"中夜深思，情不能已"的感伤和苦闷，并说："总之是梁山父子（即破山师徒）使之然，汝兄弟亦熟之矣。呜呼！寤穷达之有命，窥捷径之无益，我之谓也。"

对于山晖的出走，亦有热心劝阻积极疏导的人，如语嵩、天隐等就曾去信劝导，让他回归破山法门。在给天隐的复信中，山晖道："今吾友犹不投畀，返将归我梁山（指破山），以续旧好，此情浓且渥矣！奈何一入赵，竟不能再奉德教于燕也！"说明山晖内心是愿意回归到破山门下，"以续旧好"的，但由于他的一旦入赵就不能再作燕人这种不愿蒙上反复无常的骂名的观念，不好意思在离开破山归依浮石后，再又离开浮石重新归依破山。破山收回了传给字水、字水再传给山晖的信具，无意中伤害了对破山忠心耿耿的山晖，但此后山晖的情况，破山大概未必清楚。由此看来，山晖身世的寥落，晚境的凄凉主要是他自身的性格造成的。

即使在形式上脱离破山师门，寄迹姑苏城外，山晖可以说未有一刻不情系双桂，他给破山祖师致信道："自崇祯初栖灵亲近以来，指导启发，和熊舐犊之深恩，虽肝脑涂地，不能报万一矣，况欲伶俜四方，而忘父所乎？"（《山晖禅师语录》卷十二《上梁山破和尚》）和熊，《新唐书·柳仲郢传》："母韩，即皋女也，善训子，故仲郢幼嗜学，尝和熊胆丸，使夜咀咽以助勤。"后用为母亲教子勤学之典。明袁宗道《金太宜人墓铭》："恸甚伤目，然犹不废和熊之训。"拳拳之心，可惜破山此时已无暇顾及。

山晖客死他乡，他久住的贵州平越开圣寺的后人们仍然编辑刻印了他的遗著《开圣禅师语录》，沅州萧元会在序中评价山晖渊博的学识"广之以老庄，觉之以孔孟"，"万虑皆空，一灯独朗"。"博极经史，淹贯百家"，并称赞他书法诗文俱佳，说："字妙钟王，诗羞李杜。"虽然山晖到后来脱离了形式上的破山法门，但在内容上他终身阐扬的却是破山禅法的精神，正如他自己所说"往来梁山（指破山）卧龙（指字水）两大师之间，在楚蜀承琢磨之功"。破山及其弟子字水圆拙是山晖禅学的理论源泉。

（五）

语嵩传裔（1610—1667），巴县（今重庆渝中区）人，俗姓宋，据《巴蜀禅灯录》载，他幼失怙恃，二十三岁于本县白鹤庵出家，"后参破雪和尚，圆具后服勤六载。雪寂，矢志遍参，至重庆，遇长破宗昊（即雪臂印峦）和尚印证。入黔，开法于（贵阳）牟尼山报国寺"。另据钱邦芑《语嵩和尚塔铭》，他在牟尼山传法不久，就出现了"宗风大振，从者如云"的局面，南明朝廷的相国文安之、兵部侍郎郑逢元、贵州总督范等均乐以交往并亲聆法音。晚年游走湖北、湖南等地，开法于南岳衡山等大道场后，"退院，游江浙，上天童扫密祖（即密云）塔，因病坐化"。有《语嵩和尚语录》传世。

语嵩多次亲觐或派人省觐破山师祖，"语录"中亦多有对破山的"赞""颂"之辞，其《颂破山师翁》之一道："干戈林里卖疯癫，一个酒杯续正传。大地众生都疑杀，不知原是止啼钱。"对破山开戒的行为予以充分的肯定和颂扬。方其圆寂后，钱邦芑给人的信中有"客岁哭破（山）和尚不已，又值语公迁化，其法门哲人，相继逝去，吾门不幸，莫此为甚"的话，将他与破山相提并论，可见他对世人的影响。贵州史学家任可澄在《重刻语嵩语录叙》中云："黔当明清代嬗之际，禅宗有大善知识二人，振宗风于延江南北，北曰丈雪，南曰语嵩，皆嗣法乳于破山，称一时宗门龙象。"

（六）

赤松道领（1643—1706），祖籍浙江，后迁湖北长沙，俗姓韩，《明季滇黔佛教考》十一卷说他"明末避乱至黔，弃儒业"，"得法于敏树相，为破山再传弟子。能文章，四方名士多与之游"。赤松诗文俱佳，其遗作中不乏传世之作与惊人之句。其《访东山梅溪法兄》道："扶筇底事步林泉，为访知音兴偶然。山境晴岚生石谷，会城灯火续寒烟。牧樵歌远闻云外，鸟雀声幽落槛前。物换人间虚梦醒，馨馨梅放满溪边"（《赤松禅师语录》卷四）。赤松在贵州巡抚曹申吉的支持下，开辟了贵阳黔灵山弘福寺，弘扬佛法。曹吉申号澹余，后为吴三桂所杀。赤松作诗相吊道："我爱古忠臣，贤哉狄仁杰。身以武周羁，志报唐家切。岂不重捐躯，国耻谁为雪?……心事炳千秋,生死何足说?嗟我澹余公,今古同一辙。……报国期致身,耿耿丹心热。偶罹豺虎乱,诱縶凡百折。砥柱不可移,守义心如铁。不敢怀二心,借口豫让列。岂不思奋发,慷慨以自决。存身将有待,欲以恢大业。所事已垂成,宁虑祸机泄?一死酬君亲,日月同昭揭。凭吊古今事,三叹增凄咽。先死及后死,忠在无勇怯。事成或事败,品在何优劣。"其诗语言激昂而忧愤,被称为当时"遗民诗中的代表作","既表扬了曹申吉,也申述了遗民的志向","对于敌人的憎恨,对于本国的怀念心情,寄托于诗文之中。这种诗文,在当时可以激励同侪,在后世,仍能使读者感愤"(北京师范大学《陈垣校长诞生百年纪念文集》)。通过这首诗,可见赤松反清复明的爱国热情。赤松创建弘福寺后,"开法三十余年,道振黔地,湖海衲子,闻风翕聚,座下得法者数十人"。著有《语录》五卷,《游行草》诗集二卷,《黔灵山志》十二卷传世。

赤松圆寂后,塔于贵阳黔灵山中,其塔铭有"卓卓赤松,破山之宗。陡明捏目,大阐宗风"之语,专述破山法门的渊源关系。

(七)

慈笃海月(1659—1720),成都人,俗姓柳,《巴蜀禅灯录》说他"幼时出家,剃发于文殊井觑和尚,年十九,受具于昭觉丈雪和尚,后得法于华岩圣可和尚"。康熙二十年(1681),慈笃结茅于成都信相寺废址,一夜,但见火光冲天,燃遍锦城西北隅,官兵百姓急忙赶赴现场,却并不见火情,"众以为奇,依迹寻之",见火光发处即慈笃打坐之处,人们便将慈笃和尚"咸以为文殊菩萨应身"。"巡抚吉图尔公、太守文灿张公暨文学、檀越、居士、僧纲及诸山耆德等,重修信相(寺)",竣工后改信相寺为文殊院,"迎师住持"。四川巡抚吉图尔公以为是大清的祥瑞之兆,遂"具情上奏"。康熙皇帝曾"三次宣诏",请慈笃入京,但他都"皆以疾辞",婉言谢绝了。康熙四十一年(1702),康熙帝"亲书'空林'二字匾额及御书《金刚经》《药师经》《海月》诗轴赐之"。

(八)

竹禅(1824—1901),俗姓王,法名熹,又号主善、六八门人等,生长在四川梁山县(今重庆梁平)仁贤乡桐子园一个姓王的普通农民家庭中。早年有志于

第五章 大道圆满的双桂时期

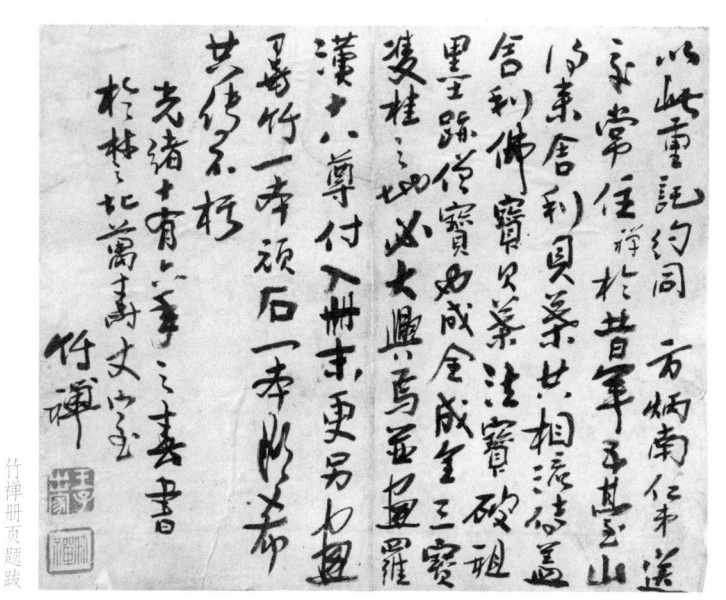

以此重记约同 方炳南仁弟送
家常住 于昔军平其玉山
如来舍利貝葉廿相流傳遍
舍利佛寶貝葉 洪寶破祖
墨跡代寶如咸金三寶
雙桂之地必大興焉並並羅
漢六尊付入册末更另加
畢等竹一本頑石一本附尊
於桂林之北萬壽丈以至
共傳不朽
光绪十有六年三春書
竹禪

竹禪册頁題跋

竹禪人物册頁

学优则仕，齐家报国，不料落入空门，游身艺途。佛门中的青年竹禅，据说与本县一名门闺秀发生私情，事情败露，女方家族要拿他是问，无奈之下，只好仓皇逃逸，远走高飞。幸有成都驻军将军完颜崇实因念竹禅之才学难得，于是从中援救，将其安排在成都郊外的宝光寺和龙藏寺居住，以避风头。这两座古刹都是双桂堂的接法寺庙，承接的是破山祖师所传的法脉，因此，竹禅备受优待。并与龙藏寺方丈雪堂、蜀派古琴大家张孔山等西蜀文人过从甚密，书画和古琴技艺与日俱增。随后遍游天南海北，四大名山，鬻书卖画，广结善缘。普陀、峨眉、五台、九华等名山古刹均珍藏其作品传之后世，杭州灵隐寺将其所绘济公和尚像置于陈列馆正中，而文徵明、董其昌等大名头反在两旁。这种情况在成都宝光寺、宁波天童寺、武汉归元寺等禅院已见惯不惊。近些年来，在诸多的拍卖会上都能见到竹禅的作品。

竹禅悠游无踪，性情怪异，人称"怪和尚卖怪画"。《普陀洛迦新志》卷六的《竹禅传》说他"性慷慨，凡修筑寺院，赈济灾黎，辄画数百纸助之。求者非其所好，虽贵显亦不应"。他曾有小诗一首调侃道："花是一团墨，叶仍墨一团。花叶俱是墨，不与俗人看。"北京、上海、武汉和浙江普陀山是他来往最多的地方。竹禅同治年间即已拓笔上海，但凡来上海滩寄生卖画者，皆交往频繁，切磋成风。从年龄上看，竹禅比任熊、胡公寿、虚谷小一岁，比朱梦庐大二岁，比蒲华大六岁，比任薰大十一岁，比杨伯润大十三岁，比任伯年大十六岁，比吴昌硕大二十岁。他先期进入上海，登堂入室，鬻书卖画，包括胡公寿、任薰、虚谷、蒲华、任伯年和后来的吴昌硕等，大都是光绪时期，晚于竹禅进入上海的新人，因此，竹禅虽无后来者的辉煌成就，但总可以得先入为主之便，况且，任伯年、吴昌硕诸公初来上海时画风尚未成熟，地位尚未崇高，就当时而言，名气也尚无竹禅响亮。所以说，在海派早期，光绪初年，竹禅在上海滩可谓脚踏佛门画界、享一时之名的人物了。《海上画语》、《海上墨林》等海派绘画史料均有对他的记载。上海的一些佛门寺志和书画杂记中，都称他为"上海竹禅"而忘其乡梓所在。

他自刻有"王子出家"、"削发报国"闲章二枚，用于书画之上，戏谑地表明自己的身世。于是乎"王子出家"、"削发报国"遍行天下，人们误为某"王子"

看破红尘，又因"削发报国"被当成混迹僧侣队伍伺机反清复明的明王后裔，险遭不测。而在各种史料、方志、杂谈和轶闻中流传最广的就是竹禅寓居北京法源寺时，为慈禧太后画观音的故事。

故事说慈禧太后突发奇想，要画家在五尺长的纸上画九尺高的观音菩萨。竹禅胆敢在众人知难而退的情况下冒天下之大不韪，进得宫去，沉着应战，画中的观音菩萨正在弯腰拾柳，一张五尺纸上就自自然然地容纳了一个九尺高的观音。慈禧看得入神，当头便拜，随后便以竹禅为法师，以居士的身份皈依佛门，从此以后，宫中里里外外的人都称他为"老佛爷"。

这则故事源出于佛教史料，在画史资料和民间传说的一些书籍中，流传非常广泛，版本多样化，情节各不相同，篇幅或长或短，但前后原委几乎如上所述，都是表现竹禅机智而巧妙地临危不惧、逢凶化吉的故事，所以，直到现在，一些出版商所出的《民间故事》、《幽默大观》、《智慧丛书》、《童话寓言》、《猛开窍》、《脑筋急转弯》等都将其载入书中，成为启发智慧，开动脑筋，打破常规，逆向思维的精典范例。

桀骜不驯的竹禅直到晚年依然放浪不羁，他曾有诗自写性情道："老僧年迈七十七，终日手中不释笔。纸长丈二犹嫌短，信手拈来涂粉壁"（《普陀山志》）。

活跃在晚清之际，被称为"画坛怪杰"的竹禅和尚终身以天地为篷庐，笔墨为伴侣，过着"五岳寻仙不辞远，一生好入名山游"，四海为家的生活，足迹踏遍南北二京、两湖三江、四大名山。既来往于山水之上，又出入于佛门之间，还能游走于宫廷之内。所交往者除佛门高僧外，多有书画界的大腕，古琴界的高人，朝廷中的高官，生意场的巨富和无家可归的流民，……三教九流，各色人等。竹禅纵情笔墨，潜心音乐，笑傲王侯，藐视权贵，超越世俗，游戏人生。所到之处，人们都呼之为"怪和尚"。

竹禅有多方面的艺术才华，绘画、书法、篆刻、古琴乃至于题画诗文均有其独到之处。下的功夫最大，世人知之最多，作品流传最广的是绘画，他也以"画僧"自命，各地史料均以画坛人物记其生平。竹禅绘画的题材非常广泛，人物、花卉、竹石、飞禽、走兽，无所不入画。《中国人名大辞典》介绍他"善画水墨

新都龙藏寺，雪堂道场。

人物，老树怪石"。《益州书画录》说他"善画水墨人物，老树怪石、松竹等，笔力遒劲"。《中国美术家人名辞典》说他依然是"工书画，其水墨人物，山水竹石，人谓别成一派"。都将水墨人物视为他的最高成就，视为他的代表性的画种，确实恰如其分。

贯休无疑地是对竹禅人物画创作影响最大的一位。贯休最善于画罗汉像，"其画像多作古野之貌，不类世间所传"。竹禅对贯休的罗汉图花了多年的时间去临习，去揣摩，去感觉，奠定了他人物画创作的坚实基础。双桂堂所藏他在咸丰十年画的一套十六尊者像，是他早年的代表作。之后云游四方，所见古人的东西越来越多，明代的张路，清代的黄慎、闵贞等人的人物画画风大概是他的兴趣所在。他们除道释人物外，更多的则是以高人逸士、渔翁樵夫、村童田叟为题材，往往寥寥数笔，写心中意趣而已。竹禅所绘除佛祖、观音、罗汉以及济公等佛教人物外，有很多这方面的题材，表现手法和笔墨趣味与黄慎等人如出一辙。

竹禅心性旷达，笔墨放纵，所绘人物往往兴到泼墨，不假雕饰，遗貌取神，兴尽收笔。他的《罗汉图》《寿高北斗》《老僧补衲》《渔翁挂饵》等纯以大笔勾勒而成，衣纹线条流畅通透，脸部刻画生动率真，给人情趣盎然、妙不可言之感。尤其是《付钵图》，其笔墨之酣畅淋漓，线条之浑厚华滋，人物之出神入化，手中之钵，脚上之鞋和身上的佛珠都画得既和谐又抢眼，别具一番风味。他的大幅《佛祖说法》《净瓶观音》等，造型准确，笔沉墨实，庄严而有风致。

竹禅画竹也是一大特色，他一反传统诸家"下笔多从纸外而来，仍从纸外而去"

雪堂行书

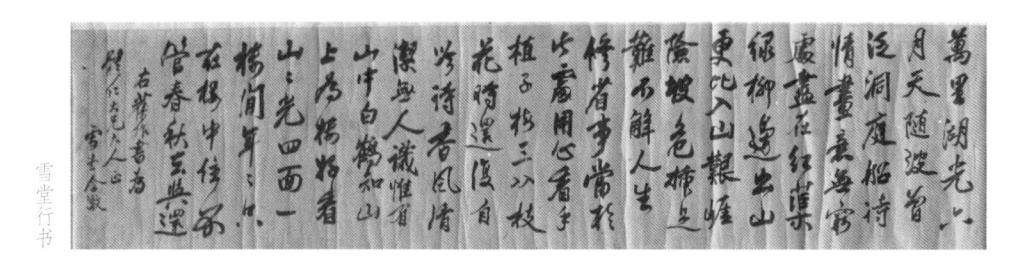

的方法，"上而尖顶，下而笋根，使全身透露，影现檀寮，庶几风晨月夕，恍惚遇之"。因此，竹禅所画的竹，竹根植于地面，竹梢露于纸中，往往全竹在纸，宛如生长其间，他有画竹偈一首："画竹本无法，无法法亦法，悟得画三昧，何用种种法。"

竹禅的书法以大篆为特色，略有汉三公三碑和天发神谶碑的外形特征，兼具先秦玺印的间架结构，运笔凝重古厚，笔饱墨浓，峰回路转，欲行又止，富于装饰性，名为"九分禅字"。我们知道，书法史上历来将隶书称为"八分书"，竹禅在八分书的基础上，省去隶书的蚕头燕尾和波画，融入钟鼎文字的结构，新创九分书，使其似篆非篆，似隶非隶，自言"所加一分即禅味矣"。他曾自述其特色说："如是之字体，从古未有也，曾经五十余年写成。如是，更其名曰'九分禅字'，与八分隶书而为筹。"

其行草书法颇受黄慎、闵贞等人的影响，以枯润浓淡之笔，作大小长短之字，得散朗随意之趣。通篇布局，又有郑板桥"乱石铺街"的韵味，横不分列，竖不分行，得意之处，颇具几分自在与空灵流溢于字里行间。

竹禅平生所作印章极多，尤其好作异形章和肖形印，将佛像、偈语、粗话、竹石等刻之于石，大笔大刀，大朱大白，对比十分强烈。所用材料，除青田石、寿山石外，他广收生活所在的四川等地的河滩石刻印，而象牙、玉器、犀角、竹根、梨木等无所不用。其治印之法，冲、侧兼用，但并不刻意于路数与刀法的限制，直去直来，一挥而就。由于他醉心于钟鼎文字，爱屋及乌，常在异形的石头山，直接以钟鼎文入印，浑如青铜器物的残片。又由于他崇尚清初四僧和扬州八怪，他很多印章与八大山人、石涛等人雷同。八大的一些难以辨认的非字非画的诸如"一山人"之类的异形印，在竹禅作品中更是比比皆是。总之，竹禅篆刻受

20世纪80年代,双桂堂恢复维修,此为主殿大雄宝殿。

青铜铭文、先秦玺印、元人花押、明清各家以及民间图形印甚至道教符箓印记的影响,标新立异,注重趣味,但往往失之规范。如有一方"竹禅"的名印,上字作象形竹字,下字为形声字,他却在示旁刻一禅僧,这当然是他自己的臆造。他曾多次集一百二十余方印石刊刻《心经》全文入印,分赠九华山等佛教寺院。

成书于民国初年的《印人小传》介绍他说"释竹禅,……题画诗亦佳,又擅铁笔,存世有《游戏三昧》(印谱)"。其实,除《游戏三昧》外,他还有多种《心经印谱》和各个时期的自集印谱。竹禅无论书画篆刻,都力求体现"禅意",追求个性,以表现自我。

《中国美术家人名辞典》、《印人小传》等均称竹禅"题画诗亦佳"。竹禅作画,尺幅不分大小,多以长款题画,而款识之中,又多以自作诗文为之。平白如话,口语入诗是竹禅诗文写作的一大特色,不假雕饰,浅显易懂,随意自在构成了他诗文的大致风格。

竹禅对中国古琴的传承、弘扬和拓展具有的不可替代的作用,其影响不在书画艺术之下。

《武汉琴人小传》载:"竹禅上人卖画为生,上人且谙书法,作破笔铜文篆书(峋嵝碑),有奇气,喜操缦,以普安咒、忆故人、白雪、风雷引、高山、流水等曲最为精彩。尝托汉阳钢铁厂代铸钢琴一张,声音铿锵洪亮。徒孙谢竹村在汉卖画，与黄松涛为莫逆交。笑痴上人善画梅，铁峯上人善画竹，曾为十方禅林主持，皆善鼓琴，均系竹禅上人所传。"《普陀洛迦新志》卷六《十方寄寓》记载竹禅"往来普陀有年，寓白华庵。有高人风趣，喜抚古琴，其声渊渊，悠扬悦耳，令人万念顿消"。

著名古琴家查阜西先生说竹禅"琴以《普安》及《忆故人》最佳，曾得慈禧太后赏识"。竹禅属于蜀派古琴的代表性人物，"终身喜琴，琴不离身，抚琴不止，对《普安咒》、《忆故人》、《白雪》、《风雷引》、《高山》、《流水》等操有精彩演奏"。查阜西先生在1959年作《黄松涛谈龚子辉与竹禅》一文时说："彭祉卿恨未及自其父筱香询知理琴轩《普庵》、《忆故人》二曲传者蜀僧之名，今知为竹禅矣。"

时至今日，竹禅在古琴界的大名依然如雷贯耳。

竹禅暮年应邀从上海回归故里，住持祖庭双桂堂。此时的双桂堂道风不古，债台高筑，难以为继。僧俗实际上示竹禅为精神和经济的双重支柱，寄希望于他回归故里，重开法化，复兴祖庭。早已古稀的竹禅其时亦有落叶归根之意，因此愉快地接受恭请。其俗家弟子方炳南在《竹禅墓志铭》里说："己亥春，堂众派人到沪上迎公归，公允之。庚子夏月，上海起程，除沿途费用余银二千有奇，所带回书画除散给亲友估之可五六百金，连前共计银四千金之谱，均助常住功果。"又说："堂有旧债万余，以为公回不难偿矣，无如旋梓六月溘然而逝，时年七十有七"。双桂堂至今藏有竹禅回归后于"光绪二十六年六月，七十有七"的整理书画时的题跋，而"旋梓六月"即当年年底，如若翻年，他就应该以七十八纪年了。圆寂后，僧众在他的墓前撰有楹联一副道：

  携大笔一支，纵横天下；
  与破山齐名，脍炙人间。

竹禅以书画古琴终其一生，不礼佛号，无嗣法弟子，死后临时找了一个梁山报国寺的僧人以徒弟的身份为之捧灵。将其与破山祖师相提并论，正是双桂法堂建寺以来绝无仅有的最高褒奖，足见竹禅在法门的地位。

在人们的眼里，竹禅既是破山禅师的传人，双桂堂的方丈，又是慈禧太后的师父、翁同龢的朋友，任伯年的同行，礼部尚书徐陠的知己，紫禁城的画师，上海滩的名人，四大名山的常客，还是戏剧台上的角色，作家笔下的蓝本和民间传说的奇人。自晚清以来，《海上墨林》、《海上画语》、《韬养斋笔记》、《益州书画录》、《普陀洛迦新志》、《峨眉山志》、《九华山志》、《中华佛教人名大辞典》、《中国美术家人名辞典》等典籍，都为竹禅立传，介绍其生平和艺术。遗著《画家三昧》也由中国书店多次再版，流通海内外。

（九）

雪堂含澈（1824—1899），俗姓支，名凤纲，成都新繁人。晚清蜀中高僧。属破山早期弟子雪臂印峦法系，为十一世孙。雪堂虽无缘与明末禅风相际会，然心性高远，根器大利，乃是破山远孙中不可多得之人。其出身寒门，十三岁即在龙藏寺出家，拜住持云坞和尚为师。龙藏寺位于新繁县城（今成都新都区新繁镇）以西七里，始建于唐，衰而复兴，明末毁于兵乱。清康熙五年（1666），雪臂法孙大朗禅师驻锡此地，重修殿宇，自立传承谱字，成为龙藏寺的清代开山祖师。云坞和尚是大朗禅师的八世传人。

受破山海明、书云、大朗等祖师风范的熏陶，云坞是一个心性卓绝，内外兼修僧人，擅长诗书。因仰慕唐代怀素，遂名其居所曰"绿天庵"，其院为"绿天兰若"。

雪堂剃度后，在新都宝光寺受具足戒。云坞和尚对爱徒雪堂异常器重，抚育栽培，将佛门内外之学耳提面命，口传心授，寄厚望于他光大法门。雪堂二十五岁时，云坞和尚去世，为彰师德，雪堂到成都拜谒川中耆宿李惺，将云坞和尚事恳请李惺的笔墨，撰写《重修龙藏寺记》，以勒碑纪念。李惺，号西沤，四川垫江（今属重庆）籍进士，天命之年辞官归蜀，任成都锦江书院山长，得天下英才而育之，长达十有七年，四海闻名，桃李天下，民间有"天下翰林皆弟子，蜀中进士尽门生"的夸誉。他对雪堂这样的忠孝笃学的后生极为感佩，从此结为忘年之交。受李惺启迪，雪堂三十二岁继任后，把"以龙藏为诗窖"作为自己的追求与寺院的方向。旋即藏经阁落成。李惺撰《藏经阁记》并题赠楹联一副："佛以云烟为供养，天教泉石尽皈依。"去世前，李惺将自己随身的端砚赠给雪堂，以砥砺其文章精进。

龙藏寺经云坞和尚着力营造，又得雪堂精心扶持，晚清之际几为西蜀文藻之地。从王公大人到诗侣书友、琴家禅客，真是群贤毕至，络绎不绝，常来雅集。成都将军完颜崇实、四川总督丁宝桢、大文人顾复初、曾任工部营缮司主事的名士杨益豫、成都知府黄云鹄、文字学家王懿荣、四川提督周达武等，真是风云际会，皆一时之选。此时，梁山报国寺画僧竹禅正因犯事避难来蓉，藏身于宝光寺、文殊院、昭觉寺和峨眉山等破山法系的寺院，后经完颜崇实庇护开脱，则以龙藏寺为主要落脚点。竹禅与雪堂同庚，性情相投，均以书画和古琴见长，引为知己，其友情终其一生未曾稍减。

日后竹禅出蜀远游，雪堂赠银百两，又令自己的弟子星寿与之结伴而行。竹禅晚年书画古琴闻名江南，大量的作量馈赠了龙藏寺和他曾寓身的寺院。雪堂去世后第二年，竹禅受邀由沪还蜀担任双桂堂的住持。星槎代表新繁龙藏寺，与临济正宗的成都昭觉寺、文殊院、大慈寺、草堂寺、新都宝光寺，联名制匾"菩提圆满"，恭奉竹禅升座。

咸丰年间浙江道士张孔山寓居青城山，收徒习琴，"蜀派古琴"由此滥觞。张孔山和弟子叶介福、唐彝铭，均与雪堂交游，切磋技艺，共臻清境。龙藏寺自来就有琴棋书画的传统，云坞、雪堂、星槎、汉阶几代僧人在琴艺上均有造诣。

雪堂年逢花甲，顾复初赠书四言一首，以"惟兹雪公，实隐君子。外泯界畔，内有条理。邈然行云，淡兮止水。勇猛精进，慈悲欢喜。清琴在御，托契天风。虽近犹远，处异还同"等字句，对雪堂一生给出了精辟的评价。顾复初在成都去世，雪堂遵照遗愿，将其葬于龙藏寺，与其夫人范氏同墓。

比雪堂年长五岁的黄云鹄，进士出身，以诗书闻名，后任成都知府，入龙藏寺拜会雪堂，一见如故，双桂堂尚存黄公墨迹数件即缘出于此。二人结伴游历了蒙顶山、金凤寺等名胜古迹。黄云鹄早雪堂一年去世，其子黄侃后来成为民国赫赫有名的国学大师。

雪堂既擅书，又嗜收藏，数十年间，共得二百余幅名家的手迹或拓本，其中有宋代苏轼、黄庭坚，明代董其昌、文徵明、王守仁、破山海明等人的珍品，一一勒碑传承。破山中年流亡时期所作"地冻雪留砌"草书条屏，当时即藏于雪堂之手。

雪堂早竹禅一年圆寂，一生存诗二千余首，著有《绿天兰若诗钞》、《潜西精舍诗稿》、《钵囊草》、《钵囊游草》等诗集，文章收入《绿天随笔》、《潜西偶存》、《潜西随笔》、《古稀随笔》等文集。

（十）

常义妙谈（1915—1991），梁平（梁山于1952年改为梁平）人，俗姓银，据《梁平文史资料》第三辑所记，他民国三十年（1941）出家，嗣法于崇道，为破山第十五代法孙。民国三十八年（1949）妙谈出任双桂堂方丈，此时，寺院空虚，人心不稳，负债稻谷五百余石。他审时度势，迅急向梁山华威银行借贷法币一百万元，还清稻谷欠债，紧接着物价飞涨，法币贬值，他只变卖一百石稻谷，便归还了银行贷款，使双桂堂摆脱了危机。临近解放时，寺内僧人又纷纷提出各卖二十石稻谷，得款后散伙，遭到妙谈的坚决抵制。解放后，双桂堂按规定交纳了公粮和大户加征粮共计一万二千五百斤。以后，妙谈又主动捐赠庙产遗存的稻谷一万斤，菜油三千斤，盐一千斤给农协会救济灾民。土改之后，双桂堂僧人作鸟兽散，只剩下妙谈一人日夜厮守。"文革"开始，"破四旧、立四新"在即，双桂堂危在旦夕。妙谈又与人商议，巧妙地将一尊尊佛像都罩上宽大的竹席，将石刻立柱上糊上厚厚的石灰，再在竹席和石灰上密密麻麻地写满《最高指示》，顷刻之间，双桂堂变为红色海洋，使号称"天兵天将"的红卫兵们只有恭敬之举，却无下手之处，"佛祖"、"观音"们遂能免遭粉身碎骨之祸，得以庄严到今日。破山、竹禅等人的墨迹、贝叶经等物，妙谈也精心保护，和它们形影不离。但是，史无前例的文化浩劫又使得众多的书画文物，雍正御赐《大藏经》、木刻石碑以及大量的佛学典籍化为乌有。从1968年起，双桂堂又被一军用工厂占用。

1981年，经中共中央总书记胡耀邦亲自批示，部队撤离双桂堂，并赔偿损失一百万元，寺庙交僧人管理，还历史以本来面目。1983年，双桂堂被国务院列为全国重点宗教保护寺庙。

妙谈作为双桂祖庭的方丈，被选为全国佛协理事，多次前往北京等地参加全国佛协、北京佛学院等单位组织的学习考察，他也常常将庙藏文物随身携带到中国科学院、荣宝斋等处请专家鉴定或装裱。他虽然不善诗书，不做学问，却视书籍为宝，爱文物如命，将自己平生积蓄几乎全部用于购买《中华大藏经》《大唐西域记》等经典上面。

1990年秋的一个晚上，双桂堂一个护卫老僧被杀，贝叶经等镇山之宝被盗，妙谈一病不起，积郁成疾，因为这些是他用生命来保护的东西，他仿佛失去了自己赖以生存的理由，于1991年1月15日与世长辞。他圆寂后不久，双桂堂以此得名的两株硕大茂盛、遮天蔽日的古老的桂花树，其中一株再也生长不出片片绿叶与清新的花蕊了，它枯竭而死了。佛宝丢了，和尚去了，桂树枯了，寺庙内外竹柏之间密如繁星的白鹭悄悄地也消失将尽了。双桂堂又一次遭受到巨大的劫难。

妙谈无《语录》或其他遗作留传后世，他所奉献的是五十年具体而实在的行动和独立不迁的人格，应该说，破山能有此传人、双桂堂能有此方丈而幸甚至哉。

"破头山上破家私，走向天童陷铁围。不料儿孙遍天下，西方佛日庆重辉。"（《黔灵山志》卷五）赤松和尚在为师祖题写真上亦深为感念。以破山为鼻祖的双桂禅系无论是数量还是范围，无论是佛门还是社会，都远远超过了其他的法门派系，并对历史的进程和文化的发展起到了不可忽视的作用。双桂堂作为明末清初西南佛法中兴的祖庭，从而备受各方丛林和四众弟子的景仰与膜拜。破山晚年手书"衣钵流芳"四字，勒石于双桂堂中，即是以德行昭示来者。

注释：
① 按当地传说，此处在南宋末年，曾是抗元的旧地。
② 普请：由住持和尚领引，广邀大众共同劳作的制度，亦称出坡。
③ 引自清西来和尚《万竹山双桂堂赋》。
④ 均见双桂堂中匾额。
⑤ 曲录木：指上堂说法的座椅。
⑥ 清初江南佛门僧诤不断，相互排斥，可以说到了乌烟瘴气的程度。陈垣《清初僧诤记》叙述最详。
⑦ 转引自《贵州大学学报》2000年第1期，司亚勤、王路平《明季佛教寺院遍布黔中原因探赜》
⑧ 隆莲诗碑刻今存双桂堂。
⑨ 刻画无盐：典出《世说新语》，晋人周自负，人以乐广相比，周说："何乃刻画无盐，唐突西子也！"无盐是古代传说中的丑妇，刻画即描摹。刻画无盐指以丑为美，不知羞耻。
⑩ 参见《中国通史参考资料》第八册《农业的恢复和发展》。
⑪ 牢醴：用牛羊猪三牲宴饮宾客之礼，即上等的荤宴。
⑫ 转引自《中国禅宗通史》
⑬ 见《梁山县志》卷十。
⑭ 《新繁县志》有著名文人费密"乃与破山门人通醉论禅"的记载，其他志书也不乏此类记载。
⑮ 二诗均见《巴山灵境华岩寺》之《风景览胜》。
⑯ 《陈垣校长诞生百年纪念文集》，北京师范大学1980年11月。

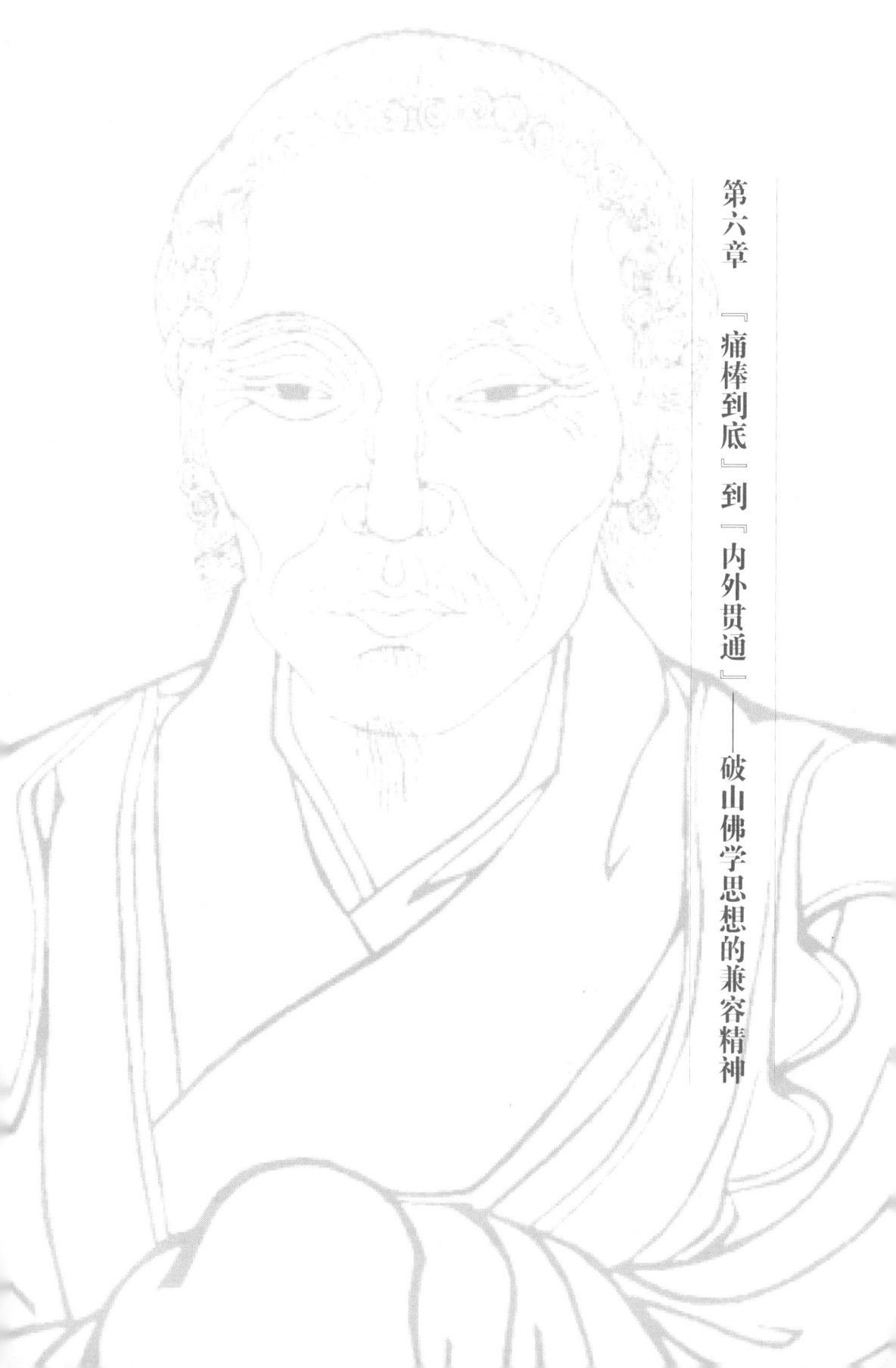

第六章 「痛棒到底」到「内外贯通」——破山佛学思想的兼容精神

在明末清初这样一个大动荡、大变革的多事之秋，时世造英雄，使得各个方面都涌现了不少的杰出人物。思想文化领域更是波澜壮阔，大师和高人层出不穷：李贽、袁宏道、云栖袾宏、紫柏真可、憨山德清、密云圆悟、王船山、黄宗羲、顾炎武……一个个纷纷登台亮相，各种思潮，各种学说，各种流派的传播流行，促使中国思想文化活跃非凡，进入到又一个新的高峰。

横跨明清两代的著名高僧破山海明，正是这一时期崛起于西南的一颗灿烂星斗。

> 破山老人具滔天之手，建特立之勋，独出十二而一之，阐化演教，大振西蜀，双桂昭觉，天下至今景仰，而蚕丛山险，滟滪水虞，南北担簦之徒，未易窥测，愈见门风高峻，非他处所可及也。（际临《守仁禅师语录序》）

一、三教合一的发展趋势

自两汉之际佛法西来，道教相继萌生以后，儒释道三教之间在斗争中相互排斥，在排斥中相互汲取，在汲取中相互补充，唐宋以降，三教融合已是大势所趋。明代后期，这种融合得到更大的发挥而趋于明朗、深化和带有普遍性。袁宏道说："一切人皆具三教，饥则餐，倦则眠，炎则风，寒则衣，此仙之摄生也；小民往复，亦有揖让，尊尊亲亲，截然不紊，此儒之礼教也；唤着即应，引着即行，此禅之无住也。触类而通，三教之学，尽在我矣，奚心远有所慕哉？"（《袁宏道集笺校》卷四十四《德山麈谭》）他运用浅显的道理，表明即使普通人的生活行事也均具

第六章 从"痛棒到底"到"内外贯通"——破山佛学思想的兼容精神

六十八世破山通明禅师
清代木刻画像

三教之精神。佛门高僧憨山德清则说:"为学有三要;所谓不知《春秋》,不能涉世;不精老庄,不能忘世;不参禅,不能出世"(《梦游集》卷三十九《学要》)。体现了佛学圆融儒道的宽宏心态和包括佛门中人在内,人人都应具备的不可偏废的综合素质。著名道士张三丰也早就毫不避讳地说过:"窃尝学览百家,理综三教,并知三教之同此一道也"(《张三丰全集》卷一《大道论》),认为三教名虽异而实相同,其最根本最圆满的宗旨都是一回事。儒家教人有德行,道家教人得自在,佛家教人能解脱。带着宗教的精神去入世,带着入世的精神去为宗教,不仅使"达则兼济天下,穷则独善其身"得以最佳体现,"儒衣、僧帽、道人鞋"(钱谦益《列朝诗集小传》),也促使士人阶层知识结构发生变化,呈现出开放的状态。高僧多读儒书,名儒偏爱禅门,"方内"与"方外"的界线已不甚分明,"入世"和"入仕"的意文也无须等同,彼此过从密切并逐渐打成一片,互通有无却又各在其位。从阐发"心学"的王阳明到被称为"有明以来一人"的徐文长,从高唱"童心说"的李贽到提出"性灵"说的袁宏道,从"画禅室"的董其昌到聚沙居士钱谦益……他们大都与佛门有着不可分割的关系。就以禅宗为主流的佛门来说,亦显示出生机勃发的景象,《中国禅宗通史》说:"在社会急剧变动转化中,从明万历(1573)到清雍正(1723),禅宗打破了以往的沉寂,重新活跃起来,形成了它在中国封建主义历史上最后一个兴盛期。"

当时禅宗复兴,佛门昌盛,主要是在以浙江为中心的江南地区。在明末影响最大的要算云栖袾宏、紫柏真可和憨山德清,时称"三大师",他们加上后来的藕益智旭,又被称为"明代四高僧"。其"主导思想是继承宋以来教禅并重、三教合一的主张,既重禅学,也重义学,更重净土"。实际上是打破宗派的界线,融会贯通,走综合发展的道路。在"三大师"和"四高僧"的名誉之外,禅宗临济传人密云圆悟异军突起①,秉承"直指人心,见性成佛"的宗旨,以他那著名的"一条白棒当头直指"威震天下,让人"豁开正眼,彻见自家境界"而"不从他得"。这种当机立断、彻骨彻髓的手段伴随着痛棒猛喝和玄言妙语一系列刺激而富于变幻的做法,给人以陡然的醒悟和无限的遐想,在晚明禅净融汇的大潮中可谓别开生面,独树一帜。密云圆悟成为"明代临济宗的代表人物,产生了广泛的影响"(《中华佛教二千年》)。因晚年住持浙江宁波天童寺而得名的"天童系"禅派可以说是当时佛坛中势力最大影响最著的派系,到清代仍盛传不衰。

  破山早在青春年华即已遁入空门,为寻求大法,他"瓢笠出蜀",参师问道。在湖北黄梅破头山"草衣木食"三年,研习佛学典籍和古人"语录"、"公案",继而去江西、浙江等地遍访耆宿,随后来往于浙江禅门十余年。破山先后参拜了憨山德清、无异元来、闻谷广印、雪峤圆信等大师,曾"题紫柏大师像"以表达对业已作古无缘相见的紫柏真可的追慕之情,并同时师事曹洞传人湛然圆澄和临济传人密云圆悟,最终嗣法于后者为天童禅系的第三法子。破山转益多师,博采众长,天资聪慧,悟性极高,所以三十余岁,就已饮誉于江南禅门。应邀住持浙江嘉兴广福禅寺三年,"远近观光,罔不悦服,道风遂大振于江南"(《破山明禅师行状》)。方其离浙回蜀之际,"天童衣钵正在破山"(《破山年谱》)、"破山和尚荷天童衣钵入蜀"(《丈雪年谱》)的说法成为禅门的共识。通过他三十余年的传教,西南禅法得以推行,西南佛教得以昌盛,史称"双桂堂弘法"。人们评价说:"西来一宗,自天童(指密云圆悟)中兴,济上儿孙遍天下,可谓盛矣,然未有如双桂(指破山海明)之尤超于诸方也"(《象崖挺禅师语录序》)。破山青出于蓝而青于蓝,其双桂禅系从范围从规模从影响上都大大地超过了密云的天童禅系。在佛法上,破山也以集大成和作总结为其特色,成为禅宗史上的"最后活跃及其终结"的代表人物,在清初有着极其重要的意义。

密云圆悟的独断专行和江南佛门的融会综合是破山思想的两个重要来源,明末清初的社会现实则为破山的传法提供了最为扎实的铺垫,为他的迅速崛起起了推波助澜的作用。

二、"恶辣钳锤"与"念佛持经"的圆融

破山在江南传法三年,后回归巴蜀传法三十余年,拥有众多的弟子和信徒,其中不乏如丈雪通醉、字水圆拙、燕居德申一类上上根器的法门龙象,而浅识文字甚至目不识丁之辈亦大有人在。他们性情有别,观点不同,方法迥异。破山针对种种场合种种人物,根据法器的深浅和学识的高低,分层面分步骤地开示启迪,演说佛法大义。

"恶辣钳锤"是破山传法的一大特色,它既是以峻烈著称的临济宗风的隔代体现,又是以"一条白棒"启悟禅众的密云师门的最佳发挥。其具体做法是运用痛棒猛喝机锋往来,结合古人公案,参究"话头",改变习惯的思维方式,以迅雷不及掩耳之势单刀直入,产生振聋发聩的作用,将人的灵感推向瞬间爆发状态,在怀疑和迷惑中陡然醒悟,从而进入到无有边畔的神秘莫测的精神境界。他对人说:"曹山酒,德山棒,唯有老僧更倔强。撞着泰山石敢当,逢人痛与一顿棒。咦,试问何人?破山和尚"(《破山语录》卷十七)。他还以此为豪不无得意地炫耀自己所经营的双桂法堂的这种特色:

> 万竹山中无剩言,拟开口处便还拳。
> 连连打彻自家底,胜过诸方五味禅。
> (《破山语录》卷十五《示易安西堂》)

"连连打彻自家底",以棒喝应机来开导和启迪禅众是破山"胜过诸方"的突出风格和他所谓"恶辣钳锤"的独特手段。正如《中国禅宗通史》说,"海明

奉行的棒喝和看话头,在经教中都找不到根据",纯属他的创造发明。他说:"森严炉鞴,恶辣钳锤,煅圣炼贤于刹那际,超生超死于顷刻间,固非神通妙用,本是法尔如然"(《破山语录》卷四)。无须长时间地修行和用功,在"刹那际"和"顷刻间"如桶底打脱,豁然开朗。当然,这种"超生超死"、"煅圣炼贤"的方法只能针对"具铜头铁额者"的"上上根器"的弟子,正如他自己所说的,"恶辣钳锤再复炉,纯钢炼就个头颅。冲锋破敌与么去,四海氛烟尽净除"(《破山语录》卷五)。需要"纯钢炼就"的"头颅",需要"冲锋破敌"的胆略,非中下根器的弟子所能望其项背。这种铤而走险的做法是"悬崖撒手,未敢承当;绝后再苏,欺君不得。此乃启迪后昆不可得少为足之谓,毕竟要透顶透底,大休大歇一番,永无退转。非是以口耳之学,百机百巧,攒花簇锦,谓是向上关捩,非此不但孤负先圣,抑且埋没己灵也"(《破山语录》卷九)。因此,不能轻而易举地普遍使用。幸好破山门下多有学养深厚、佛法透彻、思维敏捷、智力过人的上上弟子,又值国亡家破,沧桑巨变之时,各种生活遭际练就了弟子们逆向思维和反省自我的能力,"生死事大,无常迅速",他们"到一处,出一言,吐一语","究竟实处,讨教分晓,不负出家行脚之苦志也"(《破山语录》卷九)。"草鞋脚底疑无路,拄杖前头别有天"(《破山语录》卷八)。师与徒的默契,教与学的配合,成全了破山用他的广长舌和拄杖来施展"恶辣钳锤"的手段,弟子们也纷纷在"当头棒喝"之中猛然开悟,由此发展到"恶辣钳锤,英灵泉涌,气吞诸方"(《破山年谱》)的最佳状态而饮誉佛门内外。时人评说道:

> 凡师开法席处,众集如云,久参初进,绝不以词色稍为宽假,惟拈白棒,据令而行……复不问来机利钝,器具浅深,皆本分钳锤。若拟议而不能顿领,并倔强而妄为低昂,必以痛棒棒到底,直要逼得生蛇化龙。②(《破山明和尚行状》)

> 眼生棒际,直打着一界虚空;雷震喝声,用振醒四天聋耳。初见者以为临济,真见者直是达摩。剑挂眉毛,锋齿诸生之血;香含舌本,菡萏开火池之莲。有时平地一步,为殊险如天路之不可阶升;有时大洋万顷,为至平如狱地之

游行无碍,说法堪累凡而不坠承蜩也。尤其掇之利生,如入井以援人,吐蚬乎,谁其似者,总缘慧足照足,现能勇能仁,斯雄则大雄而忍无生忍,故能去来皆妙而变化全彰。……师之超旷,既电照以风行;师之密因,又得骨而得髓。(王文南《万峰明禅师塔铭有序传》)

南平巴郡,阐教中天,自破大师始也;遁迹养晦,中饼幽岫者恒多,而所在著声,钵中云吐,杖底泉流,则破大师始也;蜀之住宿,慧剑相挥,披云闻笑者尤著,若继黄檗而嗣音,听楞严而得悟,惟破大师独也。(朱之俊《破山大师圹碑并铭》)

眼筋舌骨,喝月拿云,绝无半点文字语言气息。盖代超群,实为希有。(谭贞默《破山明禅师语录序》)

弟子们在追怀先师足迹时,精辟地总结说:

师根性猛利,天资高强,工夫急切,彻悟渊深。行脚扣击,当锋已少其人,出身作用接物端如制电。所以自东塔开法至于西川。十五名蓝,驱耕夺食,皆是利害脚手,煅生炼死,无非恶辣钳锤。(《破山年谱》)

大弟子丈雪通醉缅怀先师的"恶辣钳锤"时,也感叹地说这种"煅生炼死"的手段"非上上器莫敢当锋",又说其师:

"气韵迈往,超然奇逸,凡为人抽丁拔楔,彻骨彻髓。……其词锋智刃,斫伐邪林,如堕云崩石;开发正见,光明显露,如日月青天。非中下根所可端倪,可谓集厥大成,光于佛祖者欤。"(《破山明禅师行状》)

清乾隆年间,破山五世法孙际临犹慎终追远,感念祖师的遗风:

"破山老人具滔天之手,建特立之勋,独出十二而一之,阐化演教,大振西蜀,双桂昭觉,天下至今景仰。而蚕丛山险,滟滪水虞,南北担簦之徒未易测蠡,愈见门风高峻,非他处所可及。"(《守仁禅师语录序》)

破山竭力施展"恶辣钳锤",极其"直指人心,见性成佛"之能事的同时,亦不废"念佛持经"的法门,以求"离秽邦而生净土,即烦恼以证菩提"(《破山语录》卷七)走综合发展的路子。这种做法一是基于他的师承渊源,早年他往来于江南的名蓝古刹,转益多师,除密云圆悟独持偏见,一意孤行外,其他的人(如憨山德清等)普遍具有兼容的精神;二是佛教内部在两宋以后,其形式是在外则三教合一,在内则综合发展,由禅入净、禅净双修愈后愈盛,净土念佛法门得以普遍运用;三是满足一般信众和世俗中各种阶层的人士的需要,为他们念经、拜忏、设斋、放焰,劝导世人诸恶莫作,众善奉行,并无须作高难度的修炼和长时间的参究,口诵阿弥陀佛就能往生西方极乐世界。此种法门简便易行而功德无量,何乐而不为呢?对破山来说,它也是团聚信众的最佳方式。

禅净双修以五代时期的永明延寿(904—975)为滥觞,其著名的《四料简》偈中有"有禅有净土,犹如戴角虎,现世为人师,将来作佛祖"的句子,宣扬禅净不可偏废,两相结合更有如虎添翼之功效。其实,这种以净土之法净心,获得自我调节的简便方法早在唐代即为士大夫们所心领神会了。大诗人白居易自号香山居士,暮年专修净土,曾作诗道:"余年七十一,不复事吟哦。看经费眼力,作佛畏奔波。何以度心眼,一句阿弥陀"(引自太虚《中国佛学》)。其诗风也由充满禅机和展露才情归于平淡和通俗了。以后由禅入净土的高僧大德和学者名流大多是如太虚在《中国佛学》中所说"以透禅融摄教律而修净土行"的模式,破山虽然亦非例外,但他却自始至终都是以禅师的身份自居,而兼修他行的。所以,他的所谓持经念佛之类仍带有浓厚的禅学色彩。如他说:

学道贵乎明心见性,则为究竟处也。然而做工夫必须先发三种心:一者信心,信自心是佛故;二者精进心,遇境不退故;三者发远大坚固志心,毕竟克果故。如是具此三心,期生死不相干之地,了鬼神觑不破之机,心此而

第六章 从"痛棒到底"到"内外贯通"——破山佛学思想的兼容精神

得也。就中素所信所疑,或念佛或诵经,日有定课,此是渐入之门。及以念佛至一心不乱,净念相继为则也。参诵有经义不明、语关未透处,是话头是巴鼻,不可终日因循,即在行住坐卧、茶里饭里无容间断,把作一件最要紧事做,以恒心为主,不出一动地静,忽地里触发,如贫得宝,如暗得灯,如饥得食,始信不欺人,不诳语也。(《破山语录》卷九《示文靖马居士》)

"或念佛或诵经"均要以"明心见性"为前提,要充分发挥自心的作用,保留了慧能《坛经》的"以心传心"、"自悟自解"、"见性成佛"的理论,认为生命的解放和自由,依赖于"自心"的智慧,而不是迷信与崇拜。但破山却改变慧能"东方人造罪,念佛求生西方;西方人造罪,念佛求生何国"的全盘否定念佛的做法,说:"夫佛祖方便固多,要之不出两种,则禅、佛是也。信得参禅,即立志参禅;信得念佛,即立志念佛。虽顿渐不同,出生死心一也"(《破山语录》卷六)。在禅学之外,重视念佛净土法门的修持,号召"大众同念西方极乐世界阿弥陀佛"(《破山语录》卷七),并作佛偈道:"参禅与念佛,顿渐两条路。勿问同与异,到家蓦直去"(《破山语录》卷九)。将念佛与参禅等同视之。但这种修持又不可脱离禅悟来进行,他说:

念佛持经,操家训子,还悟得本真也无?若也悟得,始知今日生死亦如是,苦乐亦如是,男女亦如是,恩爱亦如是,哀乐亦如是,乃至一切荣辱,种种悉皆如是。……超声越色随他去,鸟笑花吟自在身。(《破山语录》卷七)

念佛也罢,持经也罢,关键是要"悟得本身",方能透切,成为"超声越色",了无挂碍的"自在身"。

从"非上上根器莫敢当锋"的"恶辣钳锤"到普普通通的"持经念佛",破山来往于两极,左右逢源,显得游刃有余而得心应手,可谓极高明而道中庸。另外,南怀瑾以破山在破头山上"刻服取证"为据,认为禅宗打七之法门"创始于"破山。所言当否,今姑且存此一说。④

三、禅、净、教、戒的统一

由于破山博大精深的佛学造诣、久经乱世的生活历程和仁慈善良、度化众生的大德懿行,造就了他以禅学为基础,总结综合、全面发展的"集大成"的一代宗师。从丰厚的二十一卷本《破山语录》中,流露出来的博学与才气、宽厚与超然是非同凡响的。无论是"上堂"、"法语"、"题赞"、"拈古颂古",还是应人之请写的"疏"、"铭"、"序"、"跋"、"公案"、"语录",来作为论据论证自己的观点,解说佛法,而这些引用却大大超过了禅宗的范围、佛门的范围,孔、孟、老、庄、屈原、陶渊明、李太白、苏东坡……都是他寻章摘句借题发挥,拉来为自己服务的对象。"先入玄门后释门,二家活计不须论"(《破山语录》卷十六)、"做官做佛两忘情,是个无依出格人"、"既从释也又从儒,二教何曾病有无"(《破山语录》卷十九)、"人人尽道世途艰,都向安中讨不安。惟有渊明赋归去,更无一个肯休官"(《破山禅师法书·为凤台李居士》)……他反反复复地强调佛门与儒与玄与入世做官的种种关系,求其同以存其异,尚融合而反排斥,内外贯通,古今融会,广泛继承佛学遗产,并着手于清理、改造和重建,是破山暮年大器晚成,功德圆满的行为所在,双桂禅堂的创建和双桂禅法的形成,则是破山展示自我、复兴佛法的物质果实。

破山以"学业禅堂"的模式创立了双桂堂,在长篇大论《开学业禅堂缘起》一文中,他开宗明义地说佛法"得人则兴,失人则废",所以"吾教建丛林立规矩,意在养育贤才,陶铸后学,继往开来,如日月大明乎天下也"。但是今日之世"奈何海内(当然包括江南这种所谓的佛法繁盛之地)丛林悉忘此意","古法尽忘,招贤弘教,杳绝无闻;自愚愚人,辗转蒙昧","驱贤养愚,忘本务末","况今教、禅、律,人各执一边,互相矛盾,鲜窥大全","去佛法远矣","此佛法失人,所以废也"。破山对当时佛门的种种现象批评后说,现在明朝既亡,清朝定鼎天下,战乱结束,"世道既平,亦宜傍兴佛法"。自己"建一学业丛林"的目的,就是要"集有志缁流,究性相之深诠,穷离文之妙旨,破目前之坚碍,消历劫之固执。融五教十玄于毛孔之中,会六相五宗于扬眉之处。通变自在,迥异常情",指出"无上妙道,出于口为教,运于心为禅,轨乎身为律,三法本一人行"。因此,

"内外典籍，贵以贯融"。一言以蔽之，即是集聚有志之士，培养后学，造就人才，复兴佛法，并提倡"融"、"合"与"贯通"的为学精神和"通才"的教育模式。

在指导弟子们参学时，破山作有《示徒》四偈语，突出地体现了他的这种兼容思想：

念佛一声，嗽口三日；若不佛念，如水浸石。
打鱼念经，经且是路；若不修行，如风过树。
戒急乘缓，乘急戒缓；若不持犯，如鸡卜卵。
一句话头，系涂毒鼓；若不因循，如猫捕鼠。

（《破山语录》卷十五）

他将"念佛"、"修行"、"持戒"统一在"看话禅"的基础之上，一、虽然"念佛一声"就要"嗽口三日"，但是"若不佛念，如水浸石"，有什么效果呢？二、重修行，重经教，他说："参禅、学教二法门，有深有浅，然深者禅，浅者教。但行言语，即粗相分皆教也；若达教之了义即禅，亦是如来禅，非祖师禅也"（《破山语录》卷十一）。极力推崇禅教一致的观点。三、严格戒律，并且"无戒不持"，在圆寂之前留下遗言："至于丛林风规，确守为上"（《破山年谱》），要求弟子们去奉行遵守。但他又说："持戒之人不上天堂，犯戒之人不落地狱，若向此处理会得无戒不持，无生不度，即此是真持戒者"（《破山语录》卷十一），也就是说可以灵活把握，变通执行却又不必死守教条。四、看话禅就是以古人公案中的某些词句作为"话头"来参究，通过内心的体察，求得领悟禅机，它是破山禅学的主要方法。参话头要善于多疑多思，方能得益非浅。破山曾说："老僧行经令人疑，不令人信。信，一时也；疑，永劫不忘也。然而疑乃悟之因，不疑则不悟；信乃道之本，不信则不能入"（《破山语录》卷十）。疑而后思，思而后悟，凡事都要问个为什么，方能做个明白人。"若不因循"，随机以应变，得鱼而忘筌，则可收"如猫捕鼠"之效，快速地"悟道"。

"在中国人眼光里，没有纯客观的世界，即世界并不纯粹脱离人类而独立。

因此在中国思想里，不能产生西方的宗教，也不能产生西方的科学。但佛教精神在此上颇与中国思想符合。他虽则成一宗教，但信仰的对象并不是外在的上帝，而是人类自身诸佛菩萨，这一层，正和中国人崇拜圣贤的理论不谋而合。因此佛教理论，亦常从人类自身出发，仍归宿到人类自身。我们可以说佛教还是一种'人本位'的宗教"（钱穆《中国文化史导论》）。以"自心"为最高本体，以"自心"的修持求得"自身"的解脱，是佛门之中尤其禅宗大师古已有之的基本观点和根本方法，但破山在前辈大师的基础上将"自心"的作用提到了更高的地位。明清易代，他饱受战乱又多蒙屈辱。身不由己，颠沛流离，混迹尘俗，与狼共舞，促使他竭力注重内心的修持与调理，自净其心，保持内清外浊的状态。他说："圣贤设化种种法门，皆治心之法。参禅不过参此心也，念佛不过念此心也，持戒不过护此心也，此心若寂，更有何处起惑作业？"（《破山语录》卷九）又说："佛语心为宗，无门为法门"（《破山语录》卷十五）。甚至说："法外无心，心外无法，直此一心，别无歧路"（《破山语录》卷九）。这实际上是"心外无物"，"吾心即是宇宙，宇宙即是吾心"的翻版。慧能说："心迷《法华》转，心悟转《法华》"（《坛经》），由迷转悟，全在自心，只要心的本质清静，远染污而绝妄念，变烦恼以成菩提，保持自我真心，率性任意，洒脱超然，就能够事事无碍，事事圆融。种种法门均是心法，种种修行全在心行，对于破山这样的禅人来说，自心的作用实在是太大了。

《中国禅宗通史》在对破山"参禅与念佛"、"参禅与学教"、"参禅与持戒"和"参究话头"进行分别论述后⑤，总结道：

> 海明的种种观点，不出江南禅宗的主流范围。他对于后来的影响，主要是将参禅与净土、经教、持戒四者在看话禅上的统一。所谓禅净教戒，直到近现代还相当流行。相反，他的"痛棒到底"，却再也没有知名的继承者了。

综合、通融成为清初以后的整体走向，特别是雍正皇帝以禅师为名，直接干预佛门禅宗的内部事务，将历代传颂的喝佛骂祖、玄机妙理等等行为视为"狂参妄作",明令禁止后,有个性、有特色、有锋芒、有创意、走极端的丰富多彩的禅法磨去了千姿百态的棱角,成为政治的装饰品,"服从"并"服务"于朝廷的需要,因此,破山自命得意的"恶辣钳锤","痛棒到底"的张扬个性的做法,理所当然地"再也没有知名的继承者了"。寺院之内,"一方面参禅、讲经、传戒、念佛,另一方面念经、拜忏、设斋、放焰,应世俗一般人的要求。徒子法孙相承,而禅林反成一个空壳,正是只存告朔的饩羊而已"(太虚《中国佛学》)。幸好,破山除个性分明的禅法以外,亦具贯通之精神和兼容的思想,禅净双修,内外互补,集大成而成大器,综合变通以至圆融无碍,故能兼容并包而雅俗共赏,所以,他的"双桂禅系传衍至今,构成了近现代四川及西南汉地佛教的主体"(《巴蜀禅灯录》)。他对于禅、净、教、戒的统一,"直到近现代还相当流行"。

四、慈悲情怀与宗教实践

西方现代思想家蒂里希说:"宗教是人的终极关切"。对此,佛门中人早已身体力行,佛教自来认为现实人生"苦海无边",只有断除虚妄,脱离染污,明心见性,才能"回头是岸",在痛苦中觉悟从而得以解脱。若能自觉并觉他,自度并度人,上求佛道,下化众生,拯救世人,便是至上圆满的境界,当获菩提萨埵之誉。身逢乱世的破山慈悲为怀,关注现实,情系生民,奔走于明末清初之际的种种势力之间,"纵逢剑戟武夫,瞻德容而敛其暴露;即遇王公宰辅,钦法令而小其权威"(《破山年谱》)。以自己的思想和行为去影响、感化、阻止以种种理由为借口的屠杀,使得众多的生灵免遭涂炭,受到社会的景仰,被誉为"古佛"、"菩萨"和"小释迦"一类的尊称。由于他"违规"的救济措施和反常的表达方式却又能曲折地圆满地体现普度众生的佛门宗旨,所以,时人又称他为"逆行菩萨"。

当然,破山之所以为破山,从很大程度上讲,则是时代之使然、历史所造就。他早年遁入空门的愿望,也不过是像千千万万的佛门弟子一样,脱离尘劳,消除家累,断绝烦恼,寻求"极快活,极自在,无荣与人,无辱与人,天子不臣,诸侯不友，啸傲云山"的生活方式，得以自我解脱。然而，佛门红墙终究隔不断与外界的联系，世外高人也逃脱不了世事的沉浮。值此天崩地解，国破家亡之际，残明势力、满清军队、农民武装摆开战场，相互厮杀争斗，地方军阀、土匪恶霸们也纷纷介入，加盟到这个杀人比赛的行列，搅得天下大乱，民不聊生。破山所寓身的四川则是这场灾难中伤害最惨重，时间最漫长，情况最复杂的地方，巴山蜀水尽在血雨腥风中笼罩。破山虽然博学于怀，高名在世，仍无法超然世外，安坐禅榻，去成佛成祖，只得去饱尝十余年的颠沛流离之苦，四处流亡。这期间，他"和光同尘"，与社会各种阶层的人士广泛接触，所见所闻所感，给他以巨大的撞击和深刻的影响，其生活态度也随之发生着变化。在战火与血腥中他感叹道："忠臣之子苦飘零，国运何时得太平？有日上苍开只眼，任教顽石也生情"（《破山语录》卷十九）。"上苍开只眼"，"顽石也生情"，满目疮痍之状确实到了惨不忍睹的程度。自我与民众、江山社稷不可分割互为因果的关系愈来愈密切，孟子"民为贵，社稷次之，君为轻"（《孟子·尽心下》）的重视人民的思想在破山心目之中也突显出来，"安民"、"苏困"成为破山晚年处世立身的行为准则和待人接物的取舍标准。

"人寿同天寿，民安即国安。"这是破山题赠给清朝四川、陕西、湖广三边总督李国英的诗句，也是教育和提醒这位封疆大吏及其清朝政府欲使国家安宁、政权稳定，人民的安宁安康就是最大的前提和重要的保证的警世忠言。明朝大势已去，清朝定鼎天下成为定局，正是施以仁政，安民解困，以德治天下，使反侧自消最终天下一统的时候，特别是四川这种灾难深重的地方，尤其需要安抚与拯救，使之"锦江成字水，鹫岭现巴山"。还巴山蜀水以孕育苍生的美好家园。

丈雪在《破山明禅师行状》中说："师之生平纯诚，慈爱出于天性。"据《破山年谱》所记，在军阀混战，明清易代之时，由于破山的社会地位和人格力量的影响，各种势力均不惜以各种方式建立与他的联系。盛邀远迎，恭候破山的大驾，既聆大师的法音，寻求精神的慰藉，又拉大旗作虎皮，树立自身的形象。破山大都有求必应，奔走于战火纷飞之中，为其讲解"佛祖因缘"，叙说因果报应，均以"上帝好生，宜护惜残黎"、"或说罪福受报，好丑皆以不杀为至德"进行引导和奉劝。

第六章　从"痛棒到底"到"内外贯通"——破山佛学思想的兼容精神

在《破山语录》里，又有大量题赠给那些"将军"、"总兵"、"军门"、"镇台"之类的人物的佛语诗文，教育、希望、恳求他们"道安百姓"、"德被万民"、"恩威并举抚残黎"、"为民任重"、"独踞云阳地，万民咸赖之"、"滟滪三峡，瞿唐苏五丁"、"国复天心顺，民安农业宁"、"尝闻否极泰来时，天假仁风安乱离"，从而"遍界风云静，中兴气象新"，使自己"留芳千载思"、"道旁添口碑"，受到人民的拥护和传颂，名垂千古。尤其是川东军阀李占春"事师如弟子礼"，"特营精舍"坚请破山到涪陵"憩锡"。破山来到涪陵李占春的军营后，见他"屠戮太甚"，便苦口相劝，并以破戒开斋的反常的方式劝其止杀。之后，破山一直沿用此法，饮食酒肉，表明反对杀伐的态度。此事一出，社会上顿起轩然大波，甚至愈传愈广，愈说愈神，史书夸大其词，口碑神化其事，有意无意之间将它扩大化和传奇化了。然而，破山此举对社会的影响确实是巨大的，其意义亦非常之重要，它给久已麻木的世人以警醒，给早就疯狂的社会以冷静，唤起人性，启迪心智，发掘良知，使人们在明善恶而知是非中自觉产生爱护人保护同类的意识。当然，这里面很大程度上也不乏破山以佛教因果报应，轮回流转进行说教所产生的诱惑甚至恐怖作用，使得刽子手们由畏惧而有所收敛，也由此而使得众多的无辜者"多所全活"，免遭屠手。"迄今蜀东颂德不已"。他的这种勇于面对现实，不回避矛盾，随时制宜，灵活运用佛法解决问题的方式被弟子誉为"酒楼肉案即是古佛道场，山川草木尽是如来法身"⑥。直至百年之后，法门弟子们对祖师的这种出入恶魔之间的反常越轨的行为依然津津乐道，称颂其"牙如剑戟，口似盘盆，向刀棘林中游戏三昧，往干戈丛里垂手接人。啖酒肉，化罗刹而息恶，活全蜀之生灵；施棒喝，死义学以铲情，洞向上之玄旨"⑦。由此，人们称赞他"拯弱不规行，救焚无揖让"、"英雄胆略菩提心"、"慈照于今到玉墀"⑧，因而"高梁老桂人爱之"⑨，对寓居高梁（即梁平）双桂堂的自称双桂老人的破山，人们要纷纷敬而爱之。

在政治态度上，破山奉明室为正朔而置身于反清复明的行列，激发民族斗志，抵御外辱，抗击东北满族的入侵，立场十分坚定。但在反清复明运动长达二十年的时间里，战乱频仍，生灵涂炭，百业凋敝，人事全非，当反清无效而复明无望的情况下，破山只得改变初衷，希望尽快结束战乱，与民休息，安民解困。正是在这种前提下，他接受了清朝重臣李国英的友好情谊，默认了人人得而诛之的明朝叛将吴三桂远道而来的馈赠。破山发出的"国运何时得太平"的感慨也正是基于他的亲民情结与慈爱胸怀，否则，作为所谓世外高人的他，藏之深山或束之高阁不用劳神废心，是大可以优哉游哉的。

清朝官员利用破山进行政治攻势，完成一统天下的大业。反过来，破山却利用清朝官员对自己的尊重，达到保护人民的目的。在给李国英的诗中，寄希望于他"重开巴国苏民困，再造夔门启世贤"。在持续战乱之后，"苏民困"、"启世贤"，重振巴蜀是破山心目中的当务之急。以后，当这位李国英清除盘踞在西南的反清势力，完成清朝的江山一统后，用轿子盛邀破山到他设在重庆的总督府上，仍然以酒肉相待，破山说现在"天下大定"，"众将军封刀，老僧即封斋矣"。并说："将军不杀人，以德忠君父。和尚不吃肉，以戒报佛祖"。从此结束了十六年的酒肉生涯，也算是对李国英的所谓"仁政"满意的一种表示。另外，破山还称赞有亲民之誉爱民之德的"达州王刺史"，说他"荣任达州，是达州人福"，他的这种德政"不在做官，乃在做佛也"。对黎民百姓好坏亲疏，几乎成为破山判断地方官优劣的最高尺度。

作为破山本身来讲，以宗教的精神入世，以入世的精神为宗教，面对现实，化解矛盾，慈航广度，致力于一切众生的解脱，并联系苦难的根源，使自己的宗教实践与世间实际相互圆融，灵活变通地运用佛法教化众生、影响社会、造福人民，最真实地体现了大乘佛教"普度众生"的精神，最圆满地达到了菩萨德行"上求佛道，下化众生"的理想境界，所以被后世称为"第一流深通佛法的人"[10]。

正是由于破山的对百姓苍生出自"天性"的"慈爱"，才赢得了除文人士大夫外另一个更为广泛的信众群——平民教徒，他们蜂拥而来，宽敞的双桂堂亦无法容纳，致使四方来者"有树下宿者，有间宿者，有溪畔岩穴宿者"，亦在所不惜，而山高路远无法前往者，又"莫不绘师像而瞻礼焉"。他们汇成了破山法派的巨大洪流，为双桂禅系的迅速发展和西南佛法的整体崛起发挥了土壤和气候的基础性作用，同时，也丰富充实了破山的佛法思想、人生经历、现实作用和宗教意义。

第六章 从"痛棒到底"到"内外贯通"——破山佛学思想的兼容精神

注释:
① 根据陈垣的观点,对于明季诸大老,更注重密云圆悟和湛然圆澄的作用,在《明季滇黔佛教考》中指出:"自万历后高僧辈出,云栖、紫柏、密云、湛然各阐宗风,呈佛教复兴之象。"也可以说是对明"四大师"的重新确认。
② 转引自《中国禅宗通史》594页。
③ 《万峰明禅师塔铭有序传》列入《破山语录》卷二十一。
④ 详见南怀瑾《禅海蠡测》51—52页。
⑤ 参见《中国禅宗通史》594—597页。
⑥ 引自《语嵩和尚语录》卷第七《复相国东川吕居士》。
⑦ 见双桂堂藏"破山老祖"画像上破山六世传人透月和尚跋语,作于乾隆年间。
⑧⑨ 引自《梁山县志》卷十,姜嘉《双桂禅院》七言古诗。
⑩ 详见李敖历史小说《北京法源寺》。

第七章 『五百年来见几曾』——破山书法艺术的超然境界

明末清初是中国历史一个非常特殊的时期，两千年的帝王社会似乎已走入了末路，社会文化变迁正经历着前所未有的转型，由于经济结构的变化，商品经济的发展，造成了晚明生活形态的开放、消费心理的出现和城市生活的多样化。讲求细致的精神享受与精美的物质满足，成为一时之风气。另一方面，这又是一个人人感到危机四伏，惶惶不可终日，心态极不稳定的多事之秋。士人们在谋取功名以外，或寄情于山林，或沉湎于诗酒，或潜心于书画，借以宣泄个性、展露才华、平衡心态、享乐人生，又由于王阳明和李贽等人学风的蔓延，思想空前地解放，学术空前地活跃，文艺空前地繁荣，"童心"说、"格调"说、"神韵"说、"性灵"说等文艺思潮先后崛起，风靡文坛，文学艺术作品求新求变，形式和风格都异常地丰富多彩。焕发童心，品评格调，独抒性灵，力求神韵，真正是不拘一格，各逞其能。

被视为天崩地解的明清易代，使得大批不愿与清廷合作的士人或遁入空门，求取避世之所；或隐居山林，寻求安身之地。他们舞文弄墨，吟诗作赋，大都是兴之所致地表达愿望、抒发感情、寄托怀抱，国破家亡之思与悲欢离合之情融会于字里行间，呈现在笔情墨意之中，所以，作品的内涵就更丰富，意境就更深远。

破山一生所经历的，正是这样一个复杂多变的乱世，其书法也不可避免地会受到其时代气息和整体风格的影响。

破山早年，游学于江南十余年，遍访名师。他所参拜过的师辈，既是佛门耆宿，也大都是书法高手。陈垣在《明季滇黔佛教考》中说："诗文杂学之外，释门所尚者，厥为书法。自古僧人能书者固多，法书名迹之保存，亦以寺院为便"。破山的恩师密云圆悟便长于笔墨之道，陈垣在《汤若望与木陈》中引用破山师弟木陈道忞的《北游集》讲述了一个故事：有一天顺治帝要木陈比较圆悟和雪峤二位

第七章 "五百年来见几曾"——破山书法艺术的超然境界

大师，哪一位的书法最好。木陈评论说圆悟学力既到，天分不如；雪峤天资极高，学力稍欠，所以圆悟不善于安排，雪峤又缺乏生动，他们互有长短。圆悟曾经说，他自己的书法不过是东涂西抹，写不出什么好字，只是胆子大而已。顺治帝听后说，我看圆悟老和尚真正是高手，大胆泼墨，心手两忘，笔法圆润而灵便，出于天然[①]。从这个故事不难看出顺治帝对书法的鉴赏极具眼力，也不难看出晚明僧寺崇尚书法的风气。破山的师兄师弟，几乎均以擅书而著名，破山更不例外，两位大师都是破山的老师，因为除圆悟外，破山曾有问道于雪峤的经历。在当今他人书名早已销声匿迹之时，破山犹有清名饮誉书坛，应该算是圆悟门下的姣姣者。

启功先生的《论书绝句》中，有诗道：

> 憨山清后破山明，五百年来见几曾。
> 笔法晋唐元莫二，当机文董不如僧。

诗后的注文颇具高见：

> 先师励耘（陈垣）老人每诲功曰，学书宜多看和尚书，以其无须应科举，故不受馆阁字体拘束，有疏散气息，且其袍袖宽博，不容腕臂贴案，每悬笔直下，富提按之力。功后获阅法既多，于唐人笔趣，识解稍深，师训之语，因之益有所悟。明世佛子，不乏

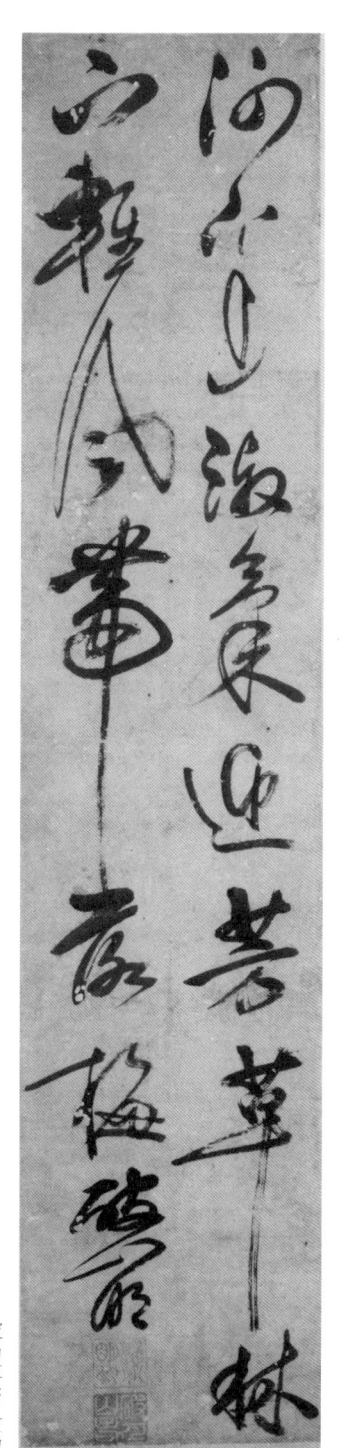

破山草书条幅

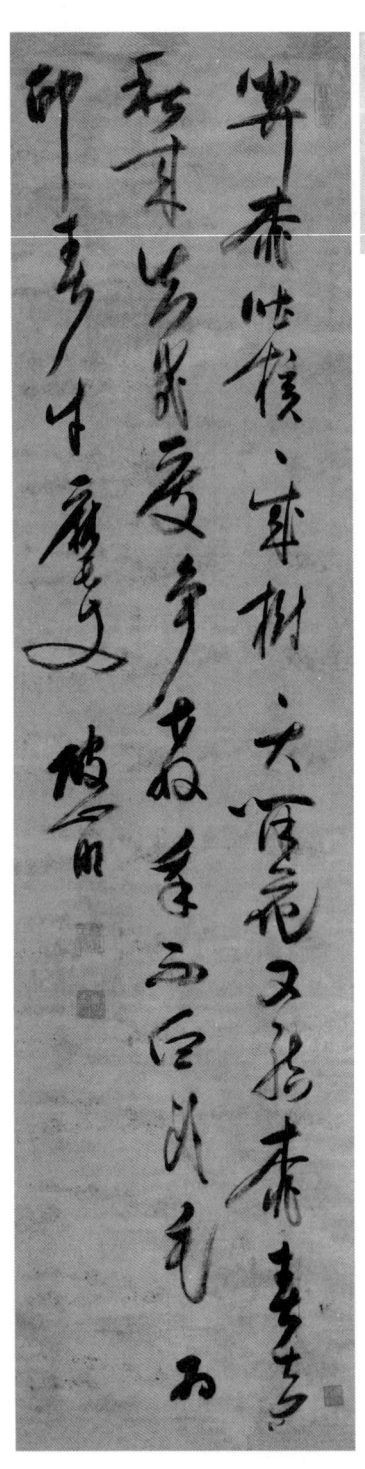

精通外学者，八法道中，吾推（憨山）清、（破山）明二老。憨山悬笔作圣教序体，传世之迹，亦以盈寸行书为多，观其行笔之际，每有摇曳不稳之处，此正袍袖宽博，腕不贴案所致，而疏宕之处，倍饶逸趣。破山多大书行草，往往单幅中书诗二句，不以顿挫为工，不作姿媚之势，而其工其势，正在其中。冥心任笔，有十分刻意所不能及者。余昔得破山一幅，书"雪晴斜月浸檐冷，梅影一枝窗上来"二句，以奉先师。……②

在启功眼里，憨山与破山书法之异同显而易见。憨山盈寸小字，疏宕秀逸，正是学者气象；破山大书行草，冥心任笔，遒丽天成，实为大家风范。但是二人书法均能超凡入圣，特立独行，难怪启功先生要在明世佛子众多的擅书者中，极力推崇二老，并誉之为"五百年来见几曾"的书坛巨擘。

"笔法晋唐元莫二，当机文董不如僧"的诗句，既道出了破山取法晋唐的师承关系，又说明了他学前人却不囿于前人的为学精神，连同样是取法晋唐的大名盖世的文徵明、董其昌，似乎并不比这位和尚高明。事实上，除主要取法于东

第七章 "五百年来见几曾"——破山书法艺术的超然境界

晋的二王和唐代的癫张醉素之外，破山从苏轼、赵孟頫及明代中叶以来活跃于江南的文徵明、祝枝山、徐渭、董其昌等人或多或少都有所借鉴，特别是董其昌的影响尤其显著。其所提出的"南北宗"之说，以禅宗南北两个宗派来比喻书画的不同风格，并抑"北"扬"南"，以南宗为正传，倡导"读万卷书，行万里路"，强调个性的施展，注重笔墨的变化，这些观点很能够吸引像破山这样的临济禅人。但随着破山的回归巴蜀，特别是经历了漫长的战乱之祸、民族之辱、流亡之苦的遭遇之后，复杂的生活方式和人生经历铸成了他复杂的性格，书法一改董字的文弱清丽之风，一种国破家亡的沉重和企盼民族振兴的欲望强烈地表现出来，夹杂着故国沦亡，无力回天的伤感情绪，滋养了他胸中的郁勃之气，转而为艺，形成了他书法风格的浑厚、苍茫和奔放。往往兴到落墨，不假思索，随心所欲，一任天然：

> 酒醉无诗伎俩穷，毫挥有则振家风。
> 老僧欲写天边月，恐落池中惊卧龙。
> （《破山禅师语录》卷十九）

破山书法多以自作诗句和佛偈文辞为内容，落款署"破山明"、"明老僧"、"双桂老人"等。笔墨之间，才气胜过功夫，率意

启功论书绝句

多于理性，不刻意形式的安排，不拘泥点画的雕饰，用笔迅猛，线条酣畅，提按分明，使转自如；在结构上任笔为体，随机以应变，得意而忘形；全篇墨汁淋漓，虚实相生，充溢着鲜活的气息与勃勃生机。

康有为说："吾谓书法亦犹佛法，始于戒律，精于定慧，证于心源，妙于了悟，至其极也，亦非口手可传焉"[3]。戒律即是法则，定慧当作修养，心源溢出生机，了悟便能超然。破山凭借满腹的才情、深厚的学养和超逸的悟性，挥舞笔墨，如入无人之境，以此"达其性情，形其哀乐"，来抒发自己的心情意绪。他常常在诗句或禅偈中透露出横涂竖抹挥毫泼墨的精神感受，其中，有"镇日挥毫放墨光"[4]的愉悦，有"持扇索吾偈，……狂歌书其上"[5]的放纵，有"老僧才举笔，已是葛藤窝"[6]的率意，有"老僧笔下龙蛇阵"[7]的浪漫，有"文字欲离离未得，临池又觉墨花香"[8]的陶醉，有"摩腾费尽纸千张"[9]的快然，有"老僧信笔书，为汝发深省"[10]的自信以及"年老气力急，写字少笔力。不待与人悦，只图了活计"[11]的任达，他显然已超越和脱离了"法"的束缚和前人的影子，笔笔自如，字字天然，神融笔畅，得心应手。这正是孙过庭所谓"同自然之妙有，非力运之能成"（《书谱》）的境界。破山尝自谓"老僧力倦与神疲，书字无心笔笔奇"[12]。在无意识，无计划，无安排，不经意，即"无心"之中，获得不可思议的神奇、深远隽永的意味和难以言说的风韵。"法执"、"我执"两忘，"无所住而生其心"，并通过与"'无心'、'无念'而与自然合一的'禅意'"相圆融，达到心手双畅，自由无碍的效果，应该说，这不失为佛门寻求解脱的最佳法门。用"沉着痛快"、"活泼自然"、"自由自在"、"一片天机"来品评破山书法，可谓恰到好处。

由于破山的地位和影响，其书法作品即使片纸只字，各路人等均视如拱璧。前去索书的人络绎不绝。"老僧才病起，禅者来求书"[13]、"双桂行门满，急欲老僧书"[14]、"远来索我书，不以文章赋"[15]，甚至"四来不问禅和道，一定要求字与诗"[16]；"老僧不善书，忽得山人王居士苦索"[17]……无论是问道还是求诗索书，破山大都乐意应酬，不断地为禅人、学者、居士、官吏等种种人物题写匾对、条幅和折扇。随着名气越来越大，索书的人也越来越多，以至于不胜应付，使他又常常发出"书债半生梦，佛冤千古风"[18]、"道名标不朽，书债何时完"[19]的感慨。

第七章 "五百年来见几曾"——破山书法艺术的超然境界

他对人说："老僧不善书，写字多糊涂。珍重参禅者，休将护口符"[20]。告诫弟子们要以参禅为务，不要本末倒置。更说："求道不求字，终须成大器；求字不求道，投其人所好。此非学道人，莫令诸方笑"[21]。说："写字便成劳，不知为甚的？学人不努力，空费这张纸"[22]。奉劝大家要"求道"而不要"求字"。

战乱频仍之际，破山往来于各种势力之间，应邀写字不辍，以此满足那些手握生杀大权的人物的索取，并借此劝告他们放下屠刀，化解冲突，释放无辜的生灵，因而，人们争相传诵"破山书法，能避水火"。《梁山县志》说他"善草书"，又转引《潼川府志》说他"能诗能书，今宝其字者，以为能避火灾云"。《石柱厅志》说："破山工书法，厅人犹有藏其墨迹者"，"笔致飘逸有仙气"。《开县志》则说破山遗书"宝扇及华严经，祈雨辄应"。著名画僧、双桂堂第十代方丈竹禅说："破祖墨迹字，能避火灾，道德所至，非幻术也。"[23]"祖字屡屡显灵，蜀中口碑相传不绝"[24]。崇拜者们借助"览其遗墨，愈想象其为人"。当然，破山的书法

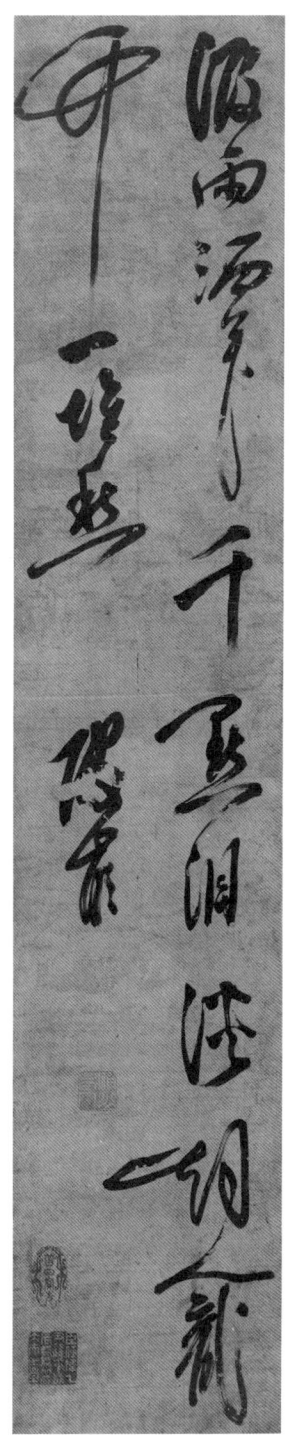

破山草书立轴

313

重庆出版社2013年版"破山禅师法书"

绝不具有"能避水火"的功效，更无"祈雨辄应"的灵验，这些实际上都是民间将破山传奇化和神化的结果，从中亦反映出人们对他的崇奉和景仰。但其书法水平并非得字以人高之便，相反，却多受其佛学的掩盖而往往被人忽略。

破山是绝顶聪明之人，且有佛学和词赋在胸中垫底，悟性又高。所以挥毫泼墨，皆能自出己意。"不以顿挫为工，不作姿媚之势"，没有做作的痕迹，没有华丽的姿态，没有技巧的玩弄，无牵无挂，大起大落，自然而然。"而其工其势，正在其中"。苏东坡论书说："无意于佳乃佳"，启功先生论破山之书，谓其"冥心任笔，有十分刻意所不能及者"，正与东坡相吻合。这是一种在才气、学问、功夫高度统一之际，一切打通、一切不惑、天人合一、大道自然的境界。

纵观破山的书法，既不同于徐渭的意气风发，不同于文徵明的清俊严谨，不同于祝枝山的抑扬顿挫，也不同于董其昌的秀逸流畅。它比徐渭要冲淡，比文徵明要旷达，比祝枝山要空灵，比董其昌要凝重。清代渝籍书画家龚晴皋常出入于重庆西郊的华岩寺，对破山的诗文书法顶礼有加，写有"破老栖禅"四字，建一牌坊以为之记。清代书家莫友芝等人所编《黔诗纪略》道："破（山）、（丈）雪师弟诸手迹，体正力厚，纯法二王（王羲之、王献之），辄叹即渠出家之雄，已非不从积学可得。"贵州晚清一代大儒郑珍之子郑知同观破山法书及禹门禅院后作《禹门行》七言古风一首，其中有"破山禅宿妙入逸少（王羲之字逸少）室，宝墨犹留遗像颜"，准确地看出了破山取法王字的门径。著名学者马叙伦民国时期客蜀，得见"丈雪、破山两和尚行草遗墨刻石"，记入所著《石屋余沈》中，并有"书皆佳，而破山为尤"的论定。郭沫若1957年游成都昭觉寺观庙藏文物后作有"一别蓉城卅二年，今来昭觉学逃禅。丈雪破山人已渺，几行遗墨见薪传"㉕的诗，表达追慕之情。更有甚者，国学大家南怀瑾声称自己"看了陈抟老祖写的'开张天岸马，奇逸人中龙'，看了张三丰写的字，看了破山祖师写的字，我再也不学那些法帖了"㉖。

破山书法题赠的对象主要是本门僧徒和禅宗寺院，而明清以降的天翻地覆，况经三千年未有之变局和破旧立新的洗礼，禅门佛寺百不一存，破山书法存世者亦寥寥无几，堪称劫火余灰了。

我们只有在数量极其有限的遗作中，管中窥豹，去揣摩和领略一代禅宗大德的精神意趣和超凡境界。破山书法大都只落名号，不署书写年月和地点，但从书写内容和笔墨风格分析，存世者多属中年以后或晚年时期之作。这种情况与破山生逢其时、身临其境的巴蜀地区明末清初的持续战乱有不可分割的联系。长年烽烟不息，生灵涂炭，命犹不保，况其他为？今日所见碑刻"地冻雪留砌"诗轴，用笔清朗，结字疏宕，较多地保留了董其昌的书风笔意，从点画、行气到章法行款，均安排妥帖，周全完整，颇多有意为之的成分，可视为较早的作品，而其诗也是中年流亡时期所作，正好相互印证。碑刻"问君曾读几车书"等均可视为同时之作，这些尚延续着江南文人的清丽雅逸之风，与纸本墨迹"为非外禅人拈出"、绢本册页"摩诃大法王"，尤其是双桂堂所藏墨迹"善法堂前拟圣流"等晚年作品的朴厚率意相比较，不能同日而语了。晚年的破山任笔为体，聚墨成形，即兴而为，兴尽而止，不加雕饰更无所谓周全，若有瑕疵也不会去在意，老笔纷披，为所欲为，任意中神采溢泄，沉雄中更隐耀出一段不可磨灭之气。

破山的行书大都夹杂草书的用笔和造型，然能在变化中统一，使之行中有草，草中有行，行草融合。碑刻匾额"衣钵流芳"、石刻楹联"二株嫩桂久昌昌"、横推"狮子峰前狮子儿"、墨迹条幅"河边淑气迎芳草"等，富于宋元人物及明代诸公意味，于"董赵"之外，多了几分苏东坡宽博厚重并且游刃有余的神韵。

上有所好，下必甚焉，破山门下的法子法孙们，诗书兼擅者比比皆是，这种优良传统几乎也成为他们的后继者们可资炫耀的"家风"。丈雪、圣可、语嵩、山晖、赤松、大错等等都是名垂青史的禅僧和独具匠心的书家，各博物院馆及诸山寺庙争相传承其遗墨。陈垣《明季滇黔佛教考》在论述当时这一现象时说："《务学十门》有曰：'不工书无以传'，法门重书如此，无惑乎工者之众也。"赵朴初曾在一首《西江月》中写道："喝月拿云气概，破山丈雪家风。搬柴担水是神通，竹笠芒鞋珍重。纵使虚空可尽，其如行愿无穷！妙花香饭与谁同？普供十方大众。"[27]"喝月拿云"正是此派人物笔歌墨舞、吟风弄月而无有挂碍的真实写照。于右任曾有跋《张岳军[28]所藏丈雪和尚诗轴》道："破山大弟子，圣水一诗僧。清绝如苍雪，悠然得上乘。头陀原不醉，心法自相承。四十八盘路，人间有废兴。"不难看出他对"悠然得上乘"的丈雪和尚的推重，于右任在诗前冠以丈雪和尚尊师的大名，更不难看出他对破山的景仰。

注释：
① 参见陈垣《汤若望与木陈》。
② 详见启功《论书绝句》168—169页。
③ 参见《光绪嘉兴府志》卷十八《寺观》。
④⑨《破山语录》卷十九《赠显余上人书径》。
⑤《破山语录》卷十九《赠御用梅镇堂》。
⑥《破山语录》卷十六《示灵碧行者》。
⑦《破山语录》卷十九《赠张作宾文学》。
⑧《破山语录》卷十《示照圆沙弥》。
⑩《破山语录》卷十六《示自诚诚子》。
⑪《破山语录》卷十六《示耶湘禅人》。
⑫《破山语录》卷十五。
⑬《破山语录》卷十六《示不我禅人》。
⑭《破山语录》卷十六《示心空碗头》
⑮《破山语录》卷十六《示世美湖居士》
⑯《破山语录》卷十六《示涵之禅人》
⑰《破山语录》卷十《示亨我王禅人》
⑱《破山语录》卷十九《别流长苏居士》

⑲《破山语录》卷十八《寄寿谭九相公》
⑳《破山语录》卷十六《示意玄戒子》
㉑《破山语录》卷九《示戒如禅人》
㉒《破山语录》卷九《别秀玄禅者》
㉓见双桂堂藏清人竹禅和尚题破山书法册页跋语。
㉔见《梁山县志》卷十，沈芝林《双桂堂舍利塔记》。
㉕见《昭觉寺史话》。
㉖见南怀瑾《人生的起点和终点》第五讲《破山海明的故事》。
㉗赵朴初《游成都昭觉寺——应慈青和尚之属调寄西江月》，摘自《现代佛学》1960年第8期。
㉘张岳军：国民党元老张群，与蒋介石同学，曾参与辛亥革命、二次革命、护法运动等。1927年起先后任国民政府兵工署长，上海市长，湖北省主席，国民政府外交部长，国民党中央政治会议秘书长，行政院长等。

第八章 任达 沉郁 通脱——破山诗歌创作的心路历程

根据现有的资料，破山的第一首诗是在明万历四十四年（1616）因不满足于川内禅师对佛法的解说而"瓢笠出川"前作于四川邻水延福寺的"我为生死来出家，何须更算海中沙。无常杀鬼卒然至，锦绣文章乱似麻"[1]的偈子，时年20岁。自此以后，破山无论是在江南游走，还是回蜀后的纳徒传法、弘扬佛教；无论是明末清初迫于战乱的流亡，还是建立双桂禅堂后走向圆满的晚年，均不废吟哦之事。或借诗的形式说禅，以禅的内容入诗，或记录身世、描写现实、咏叹风物、抒发怀抱、赠答友人、追悼亡灵……其长达50余年的笔墨生涯，存诗1300余首，自题诗集为《双桂草》。在这些诗中，破山不拘一格，以极为自由的形式，自由地思想，自由地写作，自由地表达，真实地反映了他所处的时代和他所拥有的心境。清人倪永清评其诗道：

> 世人谓破山和尚，是逆行菩萨。读其诗，又是逆行诗，何则？众人多有旨归，彼独别开一路，如凤凰自鸣，不知宫商；如狮子自吼，不解声调。当于笔墨未施，吟哦未吐时，具一只眼，则知破山和尚诗，并非逆行也。

（《国朝全蜀诗钞》卷六十三）

"拯溺不规行，救焚无揖让"。在人们眼里，破山救度世人，是以离经慢教的方式进行；创作诗文，又以反常越轨的形式出现。其实，"逆行菩萨"与"逆行诗"，正是破山的特色所在，他之所以倒行逆施，也正是那个倒行逆施的时代之使然。《维摩经》说："以一切众生病，是故我病。"破山常以"病僧"自谓，因为他所身逢而境遇的，正是一个病态的社会，所以，从这个意义上说，他的"逆行"实乃"并非逆行也"。

第八章　任达——沉郁——通脱——破山诗歌创作的心路历程

破山的诗歌创作呈现出明显的阶段性的特点，青年时期漫游江南，受江南文化的熏陶和晚明士风的影响，放浪无羁、意气风发的浪漫主义情调使他的诗风洋溢出个性解放和突破传统、才气横溢的气势；中年时期置身明末清初的战乱，流亡漂泊，艰难苦恨，诗的创作呈现出以感时伤世为主题的沉郁浑厚、慷慨悲愤的现实主义风格；晚年时期所处之社会渐趋稳定，所创之禅门业已昌盛，所具之心态也由复杂而转单纯，"即烦恼以为菩提"，圆融无碍，自在自然。诗文显示出任意为之、脱洒通透、平和超逸的状态。在此，将破山诗歌创作进行早、中、晚的分期，不过是为了阅读和研究之便不得已而为之的粗略的划分，那么，任达——沉郁——通脱，则是他这三个时期创作高潮的基本特色。

一、任达率真——早期诗歌的浪漫情调

晚明的锦绣江南，山水清丽，经济发达，思想开放，人文荟萃，是人们心向神往的人间天堂。骚人墨客与佛子禅者的"打成一片"、频繁接触，又促使了文化的昌盛和禅学的复兴。承接王阳明心学的余绪，从"英雄失路，托足无门"的"有明以来一人"②徐渭，从"绝假纯真"③的李贽，从"厌逢人世懒生天，只为新参紫柏禅"④的汤显祖，直到"独抒性灵，不拘格套，非从自己胸臆流出，不肯下笔"⑤的袁宏道，——晚明文坛的大腕们几乎没有与佛学无缘者。"佛学在晚明是思想界的一个自由天地"（潘桂明《中国禅宗思想历程》）。以禅的学说来张扬个性表现自我成为文人的风气和时代的特色，亦儒亦佛亦道或非儒非佛非道，往来三教或是摆脱三教，打破传统，不拘礼法，离经慢教，超佛越祖，由"人"的解放到"文"的解放，从而形成了晚明文学思潮的浪漫洪流。《儒释道与晚明文学思潮》⑥说："晚明文学思潮是在以三教融通为形式，个性解放为内容的社会思潮的影响下产生的，晚明儒释道三教各自具有的特点，都有自由任运的性质，这一性质与尊重个性精神的晚明社会思潮相吻合的。"的确，"尊重个性"与"自由任运"正是晚明人士为人和为文为艺的共同特征。

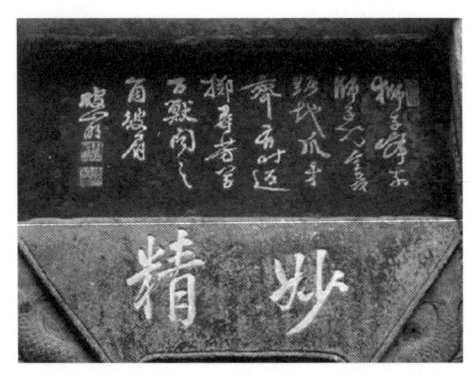

双桂堂破山诗碑

破山于万历四十四年（1616）只身出蜀，住湖北黄梅破头山三年，又往江西等地寻山问道，于天启二年（1622）进入浙江，至崇祯五年（1632）离浙还蜀。破山在浙江游学十年，往来于嘉兴、杭州、绍兴、宁波等地，与佛门巨擘、文坛中人广泛接触，深得江南文化锤炼和熏染，使他受益终身。

"天地间为人，为到出家地步，极快活，极自在，无荣与人，无辱与人，天子不臣，诸侯不友，啸傲云山……"江南时期的破山，青春勃发，风华正茂。经过忧郁烦恼的少年，经过父母"相继而背"的人间悲痛，经过削发持戒的佛门洗礼，经过三年破头山的苦读生涯，经过千山万水的自然熔铸，经过与大师高人的往来出入，破山宛然是一个通透佛学，妙悟禅理的得道高僧，同时，他又是一个标准的"狂禅"。诗书并举，才气横溢，其逍遥自在，落拓不羁的性格多具江南才子的风味：

  金锄削尽千峰雪，露出天涯星月孤。
  照得世间人廓彻，都来依样画葫芦。
  （《破山语录》卷一《为寂开剃发》）
  这个醉和尚，生来没勾当。
  逢人不说禅，开口便成章。
  圭角太露兮，日就月将；
  形神最妙兮，百般五样。
  呵呵，笑煞天下人，不识破和尚。

(《破山语录》卷十七《悟玄请》)

东塔今年结夏,老牛老马归舍。

虽无水草供看,且有鞭绳恶辣。

(《破山语录》卷十七《石莲冯居士请》)

这些近似口语的句子,放任率意的语言,生动而形象地勾勒出青年时期破山离经慢教、恃才傲物、玩世不恭、放浪旷达的个性,语言直白通俗又诙谐轻松,在随意中见真情,于脱洒处显豪宕,不拘形式,天真浪漫。这类诗的代表作要算题为《自赞》的一首五言小诗:

这个川老蜀,浑无奇特处。

问禅禅不知,问教教非熟。

懒散三十年,人天忽推出。

握条短杖藜,打佛兼打祖。

(《破山语录》卷十七)

全诗运用白描的手法,直率地叙述,通透地表达,短短的五言八句四十个字,一个"问禅禅不知,问教教非熟"却要"打佛"、"打祖"的四川佬跃然纸上,"无奇特处"最奇特,其鲜活的语言非常的洒脱和自在,说明破山在三十岁时驾驭语言的能力已达到任运自由的境界,对诗意的把握亦有很高的水准。破山在这一时期以禅入诗,写有很多以自然为归趣、力求脱洒超逸,空灵悠远地表达自我的作品,如:

送微言之蜀

竹方床上几经秋,忽地翻身问话头。

走起欲拈行脚事,草鞋先到楚云楼。

(《国朝全蜀诗钞》卷六十三)

永庆寺
踢倒须弥镜影空,逢人徒鼓舌尖红。
黄鹂不识吾生意,叫落庭前一树风。
(《国朝全蜀诗钞》卷六十三)
次秋潭师题茂叙孙居士啸竹亭韵
独为逃禅远世寻,双溪桥去水云深。
想君共我同流也,日坐蒲团啸竹林。
(《破山语录》卷十八)

寻常的风景,自然的行事、平淡的心怀,会心的微笑,然而,"青青翠竹尽是法身,郁郁黄花无非般若"(僧肇语),在宇宙万物之中,"一即一切,一切即一",佛法是无所不在的,从人们生活的日常行事到自然界的叶落鸟鸣,无不透露出微妙而深永的禅机,以物拟人或以人喻物,使物我相融,物我合一,或者物我两忘,对大自然的描绘变成了对自身的认识和体验。破山正是把握了这些,从容地对待宇宙人生万事万物,保持任运自然的恬淡的心态。"草鞋"、"竹床"信手拈来,"黄鹂"、"水云"著手成春。"且飞千里锡,聊挂一风帆"[7]、"披蓑日演松间月,挥尘时惊江上鸥"[8]、"人天追意急,瓢笠放身闲"[9]、"都卢抛向西湖里,春枕明月夏枕风"[10]、"千手大悲来摸索,一茎草上现琼楼"[11]等等。清空、淡远、超然、脱洒溢于字里行间,一个个活脱脱的禅意的世界展现他的生花妙笔之下,言有尽而意无穷。

破山与江南的文朋诗侣广有笔墨之交,结诗社以会友,聚学者而谈玄,题赠酬答,往来唱和,留下不少的作品,如:

示长白诗人
海内多诗者,才思独尔真。
一生清冷句,千载不藏名。
气骨烟波色,萍踪雨露情。

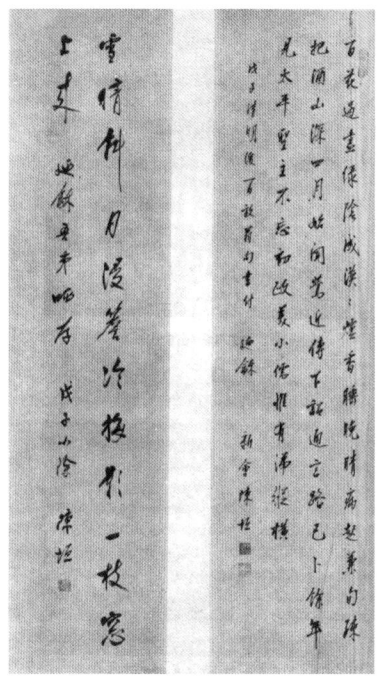

第八章 任达——沉郁——通脱——破山诗歌创作的心路历程

陈垣书破山句

调高人自重,偃鼠岂同营。

(《破山语录》卷十五)

复石帆岳司马

一觉长伸休问道,三餐茶饭懒参禅。

破山不是闲相识,拄杖挑来个个圆。

(《破山语录》卷二十)

辞李檀越

打水鱼头渐觉酸,不如归去且图安。

零星佛法奚终用?些子离骚岂足欢?

月冷南山飘个叶,舟行西国入重峦。

此方未尽锋芒兴,何处推蓬下钓竿?

(《破山语录》卷十九)

复破浪禅人

堪怜尔我是同乡，略露乡情偈两行。

莫道归家心便了，蓬州溪口路羊肠。

(《破山语录》卷二十)

在这些诗中，破山不喻示禅理，不解说佛法，而是以精练的语言、丰富的情感，直抒胸臆。或喟叹于感慨，复彷徨而惆怅，诗人所固有的淡淡的忧伤与青年所常见的莫名的迷茫交织在一起，以及独在异乡为异客的种种滋味，一发而为诗。"不如归去"的感叹，"何处推蓬下钓竿"的困惑，"调高人自重，偃鼠岂同营"的清高……破山敞开心扉，表达自己复杂的思绪与丰富的情感，因此他的笔下常常是"清冷"凝练的语言，工整稳当的格律，冷逸隽永的意境。

破山这一时期的诗作以"言言句句，悉是太平中风味"(《破山语录》卷二十《题棘生白居士山居诗序》)为旨归，力求自然。但往往有明显雕饰的痕迹和刻意追求自然却又失之自然的弊端。

二、悲怆沉郁——中期诗歌的写实风格

破山于崇祯五年（1632）离浙还蜀之后，正是中西部农民运动翻江倒海之时，张献忠在四川几进几出，战火燃遍巴蜀大地。除此而外，罗汝才、姚天动、黄龙等等大大小小川内川外的武装势力纷纷粉墨登场，表演群雄争霸的游戏。天旱、蝗灾、瘟疫之类的灾难亦不断地光顾，将四川搞得遍体鳞伤。紧接着甲申之变，清兵入关，继而图蜀。随之残明势力、农民武装、清朝军队之间的相互厮杀，时间持续二十年之久，四川无疑是一个悲惨的世界，其惨状在历史上空前绝后而无以复加。

破山身逢其乱，东奔西逃，漂泊于四川东部与鄂西边界之间。破山在政治上奉明室为正宗，痛恨农民起义的颠覆，视其为"贼"为"寇"。入清后，他又往

来于各种抗清势力之间，以反清复明为己任，试图光复明朝。而在不可抗拒的江山易主、社稷全非的清廷统治之后，他寄迹残山剩水之间，便将满腔的悲愤转而为诗，或直接或隐讳地攻击满清政府。战争的侵扰，流亡的痛苦、生计的艰难，使破山这一时期由主观的心态调理转变为客观的现实体验，诗歌的风格也趋于悲怆和沉郁，他以自身的经历真实地记录了明末清初持续战争所造成的巨大灾难。在一次为弟子们传法时，他曾悲哀地叹道：

年年七月十五，惟有今年最苦。
田禾又被天收，人物尽遭贼掳。
（《破山语录》卷二）

天灾人祸，庄稼没有收成，百姓尽遭掳掠，人们生活在水深火热的痛苦中。在《平西营居》中，他感慨地说：

随营缚个茅茨住，入口三餐岁有艰。
乞食杜门僧空走，买粮断路客无还。
安心学圃虫苗稼，举意逃荒虎野山。
种种愁里对鸟语，高飞莫妄妄其间。
（《破山语录》卷十八）

乞食无门，买粮无路，"入口三餐"的生计问题难以解决。由于战乱频仍，四川人口遽减，处处炊烟断绝，家家关门闭户，满目苍凉，一遍哀声。乞食之僧到处空（音控）走，买粮之客难以生还。如此局面，实非人所生存之地，种种愁与种种恨都只能付与孤鸿飞鸟。"漏声催欲尽，寒夜独悲吟。殿满灯光静，窗横雪照深。三思诗眼疾，孤枕念同心。寥落一身外，萍踪何处寻？"（《破山语录》卷十八《为苍松禅人别言》）破山在颠沛流离之中，悲伤、寥落、痛苦、无奈贯穿于他这一时期的诗作之中，以自况身世的方式表达对现实的不满，对战争的厌倦、对人民的同情以及对民族复兴的愿望。"乡曲情愁惨,其声不忍闻"(《喜逢友人话旧》)、"生不逢时业障多,无端将我老僧磨"(《偶值凶夷之变口占》)。他"曾婴七难",数次死里逃生,又曾被农民军擒拿,麻绳反缚,悬吊高梁,惨遭苦拷。"紧缓行踪望寇营,枪刀人马密如鳞。愁肠自是难舒畅,一任身亡一任存"(《赴营》)。破山与黎民百姓一样,徘徊于生死存亡之间,惶惶不可终日,满腹的愁肠,自然是难以舒畅的。在诉说自己流亡的艰辛时,他说:

连连风雨阻征飘,苦我无还困寂寥。
算计不能呈妙供,漫敲诗句动吟豪。
(《破山语录》卷八)

风雨不断而寂寞难耐,此时大概没有人会前来供养了,百无聊赖之中,只有"漫敲诗句",在字斟句酌中获得精神的慰藉。破山将自己置身乱世的风风雨雨之中的孤独寂寞的感受描述得十分形象而生动。另有《和澄灵禅师山居》一首,极有韵致:

因僧问我西来意,话及居山有数年。
折脚铛煨三合米,烂麻绳补一条肩。
云根每见穿危石,月渚常流透碧泉。
恍惚不通方外术,时添草料瞎驴前。
(《破山语录》卷十八)

领联"折脚铛煨三合米,烂麻绳补一条肩"非常形象地概括了破山当年清苦的生活状况。三合米是当地山民们通常所做的用少量大米掺和红薯、土豆、玉米、芋头等物同锅共煮的聊以充饥的饭食,况且以折脚铛煮之,锅也是破败不堪的,物资的贫乏由此可见一斑。其时,破山的心境也是非常痛苦而悲凉的。

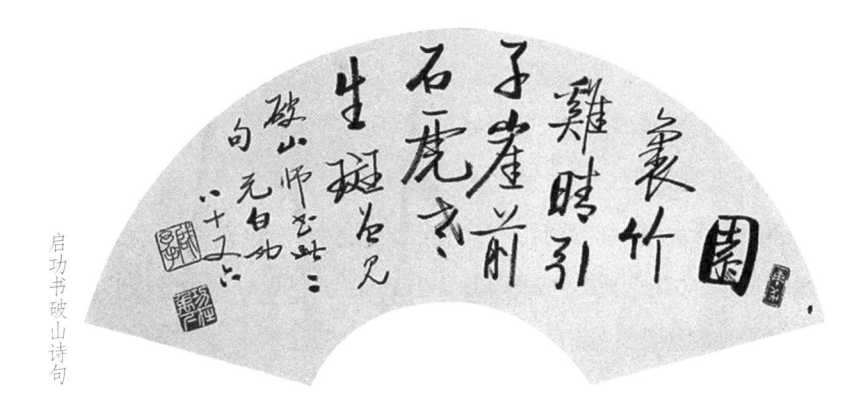

第八章 任达——沉郁——通脱——破山诗歌创作的心路历程

启功书破山诗句

地冻雪留砌，天寒日照迟。
游人愁出户，野鸟怯临枝。
远岫云封壁，平溪水结弥。
何时开霁色？扶杖过长堤。

破山这首以狂草笔法书写出来的五言律诗，以书法碑刻的形式，至今保存在成都郊外的桂湖。由于它明显的反清情绪，为避免"犯国忌"而致祸，所以《破山语录》找不到它的踪影。诗中以天寒地冻来喻其环境的恶劣。天是上指朝廷，地是下指地方，"天寒"说明朝廷黑暗，"地冻"说明地方残酷，"游人"即游方僧人实为作者自谓，"野鸟"实际上是指不与清朝政府为伍的在野人士。尾联是希望反清复明取得最终的胜利，云开雾散，曙光初照，使自己欣然地"扶杖过长堤"。诗中以隐喻的手法表现出作者国破家亡的沉痛与祈求民族复兴的愿望。特别是反清复明运动的最后阶段，清兵的铁蹄踏遍巴山蜀水，所到之处一片狼藉。残酷的战争夺走了无数人的生命，破山的法子法孙、朋辈友人亦在所难免。面对频频传来的噩耗，破山长歌当哭，动之以情，悼之以诗。其中，《吊破雪吾徒》道：

将谓驴年一祸胎，谁知先我别尘埃。
空摇断舌法堂冷，远送残衣方丈开。

> 四海传声惊木落，三巴取泪洒吾侪。
> 专人特地来相语，愿子灵机永古锥。
> （《破山语录》卷二十）

破雪是破山的得意门生，这时正传法于贵州遵义等地，在佛门内外都卓有声誉，"谁知先我别尘埃"，他却英年早逝，破山以"三巴取泪"这种感天动地的语言表现出无边的悲痛之情。《吊耳毒法孙》道：

> 大哉法道继儿孙，水有源头木有根。
> 一旦不知谁薄命，独留孤雁唳荒村。
> （《破山语录》卷二十）

"孤雁"的哀鸣，"荒村"的凄凉，人在此时，命薄如纸，其现实荒凉的状况和人们寥落的心态是可想而知的。《吊太常古文学》道：

> 笔砚同心刚两年，何须先我去逃禅。
> 蠹鱼欲吐三生梦，小玉频呼一粥缘。
> 倒砌残红谁解举，摩天嫩绿自能妍。
> 可怜昔笑今成哭，冷泪如冰落柩前。
> （《破山语录》卷二十）

"笔砚同心"，知己难得，不料刚刚两年，故人便先我而去，昔日欢笑倏成今日痛哭，去者如斯，故人何在？只有"如冰"的"冷泪"，寄托自己不尽的情怀。破山的悼亡诗将明末社会混乱以来他以感时伤世为主题的诗风推到了顶点，语言沉郁雄浑，意境悲凉高旷，从侧面反映了那一时代人们的共同的命运。另有《吊西昆谭太师》一首，最为沉痛：

> 蜀东山水启王侯，恼恨滩高不让流。
> 委尽一身全故国，忠魂千古自悠悠。
> （《破山语录》卷二十）

谭西昆是抗清名将，深受破山的赏识，此时以身殉国，破山便有此沉痛之词。它不仅是为一人而吊，而是整个川东抗清力量大势已去的一曲悲壮的挽歌。此前，他曾多有诸如"恨待何时静？凯歌指日归"一类的诗句题赠抗清将领，以激发他们的斗志，至此，统统成了一纸空言。历史的变迁不会以破山的意志为转移，明朝的覆灭指日可待，对于反清复明的失败，破山只能扼腕叹息或诉之以笔墨，表达自己的心声。以后，他接受清朝官吏的友好之情时，曾多次奉劝他们要"护惜残民"，不要再施暴政。如赠诗对四川总督李国英说："人寿同天寿，民安即国安"。希望他苏民解困，施行仁政，使"锦江成字水，鹫岭现巴山"，恢复巴山锦水的美好家园。

在流亡生活中，破山也写有一些表达意趣情致的诗作，这些看似轻松闲适的作品，却蕴含着苦涩辛酸的滋味。在《寓三教寺偶成》里，他说：

> 为月开门啸远山，光楼声发骨毛寒。
> 老僧无别营清供，待客惟将竹数竿。
> （《破山语录》卷十八）

青笋待客，明月盈门，其山中之况味，冲淡而清新，了无俗尘烟火之气。在《寄万寿寺主人》中，他说：

> 老僧来到无人陪，幸有当门杨柳垂。
> 只见柳花开又落，不知春梦几时回？
> （《破山语录》卷十九）

破山将深沉的痛苦化为平淡的语言，以花开花落隐喻改朝换代，以梦寐之人隐喻当今世人，作者内心的孤独与无奈是非同寻常的，但在诗中却表现得如此的平静、自然、不经意和无所谓，似乎了无忧乐之心，了无悲喜之情。

这一时期，破山游走各方，写有不少的山水诗以纪其行。如：

蟠龙观瀑
磊落山川忽地平，云巢月窟两关情。
其中白兔今何在？只有崖前瀑布声。
（《国朝全蜀诗钞》卷六十一）
题太白岩
太白危岩路，凌云独杖藜。
家家松影合，处处竹烟迷。
云傲归秋壑，风高落晚溪。
骚坛诗骨在，传与夜乌啼。

破山借景抒情，寄情于景，托物言志，表达对山川的赞美和对自然的向往。在这一时期中，破山怀着沉重的心情，置身国破家亡的乱世，寄迹山深路险的荒丘，他常以楚亡后流离失所的屈原自比，称自己的诗作为《离骚》句，他的笔端便常常是"孤雁"、"荒村"与"冷月"、"空巢"之类的景象，而"三巴取泪"、"冷泪如冰"、"坐断高岗风飒飒，错开深涧水潺潺"（《嘉灵岩法孙报本》）、"惆怅离骚坛未冷，平都山又墨花生"（《复于硎居士来韵》）、"瓢笠恩随云水散，风幡义逐雨花飘"（《吊象崖吾徒》）等等老辣浑厚、紧凑激昂的句式，又增加了郁勃沉雄之气，往往首尾连贯，一气呵成，慷慨悲歌。

三、自然圆成——晚期诗歌的空灵境界

破山于清初顺治十年（1653）创建双桂禅院，从此时起，他步入了较为安定的晚年生活。明末的战乱进入尾声，清朝一统天下成为定局。由于战争的平息、佛法的昌盛、门派的壮大，破山的心境由消沉苦闷到无可奈何，由无可奈何到随缘任运，由随缘任运到平和自在，并致力于佛学的传播和建立完善双桂禅派的体系。在诗歌创作上，也逐渐摆脱了对现实社会的关注和人生苦难的纠缠，超脱、通达、旷放、自在，成为其表现的风格和追求的目标。讲究"妙语"，讲究言外之音，弦外之响成为破山及其门人的风尚。唐代诗人司图空的《诗品》所谓"不著一字，尽得风流"、"超乎象外，得其环中"、"妙造自然，伊谁与裁"等对诗歌的评品成为他们取舍的标准；花鸟山水，春风秋月成为他们取之不尽吟咏不衰的题材。

"杨柳池生烟，垂云接大贤。投机毕竟棒，得意便忘言。薄粥奚留客？粗茶尚达禅。山居伎俩别，夜板不成眠"（《喜马孔育、仁伯陈天求过访，赋赠》）。破山以禅宗的态度对待人世的一切，使他对人生的得失，对朝代的改易，对民族的兴衰都保持着一种任运自然的恬淡心境和平静心态，圆融于诗中，贯穿在字里行间，使他的晚年之作大都具有某种似有若无、转瞬即逝、空静虚寂的禅光佛影，在《因三明禅人看笋，以偈赠之》中，他悠然地吟道：

> 独坐竹林中，相将听晓钟。
> 藤花时落地，幽鸟日瞻风。
> 怪石寄新笋，奇松响旧箜。
> 欲眠眠未得，仰卧看云龙。
>
> （《破山语录》卷十九）

藤花落地与幽鸟瞻风，怪石、奇松与新笋、旧箜，如此的平平常常、普普通通，自自然然，既未谈禅，也不说道，既没有对山川风物的赞美和激动，也不见因花落而起的惋惜和忧伤，对大自然变化甚至没有丝毫的情绪，"独坐竹林"之中，

无心所寄，无情可托，无事可为，在偶然之间，忽而心不在焉地望见天上那一片一片飘浮的白云。严羽说："大抵禅道惟在妙悟，诗道亦在妙悟"（《沧浪诗话》）。妙悟既是对禅的瞬间领悟，也是对诗歌的神秘把握，使禅意的识见和艺术的感受融会贯通而相得益彰。明心见性，著手成春，彻见宇宙人生的本来面目。破山正是以一个禅者的心态，去发现、观察、感悟、描述大千世界的一草一木与一事一物，以有限的字句给人以无限的遐想。又如下面的句子所说：

> 曾读圣贤书，安贫意自如。
> 只知年月尽，不觉日时除。
> 酒逸篱花醉，诗欢谷鸟呼。
> 长生生已定，无复入仙图。
> （《破山语录》卷十八《寿明卿杨文学》）

这纯粹是名为替人祝寿实为自况其身的生活写照和心境表白，安贫乐道而意态自如，"只知年月尽，不觉日时除"。俨然是一副不问世事、超然物外的对现实社会漠不关心的心态。而"酒逸篱花醉，诗欢谷鸟呼"一联，则充分展示了作者生活的散淡和思想的达观，诗酒相娱，花鸟相亲，无是无非，无忧无虑，酒肉这种佛门之内讳莫如深的严格戒律也无须遵循，这无异于陶渊明笔下的"不知秦汉，无论魏晋"的世外桃源。"长生生已定"一联说自己现在已垂垂老矣，比起那些在战乱中夭折的人们来说足称高寿了，又何心再去奢求修道成仙以延续时日呢？再如在一首题为《山居即事》的七律中，他无比轻松地吟道：

> 几年勘破是非关，小结茅茨拟住山。
> 园里竹鸡晴引子，崖前石虎老生斑。
> 一条心事弓弦直，三个柴头品字弯。
> 法法拈来皆活句，更余何事可跻攀？
> （《国朝全蜀诗钞》卷六十三）

事事无碍，法法圆融，"竹鸡晴引子"、"石虎老生斑"，都是非常自然而然的事情，破山信手拈来，妙趣横生。"法法拈来皆活句，更余何事可跻攀？"其从容与淡远的平常心是可以想见的。其实，这正是破山早年所追求的自由自在，无荣无辱，啸傲云山的理想生活方式的圆满实现，也正如禅宗大师们所谓"一切声色事物，过而不留，通而不滞，随缘自在，到处理成"（《无门关》）的形象反映。物与我两忘，心与身俱寂。此时此刻，"纷繁流走的自然景色展示的，却是永恒不朽的本体存在，即那充满着情感又似乎没有任何情感的本体的诗。而这，也就是'无心'，'无念'而与自然合一的'禅意'"（李泽厚《华夏美学》）。不说禅而禅自在，不论道而道永存，破山通过富于弹性的诗的语言和多义性的诗的意象，妙造自然，著手成春，达到自然、流转、通透、圆满的境界。"年年逢此日，此日当深省。发有两鬓霜，心无一刻冷。蒲团枕石床，竹杖穿云岭。脚底恁么忙，如何得法忍"（《寿月宗禅人》）、"双桂飘香远，闻风蝶乱飞。歇狂虽八九，鼓舞任高低。易摘枝头魄，难窥月里微。清光谁不欲，分汝弄斜晖"（《扇寄壁观上座》）、"万竹山中坐，蒲团能几破？试参枯木禅，只见空花堕"（《示若镜禅者》）、"独坐小楼中，看云起石峰。握之不可得，是窍皆玲珑"（《示见若禅人》）……不执着于语言文字本身，不满足于字句表面的含义，不拘泥于景物的具体描绘而显得和谐空灵，清奇古淡，自在圆成。

> 长生不若无生好，识得无生人不老。
> 不老拟同春复秋，年年此日惊花鸟。
> （双桂堂破山诗碑）
> 一个蒲团一座山，经行坐卧得心安。
> 监氅破衲蒙头睡，一任佛来天地间。
> （《破山语录》卷十五《示颖凡禅人》）

何等的脱洒，何等的自然！这是无所谓修行的修行，无所谓作佛的作佛，是修行的最佳法门，是作佛的最高境界。其语言的灵活运用，字句的自然组合，亦是如此地圆满天成。

破山晚年还写有很多饶有生活气息的作品,如《栽秧勉众》:

> 三家村里老农忙,未得天明开普梆。
> 垢面去随泥水净,闲身来逐鼓锣狂。
> 歌声大发偌人胆,竺影横遮散雨光。
> 双桂住持非刻剥,要将底事胜诸方。
> (《破山语录》卷十八)

其打鼓敲锣载歌载舞的劳动场面,描摹得绘声绘色栩栩如生,形象地再现了破山提倡农禅,僧众参加生产活动的热闹情景和日出而作,日息而息的田园牧歌式的生活方式。僧人成了老农,佛门的双桂堂成了乡间的三家村,同吃同住同劳动,众生平等,自耕自作,自给自足,自去自来的生活借锣鼓、歌声表现得淋漓尽致,生动真实。"双桂重开锣汉田,高低平处自安然。有时握断锄头柄,拍手呵呵叫阿天"(《示松溪值岁》)、"做就庄稼活,田园五谷丰。诸方禅衲子,共享太平风"(《示默念庄主》),等等,就是当时僧人的生活写照。破山还常常"老夫聊发少年狂",表现自己从心所欲的旷达情怀,如:

> 千丑万丑老僧丑,千怪万怪老僧怪。
> 至此可称无上尊,窑房酒肆浑无碍。
> (《破山语录》卷十七《碧云请》)
> 这个酒食袋,随处得自在。
> 挥尘山石间,说法俱无碍。
> (《破山语录》卷十七《深省请》)
> 老僧终日酒,一醉何所有?
> 试问几时醒,西南看北斗。
> (《破山语录》卷十六《示仲远杨居士》)

> 破山年已老，作事多颠倒。
> 拈出瓮头禅，令人一醉饱。
> (《破山语录》卷十五《示众》)

种种戏谑之语，狂妄之言，宛然是离经慢教的狂僧，但他的"怪"和"丑"，他的"颠倒"与"自在"，本来是狂放不羁的心理状态，破山用生动的笔墨，非常形象的表现力和强烈的感染力，刻画出一个有血有肉、个性鲜明的典型的狂禅式人物。

将破山诗歌创作划分为早、中、晚三个时期，只是便于介绍权作的粗略的划分，但是，由任达到写实，又由写实趋于自然，则是他诗歌风格较为明显的脉络，也是时代和环境之所使然。江南游僧、乱世流民与宗教领袖似乎足以说明这三个时期他的大致境况。"中国的艺术文学，在其本质上，就可以替代宗教功用"（钱穆《中国文化史导论》）。作为文学艺术素养深厚和内心世界丰富的一代高僧，其特殊的身份、特殊的经历和特殊感受使其作品往往含有特殊的魅力，抒发怀抱，宣泄个性，吟咏山川，也往往是一种情感寄托与精神慰藉，"一联如称意，万事总忘忧"。以此超越和转移现实的痛苦，求得心理的平衡。诗歌的吟咏无疑也是破山人生旅程中另一种寻求解脱的方便法门。

形式的自由化、风格的多样化、语言的口语化是破山诗歌最为突出的艺术特色。李白似的"我本楚狂人，凤歌笑孔丘"；屈原似的"长太息以掩涕兮，哀民生之多艰"；苏东坡似的"纵一苇之所如，凌万顷之茫然"；陆放翁似的"楼船夜雪瓜洲渡，铁马秋风大散关"。种种心态，种种情调，构成了破山诗歌风格的多元化趋向。破山通晓诗韵，精于格律，深于取象，工于造境，诗中往往以方言和佛语，甚至俚语村言入诗，而意味深长，含蓄隽永，言有尽而意无穷。朱自清说："禅家却最能够活用语言。正像道家以及后来的清淡家一样，他们都否定语言，可是都能识得语言的弹性，把握着，运用着，达成他们的活泼无碍的说教"（《禅家的语言》）。破山正是一个驾驭语言的高手，无论是吟咏诗作，还是演说佛法，都能灵活地把握，自由地运用语言，所以他一再强调"不离文字"，正是他的切身感受。

破山无意于作诗人，而其诗却大有深意，正如倪永清所谓"如狮子自吼"，"如凤凰自鸣"，而能"别开一路"。

比破山稍后的康熙时期的诗坛主将王士祯（1634—1711），字贻上，号阮亭，又号渔洋山人，亲近佛门，游心禅境，曾游历巴蜀之间，推重破山海明。他作诗主张不问现实，力求超脱，以清空淡远的诗风见长，论诗以神韵为宗，提倡宋人严羽的"妙悟"和"兴趣"之说，并说"舍筏登岸，禅家以为悟境，诗家以为化境，诗禅一致，等无差别"（《香祖笔记》）。换言之，诗的最高境界就是要富于禅意，追求"空中之音，相中之色，水中之月，镜中之象，言有尽而意无穷"（严羽《沧浪诗话》）、"不著一字，尽得风流"（司图空《诗品》）的艺术效果。王士祯神韵说一出，诗家纷纷效仿，影响深远。其实，这种回避矛盾脱离现实的，以"不著一字，尽得风流"相标榜的诗风，在王士祯极力倡导之前，就率先在破山及其门人中间广为流传了。破山师徒们在明末清初的战乱结束后，便结束了感时伤世的主题，在清初政治高压的严峻形势下，迅速调整心态，诗风转向古淡幽闲，清新空灵一路，追求言有尽而意无穷的禅意的境界，只是它的范围主要局限在佛门之内罢了。

李泽厚在《美的历程》中用"人生空幻的时代感伤"来概括清初的文艺基调，并赞赏刘永济所说"王（士祯）标神韵，脱离现实，有避祸意"的观点，进而指出，"王渔洋的神韵说风靡一时，在某种意义上，也是这个时代这种潮流的侧面曲折反映"。李泽厚的持论无疑是正确的，然而，"神韵说风靡一时"虽是王渔洋作用，但倡导并实践这一诗风的先行者则当推佛门之中的破山，这有破山及其门人大量的诗作而足以得到证明。

注释：
① 见《破山年谱》万历四十四年（1616）条下。
② 引自袁宏道《徐文长传》。
③ 见李贽《焚书》卷三《童心说》。
④ 《汤显祖全集·诗文集》卷十四《达公来自从姑过西山》。
⑤ 《袁宏道集笺校》卷四《叙小修诗》。
⑥ 《儒释道与晚明文学思潮》，周群著，2000年3月，上海书店出版社出版。
⑦ 《破山语录》卷十九《福城寄别石车道兄》。
⑧ 《破山语录》卷二十《复象崖上座》。
⑨ 《破山语录》卷十九《福城留别》。
⑩ 《破山语录》卷二十《复华重李居士》。
⑪ 《破山语录》卷一《上堂》。

附录

一、破山明禅师行状

师讳海明，天童密云悟之嗣，乃蜀之渝城，继徙大竹，蹇氏族也。生于万历二十五年丁酉正月二十一日午时，舒毫挺秀，天资过人，亦曾聚妻而生子。淡然世务，十九落发，因听慧然法师讲《楞严经》，至"一切众生，皆由不知常住真心，性净明体，用诸妄想，此想不真，故有轮转"，终日疑问，每阅古人公案，如银山铁壁，遂出蜀见数耆宿，罔决其疑。住楚之破头山，刻期取证，以七日为限。至第五日发极到万丈悬崖，誓云：悟不悟，性命在今日了。将及未时之际，眼前惟有一平坦世界，举足不觉堕于崖下，右脚伤而不知，顿觉从前碍膺之物泮然冰释，遂高声云屈屈，自此出山，腰包而南。及见憨山、博山，扣机不契，一宿而去。参双髻云峤师，机缘备载《行实》。再见湛然和尚，遂安维那，其年廿七，即就座下顿圆大戒。闻天童密云和尚赴金粟请，师径造焉。及至一见，师之道合，机锋上下，如地载天函，毫无矛盾，遂职充西堂，周旋十余载。一日师辞粟归蜀，粟书来源一纸并信金一缄，却之不已，乃受。下山住苕溪，迨己巳冬嘉禾绅衿响师道风，请主东塔。遐迩学者，归之如云，福城赤帜由斯起色也。壬申春，适金吾振宇张公，讳大京，并铨部伯井冯公，讳士仁，请师回蜀。师遂入天童辞密归梁之万峰，大开法化，九坐道场，非上上器莫敢当锋。甲乙以来，刀兵横起，殳盾如林，卧薪饲胆，无不备尝。移居石柱司，偶值东川吕相国机缘不偶，反为侮慢，及至省来，两膝不待折而自屈，故有"祖代冤流如是传"之句记焉。时涪陵有李将军号立阳者，肃启请师。师至营中，韬光混迹，一日见将军屠戮太甚，故食酒肉。将军惊异，师曰："但公不杀人，老僧便不食肉。"阳曰："弟子不杀人，愿师常食肉。"夫曹山酒、志公鸽，固是游戏神通，师于游戏场中更施活命手，不大出古人一头地欤？相斯时也，云霾雨蠹，石走沙飞，六月降霜，三冬闪电。扫庵曰："在和尚分中只当一顿家常饭。"至壬辰、癸巳间，有职方郎首四谭公致书，迎师住南浦之太白崖万寿禅寺。未经一载，值圣瑞姚将军迎住金城寨。去寨半里许，草创招提，门曰福国，堂名双桂。师住廿余稔，三门佛殿焕然聿新，英灵云集，炉鞴大开，得骨得髓先后付法八十余人焉。而阃省当道、绅衿七庶，多有仰其德风，怀慕终身，弗能一面者。惟渝城都宪李公讳国英，数四恭迎，力以病辞。甲辰秋再专使请师，遂不负舆情之望。寓渝之观音庵，九旬而归。丙午正月廿一日，寿临古稀，道俗庆祝，千有余人。师示微恙，上堂垂语云："初开劫运九开炉，七十年来志不输。每见隙驹难度尾，常闻老蚌易生珠"云云。遂出流源六张，分付眼、耳、鼻、舌、身、意六人，复嘱诸门人曰："吾今老于双桂矣，棺椁衣衾悉如俗人礼，丛林规范依旧行持。"师于三月十六日亥时，忽闻迅雷疾风，甘霖四及，师趺坐端严，指烛而逝。诸门人不违面命，依乡绅礼制塔于艮龙山麓焉。

师之生平纯诚，慈爱出于天性，气韵迈往，超然奇逸。凡所为人抽丁拔楔，彻骨彻髓。主持丛林，法度甚严，赏罚无私。住世七十年，坐腊五十夏，法语机缘辑二十余卷，流通海内焉。其词锋智刃，斫伐邪林，如堕云崩石；开发正见，光明显露，如日月青天，非中下根所可端倪，可谓集厥大成，光于佛祖者欤。

嗣法门人昭觉（丈雪）通醉稽颡泣血谨状。

二、破山和尚塔铭——清朝翰林院编修刘道开撰

原夫江汉炳灵，岷峨毓秀，山川间气，圣贤荐生。自少林西来，曹溪缵绪，而南岳一马，首诞什邡，是则宗门之盛，实吾蜀人启之也。自时厥后，代有名宿，莫不家敷智蕊，户灿心灯，求其得髓宏宗，圆机应世，五公钦范，走卒知名。本利生之慈心，运大人之作用，逆顺莫测，游戏无方，不得不推我万峰老人矣。

师讳海明，号破山，俗籍渝城，移之大竹。元勋奕叶，相传蹇忠定之裔孙；古佛因缘，共说昭觉勤之转世。生含明睿，质挺奇标，亦聚妻而生子，同耶输与罗。行年十九，忽厌尘凡，剃发出家，挑包行脚，偶听慧然法师讲《楞严经》，至"一

切众生，皆由不知常住真心，性净明体，用诸妄想，此想不真，故有轮转"。遂终日疑问，乃阅古人公案，如银山铁壁，无隙可入。于是孤身出蜀，见数耆宿，不能决疑。俄往住楚之破头山，刻期取证，以七日为限。逼拶至极，径行万丈悬岩，自誓云："悟不悟，性命在今日了。"时交午未，忽见银色世界，一平如掌，信步举足，不觉堕于崖下，竟将左脚跌损而不知，但觉从前碍膺之物，泮然冰释。高声叫云屈屈。自此出山南行，参数员尊宿，末后至金粟，机锋上下，函盖相投，粟书源流一纸，加以信金一缄，祗受下山，暂住苕溪。己巳冬，嘉禾绅衿请住东塔，远近学者归之如云。粟聆之云：花开李，果熟蚕丛。

壬申春回蜀，卓锡于万峰古刹，学者归之，一如东塔之众也。师主斯刹凡十余年。及至甲申，刀兵横起，杀人如麻。有李鹞子者，残忍好杀，师寓营中，和光同尘，委曲开导。李一日劝师食肉，师曰："公不杀人，我便食肉。"李笑而从命，于是暴怒之下，多所全活。昔人以澄公之于二石，如海翁狎鸥，师不但狎也，而且化之矣。拯溺不规行，救焚无揖让，此之谓也。然自此，人目师为酒肉僧，反有借师为口实者。师以救生为卫法之苦心，甚不得已也。壬辰、癸巳间，蜀难渐平，师回梁山之金城寨，去寨半里，有旧绅别墅，尚余老桂二株，师葺而居之。颜其堂曰双桂，门曰福国，尘城丛林，而四方学者至复如归。师随其一知半解，辄有付嘱焉。或疑其付法太滥，而不知师于此又有深心也。盖佛法下衰，狂禅满地，倘一味峻拒，彼必折而趋邪，师以传法为卫法之苦心，甚不得已者也。

师之名，上自朝廷，下及委巷，近而中夏，远而外国，罔不闻知。总制李公，奠安全蜀，数遣使迎，师皆力辞，甲辰秋再使敦请，师不得已，飞锡临渝，盘桓九旬，相得甚欢。李公享师以牢醴，师搁箸曰："山野昔遇恶魔而开斋，今逢善友而止荤。"从兹不御酒肉矣，遂辞而归。丙午正月二十一日，寿臻古稀，道俗齐庆者，万有余指。至二月初十日，师示微恙，预申没后之约，不用荼毗，内棺外椁，便服入殓，窀如俗人礼。是月十六日亥时，盥漱搭衣，以手指烛，端坐而化。寿七十，坐腊五十，九坐道场，语录一十二卷，入嘉禾紫柏苑，流通海内焉。时有得法弟子丈雪醉公，将塔师全身于梁山艮龙麓，影堂设于成都之昭觉，走书请铭于不佞。

道开矍然曰："予何言，师之道德在天下，天下之人能言之也，操履在丛林，丛林之人能言之也。必欲予言，亦言其甚不得已之苦心耳。夫甚不得已之苦心，是马祖之所难也，马祖之所难，而师易之，虽谓师为邡之跨灶可也。系之铭，铭曰：

坤维禅宿	肇自马祖	临济沩仰	两灯并谱
济下儿孙	杨岐独盛	传至天童	枝端派正
万峰崛起	忠定后裔	矫矫人豪	堂堂法器
十九辞家	廿七圆戒	不屑蹄涔	直操溟澥
金粟老子	眼明手毒	一瓢恶水	洗肠换骨
再振濠沱	旁起四宗	花开檇李	果熟蚕丛
九坐道场	单提心印	魔与魔民	一战而胜
烹佛煅祖	补天立极	师于祖庭	实有勋德
劫遭离乱	杀人无算	处剑戟林	如家常饭
游戏神通	饮酒食肉	长鲸吸川	烧猪果腹
但尔诸方	不当学我	伊尹之志	有之则可
酒肉破戒	滥付招毁	原师之心	大不得已
天子闻名	王侯愿交	黄麻不美	青山逍遥
行年七十	化缘已毕	双桂双桂	是一是二
无偈可留	无法可说	狮子频呻	指烛而灭
遗令官敛	法同缙绅	身后一著	尤是逆行
艮龙之麓	窣堵坚好	八部天人	香花围绕
只履已西	幻壳斯藏	我铭贞石	万祀垂芳

三、海明传

海明，字懒愚，一字破山，大竹县人。母妊十五月而生，年十九入佛恩寺为僧，听慧然讲《楞严经》，"妄想不真，故有轮转"，遂终日迷惘。游历名山，至楚破头山，奋身堕崖下，豁然有悟。南行参雪峤，再参湛然，后参天童，得上乘法。尝住芜湖，闻故金事金公被刑，乃乞贷往市棺，经前抱尸而殓，逻卒呵阻之，不为动，卒殓，载归芜湖庵中。游浙住嘉兴东塔寺，后归蜀，住万峰刹。甲申岁，尝劝贼帅李鹞子勿杀人，贼以羊豕进曰："和尚食此，我当封刀。"海明曰："老僧为万姓生灵，忍惜如来一戒乎？"遂食之，贼为止杀。

蜀平，建双桂堂于梁山。有《破山语录》、《双桂草》行世。（《四川通志》卷百六十八）

四、与启功先生谈破山禅师

头顶盛夏烈日，随启功的弟子李大魁教授一道，走进北师大林荫深处，来到那幢西式风格的小红楼，我们叩响了启功先生宁静的大门。

现已83岁高龄的启功是我国著名的学者和书法家，是国务院文物委员会主任委员，中国书法家协会主席，北京师范大学终身教授。应声而来开门的正是启老本人，不高的个头，微圆的胖脸，疏落的白发。微笑，让进，在简单的寒暄问询后，彼此落座在那间四壁图书字画的书房里。宽大的书案后，墙壁上是出自弘一法师之手的一幅"南无阿弥陀佛"横批，几个字写得随而平和。——这就是一代国学大师朝于斯夕于斯的所在。启老命之以"浮光掠影楼"的斋名，表明自己无论是人也罢，事也罢，事业也罢，都如浮光掠影，转头皆空。当然，这既是他出于人贵自知的谦逊，也是他对"是非成败转头空"的人间世情的感慨吧。启老近来身体欠佳，走起路来腿脚不灵，十分费力，但仍保持着幽默乐观的天性，坚守读书人砚田耕耘，著书立说的本分。李教授指着我对启老说："少华从四川来，他对文史书画很有兴趣，这次是为您的一首诗来拜访老先生的。""是远方的信徒对教主的朝拜，"我补充了一句。启老笑容可掬，连说："哪里哪里。"再问："什么诗呀？"我说："您的《论书绝句》中不是有一首说破山海明的吗？'憨山清后破山明，五百年来见几曾。笔法晋唐元莫二，当机文董不如僧。'破山就是我们那儿的和尚，我就是直接受其影响的后学晚生。您在诗中对破山书法如此推重，当地的书法爱好者很受鼓舞哩。"

"破山的书法确实很好",启老说,"他不搞科举,没有条条框框,全凭自然。他的僧服袖子很长,所以手必须抬得高,运笔也快,饱墨大笔,写得无拘无束大大方方,不像我这么小气。"启老的风趣引起我们一阵开朗的笑声,他接着说:"我认识破山的字,是陈老先生介绍的。他对我讲,多看看破山和尚这些人的书法,会有帮助。"

听了启老这一番话,我不禁想起他那首论破山书法的诗后面的那段小文:"先师励耘(陈垣)老人每诲功曰:学书宜多看和尚书,以其无须应科举,故不受馆阁字体拘束,有疏散气息。且其袍袖宽博,不容腕臂贴案,每悬笔直下,富提按之力。功后获阅法书既多,于唐人笔趣,明世佛子,不乏精通外学者,八法道中,吾推清明(憨山德清、破山海明)二老。"知道他的话绝不是对破山即兴的恭维,而是经过鉴赏研究后的心得。

去世已24年的陈垣先生是著名的历史学家,与陈寅恪齐名,人称"南北二陈",历任辅仁大学、北京师范大学校长,所著《明季滇黔佛教考》旨在表彰爱国精神与民族气节,对破山及其门人在明末清初弘扬和中兴西南佛教,有翔实的考据和论证。启老早年,曾以贫困的境遇和中学生的学历见爱于陈垣校长,所以终生铭记师恩,近年曾倾平生私囊上百万元奖掖后学,却贯之以"励耘奖学金"的名目,其尊师之情,可见一斑。

说起破山,启老还有一段鲜为人知的趣事。他说:"我年轻时得到过一幅破山的字,兴奋之余,拿去给陈垣先生看,老先生见破山书法,爱不释手,对我说,这是拿来送我的呀?我当时看老先生高兴的样子,就说,对,送给您吧!后来老先生去世时,把他的东西都捐了,捐给首都博物馆了。"

启老谈起往事,既轻松,又有趣,毫无宝贝失去的遗憾。这不仅因为陈垣是他学业上的恩师和生活上的恩人,更重要的是对包括破山作品在内的古代文化共同的热爱。对他们来说,收藏的意义不是占有,而是学习、研究和欣赏,因此,陈垣临终前能慷慨地把家藏变为公有,启老前两年也将多年所积赠给了祖籍的辽宁博物馆。在《论书绝句》的注释文字中,启功有"余昔得破山一幅,书'雪晴斜月浸檐冷,梅影一枝窗上来'二句,以奉先师"的记载,即指此事。后来陈垣又多以破山的这两句诗为内容，写给弟子刘乃和等人。

"破山的字给了老先生后，我叫人照了照片，拿来自己保存。"启老慢慢地说。

破山身逢明末清初的乱世，又有少年时期父母早丧的孤贫，青年时期远出寻师的游历，成名之后遍地干戈的处境，复杂的生活方式和生活历程铸成了他复杂的性格，造就了他对佛学、文学、书学特殊的悟性和独到的风格。我对启老说："破山是高僧，也是'五百年来见几曾'的艺术家，是身穿袈裟的学者。留下来的一千多首诗极有功力，《破山语录》中有一首写他闲游到一小庙中，方丈尚在禅床呼呼大睡的小诗：'老僧来到无人陪，幸有当门杨柳垂；只见柳花开又落，不知春梦几时回？'寓禅于诗，意味极其深远。"

"确实是好诗。"启老说。

"他还有一首可以当作自嘲诗的佛偈。"我见启老饶有兴致，又把破山另一首小诗念给他听："这个川老蜀，浑无奇特处。问禅禅不知，问教教非熟。懒散三十年，人天忽推出。握条短杖藜，打佛兼打祖。"

启老微笑，会心地点点头。

我说："破山在佛教史上对西南佛学的中兴起了积极的作用，其文化意义和社会作用不容低估，他以一个宗教领袖的胸怀，关注现实，情系生民，感化众生，劝人弃恶从善。当时张献忠五次入川，使得巴山蜀水成为鬼哭狼嚎之地；所以民间有'张献忠血洗四川'的说法，但正史一般是否定这个说法的。"

"不是这个说法有问题。"启老马上说，"是每个时候都有每个时候的避讳。革命不是请客吃饭，也不会给你讲温良恭俭让。如果不杀人，那四川原来的人都哪里去了？还要湖广去填四川干嘛？你的祖籍也可能并不在四川吧（他望着我），不可能原来的人都飞走啦，挖了个洞都藏起来了，或者听说起义军要来了，一人打一把刀都自杀了。"启老再将那双细小而睿智的眼睛望着李教授。说："'文革'倒有害怕而自杀的，但主要也是被杀，你说死了多少人，那还不是一个阶级推翻另一个阶级。起义军是革命的，是从地主手里夺权，所以不好不避讳。"

李教授眼望启老，连连点头。这位年近古稀的弟子，在自己的尊师面前，仿佛又回归到了学生时代。

"破山看不惯滥杀无辜，"启老继续说，"常以高僧的身份出面劝诫，有一次到一个杀人成性的农民军头目那里，力劝止杀。那个头目说：我杀人就像大师吃斋念佛一样，已难改变，大师若吃肉，我便不杀人。不料破山马上开戒吃肉，那个头目在众目睽睽下，不敢食言，也不好再乱杀人。"

我说："破山中年以后，就已名震四方，他以川东梁平为中心，频频外出，广纳弟子，传播佛法，所创建的双桂堂成为西南接法寺庙，被推为'西南祖庭'。"

启老问是不是昭觉寺。我解释道："外面很多人都将破山住持双桂堂误认为是昭觉寺，原因是重振昭觉寺的丈雪通醉禅师是破山最得意的也是最亲近的高足，曾多次邀师前往，终因世难年荒和破山年迈而未遂；破山圆寂，丈雪打算将其遗骸运往成都，塔于昭觉寺，也因双桂堂众弟子阻拦而未遂。郭沫若五十年代游成都昭觉寺，曾有'丈雪破山人已渺，几行遗墨见薪传'的诗句，更是加深了破山住持昭觉寺的误会。因此，如《艺苑掇英》等权威的文物期刊也均按此说，其实是错误的。"

"那就是说破山和昭觉寺有关系，而不是住持昭觉寺。"启老边思考边说。

李教授看时间早已过了事先安排的时间，便中止了谈话，把我准备的一点习作照片和文字递给启老，启老一边慢慢地看，一边说"不错"来鼓励我。看完，说："我给你写张字，你给我提提意见。"不料启老能主动赐我墨宝，自然受宠若惊，忙说："那我就太荣幸了。"见启老张开嘴唇，笑呵呵的样子，我又得陇望蜀地说："如果方便，请老先生就写点有关破山的东西吧！"启老答道："行。"

起身告辞，启老步履蹒跚，仍坚持送到门口，我说："您的健康是我们后学的福气，望多保重啊！"启老还是那张圆圆的胖脸，笑容可掬，握手，说"走好"，然后鞠躬。我们倒乱了阵脚，慌忙还礼不迭。

离开浮光掠影楼，李教授说："今天的拜访很成功，老先生兴致很高，谈得特别多。"我感慨地对他点点头。启功毕竟是名副其实的启功，博雅、淡泊、深邃、随和。现在，中国书法家协会的主席他不当了，博士生也不带了，作为一个实实在在的读书人，门前亮出"启功生病，无力应酬"的告白，深居简出，把宝贵的晚年，寄托在他那几乎是用书籍砌成的浮光掠影楼中。

一九九五年八月于北京

五、破山海明年表

1597 年　明万历二十五年丁酉　1 岁

农历正月二十一日午时生于四川大竹，俗姓蹇，名栋宇。祖籍重庆，明初大学士蹇义后裔。其父蹇宏，母徐氏。

1604 年　明万历三十二年甲辰　8 岁

入乡校就读。1609 年明万历三十七年己酉 13 岁由父母作主，纳室成婚。

1610 年　明万历三十八年庚戌　14 岁

无意于家业与科举，性好游历。是年，父母相继去世，遂萌生出家之念。

1615 年　明万历四十三年乙卯　19 岁

到本县姜家庵礼大持和尚为师，削发出家，法名海明，号旭东。

1616 年　明万历四十四年丙辰　20 岁

至邻水延福寺等处听人演法，因不满足于川内法师对佛法的阐释，只身瓢笠出川，游走于荆楚之间。

1619 年　明万历四十七年己未　23 岁

住湖北黄梅破头山三年，系统地攻读佛教经籍，最后依照《高峰语录》的方法，以七日为限，刻期取证，堕崖有省。从此自号破山。

1622 年　明天启二年壬戌　26 岁

离开破头山，到江西九江法云寺参憨山德清、上饶能仁寺参无异元来，入浙江瓶窑参闻谷广印、天目山参雪峤圆信诸大师。

1623 年　明天启三年癸亥　27 岁

住杭州报国院，偶值曹洞大师湛然圆湛过访，深受提爱。后至绍兴显圣寺湛然座下圆具足戒，并任维那之职。

1624 年　明天启四年甲子　28 岁

参密云圆悟于浙江海盐金粟山，从此往来湛然与密云二大师门下。是年，时已 53 岁的汉月法藏拜密云为师，被任命为首座。

1625 年　明天启五年乙丑　29 岁

在海盐天宁寺湛然座下，湛然欲留破山以接替自己，有"全靠尔辈光扬法门"之语相告。

1626 年　明天启六年丙寅　30 岁

在海盐金粟山密云座下，旋"到杭州西山至金鼓洞将一年"。后被密云去杭州觅回，"主维那西堂事"，与大师兄五峰并列为第二座。作《自赞》道："这个川老蜀，浑无奇特处。问禅禅不知，问教教非熟。懒散三十年，人天忽推出。握条短杖藜，打佛兼打祖。"是年湛然圆寂。

1627 年　明天启七年丁卯　31 岁

在海盐，旋至杭州昭庆寺，准备"掩关一年"，但密云"每以书逼"，提前回海盐，因法藏离去，遂被任命为上座，即第一座。

1628 年　明崇祯元年戊辰　32 岁

在海盐，因坚持回归巴蜀，密云遂以"曹溪正脉来源"一纸并信金相付，作为传法的凭据，成为继五峰如学、汉月法藏之后密云的第三位嗣法弟子。

1629 年　明崇祯二年己巳　33 岁

应邀至湖州福山禅院。应嘉兴僧众及居士、护法之请，住持东塔寺，演说临济禅法。一时之间"远近观光,罔不悦服,道风遂大振于江南"。与当地名流谭贞默、岳石帆、蔡子谷、孙起伯等过从甚密。第一次刊刻《破山语录》行世。

1630 年　明崇祯三年庚午　34 岁

在嘉兴,密云得知破山法门盛况后说:"花开檇李（嘉兴）,果熟蚕丛（巴蜀）",并在已出据过源流的情况下，再"专使送法衣至东塔"，意在寄希望于破山重回自己座下，以便日后接替自己，光扬法门。时密云对法藏的叛逆行为展开了批判，作有《辟妄七书》《辟妄三录》等文章。破山作《题紫柏大师像》。

1631 年　明崇祯四年辛未　35 岁

在嘉兴，主持，"翻刻《指月录》流通海内"。新建大悲阁，上堂有"山僧住此二三秋，拄杖芒鞋未彻头。千手大悲来摸索，一茎草上现琼楼"之句相记。时文人结社于东塔寺，破山有《题寂闻程居士鸠友结社序》一文叙其事迹。

1632 年　明崇祯五年壬申　36 岁

在嘉兴，春，至宁波天童寺省觐密云，并取道绍兴显圣寺祭扫湛然之塔，作《哭云门湛和尚》相吊。秋，再由嘉兴至宁波，专程向密云辞行，离浙还蜀，作《辞本师归蜀二首》。离开嘉兴时，有《福城留别》《辞檇李檀越》等诗题赠友人。嗣法弟子象崖性珽等随同回蜀。

过南京，又应邀小住，为人题字和说法。有《金陵静心请题指月轩》、《游灵谷寺》等诗相记。年底抵四川万县，暂住广济寺。后梁山绅士涂寿北、高瀑崖等人迎入梁山万年寺。

1633 年　明崇祯六年癸酉　37 岁

在梁山，邑令费耀鼎等为避张献忠兵犯，请移住万峰太平寺。秋，回大竹祭扫大持和尚塔。其时，丈雪通醉、字水圆拙、敏树如相、燕居德申等皈依门下，纳为弟子。建立丛林制度，推行江南禅法，使川内佛门耳目一新。作《题复生柏》《万峰疏缘》《戒茹荤说》等。

1634 年　明崇祯七年甲戌　38 岁

有"复古太平寺，凄然感废兴。寒灰八百载，破衲两三僧。黠鼠居香积，妖狐吹佛灯。黄金重布地，不识有谁能"的偈语，表达对蜀中佛门的感慨。

1635 年　明崇祯八年乙亥　39 岁

在梁山，应邀住本县中庆禅寺。遣专使往浙江，庆祝密云七十寿辰。是年，师兄汉月法藏圆寂。

1636 年　明崇祯九年丙子　40 岁

在梁山，远近学侣，蜂拥而至，及诞辰日，"万指围绕"。冬，应邀至开县。

1637 年　明崇祯十年丁丑　41 岁

在开县，住栖灵寺。

1638 年　明崇祯十一年戊寅　42 岁

在开县，冬，应邀住渠县祥符寺，"衲子四来，率多气岸"。

1639 年　明崇祯十二年己卯　43 岁

春，应邀住大竹无际寺，当地人士欲挽留长住，但破山认为"乡党中人，多脂粉气"，仍回梁山太平寺。

1640 年　明崇祯十三年庚辰　44 岁

在梁山，批判受汉月法藏支持的忠州聚云禅派，认为此派"穿凿谶案，谩惑无识之辈；纽捏枝派，冒籍有宗之门"。并作《佛道声价》从理论上予以驳斥。

1641 年　明崇祯十四年辛巳　45 岁

　　春，在梁山，先有开县徐通碧修大宁寺特请前往说法，但叙府（四川宜宾）原吏部尚书牟秉素、川陕总督樊一蘅遣专人来接，迎入叙府，"缁素驰逐瞻仰"。有"虽无道况传千古，却有禅名播万年"诗句相记。其间到泸州、江安等地说法。

1642 年　明崇祯十五年壬午　46 岁

　　由牟秉素作序，编印《破山语录》行世。离叙府时，有《别秉素牟居士》《别我劭樊居士》等诗。至开县，徐通碧却因破山改道他途，"不能速就思绪，便投身水中"而死。破山大为感动，为其主持超度仪式。作《病十二时歌》《僧兵自感》等诗，描写世事的混乱，抒发心境的悲凉。是年，恩师密云圆寂。

1643 年　明崇祯十六年癸未　47 岁

　　因避兵乱，到大竹祝发之地姜家庵，以为"山深可避"。重修姜家庵并改名为佛恩寺。冬，被张献忠旧部"姚黄十三家"农民军所擒，"苦拷"后放还。作《值寇围十景》诗十首，记录此番经历的全过程，有"麻绳反缚吊高梁"、"险些自作无闻鬼"之句，将农民军视为"贼"、"寇"，在诗序中有"予生不辰，处于恶世"的感慨。岁末归梁山太平寺。

1644 年　明崇祯十七年即清顺治元年甲申　48 岁

　　在梁山，张献忠第五次入蜀，攻陷万年寺关隘，进入梁山。破山遣专使致书石柱土司秦良玉，请求庇护。秦良玉派专人迎入石柱，住三教寺。

1645 年　清顺治二年乙酉　49 岁

　　在石柱，作《与素真秦总府》书信、《除夕》诗等。

1646 年　清顺治三年丙戌　50 岁

　　在石柱，作《因事自感》《母难期有感》等诗，有《复秉素牟居士》书信，说眼前的战乱是"人之迷甚，痴心作业，恶之使然。的非天地有灾祸于人者也"。作《梦赞曾彦侯》，对与农民军奋战阵亡的明将曾英予以颂扬。

1647年　清顺治四年丁亥　51岁

在石柱，应邀住天寺。时明朝大学士王应熊"总督川、湖、云、贵军务"，在张献忠死后，迅速调整斗争方向，与清兵交战，结果大败而归，部将纷纷降清，并劝降王应熊。王怒斩来使，逃亡贵州遵义、湖南仁怀等地，抑郁而死。当王逃至贵州遵义时，与破山弟子破雪交厚，破雪专程至石柱破山处禀报王之德行，破山有《上王督师》书信一封，称颂其"不以好恶二其心，治乱失其节"，不投降清朝的品节。作《寓三教寺偶成》《天祐除夕》《寿近宸张居士》等诗，有"清明国可易，忠孝名弗更"之句，表明忠于明室的态度。

桂王朱由榔在肇庆称帝，号为永历。

1648年　清顺治五年戊子　52岁

在石柱，秦良玉死，其孙马嵩山接替为宣抚使。马嵩山请破山为其祖母超度亡灵。作《和澄灵禅师山居》诗，有"折脚铛煨三合米，烂麻绳补一条肩"之句，言其生计艰难。是时，"兵戈纷起，民不能耕"，"四川大饥"。但破山门下，"有骨力衲子，同甘寂寥，勇锐辨道"，不废对佛法的参究。为三圣庙书写史可法联句："斗酒纵观廿一史；烟香静看十三经"。

1649年　清顺治六年己丑　53岁

在石柱，二月，南明大学士兼兵部尚书、"代王应熊"、"尽督西南诸军"的吕大器，经过破山的"棒喝"后，"两膝不待折而自屈"，拜倒在破山门下，成为嗣法弟子，破山多有诗书赠答。

1650年　清顺治七年庚寅　54岁

涪陵总兵李立阳"特营精舍，坚延憩锡"。破山去后，见其残忍好杀，委婉相劝，李说："和尚食肉，我即封刀。"破山道："老僧为百万生灵，忍惜如来一戒乎？"遂破戒饮食酒肉，李即出令不许误杀一人，使很多无辜者幸免于难。旋被于大海、胡云凤等军阀迎往忠州等地，由此，破山往来于明末清初战乱频仍的各种阵营之间，"韬光混迹"，仍旧饮食酒肉，劝人止杀。吴伟业《绥寇纪略》、彭孙贻《流寇志》、张元庚《言》、王士禛《香祖笔记》及《四川通志》《巴县志》等，均有叙及，并"颂德不已"。作《复立阳李将军》诗，说："携酒封斋愧我流，我流非是等闲流。黄金自有黄金价，经不和沙混作"。应邀作《赠薛将军》《赠灿斗韩总兵》《寄邹将军》《寿联宇袁总戎》等等应酬之作。

1651年　清顺治八年辛卯　55岁

由于李立阳、于大海与张京混战，破山重回石柱，但石柱此时不堪其乱，只得深入到川楚交界的土家族、苗族杂处的黔江和湖北利川等地。作《平西营居》《黎水留别》《忠路除夕》诗，有"乞食杜门僧空走，买粮路断客无还"语，言其流亡之苦。此时，清兵在吴三桂带领下，大举入蜀，战火遍及全川和整个西南，人民朝不保夕，伤亡惨重。破山门下弟子亦多有死难之人。噩耗传来，长歌当哭，以诗相吊，作《吊象崖吾徒》《吊破雪吾徒》《吊耳毒法孙》《吊云南上人》《闻李邑侯凶亡》等，有"频揩眼泪空惆怅"，"独留孤雁唳荒村"等语，见其悲之切，恨之深。

1652年　清顺治九年壬辰　56岁

春，万县"三谭"（谭诣、谭弘、谭文），请住万县太白岩万年寺。"三谭"为"夔东十三家"反清武装势力，据万县、云阳、奉节等地，以反清复明为旗号，扼险抵抗。破山既给他们说法，又给他们鼓励，有"而今与国坚关锁"、"中原期大定，战血有谁干"、"凯歌指日归"等激励之语相赠。另作《题太白岩》等诗，有"家家松影合，处处竹烟迷"句，诗风渐趋平和。曾作云阳之行。夏，众弟子迎入开县，"见闻者莫不合掌加额，咸称古佛重来"。冬，反清将领姚玉麟迎入梁山金城寨，修金城寺以供破山聚众说法。有"国运何时得太平"之诗句，祈求和平岁月的到来。

1653 年　清顺治十年癸巳　57 岁

在梁山，受姚玉麟资助，创建双桂禅院。作《开学业禅堂缘起》一文，以"养育贤才，陶铸后学，继往开来"为宗旨，倡导农禅并重的方法，建立丛林制度。是时，"双桂道风，大振遐迩"，成为"西南禅宗祖庭"，史称"双桂堂宏法"。作《双桂堂偶成》《栽秧勉众》等诗。

此时此地，尚在南明势力范围内，为永历七年。

1654 年　清顺治十一年甲午　58 岁

在梁山，遣大弟子丈雪往浙江代扫密云之塔，取得与东南佛门的联系，展示其宗门实力。丈雪在浙江编印《破山全录》，分赠各寺。其时，江南佛门纷纷致函破山，请法问道。有《复木陈法弟》（木陈为破山师弟，其时住持天童寺）、《复江南众文学》《复扫庵谭祭酒兼众缙绅》等书信。

1655 年　清顺治十二年乙未　59 岁

在梁山，"得法弟子分化四方"，遍及西南。前来座下欲"亲承棒喝"者，不惧"楚水秦关"之险，"犹雾拥云臻"。吏部侍郎谢沛之入山问道。

1656 年　清顺治十三年丙申　60 岁

在梁山，四川总督李国英来书表达"企望之怀"，并遣专使至双桂堂问安。值六十寿辰，"远近学侣皆集座下，同庆大年"。而未能前往的信徒，"莫不绘师像而瞻礼焉"。

1657 年　清顺治十四年丁酉　61 岁

在梁山，清平西王吴三桂以夫人名义，遣专使入山问道，并从陕西汉中送来一整套佛门用品，并请上堂说法、题自真赞和法语。

1658 年　清顺治十五年戊戌　62 岁

在梁山，应邀至万县说法，游万年寺、太白岩、岑公洞等，均有诗作纪行。冬，归梁山双桂堂。浙江嘉兴众僧及檀越、护法联合来函，恭请再住东塔寺，婉言谢绝。有《复径山法弟费隐和尚书》等。

1659 年　清顺治十六年己亥　63 岁

在梁山，时任川陕三边总督的李国英屯兵夔府（今重庆奉节），屡有书信往返和诗文唱和。破山有"重开巴国苏民困，再造夔关启世贤"之语，告诫李国英应着力于解民苏困。

1660 年　清顺治十七年庚子　64 岁

在梁山，"峨眉诸刹名宿思聆法音"，公推破山法孙紫芝前往双桂堂，恭请上峨眉山逸老，传道弘法。破山以年老体衰为谢。于是，"峨眉高志之辈，皆接踵而来，朝夕磨砺"，亲聆破山的教诲。

1661 年　清顺治十八年辛丑　65 岁

在梁山，扩建双桂堂，以应来者之需。川陕总督李国英向使者询问双桂堂的情况，使者答道："梵宇巍峨，寮舍恬静，其中皆真诚学道之士，约万有余指。"李国英遂书"灯传无尽"四字送达双桂堂。破山作《吊费隐和尚》诗，费隐为破山师弟、继密云后住持浙江海盐金粟山。

1662 年　清康熙元年壬寅　66 岁

在梁山，曾回大竹佛恩寺小住后即归梁山双桂堂。作《复白刺史完初来韵》，有"惆怅离骚坛未冷，平都山又墨花生"之句。多有应邀为法子法孙所题的自真赞和书法诗文作品。

1663 年　清康熙二年癸卯　67 岁

在梁山，县令彭飞云入山饭众。作《吊西昆谭太师》道："蜀东山水启王侯，恼恨滩高不让流。委尽一身全故国，忠魂千古自悠悠。"寄寓对明朝的怀念。

1664 年　清康熙三年甲辰　68 岁

在梁山。秋，李国英剿灭反清势力，完成清朝统一大业后，遣专使迎破山至重庆（时四川总督府所在地）。"及抵渝城，缁素争先拜于街市，乃至屠几，亦皆稽首。"破山为李国英之母超度亡灵，"李跪听母位之侧"，显示其对破山的"尊法之至"。其间，多有诗作问答，有"人寿同天寿，民安即国安"之语，意在奉劝李国英安抚爱护百姓，实行仁政。从此封斋，结束了 16 年的酒肉生活，说："天下大定，国家无事，众将军已封了刀，老僧亦封了斋也。"在重庆盘桓 90 余天，于岁末回梁山双桂堂。

1665 年　清康熙四年乙巳　69 岁

在梁山，四川巡抚、提督、道台及成都府尹等"众宰官皆怀企慕"，"各通请书"，恭迎前往成都弘法，破山"以老病辞谢"。冬，南北学者及得益弟子联袂而来，趋归如市，以庆七十寿辰。

1666 年　清康熙五年丙午　70 岁

在梁山，值正月廿一诞辰日，"远近士大夫、当道宰官及入炉辅久近弟子，左右环拥"，"共庆大旬"。三月十六日，"指烛顾众而逝"。大弟子丈雪欲将遗体运往成都昭觉寺建塔，遭反对后"负衣钵爪发塔于昭觉影堂之侧"。众弟子按照遗训，"备衣衾棺椁，殡葬如缙绅礼"，将破山安葬在双桂堂中。翰林刘道开撰《破山和尚塔铭》，称"上至朝廷，下及委巷，近而中夏，远而外国，罔不闻知"。盛京典试大主考朱之俊撰《破山大师圹碑并铭》，称"宰官拜其座下，将军奉其教律"。时人有"小释迦"、"逆行菩萨"等称号相尊。

六、破山禅师法派灯系图（87弟子分系）

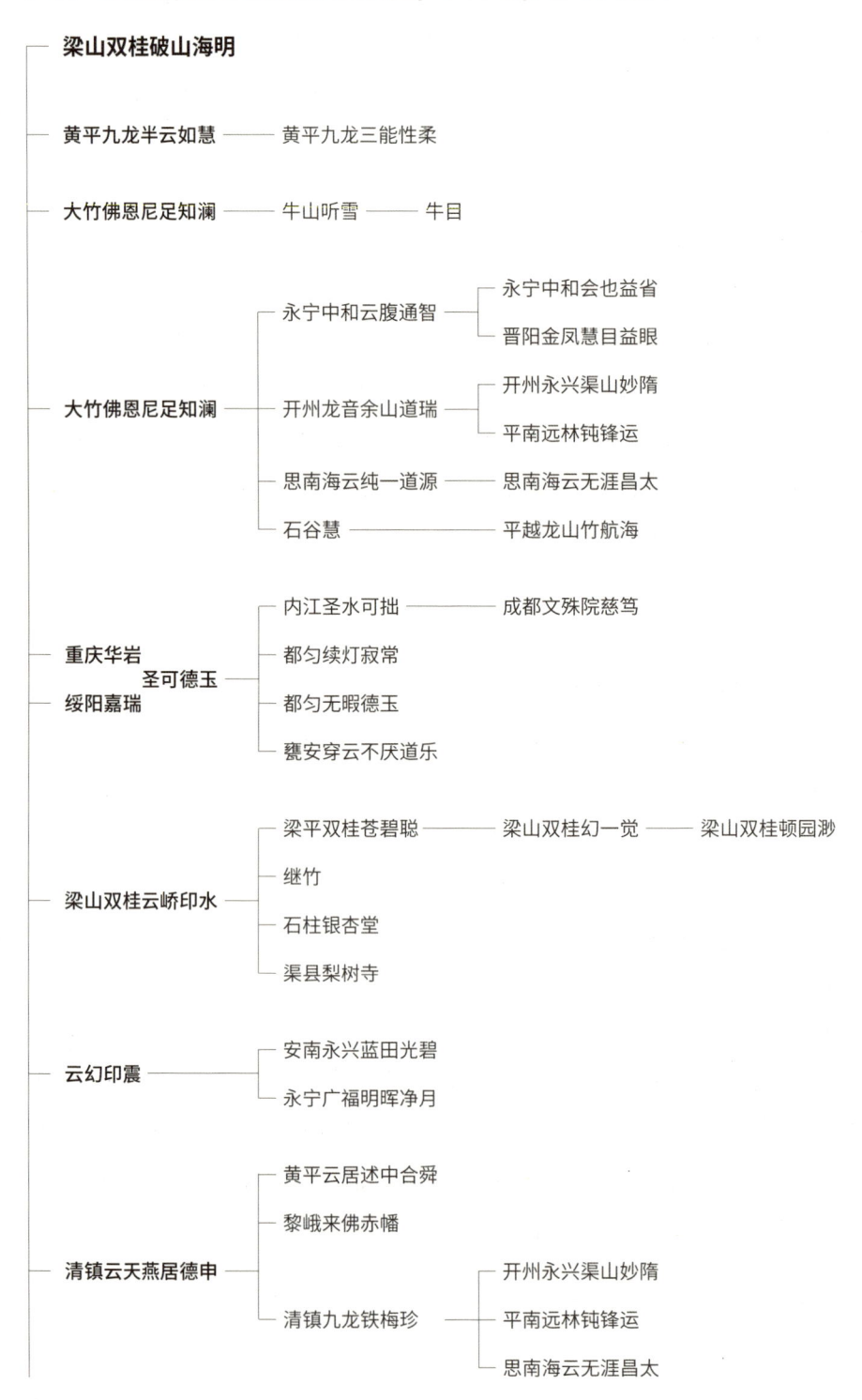

- 梁山双桂破山海明
  - 黄平九龙半云如慧 — 黄平九龙三能性柔
  - 大竹佛恩尼足知澜 — 牛山听雪 — 牛目
  - 大竹佛恩尼足知澜
    - 永宁中和云腹通智
      - 永宁中和会也益省
      - 晋阳金凤慧目益眼
    - 开州龙音余山道瑞
      - 开州永兴渠山妙隋
      - 平南远林钝锋运
    - 思南海云纯一道源 — 思南海云无涯昌太
    - 石谷慧 — 平越龙山竹航海
  - 重庆华岩 圣可德玉 绥阳嘉瑞
    - 内江圣水可拙 — 成都文殊院慈笃
    - 都匀续灯寂常
    - 都匀无暇德玉
    - 瓮安穿云不厌道乐
  - 梁山双桂云峤印水
    - 梁平双桂苍碧聪 — 梁山双桂幻一觉 — 梁山双桂顿园渺
    - 继竹
    - 石柱银杏堂
    - 渠县梨树寺
  - 云幻印震
    - 安南永兴蓝田光碧
    - 永宁广福明晖净月
  - 清镇云天燕居德申
    - 黄平云居述中合舜
    - 黎峨来佛赤幡
    - 清镇九龙铁梅珍
      - 开州永兴渠山妙隋
      - 平南远林钝锋运
      - 思南海云无涯昌太

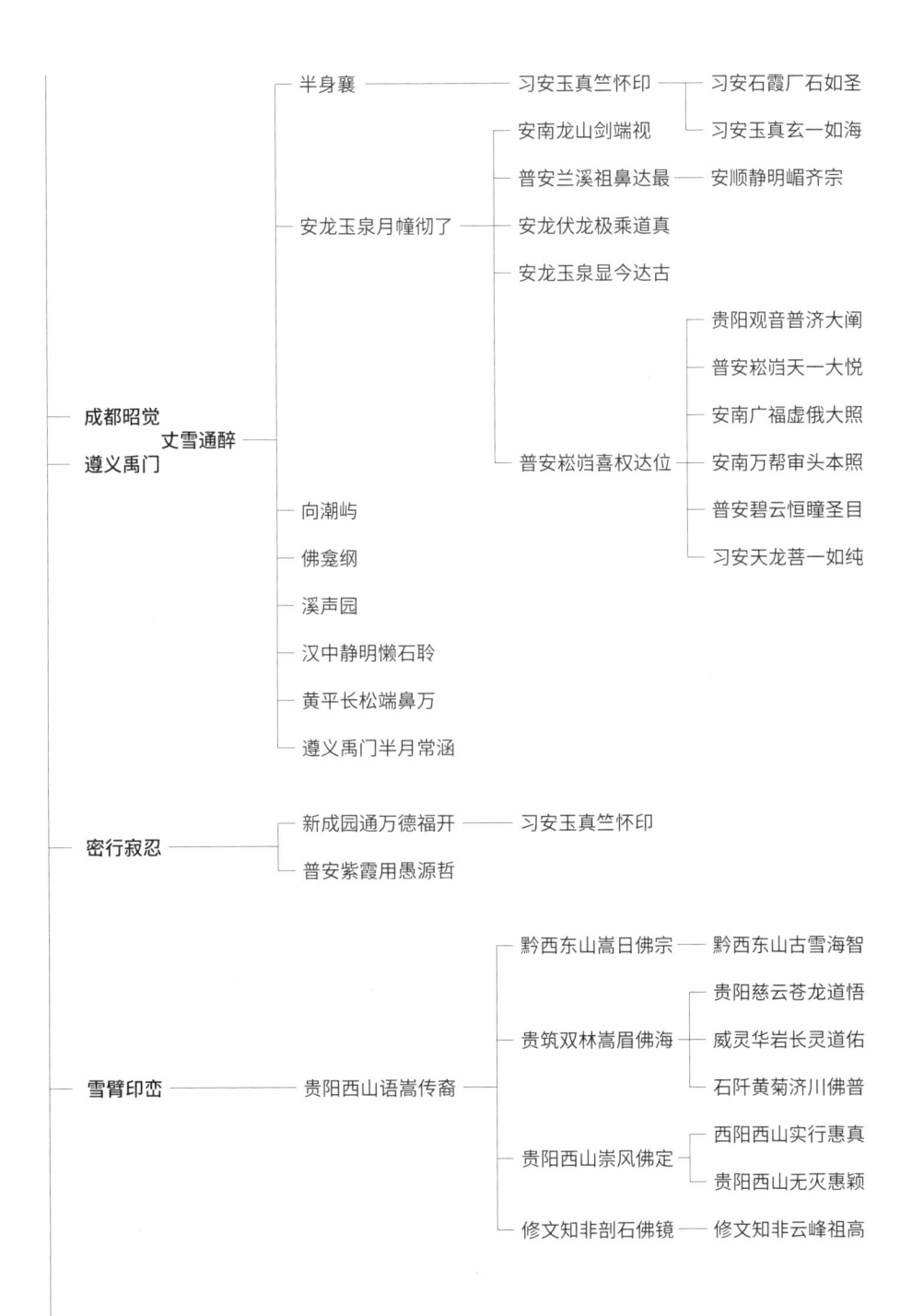

附录

- 成都昭觉 丈雪通醉 遵义禹门
  - 半身襄 —— 习安玉真竺怀印
    - 习安石霞厂石如圣
    - 习安玉真玄一如海
  - 安南龙山剑端视
  - 普安兰溪祖鼻达最 —— 安顺静明崞齐宗
  - 安龙玉泉月幢彻了
    - 安龙伏龙极乘道真
    - 安龙玉泉显今达古
  - 普安崧岢喜权达位
    - 贵阳观音普济大阐
    - 普安崧岢天一大悦
    - 安南广福虚俄大照
    - 安南万帮审头本照
    - 普安碧云恒瞳圣目
    - 习安天龙菩一如纯
  - 向潮屿
  - 佛龛纲
  - 溪声园
  - 汉中静明懒石聆
  - 黄平长松端鼻万
  - 遵义禹门半月常涵

- 密行寂忍
  - 新成园通万德福开 —— 习安玉真竺怀印
  - 普安紫霞用愚源哲

- 雪臂印峦 —— 贵阳西山语嵩传裔
  - 黔西东山嵩日佛宗 —— 黔西东山古雪海智
  - 贵筑双林嵩眉佛海
    - 贵阳慈云苍龙道悟
    - 威灵华岩长灵道佑
    - 石阡黄菊济川佛普
  - 贵阳西山崇风佛定
    - 西阳西山实行惠真
    - 贵阳西山无灭惠颖
  - 修文知非剖石佛镜 —— 修文知非云峰祖高

- 安顺静乐灵隐印文
  - 贵阳东山梅溪福度
    - 镇宁金鸡慧颖庆绪
    - 贵阳霞章海伟
    - 贵阳东山绍南真解
    - 习安南山法雨昭润
  - 镇远云台慈济海舟
    - 黄平观音六行海鉴
  - 密参山
    - 贵阳指月烁吼人
  - 贵阳法云大慈悟度
  - 瓮邑龙山鹤林性贤

- 遵义东印莲月道正
- 西维了宽
- 空外大逵
  - 思南安化颖秀真悟
    - 思南太平大凡昌宗
  - 石阡中华天隐道崇
    - 石阡中华识竺海伦
  - 偏桥福云天机道通
    - 湄潭白筠以四德教
  - 思南中和天湖正印
    - 都匀别南传旨
    - 安平天台月峰性琰 — 安平天台省参海宁
  - 贵筑华光圣图道行
    - 习安云鹫顶相道慕 — 习安云鹫禅那广静
  - 安顺长寿天语怀
    - 贵筑永兴桂魄智顶
  - 贵阳兴国禄黎觉甫
    - 普阳长寿铉传慧

- 石仟三昧敏树如相
- 垫江龙蟠
  - 江口香山圣符道越
    - 思南天庆福园满
    - 石阡凤凰衡岳行规 — 镇远迎仙济庵普静
  - 贵阳黔灵赤松道领
    - 湄潭凤凰大拙净霞
    - 贵阳云石明源
    - 黔西乾御宏源
  - 偏桥云台净空性明
  - 天吼廓
    - 习安玉丹语圣弘正
      - 习安溪脉照一
      - 贵阳玉龙镜天宗照
      - 镇宁烈峰大干宗月
    - 习安狮山语贤弘英
      - 习安永峰慧镜照常
      - 清镇普兴慧知寂云
    - 万德语林弘先

字水园拙 — 砖镜完璧

- 含璞净灿
- 灵筏印昌
- 破雪道玺
- 荆州天皇
- 开县栖灵
- 破浪海舟
- 百城印著
- 如岳觉无（曾任双桂书记）
- 灵源印渊
- 指北通鉴
- 苍峨德海
- 不会通法
- 颖初印显
- 宝峰洪慧
- 竺意普传
- 九照唯朗
- 含光真玉
- 卓尔普文
- 丹台印森
- 纳溪云峰古拙印可
- 万县栖灵
- 耕云澄鉴
- 灵微性道
- 慈门性玉

- 凝真性定
- 禦水印章
- 深省德纯
- 千松印万
- 三指印昇
- 中天焰朗
- 唯桷印道
- 胜幢印铠
- 九彦庆历
- 六油海奎
- 直指性归
- 两生真从
- 遗闻如幻

- 新都宝光啸宗印密
  - 峨雪寂慧
  - 勋修照文
  - 大润海云
  - 云巢照佛
  - 大年如松
  - 天宁清性
  - 云中法栋
  - 眉岿照冲
  - 慧明超乘
  - 灵一性玄
  - 连眉道贯
  - 昌昌发慧
  - 碧云照临
  - 明宗如净
  - 彻也智恺

363

- 万竹通笔
- 无私海源（曾任双桂维那）
- 秋水智能（曾任双桂西堂）
- 石幢寂寿（曾任双桂座元）
- 快雪印国
- 邺州耶湘性六（编破山语录）
- 清溪道昶（曾任双桂西堂、首座）
- 古城印坚
- 寂光印豁
- 明宗印墨
- 象含寂定
- 碧观印嵩
- 本源海液
- 酉阳护国大吼印传（浙江孝廉）
- 普天印园
- 灵木印绶（曾任双桂监院，校订破山语录）
- 僧可印实
- 慧觉照衣
- 石龙印雪
- 西瞿月望
- 雪眉方坤
- 丰都平都觉城明柱
- 默石道悟——参之传秘
- 寿山性福
- 苍松印鹤（最通诗文）
- 孤石真宪
- 成都草堂淡竹行密（1665 年）
- 园明德印
- 本明园澈
- 离指方示（曾任双桂上座，后住昭觉）
- 梁山中庆体宗道宁
- 无漏印涵
- 竺微智泰
- 易庵印师（曾任双桂西堂）
- 三际如通——峨眉伏虎贯芝
- 竹帆印波——枕石彻——普安鹦鹉广成普陛

七、双桂堂方丈传承谱系

代传		僧名	公元	大事纪要	朝代岁次
曹溪	双桂				
35	1	破山海明	1653	开建"双桂堂福国寺",建大殿、方丈、僧堂卅余楹,开学业禅堂。	清顺治十年癸巳
			1661	法堂建成,廊庑毕备,复建一楹于法堂之左隅,题曰"寝堂"。清兵部尚书兼川陕三边总督李国英题"灯传无尽"横额	十八年辛丑
			1666	三月十六日圆寂,寿七十,僧腊五十二,师将眼、耳、鼻、舌、身、意分成六偈,付嘱六人,以终生平之事	康熙五年丙午
36	2	云峤印水	1666	十二月八日立《双桂堂四界碑》,计田约三千石	八年己酉
			1673	建藏经楼(即戒堂)七间、下殿(即弥勒殿)七间、寝堂五间、东廊斋堂九间。至1688年完工,共十六年	十二年癸丑
			1693	云峤亡,住持双桂二十八年,寿六十七岁,行道三十八年	卅二年癸酉
37	3	苍碧聪	1694	继云峤住持双桂,详史待考	卅三年甲戌
			1696	重修弥勒殿	卅五年丙子
37	3	华生荣	1720	继苍碧住持双桂	五十九年庚子
38	4	幻一觉	1722	苍碧聪亡。今"功行堂"内记有"开建宝藏幻一大和尚",详史待考	六十一年壬寅
38	4	觉知修	1723	绍席双桂,曾往天童寺祖庭参学,祭扫祖塔	雍正元年癸卯
			1726	获赠御赐藏经、铜佛	四年丙午
			1730	二次修戒堂、韦陀殿,又落成西廊大殿及卧云阁五间。祖师殿有觉知和尚塑像,供人礼拜	八年庚戌
39	5	顿圆渺	1738	据功德堂内记"开建宝藏顿圆渺"详史待考。嗣法门人透月旻、御赐铜佛藏经。	乾隆三年戊午
40	6	透月际旻	1757	公请透月和尚主持双桂法堂。逐奸僧、招贤能、严戒律,立碑以记。绍席双桂。有《双桂透月旻禅师语录》传世。	廿二年丁丑
			1758	立《重振双桂堂碑记》,慎终追远,整顿僧纲;乃立《万古针规约》十条,重建大殿,受御赐全藏,广置灯田,丕振宗风,装裱藏典。	廿三年戊寅
40	6	静月皓		待考	

续表

代传		僧名	公元	大事纪要	朝代岁次
曹溪	双桂				
41	7	极糜深	1777	住持双桂	四十二年丁酉
			1779	重修大山门	四十四年己亥
			1791	圆寂,生于康熙乙未年(1715),寿七十七岁,僧腊七十,行道五十五年	五十六年辛亥
41	7	心朗鹤		待考	
42	8	明韬隐	1790	绍席	五十五年庚戌
			1797	亡,生于1723年,寿七十五岁,行道八年,嗣法心朗云鹤禅师	嘉庆二年丁巳
42	8	戒慧洁	1798	阆县缙绅,诸山长老戒慧和尚主法。住持双桂堂六年	三年戊午
			1800	修建大悲殿,于总林贵舍田业廿二石于寺	五年庚申
			1803	会同州县同立《双桂堂四界碑》,解决争端。戒慧亡,其生于1742年,寿六十一岁,嗣法极糜深禅师,其塔至今犹存寺内	八年癸亥
42	8	茂悦憘	1803	继方丈至1813年,计十年	
			1813	亡,生于1751年,嗣法于极糜深禅师,若愚和尚继席灯传	十八年癸酉
43	9	若愚慧	1813	因山主檀越与寺僧为田产之争,寺立"御赐碑"	
42	8	绪辉灯	1814	绍席,详史待考	十九年甲戌
42	8	大身圆		待考	
42	8	乐方达融		待考	
43	9	果沛招	1820	住持双桂至1829年,计方丈十年,嗣法茂悦憘禅师	廿五年庚辰
			1822	三次重建大殿	道光二年壬午
43	9	殿禅升	1830	道光十年有殿禅和尚寿庆匾一块,详史待考	十年庚寅
43	9	德玉性	1833	绍席,生于1788年,亡于1854年,寿七十二岁,戒腊四十四,行道十四年,嗣法门人自权、寂禅、沛禅等十四人。是年,植双桂于破山塔侧	十三年癸巳
			1835	二次重建法堂	十五年乙未

续表

代传		僧名	公元	大事纪要	朝代岁次
曹溪	双桂				
			1845	三次重修大山门	廿五年乙巳
43	9	无幻室		待考	
43	9	法修芳		待考	
43	9	笑懿凡		待考	
43	9	大乘慧		待考	
43	9	大智慧		待考	
43	9	月明照		待考	
43	9	一超品		待考	
44	10	映月寂禅		方丈年限不可考，据寂禅塔记，生于1796年，亡于1856年，寿六十一岁，僧腊卅八，嗣法德玉性	
44	10	洪道真通	1850	绍席双桂，计方丈十八年，生于1800年，亡于1867年，戒腊四十九，嗣法果沛招禅师，嗣法门人隆牺力，法轮怀，西来东	卅年庚戌
			1851	重修禅堂，李惺撰《双桂堂重建禅堂记》勒石	咸丰元年辛亥
			1853	建功德堂、功行堂	三年癸丑
			1856	洪道拾金带	六年丙辰
			1857	双桂堂而名"金带寺"	七年丁巳
			1860	开工建舍利塔、贝叶楼，供奉竹禅朝山请回舍利、贝叶	十年庚申
			1864	舍利塔、贝叶楼落成	同治三年甲子
			1867	十月七日洪道亡，计十八年丈室，同年寂禅亡	六年丁卯
44	10	沛禅真厚	1868	继方丈至1869年亡，共二年，嗣法德玉性	
44	10	自权真印	1869	继方丈共十年，生于1818年，亡于1882年，寿六十五岁，行道十年，戒腊四十八，嗣法德玉性禅师，嗣法门人万智，遍和等九十九人。自权捐银创帧子会	八年己巳
45	11	西来东空	1878	绍席至1879年	
44	10	明泉真贤	1879	今法堂内悬有1879、1880年各一匾记之，详史待考	光绪五年己卯
44	10	自权真印	1800	二次修破祖堂	六年庚辰
44	10	映可炼		待考	
45	11	光辉	1881	有光绪七年传戒扁记，详史待考	七年辛巳

续表

代传		僧名	公元	大事纪要	朝代岁次
曹溪	双桂				
45	11	法轮怀	1882	住持双桂，生于1838年，亡于1899年，寿六十二岁。戒腊卅二，行道十八年，嗣法于洪道真通	八年壬午
			1884	建上客堂	十年甲申
			1889	法轮与遍和二次修大悲殿	十五年己丑
			1892	立《共住须知》廿一条，严明戒律。大悲殿重修完工。	十八年壬辰
			1894	立《植树碑》，强调"培丛林之茂盛"严禁伐木	
45	11	连玉	1888	绍席，详史待考	十四年戊子
45	11	成益满	1896	绍席	廿二年丙申
45	11	妙能遍和	1897	绍席至1899年，共三年方丈，嗣法自权印，门人规茂宗、万智慧，建涅槃堂。立《双桂堂赋》	廿三年丁酉
			1899	募化铜钟、铜磬、铜火板等。铸大铜钟一口，铭文追思双桂历代先贤业绩，明确庙产及土地界限。镌刻《双桂堂小食会序》碑文，建立公开透明的财务制度。将大山门改建于寺之左侧	廿五年己亥
44	10	竹禅熹	1901（庚子岁末）	由沪回堂，将银约四千两助常住，"旋梓六月溘然而逝"，寿七十七岁，嗣法于一超品。遗产悉数捐双桂堂。时堂中犹债累万金。监院香山卖庙产四百余石还债	廿六年庚子
45	11	如一	1901	竹禅亡，如一任住持，详史待考	廿七年辛丑
45	11	隆牺力		嗣法洪道，门人中道果深，觉德自乐，详史待考	廿七年辛丑
45	11	昌洪松		待考	
45	11	万智慧		待考。嗣法于自权印	
46	12	规茂慧宗	1905	绍席，"时堂中债累万金，方丈一席无人敢任"。至1910年，共六年丈室。卖田四百余石还债。嗣法于妙能遍和，门人月朗，长海，圆融。	
			1909	募修放生池。又立永定租规，改平斗，降押佃，息谷，抽稻草	宣统元年己酉
46	12	自乐	1911	方丈三年，嗣法于隆牺力	三年辛亥

续表

代传		僧名	公元	大事纪要	朝代岁次
曹溪	双桂				
46	12	中道果深	1914	绍席至1918年共四年,先后买田三处,共租五十六石,1932年建寿塔,1941年亡,嗣法隆牺力,门人崇道、仁安,续传	民国三年甲寅
47	13	长海	1918	住持一年,嗣法慧宗	民国七年戊午
47	13	性朗监（月朗）	1919	绍席至1922年,共四年,嗣法慧宗	八年己未
47	13	圆融	1922	绍席至1925年,共三年,嗣法慧宗	十一年壬戌
46	12	中道	1927	中道复院,又任方丈三年,改涅槃堂为佛教学校,任校长兼讲经法师,建佛子茅篷费洋八百余元	十六年丁卯
48	14	本元惺凡	1929	方丈一年,嗣法于月朗。门人常义妙谈	十八年己巳
47	13	崇道香国	1930	绍席至1937年共二年,嗣法中道果深,门人正光演一,向伪府申免捐垫杂款	十九年庚午
47	13	仁安真诠	1932	绍席至1934年,共三年方丈,嗣法中道果深	廿一年壬申
47	13	崇道	1935	复院任方丈一年	廿四年乙亥
47	13	性传厚（续传）	1936	方丈一年。嗣法于中道果深,门人心善（在梨树寺任方丈）	廿五年丙子
47	13	圆融崇舟	1937	复院至1939年,共三年	廿六年丁丑
48	14	正光雪崖	1939	绍席至1941年,共三年,嗣法于崇道	廿八年己卯
			1940	改还大山门原址,据碑记,"债台高筑,庙业失之大半……"	廿九年庚辰
48	14	本元惺凡（常元）	1942	复院至1945年两任方丈共五年	卅一年壬午
48	14	演一	1946	方丈一年,嗣法于中道果深	卅五年丙戌
49	15	常义妙谈	1947	出任方丈至1991年,中国佛教协会理事,"文革"期间,精心保护庙藏文物,视文物如生命	
			1981	中共中央总书记胡耀邦亲自批示,部队撤离双桂堂,赔款100万元,寺庙交僧人管理	
			1983	被列为全国重点宗教保护寺庙	

续表

代传		僧名	公元	大事纪要	朝代岁次
曹溪	双桂				
			1986	1986年6月时任国务院副总理李鹏视察双桂堂	
			1991	1991年双桂堂文物"十一世纪梵文手写《贝叶经》"被盗。1991年双桂堂被列为四川省重点文物保护单位	
49	15	大块宽胜	1991	绍席方丈	
			1998	罗汉堂落成开光典礼	
			2000	双桂堂被列为重庆市重点文物保护单位	
49	15	身振理约	2001	绍席方丈至今，中国佛教协会常务理事，重庆市佛教协会副会长。2001年9月重庆市首届传戒法会在双桂堂举行	
			2002	重庆第二次传戒法会在双桂堂举行	
			2003	身振和尚主持重建鸣钟寺	

八、重走破山云游路诗稿并序

　　癸巳七月，夏秋之交，余应梁平县府之请，领众重走破山禅师参学弘法之路，同行十余人者，皆乡党中人且崇文好古之士也。乃驱车由巴渝而入蜀川，走荆襄以访吴越，而楚水赣江，凡破山参学问道之处，悉寻踪觅迹，一一考辨，及至巴蜀滇黔，鄂东湘西，破山法系传衍繁盛之域，亦不惜按图以索骥，毅然择要而前行，故尔拂暑挥汗，登高临远，披荆斩棘，深入不毛。是以戴月披星，忽忽三十昼夜；栉风沐雨，迢迢两万里程。所谒诸山长老，乡贤耆旧以至奇人异士，虽门庭大小有别，道况兴衰已殊，然则一闻破山之号，莫不合掌加额，咸生景仰。曩昔振衰继绝，开宗立派，崛起西南，雄视江左者，水聚山环，同树破山法帜；拏云喝月，共享临济家风。故有"双桂宏法"云云，信不虚也。时值烽烟之际，况当摇落之辰，而宗门大盛，罕有其匹，何为其然也？盖因师之道德在天下，天下共仰；操履在丛林，丛林景从。而今余所亲历亲见，睹物思人，能无沧桑之感，幻泡之叹乎？途中漫赋，得稿四十余章，聊志其事。

四川大竹破山出生地山水清奇气象不凡
寂然深秀隐林峦，中有悠悠气一团。
万丈红尘飘不到，清溪宛转水潺湲。

凝视川江有怀少年破山只身东下而赋
只身瓢笠出夔门，十二峰前万壑云。
弱小沙弥心量远，归来何处不声闻？

拂暑登岳阳楼重读范文正公岳阳楼记
挥汗登楼上岳阳，洞庭一望水汤汤。
千秋绝唱范文正，后乐先忧万世芳。

过黄梅远眺破头山忆破山卓锡三年有余戏作
草衣木食几春秋，熟读典章肚里头。
看水看山山与水，去年今日两悠悠。

黄梅破头山四祖道场破山开悟之地访明基方丈
破头山上宿云开，四百年过我又来。
顿悟真如桶底脱，菩提无树镜非台。

江西途中
晓行夜宿不停蹄，戴月披星东复西。
又向破山行处去，吴山缥缈楚天低。

过龙虎山
仙山过处望中奇,道况兴衰未可知。
行色匆匆留憾事,未能挂杖访天师。

匡庐山下寻觅法云寺破山谒憨山处未遂
荒径崎岖路不穷,匡庐烟雨望中空。
破山来访憨山处,只有残垣伴野风。

谒青云谱八大山人纪念馆
三十年来临八大,此时方到青云谱。
淋漓笔墨老犹生,点点斑斑源肺腑。

登滕王阁序
滕王阁里涌人潮,我亦慕名凌碧霄。
不是王郎留妙笔,琼楼玉宇也无聊。

礼破山得法之地宁波天童寺访诚信方丈
敬香礼祖上天童,远眺苍苍太白峰。
来谒破山承法地,放生池畔抚双松。

天童禅院访密云书法碑刻匾额
破山师法密云禅,内外兼修各粲然。
把笔一挥无挂碍,诗书并举是家传。

过杭州遇雨
旧地重来西子湖,江南烟水影模糊。
闻声蓦地一回望,白雨随风落跳珠。

访嘉兴东塔破山首开法坛旧址
遍寻里巷雨霏霏,路访街邻事已违。
破祖当年开法处,民居错杂景全非。

雁荡山能仁寺访了法方丈
云峰深处隐伽蓝,寺宇潜藏雁荡山。
了法上人亲笔砚,竹禅摹本遍其间。

雁荡山望大龙湫瀑布
天公何处破窗扉,涧底訇然万壑雷。
千丈狂澜掀泻出,悬珠飞下白云堆。

游雁荡山合掌峰回望
雁荡山间合掌峰,双峰耸峙插云空。
蓦然回首群峦近,都在天开一线中。

宿婺源
车抵婺源夜渐浓,潇潇疏雨打梧桐。
今来明早又将去,青瓦粉墙入梦中。

与客说破山事
明末清初一破山,身逢烽火乱离间。
开斋止杀留公案,付与禅门一道关。

湖南辰溪江东寺为破山法孙常明性炅中兴尚有著述传世惜寺已破败不堪矣
沅水悠悠映楚天,热风吹浪过山田。
江东寺里常明炅,人去堂倾多少年。

作客湘西登楼忆王昌龄芙蓉楼送辛渐诗戏以原韵和之
夏雨迷江东接吴，楚山楚水客心孤。
蜀中诸友频相问，楼外芙蓉茶一壶。

湖南黔阳地方佛教史学者逢明夷禅人
驱车星夜入黔阳，小酌街头风转凉。
漫说破山传法事，宗门明夷在身旁。

重走破山祖师弘法路入黔途中
夜郎已过路何堪，上有青峰下碧潭。
为觅祖师弘法地，不辞风雨向黔南。

颇经周折于黔北乡间寻访丈雪禹门寺旧址
破败不堪识禹门，披荆斩棘正黄昏。
乐安江畔参天树，盛况依稀见几分。

过黔西南万峰林
远近高低列锦屏，万峰崛起若群星。
纳灰河上苗家寨，山下稻香一色青。

昆明圆通寺方丈出示破祖遗墨慨然而赋
滇南惊见破山明，开卷半张一望真。
三百年来神未退，清风扑面远凡尘。

昆明圆通寺望吴三桂所建牌坊感陈圆圆礼敬破山丈雪旧事
冲冠一怒为红颜，留与人间作笑谈。
双桂老僧开示后，铅华褪尽向荒庵。

梵净山寻破山法嗣海阔和尚遗迹并碑铭不遂即赋
穿云拨雾路盘盘，七月来风透骨寒。
梵净山巅回首处，空余断壁与残垣。

贵州安顺城外多僧寺出没烟霏之间
佛光禅影遍荒村，教外别传迹尚存。
明季滇黔禅和子，大都源自破山门。

贵阳黔灵山访心照和尚
破祖嫡孙号赤松，黔灵山上阐其宗。
老僧去后禅堂冷，喝月挐云不再逢。

过铜仁
轻车一路过铜仁，碧水青峰泛绿荫。
明末破山诸弟子，多于此地建丛林。

黔江客舍
投宿黔江夜已深，洋芋和饭一锅烹。
客窗风静无眠意，远眺山间孤月明。

华岩寺随道坚法师访破山残碑
蝉噪空林夕照中，华岩风过暮云红。
旧题破老栖禅处，独对残碑兴不穷。

石柱三教寺破山避乱栖身之处
南滨河上动秋思，三教寺中残照时。
遗迹行来殊不易，墙头细读破山诗。

昭觉寺访演法上人
锦官城外有丛林，昭觉门风何所兴。
丈雪暮年留巨著，锦江从此有禅灯。

成都文殊院访宗性和尚
拂暑蓉城入市廛，竹风吹雨过禅关。
文殊院里访宗性，一盏清茶话破山。

四川博物院盛建武院长慨然以破山墨迹复制件见赠
浣花溪畔过黉台，墨宝呈来陋眼开。
不是破山功德具，如何劫火有馀灰？

访内江圣水寺丈雪道场与智海和尚茶话
炎炎暑气似锅蒸，古刹来寻丈雪僧。
明末清初留圣迹，破山衣钵有传承。

有感
我梦破山三十年，破山梦我亦当然。
神交随处一相晤，莫逆于心即夙缘。

乐山大佛谒凌云寺
端然一坐即千年，秋月春风尽宿缘。
滚滚三江流不尽，是非成败只云烟。

夜宿峨眉农家
峨眉山色入帘青，树影婆娑宿鸟瞑。
漫步竹溪风送晚，举头忽见斗牛星。

由楚入川见大江浩渺遥想破山往来夔东十三家力主反清复明之事
夔东屏障十三家，延续大明天一涯。
直到精衰情已竭，灭清不过梦中花。

过湖北长阳巴人发祥地
巴山楚水两苍茫，当是廪君崛起乡。
寻访破山弘法地，群峦深处过长阳。

重走破山云游路归途作
两万里程风雨路，三旬昼夜水云居。
遗踪寻去不辞远，欲近高峰力不余。

远望金城寨慨然忆姚玉麟将军
法门开辟赖姚王，无彼即无双桂堂。
行脚老僧留得住，二株嫩桂久昌昌。

双桂树下
双桂堂中双桂开，桂香时节我重来。
破山塔下清风绕，花蕊依然点碧苔。

第一版后记

> 藏身古寺远沧桑，世事真同梦一场。
> 双桂堂中清寂夜，松间明月照禅房。

这是我寓身双桂堂中偶然而得之的一首小诗。近些年来，我在这座偌大的古刹里进进出出，早已不计其数了。无论是在藏经楼上翻拣残经断版，还是在禅院里踟蹰徜徉，三百五十年前破山海明的影子总是在我的感觉中十分清晰地显现。

可以说，破山的生后是寂寞而冷清的。以他复杂的身世和对当时社会的影响，以他在佛教史上的地位，以他对文化发展的意义，大不应该是今天的情形。而致使这种局面的形成，不外乎三方面的原因：一是他固有的反清复明态度，使他无缘受到清朝政府的青睐和褒扬；二是他富于传奇色彩的人生经历充满了是非曲直，佛门内外争议不断，不好作为标榜的对象；三是他主要活动的地方处于川东偏远的位置，这里在他的生后几乎没有来过什么了不起的文人学者，无人对此投下关注的一瞥。供他长眠的久已斑驳的石塔也没有机会留下大手笔们的凭吊之作、感慨之词。即使近百年间，如太虚大师、陈垣、郭沫若和现在的启功、南怀瑾等人，或多或少对他的介绍留有文字的记载，但他们都无一亲临其地，作翔实的考证和全面的评述。由冯学成等人依据《锦江禅灯》编著的《巴蜀禅灯录》和由杜继文、魏道儒二先生编著的《中国禅宗通史》，算是今日所能见到的介绍破山的内容最为充实的资料。但它们则主要就佛教的范围而言其特色、论其地位，未去作综合的考察和完整的评价（当然，由于体例的原因，也不可能涉及）。

我在完成本书之前，已经撰写了《西南祖庭双桂堂》一书（已由重庆出版社出版）和《破山与双桂法派》、《与启功先生谈破山禅师》、《百年竹禅》等相关的文字共10余万字先后在一些报刊发表，为此书的完成奠定了基础。其间，有幸得到了著名学者启功先生、重庆佛协会长惟贤法师、当代高僧心月法师（已故）等人的启迪和鼓励，也得到了双桂堂第十五代方丈妙谈法师和第十七代方丈身振法师提供资料等方面的支持，使本书得以顺利完成。

南怀瑾先生曾在他的《禅话》的序言中，引用《破山语录》以表自谦，说自己的书"真正如破山明所谓：'山迥迥，水潺潺，片片白云催犊返。风潇潇，雨洒洒，飘飘黄叶止儿啼'。如斯而已乎！"博学如南公者尚且如此，我岂不自惭形秽的，况拙著中所述所评，难免狂悖之言、小儿之见。但豁达而宽容的破山祖师，如若地下有知，亦当一笑而置之吧！

现在，当我这本书稿即将成书之际，我又一次伫立在双桂堂禅房深处的破山塔前，感慨系之，不禁聊赋拙诗一首云：

又见破山塔，吾心一肃然。
竹风传暮鼓，花雨送先贤。
古木三千丈，老僧四百年。
堂中双桂树，名盖蜀滇黔。

二〇〇二年九月六日于容膝楼

《破山禅师评传》再版后记

感谢重庆出版社再版我这部旧作,岁月蹉跎恍如白驹过隙,此时此景,距我潜心于破山史料的搜求与撰写已然二十春秋,然星移斗转,云卷云舒,旧作重读,真有不知今夕何夕之感!

当初在完成这部书稿之时,电脑尚未进入我的生活之中,虽然未能一享现代科技的便捷与高效,通过网络的搜寻去发现线索和印证史料,并以键盘码字,但书籍的查阅对我而言似乎更有底气。况且秉笔直书,十指连心,也颇多快意。其时我寓身于梁平县城一间昏暗的斗室写作,凡有机会出差,书店与图书馆则为必到之地。重庆图书馆坐落在枇杷山后的书库和北碚密林深处的西师图书馆是我再熟悉不过的地方,但常常一天半日下来,了无所得,悻悻而归。所幸当年华岩寺心月法师,罗汉寺竺霞法师,慈云寺惟贤法师,广德寺海山法师等川内的老修行还在,颇能为我追怀先祖往事,述说宗门掌故。

撰写《破山禅师评传》的初衷,一是为了还原历史,填补对一代宗师破山海明进行系统研究的空白;二是再现明清之际西部地区人民的生存状态和佛教发展方式、文化心态;三是通过破山政治态度的前后变化以及他与"夔东十三家"抗清武装势力的密切接触,揭示出历史上轰轰烈烈的反清复明活动之所以失败的深刻原因。

窃以为对破山禅师及其法派的研究,对更好地挖掘、研究和丰富佛教史、禅宗史、南明史、清史、西南地方史、巴蜀文学史、书法史、民俗史都大有禅益。

著名史学家任乃强先生曾说:《破山语录》这类作者自记亲身经历,实见实闻的原始资料属于第一手资料,是我们研究张献忠问题的主要依据。"佛法在世间,不离世间觉。离世觅菩提,犹如觅兔角。"破山及其徒众大都饱读诗书,大都有语录即各自的诗文法语汇编成册的文集传世,他们亦无法自外于世,而是与时代和国运无可选择地共沉浮同患难的。他们的传法阐教，恰是以现实为观照，随机开示，随缘任运，随宜参悟。诗文更是他们耳闻目睹，身逢境遇的大动乱的记录。

挖掘整理、消化吸收，尔后理清思路形成文字，费时几近十年，在没有电脑的时代，我靠的是资料积案，秉笔而书，引高僧语录入史，引诗证史，诗史互释，大量采纳碑记杂闻、地方史料、宗教寺志、明清各家杂记以及对耆旧长老的访谈资料等，然后品鉴评说，发明引申，以期知人论世。

拙作面世以来，受到诸多文史学者好评和引用，今日重读似无大的错漏。故保持原貌，增补充实，以应读者之需。多年以前即已尝言，我吃的是破山的给予。而知我罪我，惟其评传也！昔年"重走破山云游路"曾有诗云：

我梦破山三十年，破山梦我亦当然。
神交随处一相晤，莫逆于心即夙缘。

熊少华
二〇一八年白露于渝州写心楼

主要参考文献

一、有关佛教

破山明禅师语录　耶湘印伊等编　支那撰述

双桂破山明禅师年谱　平山印绶等编　支那撰述

明季滇黔佛教考　陈垣　中华书局 1962

巴蜀禅灯录　冯学成等　成都出版社 1991

黔僧语录　慧海主编　巴蜀书社 2000

中国禅宗通史　杜继文等　江苏古籍出版社 1993

中国佛学　太虚大师　中国佛教协会 1994

中国佛教史（1—3）　任继愈　中国社会科学出版社 1985

中华佛教二千年　赵朴初总编　宗教文化出版社 1999

中国佛教人名大辞典　震华法师遗著　上海辞书出版社 1999

禅宗与中国文化　葛兆光　上海人民出版社 1986

近现代著名学者佛学文集·陈垣集　黄夏年主编　中国社会科学出版社 1995 年

乾隆大藏经　台湾传正有限公司 1997

五灯会元　普济　中华书局 1984

精选佛经注译　黄夏年主编　四川人民出版社 1998

中国佛教（1—3）　中国佛协　知识出版社 1982

中国佛教发展史略　南怀瑾　复旦大学出版社 1996

中国禅宗思想历程　潘桂明　今日中国出版社 1992

禅海蠡测　南怀瑾　中国世界语出版社 1994

佛教哲学　方立天　人民大学出版社 1991

四川佛教文化　赵立明等　四川人民出版社 1997

重庆宗教　石胜福　重庆出版社 2000

禅外说禅　张中行　黑龙江人民出版社 1986

二、有关历史

明史　张廷玉等　中华书局 1974

清史稿　赵尔巽等　中华书局 1977

四川通志　常明等　清代嘉庆版，1984 年巴蜀书社影印

巴县志　向楚　民国二十年（1931）

梁山县志　清代嘉庆本

高梁耆英集　张孔修编印　民国十三年（1924）

开县志　清代嘉庆本

宜宾县志　清代嘉庆本

明季南略　计六奇　中华书局 1984

永历实录　王夫之　北京古籍出版社 2002

柳如是别传　陈寅恪　三联书店 2001

方以智晚节考　余英时　三联书店 2004

流寇志　彭孙贻　浙江人民出版社 1983

鹿樵纪闻　吴伟业　上海书店 1982

四川古代史稿　蒙默等　四川人民出版社 1989

四川简史　陈世松　四川社科院出版社 1986

明季史料题跋　朱希祖　辽宁教育出版社 1998

明清之际党社运动考　谢国桢　辽宁教育出版社 1998

明史论丛　王春瑜　中国社会科学出版社 1997

清史新考　王钟翰　辽宁大学出版社 1997

中国通史参考资料　翦伯赞、郑天挺主编　中华书局 1966

清代四川史　王纲　成都科技大学出版社 1991

郭沫若全集（历史编）　郭沫若　人民出版社 1984

明代的宦官和宫廷　温功义　重庆出版社 1989

张献忠在四川　任乃强等　社会科学研究丛刊编辑部 1981

秦良玉史料集成　秦卓莹等编　四川大学出版社 1987

三、有关文化

初潭集　李贽　中华书局 1974

牧斋初学集　钱谦益　上海古籍出版社 1985

明儒学案　黄宗羲　国学整理社，民国二十五年（1936）

张岱散文选集　张岱　百花文艺出版社 1997

艺林名著丛刊　董其昌等　中国书店 1983

明清闲情美文　萧元编　湖南文艺出版社 1993

中国文化史导论　钱穆　商务印书馆 1994

中国哲学史（1—4）　任继愈　人民出版社 1979

中国哲学简史　冯友兰　北京大学出版社 1996

中国思想史论　李泽厚　安徽文艺出版社 1999

中国文学批评史大纲　朱东润　上海古籍出版社 1983

历代书法论文选　孙过庭等　上海书画出版社 1979

国朝全蜀诗钞　孙桐生　清代光绪本，巴蜀书社 1985 年影印

高梁耆英集　张孔修编　民国十三年石印

论书绝句　启功　三联书店 1995

西湖游记选　袁宏道等　浙江文艺出版社 1983

艺境　宗白华　北京大学出版社 1993

美的历程　李泽厚　文物出版社 1989

巴渝文化②　徐文彬主编　重庆出版社 1991

图书在版编目（CIP）数据

破山禅师评传/熊少华著.--重庆：重庆出版社，2019.12
ISBN 978-7-229-14090-8

Ⅰ.①破… Ⅱ.①熊… Ⅲ.①破山禅师-评传 Ⅳ.① B949.92

中国版本图书馆CIP数据核字(2019)第174421号

破山禅师评传
POSHANCHANSHI PINGZHUAN
熊少华 著

责任编辑：张 跃 孙峻峰
装帧设计：冉 潇
责任校对：何建云

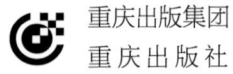

重庆出版集团 出版
重庆出版社

重庆市南岸区南滨路162号1幢 邮政编码：400061 http://www.cqph.com
重庆新金雅迪艺术印刷有限公司印制
重庆出版集团图书发行有限公司发行
E-MAIL:fxchu@cqph.com 邮购电话：023-61520646
全国新华书店经销

开本：787mm×1092mm 1/16 印张：25
2019年12月第1版 2019年12月第1次印刷
ISBN 978-7-229-14090-8
定价：76.00元

如有印装质量问题，请向本集团图书发行有限公司调换：023-61520678

版权所有 侵权必究